INNSBRUCKER GEOGRAPHISCHE STUDIEN **IGS**
Band 34

Günter Hagen

# Hall in Tirol

## Stadtentwicklung
## im Spannungsfeld von Altstadterneuerung und Ausländersituation

mit 51 Tabellen, 22 Figuren und 13 Abbildungen

Geographie Innsbruck
SELBSTVERLAG
2003

Der Druck wurde durch Zuschüsse folgender Stellen gefördert:

Amt der Tiroler Landesregierung - Abteilung Kultur

Koordinationsbüro Hall 2003

Alle Rechte, insbesondere das der Übersetzung in fremde Sprachen, vorbehalten.

Layout: Mag. Sonja Pitscheider und Mag. Britta Wille
Kartographie: Mag. Britta Wille
Druck: Ablinger & Garber GesmbH, Medien + Druck
ISBN 3-901182-37-3

# 700 Jahre Stadt Hall in Tirol

*Eine Stadt mit Vergangenheit stellt sich den Herausforderungen der Gegenwart*

Vorwort von Axel Borsdorf

Als Hall im Jahre 1303 zur Stadt erhoben wurde, blickte die Siedlung bereits auf eine ansehnliche Vorgeschichte zurück. Die Salzlagerstätte im Halltal war schon seit keltischer Zeit bekannt. Im Hochmittelalter war das Haller Salz zu einem begehrten Handelsprodukt in ganz Europa geworden, war doch das Einsalzen die damals einzig bekannte Methode zur Haltbarmachung der verschiedensten Lebensmittel, vom Fleisch bis hin zur Marmelade. Nach der Stadterhebung gesellten sich Innschifffahrt, Maut- und Zolleinnahmen, das Marktwesen mit Bedeutung im Nah- und Fernhandel mit Stapelrecht, das Handwerk und schließlich auch die Münze hinzu, um der jungen Stadt zu Bedeutung zu verhelfen.

In der Neuzeit aber verlor Hall gegenüber der aufstrebenden Landeshauptstadt Innsbruck an Bedeutung. Freude darüber wird bei den damaligen Stadtvätern nicht aufgekommen sein, in heutiger Sicht ist aber die relative Stagnation die Ursache dafür, dass Hall eine der größten, schönsten und architektonisch einheitlich erhaltenen Altstädte Österreichs besitzt.

Dennoch: Dieses Erbe verpflichtet. Als offensichtlich wurde, welche Gefahr der wertvollen Bausubstanz durch Degradation, soziale Abwertung, ja möglicherweise auch ethnische Ghettobildung drohen könnte, fand Hall den richtigen Weg mit seinem Konzept der Altstadtsanierung, das in Österreich als mustergültig gelten kann. Es gelang, alte Bausubstanz mit modernen Wohnansprüchen zu verbinden, Behutsamkeit und Sorgfalt bei der Erhaltung der schönen alten Fassaden mit Mut und Innovation bei der Innengestaltung der sanierten Häuser zu verbinden.

Auch ein anderes „heißes Eisen" wurde von Hall in den letzten Jahrzehnten mit großer Sensibilität, Rücksicht und doch sehr energisch angegangen. Gemeint ist die Integration ausländischer Mitbürger, die in großer Zahl in die „Industriestadt" Hall geströmt waren. Dabei wären Konflikte eigentlich vorprogrammiert gewesen: Die Ausländer konzentrierten sich in der Altstadt, die nun nach und nach saniert wurde. Bei jeder Sanierungsmaßnahme werden aber die in der zu sanierenden Bausubstanz lebenden Bewohner „freigesetzt", was verständlicherweise nicht unbedingt Beifall hervorruft. Hall ist es gelungen, mit einer unaufdringlichen Verständigungspolitik diesen und anderen Problemen die Spitze zu nehmen, so dass Xenophobie einerseits und Österreicherhass andererseits in Hall trotz des überdurchschnittlichen Ausländeranteils an der Stadtbevölkerung beinahe keine Rolle spielen.

Als der Gymnasialprofessor Günter Hagen 1997 bei mir anfragte, ob er unter meiner Anleitung mit einer Dissertation zu Fragen der Stadtentwicklung, der Altstadtsanierung und der Bevölkerungsdynamik seiner Heimatstadt Hall in Tirol promovieren könne, ahnte keiner von uns beiden, dass diese Dissertation ausgerechnet im Jubiläumsjahr 2003 im Druck erscheinen würde. Es war aber bereits erkennbar, dass mit dieser Arbeit eine ganz wesentliche Lücke in der Dokumentation der Stadtentwicklung in der zweiten Hälfte des 20. Jahrhunderts geschlossen werden kann. Es ist nämlich als Glücksfall zu bezeichnen, dass Günter Hagen bereits in den späten 1960er-Jahren auf Initiative seines damaligen Lehrers Univ.-Prof. Dr. Hans Kinzl mit einem Dissertationsvorhaben begonnen und damit außerordentlich viel Material gesammelt sowie darüber hinaus eigene Erhebungen und Kartierungen vorgenommen hatte.

Die Dissertation wurde jedoch nicht abgeschlossen, da mit dem Berufseintritt und der folgenden Tätigkeit als Pädagoge sowie der Familiengründung fast die gesamte Arbeitskapazität Günter Hagens in Anspruch genommen wurde. Dass dennoch ein kleiner Rest an Zeit für die Ausübung eines Hobbys blieb, kann aus heutiger Sicht als Glücksfall betrachtet werden, denn dieses Hobby war für Günter Hagen die permanente Beobachtung jener Themen, die er sich für die Dissertation vorgestellt hatte. Auf dieses Material konnte er also zurückgreifen, als er 1997 sein neues Promotionsvorhaben startete.

Die intensive Vertrautheit mit der Heimatstadt, die detaillierte Kenntnis auch unbedeutend erscheinender Zusammenhänge, aber auch das besondere Interesse an der ausländischen Bevölkerung, ist dem Buch auf jeder Seite anzumerken. Diese Eigenschaften machen den Charme aus, sie bilden darüber hinaus einen Informationsfundus, um den Hall jede andere Stadt beneiden kann.

Niemand wird erwarten, dass die Dissertation eines „Seniorstudenten" metatheoretisch oder methodologisch an der Forschungsfront angesiedelt ist. Auch musste sich der Dissertant erst während der Arbeit mit dem PC und seinen Möglichkeiten, vor allem auch in der graphischen Anwendung, vertraut machen. Mit der Hilfe seines Sohnes ist ihm das in bewundernswert kurzer Zeit gelungen. Herausgekommen ist ein Buch, das seinen großen Wert in der Dokumentation einer spannenden Stadtentwicklungsepoche Halls hat. Es lässt sich sowohl in einem Zug durchlesen als auch wie eine Datenbank benutzen, die Aufschluss über die Umgestaltung einzelner Gebäude oder die demographische Entwicklung der Salzstadt in den letzten fünfzig Jahren bietet.

Und diese Entwicklung ist durchaus eine Erfolgsgeschichte, glaubt man den Ausführungen des Autors. Das Ergebnis wäre nicht ganz so erfreulich, wenn der ursprüngliche Plan Günter Hagens, auch die Entwicklung des Einzelhandels aufzunehmen, umgesetzt worden wäre. Obwohl er auch dazu eine umfangreiche Materialsammlung besitzt, ist dieses Vorhaben aus Gründen der Zeitökonomie nicht weiter verfolgt worden. Als „Handelsstadt Hall" (so ihr um Kunden werbender Slogan) ist die Stadt nicht so erfolgreich, wie strukturbedingte Geschäftsschließungen in der Innenstadt andeuten. So fließt den Geschäften weniger Kaufkraft zu, als sie erwarten könnten, und leider wandert auch ein nicht unerheblicher Anteil der Kaufkraft der Haller selbst in die Einkaufszentren der nahe gelegenen Landeshauptstadt ab. Inwieweit sich dieser Trend fortsetzt und durch die Parkraumbewirtschaftung in der Haller Altstadt seit Februar 2003 eventuell noch zunimmt - wie die Haller Innenstadtkaufleute befürchten -, wird vom Verfasser für eine später geplante Studie beobachtet.

Mit der Arbeit von Günter Hagen liegt eine akribische wissenschaftliche Studie vor, deren Ergebnisse einen jeden Haller stolz machen können. Das Institut für Geographie der Universität Innsbruck freut sich über diesen Beitrag zum Jubiläum!

# Inhaltsverzeichnis

Vorwort des Herausgebers .................................................................................3
Inhaltsverzeichnis ..............................................................................................7
Vorwort ............................................................................................................13
1. Einführung ..................................................................................................15
2. Stadtentwicklung bis 1945 im Überblick ...................................................17
   2.1. Lage und Naturraum .............................................................................17
   2.2. Der Wandel der geographischen Lagefaktoren und ihr Einfluss auf die
       Stadtentwicklung ...................................................................................18
       2.2.1. Aufstieg und Blütezeit ................................................................18
       2.2.2. Niedergang und Neubeginn ......................................................24
   2.3. Siedlungserweiterung außerhalb der Altstadt ......................................27
3. Siedlungsstruktur ........................................................................................31
   3.1. Häuser- und Wohnungsbestand im Überblick .....................................31
   3.2. Siedlungsentwicklung seit 1945 ............................................................35
   3.3. Hall als Teil der Stadtregion Innsbruck ................................................40
   3.4. Die Altstadt ...........................................................................................42
       3.4.1. Das Bild der Altstadt ..................................................................42
       3.4.2. Baulicher Zustand vor 1974 ......................................................47
4. Die Altstadtsanierung .................................................................................51
   4.1. Voraussetzungen und Startphase ..........................................................51
   4.2. Fassadenaktion ......................................................................................54
   4.3. Restaurierung kirchlicher Bauten .........................................................58
   4.4. Sanierung und Revitalisierung öffentlicher Bauten und Einrichtungen ....60
   4.5. „Wohnen in alten Häusern" - Generalsanierung von Wohnhäusern ........64
       4.5.1. Das Haller Sanierungsmodell ....................................................64
       4.5.2. Ehemalige Gasthäuser als Impulsgeber zur
            Wohnraumbeschaffung ..............................................................66
       4.5.3. Dokumentation der Phase 1990 - 2000 ....................................70
       4.5.4. Das Projekt „Goldener Engl" als besonderes Beispiel ................80
   4.6. Begleitende Maßnahmen und sonstige Veränderungen ......................85
   4.7. Veränderungen und Auswirkungen .....................................................90
       4.7.1. Wandel der Bevölkerungsstruktur .............................................90
       4.7.2. Verbesserungen für die Wirtschaft .............................................97
   4.8. Zusammenfassung und Zukunftsperspektiven ..................................112

5. Bevölkerungs- und Wirtschaftsstruktur .................................................................. 119
   5.1. Wesenszüge der allgemeinen Bevölkerungsentwicklung ........................ 119
   5.2. Bevölkerungsentwicklung im Wechselspiel von Geburtenbilanz und Wanderungssaldo .............................................................................................. 121
   5.3. „Besondere" Bevölkerungsverluste in Hall seit den 1970er-Jahren ......... 124
   5.4. Altersaufbau und sozioökonomische Struktur der Wohnbevölkerung .... 127
   5.5. Arbeitsplätze und Betriebsstruktur .............................................................. 130

6. Einflüsse und Auswirkungen der Migration auf Hall ......................................... 141
   6.1. Impressionen aus Hall zur Einführung ...................................................... 141
   6.2. „Gastarbeiter" und Migration als europäische Herausforderung ........... 144
   6.3. Beginn und allgemeine Entwicklung der Arbeitskräftewanderung ........ 148
   6.4. Exkurs: Aufnahme von Flüchtlingen aus Ungarn und Bosnien .............. 154
   6.5. Migranten als Bestandteil der Haller Bevölkerung ................................... 157
       6.5.1. Herkunft und Bildungsstand ........................................................... 157
            6.5.1.1. Herkunft der Migranten aus (Ex-)Jugoslawien ............. 158
            6.5.1.2. Herkunft der Migranten aus der Türkei ....................... 160
       6.5.2. Altersstruktur und Sexualproportion ............................................. 163
       6.5.3. Probleme bei der Sozialisation in Abhängigkeit von Herkunft und Religion ........................................................................................ 168
            6.5.3.1 Allgemeine Situation ......................................................... 168
            6.5.3.2. Religiöse und soziale Struktur ........................................ 170
   6.6. Migranten und Arbeitsplatzsituation ......................................................... 175
       6.6.1. Struktur und branchenspezifische Konzentration ....................... 175
       6.6.2. Position der Ausländerinnen auf dem Haller Arbeitsmarkt ........ 181
       6.6.3. Möglichkeiten eines beruflichen Aufstiegs? ................................... 182
       6.6.4. Dokumentation über die Situation der „Gastarbeiter" am Beispiel dreier Haller Betriebe ..................................................................... 184
   6.7. Wohnsituation der ausländischen Bevölkerung in Hall ......................... 188
       6.7.1. Von den Betriebsunterkünften in die Altstadt .............................. 188
       6.7.2. Wandel in der Wohnsituation ......................................................... 192
       6.7.3. Verbreitung und Verteilung über das Stadtgebiet in Abhängigkeit von der sozialräumlichen Struktur von Hall ................................. 196
       6.7.4. Die Altstadt als „Gastarbeiterhochburg" ....................................... 200
       6.7.5. Konzentration und Segregation außerhalb der Altstadt .............. 205
   6.8. Integration oder interkulturelles Nebeneinander ..................................... 208

7. Zusammenfassung ..................................................................................................... 215

Literatur- und Quellenverzeichnis ................................................................................ 221

# Tabellenverzeichnis

*Tab. 1:* Gebäudebestand 2001 nach Bauperioden ............................................. 31
*Tab. 2:* Gebäude-, Wohnungs- und Bevölkerungszahl 1945 - 2001 .................. 32
*Tab. 3:* Personen pro Haushalt 1934 - 2001 ..................................................... 33
*Tab. 4:* Entwicklung der Einpersonenhaushalte 1961 - 2001 ........................... 34
*Tab. 5:* Wohnungsgrößen 1981 und 1991 ........................................................ 34
*Tab. 6:* Wohnungen nach Ausstattungstyp 1961 - 1991 in Prozent ................. 35
*Tab. 7:* Fassadenaktion im Überblick 1974 - 2000 ........................................... 54
*Tab. 8:* Jährliche Fassadenaktion 1989 - 2000 .................................................. 56
*Tab. 9:* Dokumentation der Fassadenaktion 1989 - 2000 nach Objekten ........ 56
*Tab. 10:* Häusergeneralsanierung durch die Wohnbaugesellschaft WE bis 2000 .69
*Tab. 11:* Private, mit SOG-Mitteln generalsanierte Wohnhäuser 1990 - 2000 ...71
*Tab. 12:* Sonstige Sanierungsarbeiten an Altstadthäusern 1990 - 2000 ............. 79
*Tab. 13:* Gegenüberstellung von Altstadtbevölkerung und Gesamtbevölkerung nach Altersgruppen 1971 - 1991 ........................................................ 90
*Tab. 14:* Familiengröße in und außerhalb der Altstadt 1971 - 1991 .................. 92
*Tab. 15:* Alter der durch die Sanierung ausgesiedelten Altstadtbewohner ........ 93
*Tab. 16:* Haushaltsgrößen vor und nach der Sanierung .................................... 94
*Tab. 17:* Wohnstandorte der früheren Bewohner nach der Umsiedlung ........... 96
*Tab. 18:* Sozialstruktur der Migranten ............................................................. 97
*Tab. 19:* Veränderungen im Geschäftsleben der Altstadt 1950 - 2001 .............. 99
*Tab. 20:* Zusammenstellung der Förderbeträge 1978 - 1999 ........................... 113
*Tab. 21:* Generalsanierung von Altstadthäusern in Bau oder Planung (Juni 2001) ......................................................................................... 116
*Tab. 22:* Natürliche Bevölkerungsbewegung von 1946 bis 2001 .................... 122
*Tab. 23:* Bevölkerungsentwicklung durch Geburten- und Wanderungsbilanz 1951 - 2001 ....................................................................................... 123
*Tab. 24:* Berufstätige und Beschäftigte am Arbeitsort nach Wirtschaftsabteilungen ................................................................... 131
*Tab. 25:* Ein- und Auspendler in Hall 1961 - 1991 .......................................... 132
*Tab. 26:* Beschäftigte und Einpendler nach Wirtschaftsgruppen 1991 ............ 133
*Tab. 27:* Industriebeschäftigte in den sechs größten Branchen ....................... 134
*Tab. 28:* Ausländer in Hall nach Nationalitäten 2001 ..................................... 142
*Tab. 29:* Ausländeranteil an der Wohnbevölkerung in Prozent ...................... 143
*Tab. 30:* Ausländeranteil in einigen Tiroler Städten 1999 ............................... 144
*Tab. 31:* Asylwerber in Österreich nach dem Herkunftsland 1983 - 1995 ...... 145
*Tab. 32:* Entwicklung der ausländischen Bevölkerung in Hall seit 1951 ........ 150

*Tab. 33:* Ausländische Arbeitskräfte in Österreich in Tausend gerundet
1963 - 1999 ..................................................................................................153
*Tab. 34:* Die vier wichtigsten Nationalitäten unter der ausländischen
Bevölkerung in Hall 1975 und 2001 ................................................154
*Tab. 35:* Herkunft der (Ex-)Jugoslawen in Hall 1997 ........................................159
*Tab. 36:* Herkunftsorte der türkischen Migranten in Prozent ........................162
*Tab. 37:* Die ausländische Bevölkerung in Hall nach Altersgruppen 1982
und 1997 in Prozent ...........................................................................165
*Tab. 38:* Altersgliederung der (ex-)jugoslawischen und türkischen Bevölkerung
in Österreich 1993 in Prozent ...........................................................166
*Tab. 39:* Sexualproportion der Arbeitsmigranten im Vergleich zur
Gesamtbevölkerung ............................................................................167
*Tab. 40:* Jugoslawische und türkische Wohnbevölkerung plus vorübergehend
anwesende Beschäftigte in Tirol nach Geschlecht 1971 ...............167
*Tab. 41:* Beschäftigungsstruktur der Migranten in Hall 1982 und 1997 ........177
*Tab. 42:* Die 14 größten Betriebsstandorte in alphabetischer Anordnung 1997 178
*Tab. 43:* Ausländische Arbeitskräfte aus (Ex-)Jugoslawien und der Türkei nach
Branchenzugehörigkeit 1982 und 1997 ..........................................180
*Tab. 44:* Beschäftigte Ausländerinnen nach Branchenzugehörigkeit
1982 und 1997 in Prozent .................................................................181
*Tab. 45:* Berufliche Stellung von Arbeitnehmern mit Pflicht- und
Hauptschulabschluss 1993 in Österreich in Prozent ....................183
*Tab. 46:* Meldebewegungen in einer „Gastarbeiterunterkunft"
außerhalb der Altstadt .......................................................................189
*Tab. 47:* Die ersten Arbeitsmigranten in Haller Gasthäusern in den
1960er-Jahren ......................................................................................189
*Tab. 48:* Haushaltsgrößen der (ex-)jugoslawischen und türkischen
„Gastarbeiter" in Hall 1982 und 1997 in Prozent .........................193
*Tab. 49:* Indikatoren für die sozialräumliche Gliederung der
Gesamtbevölkerung 1971 - 1991 nach Zählbezirken in Prozent..........199
*Tab. 50:* „Gastarbeiter" in der Altstadt nach Straßen 1982 und 1997 ...............200
*Tab. 51:* „Gastarbeiter" außerhalb der Altstadt nach Zählbezirken
1982 und 1997 ....................................................................................206

# *Figurenverzeichnis*

*Fig. 1:* Gebäudenutzung 1991 ..........................................................................32
*Fig. 2:* Veränderung der Haushaltsgrößen 1981 - 2001 in Prozent ................33
*Fig. 3:* Gegenüberstellung der Bevölkerung nach Altersgruppen in und
außerhalb der Altstadt 1971 - 1991 in Prozent ...............................92

*Fig. 4:* Altersstruktur der Hausbewohner vor und nach der Objektsanierung ......93
*Fig. 5:* Herkunft der Bewohner in den sanierten Häusern in Prozent..................96
*Fig. 6:* Bevölkerungsentwicklung in Hall seit 1869 ............................................119
*Fig. 7:* Bevölkerungsentwicklung in Hall 1939 - 2001 in Prozent ....................119
*Fig. 8:* Bevölkerungsentwicklung in einigen Tiroler Kleinstädten 1951 - 2001 .120
*Fig. 9:* Bevölkerungsentwicklung in einigen Gemeinden der Region Hall .........120
*Fig. 10:* Gebürtigkeit der Haller Bevölkerung 1961 in Prozent .........................121
*Fig. 11:* Patienten des Psychiatrischen Krankenhauses 1961 - 2001 ..................125
*Fig. 12:* Vergleich der Gemeindeflächen einiger Tiroler Städte ..........................126
*Fig. 13:* Wohnbevölkerung nach Altersgruppen 1971 - 2001 in Prozent ............128
*Fig. 14:* Alterspyramide 2001 im Vergleich mit 1967 ........................................128
*Fig. 15:* Wohnbevölkerung nach Lebensunterhalt 1971 - 1991 in Prozent .........129
*Fig. 16:* Wirtschaftliche Zugehörigkeit der Wohnbevölkerung 1951 - 1991 .......130
*Fig. 17:* Veränderung der Beschäftigtenstruktur in den sechs wichtigsten
 Wirtschaftsbranchen von Hall 1964 - 1991 ........................................138
*Fig. 18:* Entwicklung der ausländischen Wohnbevölkerung 1951 - 2001 ...........143
*Fig. 19:* Altersstruktur der ausländischen Bevölkerung 1982 und 1997
 in 5-Jahres-Gruppen ............................................................................164
*Fig. 20:* Ausstattung der Wohnungen in Hall 1971 ...........................................194
*Fig. 21:* Altstadtbewohner 1982 und 1997 ........................................................201
*Fig. 22:* Türken und (Ex-)Jugoslawen in der Altstadt 1982 und 1997 ................201

# Abbildungsverzeichnis

*Abb. 1:* Lage von Hall ........................................................................................18
*Abb. 2:* Wachstumsphasen von Hall ..................................................................20
*Abb. 3:* Hall im Jahre 1856 ................................................................................29
*Abb. 4:* Orientierungsskizze von Hall ................................................................37
*Abb. 5:* Die Kleinregion Hall und Umgebung ...................................................41
*Abb. 6:* Fassadenaktion 1974 - 2000 ..................................................................55
*Abb. 7:* Gesamtübersicht der Altstadterneuerung .............................................114
*Abb. 8:* Herkunftsregionen der (ex-)jugoslawischen Arbeitsmigranten .............160
*Abb. 9:* Herkunftsregionen der türkischen Arbeitsmigranten ...........................162
*Abb. 10:* Verteilung der ausländischen Bevölkerung in der Altstadt 1972 .........202
*Abb. 11:* Verteilung der ausländischen Bevölkerung in der Altstadt 1982 .........203
*Abb. 12:* Verteilung der ausländischen Bevölkerung in der Altstadt 1997 .........204
*Abb. 13:* Verteilung der ausländischen Bevölkerung nach Zählbezirken
 1982 und 1997 ..................................................................................207

# *Vorwort*

An dieser Stelle sei in erster Linie Univ.-Prof. Dr. Axel Borsdorf als Doktorvater für die Vergabe des interessanten Themas gedankt, sowie für die wohlwollende Beratung und Unterstützung, die mir durch ihn während der Bearbeitung zuteil wurde.

Ein herzliches Dankeschön gebührt in besonderem Maße meinem Studienkollegen Dr. Wilfried Keller vom Institut für Geographie, der mir in all den Jahren bei intensiven Gesprächen mit vielen Anregungen und vor allem kartographischen Tipps und Hinweisen zur Seite gestanden ist. Als Schriftleiter der Innsbrucker Geographischen Studien war er es auch, der mir die Anregung gab, meine Dissertation zu straffen und sie mit weiterem kartographischem Material für die Drucklegung aufzubereiten.

In diesem Zusammenhang sei auch den Herausgebern der Innsbrucker Geographischen Studien für die Aufnahme der Arbeit in diese Reihe sowie der Abteilung Kultur beim Amt der Tiroler Landesregierung und dem Koordinationsbüro Hall 2003 für die Gewährung von Zuschüssen zur Drucklegung dieser Arbeit gedankt.

Der verstorbene Bürgermeister Dr. Posch zeigte großes Interesse an dieser Arbeit und öffnete mir in dankenswerter Weise „Tür und Tor" in allen städtischen Ämtern, in denen mir die Beamten freundliche Unterstützung gewährt haben. An dieser Stelle sei aber auch allen übrigen Beamten und Angestellten bei verschiedenen Behörden für die bereitwillige Herausgabe von statistischen und diversen anderen Unterlagen gedankt.

Die Ergebnisse in Bezug auf die „Gastarbeitersituation" entstanden aber vor allem durch unzählige und auch lange Gespräche mit verschiedensten Gesprächspartnern (Hallern, türkischen und [ex-]jugoslawischen „Gastarbeitern", Neo-Österreichern türkischer und [ex-]jugoslawischer Herkunft, Betriebsratsobmännern in Haller Betrieben, Vermietern an ausländische Arbeitskräfte, Ärzten, ehemaligen städtischen Beamten). Ihnen allen ein herzliches Dankeschön.

Nur durch den Zugang zu diesen Personen, aber auch durch persönliche Bekanntschaften sowie durch Beharrlichkeit, Ausdauer und viel Zeitaufwand war es möglich, Insiderinformationen zu diesem problematischen Themenkreis zu erlangen.

Abschließend möchte ich noch meiner Familie, besonders meiner lieben Frau Evi, für das wohlwollende Verständnis bei meinen jahrelangen Recherchen danken, gewidmet ist das Buch meinen verstorbenen Eltern.


Hall, im Februar 2003                                       Günter Hagen

# 1. Einführung

Im Vergleich zu Welt- und Großstädten gilt den Entwicklungsprozessen in Klein- und Mittelstädten ein wesentlich geringeres wissenschaftliches Interesse. Dennoch lassen sich manche Phänomene in Kleinstädten mit größerer Genauigkeit und damit auch besserer Treffsicherheit untersuchen und erklären als in Großstädten. Dies war der Grund für die Wahl meiner Heimatstadt Hall in Tirol als Referenzraum für eine Studie, in der es darum ging, typische Entwicklungen der Nachkriegszeit vor dem Hintergrund historisch gewachsener Strukturen und Einstellungen, zeitgeschichtlichen Wandels, ökonomischer Kräfte und sozialer Faktoren zu untersuchen und deren Einflüsse und Auswirkungen auf den Raum festzuhalten.

Hall, einst mit seinen Salzlagerstätten ein bedeutender Standort der Primärerzeugung, wirbt heute mit dem „Erlebniswert" der „Handelsstadt Hall" und mit seiner historischen Altstadt. Aber in Hall hat in der Nachkriegszeit auch eine wichtige Etappe der Industrialisierung stattgefunden und ihre Spuren hinterlassen. Als wichtiger Standort der Metall-, Maschinen- und Textilindustrie in Tirol, typischen Boombranchen der ersten Jahrzehnte nach dem Zweiten Weltkrieg, bekam Hall die Auswirkungen der Arbeitskräfteverknappung in den Zeiten der Hochkonjunktur der 1960er-Jahre besonders zu spüren. Wie in nur wenigen anderen Gemeinden Tirols vollzog sich ein ethnischer und sozialgeographischer Wandel, der durch den „Gastarbeiterzuzug" ausgelöst wurde und heute in der Problematik von Assimilation, Integration oder Segregation der ausländischen Bevölkerungsgruppen zum Ausdruck kommt.

Hall hat aber auch wie keine andere Tiroler Stadt den historisch-ästhetischen Wert seiner Altstadt erkannt und eine beispielgebende Altstadtsanierung betrieben, die heute einen unschätzbaren Attraktivitätswert für die Stadt besitzt, und zwar sowohl nach innen zur Stiftung von Identität, Zugehörigkeit und Heimatbewusstsein der Haller Alt- und Neubürger (zu ihrer Stadt) als auch in der Auswirkung als Einkaufsstadt und Anziehungsfaktor für Tagestouristen.

Die Entwicklungstendenzen dieser Stadt und die Tatsache, dass ich als „Haller Altbürger" über eine jahrzehntelange Vertrautheit mit der Entwicklung Halls auch deshalb verfüge, weil ich schon im Zuge meiner Diplomarbeit für das Lehramt in Geographie mit dem Titel *„Stadtgeographie von Hall"* Mitte der 1960er-Jahre Primärerhebungen durchgeführt habe, die aufschlussreiche Zeitvergleiche und Prozessanalysen ermöglichen, sowie mein persönliches Interesse an der Stadterneuerung und Stadtentwicklung um die Jahrtausendwende bzw. in der zeitlichen Nähe zum 700-jährigen Stadtjubiläum im Jahre 2003 waren für mich letztlich ausschlaggebend, diese Thematik nach 35 Jahren noch einmal aufzugreifen.

Die vorliegende Arbeit beschränkt sich dabei vor allem auf zwei Problemkreise, denen bis Ende der 1960er-Jahre noch kaum Beachtung geschenkt wurde, nämlich Altstadtsanierung und Migration. Den Standorten und der Struktur des Einzelhandels gilt zwar seit den 1970er-Jahren ein verstärktes Interesse der Geographie, doch war es im Rahmen dieser Arbeit nicht mehr möglich, eine genaue Analyse des „Wandels im Handel" in Hall zu diskutieren, was aber in einem anderen Rahmen erfolgen wird.

Beim Thema Altstadtsanierung und -erneuerung, mit welchem sich die Stadtgemeinde Hall seit Beginn der 1970er-Jahre eingehend beschäftigt, liegt die Gewichtung vor allem in der Auseinandersetzung mit den letzten zehn Jahren des 20. Jh. Mein besonderes Interesse galt und gilt aber auch den Problemen der „Gastarbeiter" in Hall, welche nicht nur im Zusammenhang mit der Altstadtsanierung, sondern mit der gesamten wirtschaftlichen und gesellschaftlichen Entwicklung von Hall gesehen werden müssen. Die erschütternden Ergebnisse um das New Yorker World Trade Center, in deren zeitliche Nähe der Abschluss dieser Arbeit fiel, haben deutlich gemacht, dass ethnisch-religiöse Fragen im Zusammenleben von Menschen unterschiedlicher Herkunft und Ausgangskulturen höchste Aktualität besitzen und Probleme, die daraus entstehen können, möglichst rasch erkannt und behoben werden müssen.

Die Methoden sind, der prinzipiell hermeneutischen Logik der Arbeit folgend, vielfältig und dem jeweils behandelten Fragenkreis angepasst. Neben der herangezogenen umfangreichen Sekundärliteratur, vor allem für den geschichtlichen Rückblick, basiert das Ergebnis je nach Thematik auf Aktenstudien, Kartierungen, Befragungen und zahlreichen Interviews, sowie teilnehmender Beobachtung, ergänzt durch die Ergebnisse der amtlichen Statistik. Leider standen zum Zeitpunkt der Fertigstellung Detaildaten der österreichischen Volkszählung aus dem Jahre 2001 noch nicht zur Verfügung, so dass bei vielen Tabellen mit den Ergebnissen der Volkszählung des Jahres 1991 das Auslangen gefunden werden musste.

Das im Rahmen der Dissertation erfasste, umfangreiche Datenmaterial wird im Folgenden zusammen mit den breitflächig gesammelten Informationen in gestraffter Form wiedergegeben, wobei der Impetus der Arbeit nicht auf der Bewertung von Phänomenen, sondern auf einer möglichst exakten Dokumentation liegt.

## 2. Stadtentwicklung bis 1945 im Überblick

### 2.1. Lage und Naturraum

Das lang gestreckte Gemeindegebiet von Hall liegt im mittleren Inntal circa 10 km östlich der Landeshauptstadt Innsbruck und bedeckt eine Fläche von 553,8 ha. Die Stadtgemeinde bildet zusammen mit den Gemeinden Rum, Thaur, Absam, Gnadenwald, Mils, Tulfes und Ampass einen von 55 Planungsräumen in Tirol, den Planungsraum 18, Hall und Umgebung (*Abb. 1*). Der Siedlungskern befindet sich am unteren Ende eines Schwemmkegels, den der Weißenbach aus dem Halltal gegen das Inntal vorgeschoben hat, und der mit einem steilen Erosionsrand, dem so genannten Aurain, die Talsohle erreicht. Diese Böschung ist heute noch im Gemeindegebiet von Hall und Mils deutlich ausgeprägt.

Die Talau des Inn unterhalb des Schwemmkegels war bis ins 19. Jh. nur wenig besiedelt und erst durch Flussregulierung und Drainagierungen sowie Eisenbahn- und Autobahnbau starken Veränderungen unterworfen. Heute konkurrieren verschiedene Nutzungen in diesem Bereich. Während sich in Hall dort großteils Gewerbe und Industriebetriebe niedergelassen haben, dominiert in der westlich anschließenden Nachbargemeinde Thaur noch die landwirtschaftliche Nutzung mit intensivem Feldgemüseanbau. Für den Naturhaushalt hatte die Talau mit ihren einstmals ausgedehnten Auwäldern und Augewässern eine enorme Bedeutung. Durch die starken kulturlandschaftlichen Veränderungen der letzten Jahrzehnte, bedingt durch Industrialisierung und steigendes Verkehrsaufkommen, treten in zunehmendem Maße hohe Lärm- und Schadstoffbelastungen auf.

Demgegenüber bietet der Schwemmkegel wertvolles Kulturgelände und ist daher schon von alters her besiedelt. Die Dörfer Absam und Mils sowie die Obere Stadt von Hall sind auf ihm entstanden.

Dem Halltal, das nördlich der Stadt aus dem Karwendel ins Inntal mündet, verdankt Hall nicht nur das wertvolle Salz, sondern auch sein gutes Trinkwasser, das von alters her besonders erwähnt wird. Hall besaß bereits zur Zeit der Stadterhebung 1303, wahrscheinlich aber schon früher, ein Wasserversorgungsnetz aus Holzrohren, welches laut *Guarinoni* (1610, 456 f.) öffentliche Brunnen, Patrizierhäuser, Fischkalter sowie Spring- und Ziehbrunnen versorgte.

Klimatisch wird Hall durch den über die Brennerfurche einströmenden Föhn beeinflusst. Durch die positive Temperaturanomalie beschleunigt er im Frühjahr die Ausaperung und somit früheres Wachstum und Blüte sowie die Reife im Herbst. Für die Wohnqualität wirkt er sich besonders im Westen der Stadt mitunter negativ aus. Hier und in Heiligkreuz sind die Föhnböen am stärksten. An Föhntagen werden die Abgase von Autobahn und Industrie, vor allem jene der Tiroler Röhren- und Metallwerke, bis weit in die Stadt hinein getragen. An solchen Tagen unterscheidet sich die Haller Luft wesentlich von der von *Guarinoni* beschriebenen: *„... Er (der Appetit) ist dem Salzgeruch zuzuschreiben, der in Hall herrscht. In Hall bedarf man keines Salates mit Essig, um den Appetit zu wetzen. Die durch Salzdämpfe durchzogene Luft, die auch* *viel gesünder und fürtrefflicher ist als anderswo, erweckt hier mehr als anderswo die Esslust und macht die Gemüter heiter und froh ..."* (Guarinoni 1610, 458).

*Abb. 1*: Lage von Hall

Quelle: Ausschnitt Tirol-Atlas; Top. Übersichtskarte 1:300.000

## 2.2. Der Wandel der geographischen Lagefaktoren und ihr Einfluss auf die Stadtentwicklung

### 2.2.1. Aufstieg und Blütezeit

Die Entstehung von Hall hing unmittelbar mit der Entdeckung eines Salzvorkommens im Halltal und seiner Verarbeitung zusammen. Eine *„Saline im Inntal nahe der Burg Thaur"* wird im Jahre 1232 erstmals urkundlich erwähnt. Das *„Salzhaus ... ze Halle"*, also die Salzniederlage an dem hier erstmals genannten Standort, taucht 1256 auf. Damals muss also schon eine Soleleitung vom Halltal herab zur Saline bestanden haben.

Auch die günstige Verkehrslage hat die Entwicklung von Hall wesentlich beeinflusst. Bereits zur Römerzeit war der Raum Innsbruck ein wichtiges Durchzugsgebiet. Von der Hauptverkehrsader über den Brenner zweigte in Veldidena (Innsbruck-Wilten) eine Straße in das Unterinntal ab (*Hye* 1993). Sie gelangte auf der südlichen Talseite über Amras nach Ampass und traf sich mit einem schon in vorrömischer Zeit vom Brenner kommenden Handelsweg (später „Hochstraße" oder „Ellbögner Straße" genannt), der über Matrei - Ellbögen - Patsch - Aldrans nach Ampass und weiter in Richtung Unterinntal führte. Diese Verkehrsverbindungen erhielten im 13. Jh., als der Handel zwischen Italien und Deutschland stark zugenommen hatte, erneut große Bedeutung.

Mit dem Stadtrechtsprivileg im Jahr 1303 erwarb Hall das Recht, eine Brücke über den Inn zu bauen und damit unmittelbaren Anschluss an die Straße südlich des Inn zu erlangen. Vor allem der Landesfürst als Inhaber des Salinenbetriebes hatte zur Versorgung des südlichen Landesteiles mit Salz großes Interesse an einer gut ausgebauten und möglichst kurzen Straßenverbindung über den Brenner. Die Straße erlangte auch deshalb eine enorme Bedeutung, da Hall seit dem Bau des Holzrechens über den Inn Kopfstation der Innschifffahrt geworden war. Im Mittelalter zog man nach Möglichkeit die Wasserstraße der Landstraße vor. Zu Wasser kam man schneller voran, zudem war das Reisen zu Land teurer. Dasselbe galt auch für den Warentransport. Der Inn wurde daher für Tirol ein wichtiger Handelsweg, auch wenn er in den Wintermonaten nicht befahrbar war.

Warum gerade Hall und nicht Innsbruck Flusshafen geworden ist, hat mehrere Gründe:
- Ein Grund lag darin, dass der oberhalb der Innbrücke erbaute Holzrechen der Schifffahrt hinderlich war. Dieser überspannte den Inn und sammelte das Triftholz aus dem Oberland und dem Engadin. Mit diesem Holz, das man auf der „Lend" zum Trocknen lagerte, wurde viele Jahrhunderte lang die Sole aus dem Halltal erhitzt und damit Salz gewonnen.
- Ein zweiter Grund bestand wahrscheinlich in dem durch den Sillfluss bedingten höheren Wasserstand des Inn in Hall, wodurch dieser auch für schwerere Zillen befahrbar wurde.
- Ferner war für italienische Handelsreisende, die nach Bayern oder nach Oberösterreich wollten, die Wegverbindung vom Brenner über die „Hochstraße" zum Haller Hafen bedeutend kürzer als der Weg über Innsbruck.

Weiters verlief der alte orographisch linksseitige Talweg Innsbruck - Kufstein nicht in der Talniederung, sondern führte wegen Versumpfung und Überschwemmungsgefahr seit ungefähr 1232 am Gebirgsfuß entlang über Mühlau - Arzl - Rum - Thaur - Absam - Mils weiter ins Unterinntal. Von Thaur zweigte eine Straßenverbindung nach Heiligkreuz ab und näherte sich hier der Böschung des Haller Schwemmkegels (*Hye* 1993). Im Bereich des um 1380 erbauten Thaurer oder Unteren Egelhaustores, auch Heiligkreuzer Tor genannt, mündete diese in die Salvatorgasse, die wegen der bis 1406 hier abgehaltenen Märkte lange Zeit Marktgasse hieß (*Abb. 2*). Von der Marktgasse aus musste der Weg jedoch eine steile Böschung überwinden und folgte einem wahrscheinlich durch einen alten Wasserlauf entstandenen natürlichen Graben, der heute noch „Langer Graben" heißt. Diese Stelle dürfte damals die einzige Möglichkeit gewesen sein, von der Talniederung den heutigen Oberen Stadtplatz zu erreichen. Von dort führte der Weg dann durch das Milser Tor in Richtung Mils und weiter ins Unterinntal.

Natürlich bildete dieses steile Straßenstück in Hall ein Hindernis für schwer beladene Karren, und das bedeutete oft Wartezeit, während der es möglich war, Pferde auszutauschen oder beschlagen zu lassen, Waren umzuladen oder einfach nur Rast zu machen bzw. über Nacht zu bleiben. Eine günstige Stelle, an der sich nach und nach Gewerbe und Handel niederließen. *„Demnach entstand die Stadt Hall als einzige in Tirol nicht als eine vom Straßenverkehr geprägte oder den Straßenverkehr dirigierende Stadt, sondern primär um dem infolge von Saline und Hafen angekurbelten Wirtschaftsleben den entsprechenden Raum, die adäquaten Beherbergungsmöglichkeiten und durch die Ummauerung auch die nötige Sicherheit zu bieten. Die Lage und der west-östliche Verlauf der ‚Marktgasse' lassen übrigens noch heute die Voraussetzungen und Planungsziele für ihre Anlage erkennen. Sie bildet den untersten Abschnitt jenes Straßenzuges, der vom* *alten Talweg Thaur - Absam - Mils über Heiligkreuz - Gampass herabführt, und zwar geradewegs einerseits zum Pfannhaus und andererseits zum ehemaligen Innhafen bzw. zur Unteren Lend. Die Marktgasse ist dadurch als eine völlig auf die beiden Einrichtungen hin orientierte Marktsiedlung charakterisiert. Dies kommt dadurch zum Ausdruck, daß ihr, nachdem sie zu einem Hafen führte, eine adäquate, straßenmäßige Fortsetzung in Richtung Unterinntal fehlt"* (Hye 1993).

*Abb. 2:* Wachstumsphasen von Hall

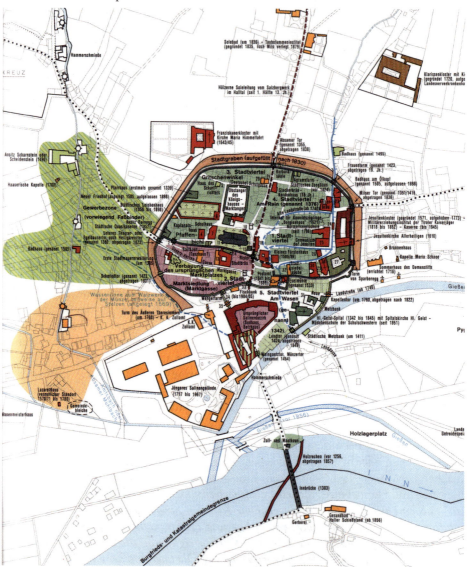

Quelle: Ausschnitt aus der Karte „Wachstumsphasen von Hall" von Franz-Heinz Hye. In: Österr. Städteatlas, 4. Lieferung. Hall in Tirol. Wiener Stadt- und Landesarchiv, Wien 1993

Saline, Innhafen und dem dadurch rasch aufblühenden Handel verdankt Hall seinen frühen und raschen Aufschwung. Mit der Verleihung des Stadtrechtes im Jahr 1303, wobei Hall mit denselben Privilegien wie Innsbruck ausgestattet wurde, erhielt Hall neben der Pflicht der Stadtbefestigung auch besondere Rechte und Freiheiten. Besonders wichtig war das Recht der „Niederlage": Alle durchfahrenden Kaufleute, sei es zu Land oder zu Wasser, mussten in Hall ihre Waren abladen. Dieses Privileg verschaffte vor allem den Transportunternehmen, die das Be- und Entladen der Waren vornahmen, Arbeit und Verdienst. Die abgeladenen Waren (Ballen) wurden im „Ballhaus" in der Salvatorgasse gelagert. Darüber hinaus waren die durchziehenden Händler gezwungen, ihre Waren in der Stadt zum Verkauf anzubieten, wobei die Haller Kaufleute das Vorkaufsrecht hatten. Diese zogen auch großen Nutzen aus dem Salzhandel, indem sie Salz bei der Saline zu einem günstigen Preis kaufen und dieses entweder in der Stadt auswärtigen Kaufleuten anbieten konnten oder selbst für den Weitertransport sorgten und es gewinnbringend verkauften.

Durch die Verleihung von zwei Jahrmärkten im Jahr 1356 setzte sich der Aufschwung der Stadt fort. Im Zusammenhang mit der günstigen Situation Halls als Umschlagplatz durch die Innschifffahrt und damit des gesamten Warenimports und Warenexports konnten diese Märkte zu den wichtigsten Handelsmessen des Landes nach der Bozner Messe ausgebaut werden. Die Haller Märkte fanden jeweils im Frühjahr (29. April) und im Herbst (16. Oktober) statt, anfangs wie erwähnt in der Marktgasse, ab 1406 nach der Schenkung des „Rathauses samt Turm und Baumgarten" im Obstanger des Königshauses (*Abb. 2*). Da sie bald weit über die Grenzen Tirols hinaus bekannt waren und die Händler von weit her kamen, konnte ihre Dauer später sogar auf 14 Tage ausgebaut werden. Im Gegensatz zu Bozen suchten die Haller Märkte vor allem deutsche Kaufleute auf, „*... aus Nürnberg, Salzburg, München, Kempten, Iglau, Kaufbeuren, Reichenhall (...) Aus Hamburg und Magdeburg kam Zucker, aus Nürnberg Kaffee, Fischbein und Tabak, aus Petersburg Juchtenleder, aus Livorno, Triest und Genua Orientwaren, aus Basel Safran, aus Nantes Indigo, aus Breslau und Stettin Heringe, Talg, Krebsaugen und Tran, aus Florenz Seide ...*". Die Haller Märkte und Kaufmannsfirmen hatten ihre größte Zeit erst im 17. und 18. Jh. Um 1800 waren noch 30 große Handelsfirmen auf den Haller Märkten (*Egg/Pfaundler/Pizzinini* 1976, 266).

Schon sehr früh gelang es deshalb den zu Reichtum gekommenen Haller Händlern und wohlhabenden Kaufmannsfamilien, das politische und wirtschaftliche Leben der Stadt zu beherrschen und die Landesfürsten zu unterstützen, sei es durch Geldzuweisungen, durch die mehrmalige mutige Verteidigung der Stadt oder durch die Vertreibung protestantischer Prediger. Die jeweiligen Landesfürsten bedankten sich auf ihre Weise, indem sie wichtige Privilegien erneuerten oder neue erteilten. 1363 wurde der Stadt beispielsweise die Zollfreiheit für den Warenhandel inn- und donauabwärts verliehen. 1372 verzichteten die Haller aber auf diese Zollbefreiung und erhielten im Tausch dafür die Zölle, die in Innsbruck und Hall an der Innbrücke eingehoben wurden. Die wichtigste Zollstätte für Hall war nämlich der „große Zoll" an der Haller Innbrücke. Im Laufe des 14. und 15. Jh. verstand es Hall, sich die Verfügung über sämtliche Straßen- und Brückenzölle zu sichern, die in der Umgebung zu entrichten waren. Der „Kleine Zoll" wurde im Osten der Stadt an der Stelle eingehoben, die man heute noch beim „Alten Zoll" nennt. Ferner hatte Hall noch das Verfügungsrecht über die Zölle an der Volderer Brücke, an der „Hochstraße" zum Brenner und an der Ruezbrücke (an der Brennerstrecke nach Innsbruck).

Hall wurde dadurch zu einer der wichtigsten Handelsstädte des Landes, in der auch dem Gewerbe bald sehr große Bedeutung zukam. Die Handwerker standen als Bürger den Kaufleuten gleich. Sie waren nach ihrer Beschäftigungsart in Bruderschaften oder in Zünften vereinigt, welche ihre Interessen vertraten. Die Gilden der Kaufleute und die Zünfte der Handwerker waren mehr als nur Berufsvereinigungen. Ihnen oblag vor allem das ökonomische und soziale, das kulturelle Leben der Stadt. Über Quantität und Qualität der Waren und Erzeugnisse gab es ebenso Vorschriften wie über die Zahl der Gehilfen und Gesellen, wie über Kleider und Heiraten (*Schäfers* 2000, 71).

Zu einem der wichtigsten Wirtschaftszweige entwickelte sich bereits im 14. Jh. das Transportgewerbe. Die so genannte Nauschifffahrt innabwärts war fest in der Hand von Haller Bürgern. Auch der überwiegende Teil der Schiffsleute, die den Zoll an der Donau bei Aschach passierten, stammte aus Hall. Innabwärts lieferte man vor allem Salz, Holz, Erz und Wein, innaufwärts Getreide und Fleisch.

Auch das Gastgewerbe wurde bald ein bedeutender Wirtschaftsfaktor, denn mit dem Markt- und Niederlagsrecht war für die Bürger der Stadt das Recht, Gasthäuser für Reisende zu betreiben, verbunden. Als Herzog Friedrich V., der spätere Kaiser Friedrich III., im Jahr 1439 der Stadt ihre alten Privilegien bestätigte, verlieh er ihr zudem das Recht, dass „… *ohne Wissen und Willen ihrer Bürger niemand zwischen Innsbruck und Terfens ein Gewerbe oder Handlung mit Kaufmannschaft, Gastung oder Weinschank ausüben dürfe …*" (*Stolz* 1981, 125).

Mit der Zeit entstand ein vielfach differenziertes und spezialisiertes städtisches Gewerbe, das sich nicht nur auf den Handel und Verkehr einstellte, sondern auch den Bedarf an gewerblichen Artikeln aller Art für die steigende Bewohnerzahl zu decken hatte. Die Handwerker arbeiteten teils zum freien Absatz auf den Märkten oder in ihren Häusern auf Bestellung. Viele brachten es zu großer Kunstfertigkeit, so dass selbst der Landesfürst zu ihren Kunden zählte. So erhielt beispielsweise der berühmte Tiroler Messerschmied Hans Sumersberger aus Hall 1497 für die an Kaiser Maximilian I. gelieferten Messer und Schwerter 32 Gulden. Von seinen Arbeiten haben sich das österreichische Lehensschwert und das Jagdschwert Maximilians in Wien, das lange Messer in Kopenhagen und das fünfteilige Jagdbesteck im Kloster Kremsmünster erhalten (*Egg/Pfaundler/Pizzinini* 1976, 76).

Als sich Hall zu Beginn des 15. Jh. durch Salzbergbau und Saline, Innschifffahrt, Handel, Jahrmärkte sowie Zolleinnahmen zu einer sehr wohlhabenden Stadt entwickelt hatte, erlitt die Stadt durch den verheerenden Brand im Jahr 1447 einen ersten schweren Rückschlag. Die gesamte ummauerte Stadt war fast zur Gänze abgebrannt, da alle Löschversuche durch starken Föhn vereitelt worden waren. Nur wenige Häuser in der Unterstadt sowie das Salinenviertel und alle anderen Gebäude außerhalb des unmittelbaren Stadtbereichs blieben vom Brand verschont. Obwohl der Wiederaufbau sofort eingesetzt hatte, und auch der folgende Frühjahrsmarkt in provisorischen Ständen bei der Saline abgehalten werden konnte, war Hall über etliche Jahre in eine wirtschaftliche Stagnation geraten. Zur Überwindung dieser schwierigen Situation erhielt Hall ein weiteres Privileg mit der „Ländordnung", die 1452 erstmals niedergeschrieben und dann 1553 erneuert worden war. Fortan bestand auf der Schiffslände in Hall für alle Waren, die am Inn auf den Schiffen herangeführt wurden, ein unbedingter Stapel- und Verkaufszwang. Dies war für die Haller Handelsleute deshalb von großer Bedeutung, da durch das Aufblühen des Schwazer Silberbergbaues große Mengen an Nahrungsmitteln herantransportiert werden mussten. Hall konnte sich beim Getreidehandel eine Monopolstellung in Tirol sichern, da die ausländischen, vorwiegend bayrischen Getreidehändler ihr Getreide nur in Hall zum Kauf anbieten durften. Nicht nur die Haller Händler, sondern die Stadt selbst schaltete sich in diesen Zwischenhandel ein. Sie ließ durch einen eigens bestellten „Getreidekastner" bei Überangeboten billiges Getreide ankaufen und setzte es zu Zeiten reger Nachfrage mit Gewinn ab. Auf diese Weise hatte sie ein Instrument der Preisgestaltung in der Hand, mit dem sie auch für die ärmeren Bevölkerungsschichten die Versorgung sichern konnte. Das Getreide wurde zunächst in einem Gebäude der Unterstadt gespeichert, im Jahr 1561 entstand jedoch ein neuer „Getreidekasten" auf der Lend, ein in dieser Größe in ganz Tirol einzigartiger Funktionsbau.

Auch der Wein, der hauptsächlich auf der Ellbögner Straße von Südtirol an die Haller Schiffslände gebracht wurde, musste zuerst einen Tag und eine Nacht in Hall angeboten werden und erst dann, wenn in dieser Zeit kein Haller Händler Kaufinteresse zeigte, durfte der Wein von den vor allem bayerischen Frächtern weiterverkauft werden.

Die Zeit des Wiederaufbaues der Stadt nach dem Brand von 1447 wird von vielen Historikern als die „glücklichste Zeit" der Stadt in der Geschichte bezeichnet. Haller Handelsfirmen beteiligten sich jetzt auch am Schwazer Silberbergbau und waren dadurch in der Lage, ihre Bürgerhäuser noch prächtiger als vor dem Brand aufzubauen und sie mit Fresken und Holztäfelungen in den Innenräumen zu versehen. Mittels Darlehen, die reiche Handelsfamilien gegen einen jährlichen Zins an die ärmeren Bevölkerungsschichten vergaben, konnten auch die übrigen Häuser wieder neu errichtet werden. Wenn also heute - auch im Zuge der Altstadterneuerung - von der spätmittelalterlichen Stadt mit ihrem wertvollen Baubestand die Rede ist, bezieht sich die Bausubstanz der mit 300 Gebäuden größten Altstadt Tirols weitgehend auf diese Zeitepoche (*Baualterpläne österr. Städte:* Hall in Tirol, 1988).

Ein weiterer Meilenstein für das wirtschaftliche und städtische Leben Halls im späten Mittelalter war die Ausprägung der ersten Münzen 1477. Für die Eröffnung einer zweiten Münzstätte in Hall - neben der seit dem 13. Jh. in Meran bestehenden - waren vor allem zwei Gründe ausschlaggebend: Einerseits produzierte und exportierte Hall viel Salz, wodurch viele ausländische Gold- und Silbermünzen nach Hall strömten, die man nach den damaligen Gepflogenheiten in der um 1450 bei der Saline errichteten Schmelzhütte eingeschmolzen hat. Ein Problem bedeutete dabei der Transport des daraus gewonnenen Feinsilbers und Feingoldes als Grundmaterial für die Münzprägung nach Meran. Der zweite Grund waren die für damalige Verhältnisse enormen Silbervorkommen bei Schwaz, die seit der Mitte des 15. Jh. abgebaut wurden. Das Schwazer Silber konnte jedoch in Schwaz nicht verarbeitet werden, da der Ort damals keine Stadt und damit auch nicht befestigt war. Im ummauerten Hall war die Prägestätte sicherer und der Transport des Silbers auf Schiffen wesentlich kürzer

(*Moser* 1981, 93). Anfangs befand sich die Münzstätte im Ansitz Sparberegg an der Südostecke der Oberstadt. Nach der Gründung des Damenstiftes übersiedelte sie in die Burg Hasegg. Die Haller Münze eroberte sich schon bald einen guten Ruf, die 1482 bis 1486 durchgeführte Münzreform bestimmte das europäische Währungssystem durch Jahrhunderte und machte Hall zu einem weltweiten Begriff. Die erste europäische Großmünze, der Taler, war dreihundert Jahre die beständigste europäische Silbermünze. Da der immer größer werdende Geldbedarf durch die mühsame Handprägung nicht mehr zu bewältigen war, ließ Erzherzog Ferdinand von Tirol im Jahr 1566 die ersten Münzen maschinell prägen. Innerhalb eines Jahrzehnts wurde die so genannte Walzenprägung dann in ganz Europa eingeführt.

## 2.2.2. Niedergang und Neubeginn

Obwohl nach dem verheerenden Stadtbrand im Jahr 1447 die Bürgerhäuser in wenigen Jahrzehnten wieder aufgebaut und die Stadtbefestigung wieder ausgebaut waren und Hall wirtschaftlich auf dem Höhepunkt seiner Macht stand, erwuchs der Stadt durch das nur 10 km entfernte Innsbruck zunehmende Konkurrenz. Die Verlegung der landesfürstlichen Residenz von Meran nach Innsbruck im Jahr 1420 und die damit verbundene politische Stärkung der Stadt geschah auch wegen der günstigeren Verkehrslage von Innsbruck direkt an der Kreuzung West-Ost durch das Inntal mit der Brennerstraße und ihrer Fortsetzung über den Seefelder Sattel nach Bayern, so dass Hall allmählich von Innsbruck überflügelt wurde.

Zwar blieben der Salzabbau und die Salzgewinnung wichtigstes wirtschaftliches Standbein von Hall, bei den übrigen Wirtschaftsfunktionen aber war der allmähliche Niedergang nicht zu übersehen. Die Haller Märkte standen zwar im 17. und 18. Jh. noch in voller Blüte, selbst um 1800 waren noch 30 große Handelsfirmen auf den Haller Märkten vertreten, doch durch neue Zollordnungen wurde die Einfuhr ausländischer Waren erheblich erschwert. Und so stand im *Innsbrucker Tagblatt* im Jahr 1853 zu lesen: *„Die einst so besuchte Haller Messe gerät allmählich so in Verfall, daß sie bald nicht mehr als ein Dorfmarkt sein wird. Dennoch wird vom Balkon des Rathauses das Marktprivileg verlesen. Beim letzten Markt herrschte eine solche Langeweile, daß drei angesehene Fabrikanten in einer der Buden ein Kartenspiel machten"* (*Stolz* 1953, 67).

Nachteilig wirkte sich in diesem Zusammenhang auch der Bau der neuen Landstraße 1770 aus. Sie verlief von Osten kommend nicht mehr am oberen Rand des Schwemmkegels und dann weiter durch die Stadt, sondern stieg beim „Alten Zoll" in die Talniederung hinab und verlief über den Unteren Stadtplatz durch die Haller Au nach Innsbruck. Die heutige Bundesstraße folgt in etwa dieser Trasse. Damit verlor die Stadt ihre Lebensader, da der Verkehr nun rasch an Hall vorbeifloss. Besonders das Transport- und Reparaturgewerbe sowie die Wirte waren dadurch am meisten betroffen. Die Ellbögner Straße, zwar 1770 erneuert, war 1797 bereits wieder in einem so schlechten Zustand, dass sie von Fuhrleuten gemieden wurde und nach dem Ausbau der Brennerstraße um 1840 endgültig ihre Bedeutung verlor. Mit dem Verlust der Vorrangstellung im Verkehr gingen in Hall einige Gewerbe wie Schiffsmeister, Schlosser, Schmiede oder Fasser immer mehr zurück. Auch die politischen Veränderungen spielten dabei eine wesentliche Rolle. Die josephinische Reformpolitik und später die napoleonischen Kriege veränderten die Wirtschaftslage in Hall nachteilig. Die staatliche Gewerbepolitik trug dazu bei, dass die Zünfte ihre ehemalige Macht einbüßten und das einst blühende Gewerbe in der Mitte des 19. Jh. nur mehr ein bescheidenes Dasein führte.

In einem Bericht über das Finanzwesen der Stadt aus dem Jahr 1785 wird die allgemeine, wie es scheint, sehr schlechte Wirtschaftslage der Stadt folgendermaßen beschrieben: *„Die Einwohner der Stadt bestehen zu drei Viertel aus Salz-, Berg- und Münzarbeitern, gemeinen Taglöhnern und Professionisten, die ihren Unterhalt nur kümmerlich finden. Der Verdienst der Bürger und Gewerbsleute hat durch die Aufhebung des königlichen Stiftes und Gymnasiums und besonders dadurch, daß die neue Kommerzialstraße außerhalb der Stadt (vom Unteren Stadtplatz ostwärts, um die Steigung durch die Stadt zu vermeiden) gezogen wurde, ... gelitten ... Die Stadt Hall hat daher von den früheren Zeiten den bloßen Namen mehr beibehalten, ihre Bürger sind meist mittellose und kummervolle Nahrungserwerber geworden. Sie erhoffen, daß sie nach den rühmlichen Beispielen ihrer Voreltern, die im Dienste ihrer Landesfürsten als die treuesten Untertanen sich auszeichneten, von diesen wieder eine Begünstigung erhalten, da ihre mißliche Lage nicht ihre Schuld ist ..."* (Stolz 1953, 45).

Auch für die Innschifffahrt war im 19. Jh. das Ende gekommen. Im Jahr 1603 gab es 13 Schiffmeister in Hall, 1686 nur mehr sechs und 1770 schließlich noch drei. Die Zahl der Innschiffe nahm daher seit 1750 rasch ab. Die Hauptursache dieses Rückganges lag zum einen an der feindlichen Haltung Bayerns gegenüber Tirol um die Mitte des 18. Jh. und die damit verbundenen drückenden Mauten am bayerischen Inn, so dass der Handel daher lieber den Weg über Salzburg wählte. Zum anderen litt die Haller Innschifffahrt großräumig unter dem Ausbau Triests zum österreichischen Hafen, wodurch sich der Haupthandelsverkehr nach Osten auf die neue Semmeringroute verlagerte.

Die Eröffnung der Eisenbahnlinie Kufstein - Innsbruck im Jahr 1858 schuf schließlich ein billiges und schnelleres Massentransportmittel für Güter und Menschen, so dass im Jahr 1873 das letzte Frachtschiff den Inn abwärts fuhr. Mit dem Bau der Brennerbahn Innsbruck - Bozen im Jahr 1867 war Innsbruck endgültig zum bedeutendsten Verkehrsknoten Tirols aufgestiegen. Zwar wurde Hall bei Entwürfen für die Brennerbahn mehrmals als Ausgangspunkt genannt und ein solches Projekt 1862 sogar dem Handelsministerium vorgelegt, auf Einspruch der Innsbrucker Stadtverwaltung jedoch abgelehnt. Nach diesem letzten Aufflackern geriet Hall nun auch verkehrsmäßig endgültig in die Abhängigkeit von Innsbruck. Die teilweise Verlegung des Frachtenbahnhofs nach Hall im Jahr 1920 stieß zwar auf erbitterte Gegenwehr der Stadtverwaltung, da die Bahnhofserweiterung mit dem Ausbau des Gleissystems und dem nicht unerheblichen Betriebslärm bei Tag und Nacht mit den Erfordernissen eines zukünftigen Kurortes nicht in Einklang gebracht werden könne. Die Bahn setzte aber schließlich ihr Vorhaben durch.

Da auch die Haller Münze schließlich ihre Bedeutung verloren hatte und 1809 eingestellt wurde, beschränkte sich die Bedeutung von Hall immer stärker auf den Salzabbau und die Salzerzeugung. Immerhin blieb die Saline wichtigste Einnahmequelle des Landesfürsten und erwirtschaftete im Jahr 1750 480.000 Gulden, was damals noch fast ein Drittel der Finanzeinnahmen des Landes bedeutete. Unter der Reform des Salinendirektors Dr. Johann Josef von Menz aus Bozen erreichte die Salzproduktion sogar noch ihren absoluten Höhepunkt. Ihm gelang es in den Jahren 1760 bis 1795, neue Sudhäuser zu errichten, die auch heute noch bestehen, und den Betrieb aus Holzmangel auf Kohlefeuerung umzustellen. Die gesamte Häringer Kohlenförderung, die damals in Staatshänden war, wurde Hall zur Verfügung gestellt. Damit verbunden kam es zu einem starken Abbau von Beschäftigten, da das Personal für die Holzbeschaffung überflüssig geworden war.

Wie bedeutend die Saline ehemals als Arbeitgeber für die Stadt Hall, aber auch für die Nachbargemeinden Thaur und Absam war, die schon in früheren Jahrhunderten einen Großteil der Belegschaft am Berg stellten, ist daraus zu ersehen, dass im Jahr 1597 am Salzberg, im Pfannhaus und für die Holzlieferung ungefähr 1000 Mann beschäftigt waren, 1827 insgesamt noch 606 und im Jahr 1840 schließlich 400 (*Stolz* 1953, 74).

Trotz zahlreicher Krisen und Schwierigkeiten konnte die Haller Saline bis zum Ersten Weltkrieg noch beachtliche Erträge abwerfen und auch zwei Weltkriege überstehen. Ihre Bedeutung ging allerdings immer mehr zurück. Durch den Zusammenbruch der Monarchie und die damit in unmittelbarem Zusammenhang stehenden Absatzverluste nach dem Ersten Weltkrieg gerieten die Salzbetriebe in Österreich jedoch in eine katastrophale Lage. Die Haller Saline war vor allem auch durch die Gebietsabtretung Südtirols an Italien 1919 schwer betroffen. Im Jahr 1951 kam zwar mit der Errichtung einer Thermo-Kompressionsanlage neue Hoffnung auf, da dadurch abermals Personal- und Energieeinsparungen möglich waren und damit rationeller gearbeitet werden konnte. Obwohl Hall mit diesem Umbau die modernste Saline Österreichs besaß und damals als Vorbild für die Neugestaltung anderer Salzgewinnungsanlagen galt, kam die Entscheidung zur Einstellung des Betriebes 1967 und damit das Ende des jahrhundertealten Haller Salzbergbaus durch die österreichischen Salinen zu diesem Zeitpunkt doch überraschend.

Schon in der frühesten Zeit der Haller Stadtgeschichte gab es zwar kleinere Sole-Heilbäder, doch erst die Bürgermeister Dr. Strasser (1864) und sein Nachfolger Dr. Stolz (1878) legten Pläne dar, ein neues Solebad zu errichten. Auf der heilkräftigen Salzsole aufbauend, sollte der Fremdenverkehr angekurbelt werden. Auch ein Verkehrsverein wurde im Jahr 1890 gegründet. 1912 hatte sich sogar eine so genannte „Solbadgesellschaft" aus einflussreichen Haller Bürgern gebildet, die aber wegen des Krieges ihre Pläne nicht verwirklichen konnte. 1926 entstand ein Werbefilm über Hall, ein Jahr später wurde die Errichtung eines Kurmittelhauses beschlossen. Der Bau konnte unter großen finanziellen Schwierigkeiten 1930 fertig gestellt und mit dem dazugehörenden Kurhotel ein Jahr später vollendet werden. Weitere Maßnahmen im Rahmen des Ausbaues des Fremdenverkehrs folgten mit der Schaffung des Kurparks und des Kurcafés und schließlich der Errichtung eines großen Freischwimmbades im Jahr 1940, das lange Zeit als das schönste in Nordtirol galt. Allerdings waren all diese Aktivitäten der Stadt wegen der allgemeinen wirtschaftlichen und politischen Lage der Zwischenkriegszeit wenig erfolgreich. Daran konnte auch die Umbenennung in „Solbad Hall" am 1. Jänner 1937 nichts ändern. Die ersten Jahre waren glatte

Ausfallsjahre, dann hielt der Zweite Weltkrieg die Gäste fern. Die in die Errichtung des Kurhauses und des Kurhotels gesetzten Erwartungen gingen auch nach dem Zweiten Weltkrieg nicht in Erfüllung. Mit der Einstellung der Saline und der Schließung des Salzberges im Jahr 1967 wurde auch die Frage des Kurortes Hall wieder ins Gespräch gebracht. Da sich der Traum eines internationalen Kurortes aber nicht realisieren ließ und schließlich auch der Kurbetrieb 1970 eingestellt werden musste, trägt die Stadt seit 1. Jänner 1975 wieder ihren alten Gemeindenamen „Hall in Tirol".

## 2.3. *Siedlungserweiterung außerhalb der Altstadt*

Bis zum 19. Jahrhundert war die Bautätigkeit weitgehend auf den Altstadtbereich bzw. den ehemals ummauerten Stadtkern beschränkt. Allerdings bildeten sich im Zuge des wirtschaftlichen Aufschwunges der mittelalterlichen Stadt kleine Siedlungskerne vor allem an den Stadtbächen und in Innnähe (*Abb. 3*).

So ist westlich der Altstadt schon seit dem 15. Jh. ein „Gewerbeviertel" entstanden, in dem sich die Fassbinder, die so genannten „Fasser", niederließen. Dieses Gewerbe erfuhr einen besonderen Aufschwung, als man begann, das Salz in Holzfässern zu verfrachten. Die Fasser nützten dabei das Gefälle des Amtsbaches im Bereich der drei Fassergassen. Am unteren Amtsbach - „Kugelanger" genannt - hatten sich schon um 1450 die Färber und Gerber angesiedelt. Auch die Kohlenhütten der Schmiede und Schlosser lagen hier. Weiters entstanden längs des Amts- und Stadtbaches Mühlen und Hammerschmieden. Nach deren Bedeutungsverlust sollten diese Bäche erst wieder im 19. und im beginnenden 20. Jh. Standorte für neue Betriebsgründungen werden, von denen aber nur wenige auch heute noch existieren, so die Turbinenfabrik Geppert (seit 1896) oder die Teigwarenfabrik Recheis (seit 1876).

Neben diesem Gewerbeviertel westlich bzw. südwestlich der Altstadt sind noch die Ausfallsstraßen nach Norden zum Salzberg und nach Osten in Richtung Mils zu nennen. Im Bereich der heutigen Münzergasse entstanden schon im Mittelalter Wohnräume für Salinenarbeiter, auf der Lend waren nahe der Schiffsanlegestelle vor allem Hafen- und Speicherbauten, Unterkünfte für Schiffsleute und Lendangestellte sowie der bürgerliche Schießstand (1480), eine Glashütte (1533) und der schon genannte neue Getreidespeicher (1561).

Gegen Ende des 19. Jh. war die Altstadt als Wohn- und Wirtschaftsraum trotz vieler Um-, Zu- und Ausbauten allmählich zu eng geworden. Während in der mittelalterlichen Stadt die Funktionen „Arbeiten und Wohnen" unter einem Dach und in einem Gebäude abgewickelt worden waren, bewirkte jetzt die zunehmende Industrialisierung die räumliche Trennung von Wohn- und Arbeitsplatz. Es war auch „modern" geworden, nicht mehr in der Stadt, sondern außerhalb der Stadtmauern auf einem „Landsitz" zu wohnen.

An der Wende vom 19. zum 20. Jh. wurde mit der planmäßigen Bebauung der Gründe nordwestlich der Stadt begonnen, wo das so genannte „Villenviertel" entstand (*Abb. 4*). Für dieses Viertel der Straub-, Erler-, Rudolf-, Sigmundstraße und Fuxmagengasse erließ die Stadt eine eigene Bauordnung. So durfte bei den Villen, die einen Mindestabstand von fünf Metern zur Grundstücksgrenze haben mussten, keine Stöckelgebäude oder sonstige Wirtschaftsgebäude errichtet werden. Jedes Grundstück war mit einem „ordentlichen" Zaun zu umgeben. Gleichzeitig legte die Stadt eine Reihe neuer Straßenzüge an, die erst 1901 Straßennamen erhielten. Das Villenviertel ist auch heute noch ein reines Wohngebiet der sozial besser gestellten Schichten. Neben dem Villenviertel entstanden in dieser Zeit eine Reihe von Klöstern und öffentlichen Bauten wie der Neubau des Klosters Thurnfeld (1861), das Zufluchtshaus der Barmherzigen Schwestern (1863), das Mutterhaus der Kreuzschwestern (1910), die „Irrenanstalt" (1830), das Gymnasium (1899) und das Krankenhaus (1910), allesamt Gebäude und Institutionen, die auch heute noch durch ihren Flächenbedarf das Bild der Stadt im Umkreis der Altstadt prägen.

Zwischen dem Ersten und Zweiten Weltkrieg nahm die Bautätigkeit ab und beschränkte sich auf punktuelle Bereiche. So erfolgte die Besiedlung des Weißenbachgrabens im Osten der Stadt hauptsächlich durch „Karrner", einem fahrenden Volk, das früher mit Karren durch das Land zog und sich u.a. mit Pfannenflicken und Scherenschleifen den Unterhalt verdiente. Dies könnte man nach *Lichtenberger* eventuell unter „chaotische Urbanisierung" einstufen. In peripheren Teilen der Stadt entstanden in der Zwischenkriegszeit „wilde Siedlungen", die von der Stadtgemeinde geduldet waren. Einige der Gründe dafür waren Arbeitslosigkeit, Brennstoffmangel und Wohnungsnot (*Lichtenberger* 1997, 212).

Zu den wenigen Bauprojekten dieser Zeit zählt der Ausbau des mächtigen städtischen Getreidekastens in der Unteren Lend zu einer Wohnanlage mit 24 Wohnungen im Jahr 1927. Gleichzeitig erfolgte die Umwandlung der alten Glashütte in unmittelbarer Nähe in ein städtisches Altersheim. Weiters entstand auf Initiative des Arbeitervereins mit der „Dollfußsiedlung" eine kleinere Wohnanlage mit Einfamilienhäusern am Uferweg beim Inn. Bis 1940 wurde nördlich von Heiligkreuz sowie im Westen der Stadt (Haller Feld und Haller Au) eine Reihe von Einfamilienhäusern errichtet.

Wie zahlreiche andere Orte in Tirol war auch Hall als Standort für eine „Südtiroler Siedlung" ausersehen, in der im Osten der Stadt (dem späteren Stadtteil Schönegg) umgesiedelte Südtiroler Familien 1941 eine neue Heimat finden sollten. Zu erwähnen ist ferner noch der Bau zweier Kasernen an den Ausfallstraßen, nämlich die Speckbacherkaserne (1936) beim „Alten Zoll" (im Osten) und die Straubkaserne (1940) an der Alten Landstraße (im Westen) der Stadt.

Durch die Eingemeindung von Heiligkreuz und Absam im Jahr 1938 erweiterte sich die Fläche von Hall zunächst wesentlich. Allerdings wurde Absam nach dem Krieg durch eine Volksabstimmung wieder selbständige Gemeinde. Heiligkreuz blieb mit seinen über 76 ha bei Hall und behielt im Kern seinen rein dörflichen Charakter. Damit erweiterte sich die Gesamtfläche der Stadt von 477 auf 553,8 ha.

Die wirtschaftliche Stagnation von Hall kommt auch in der knapp geschilderten Stadterweiterung zum Ausdruck, die bis in die Mitte des 20. Jh. insgesamt eher als bescheiden anzusehen ist.

*Abb. 3:* Hall im Jahre 1856

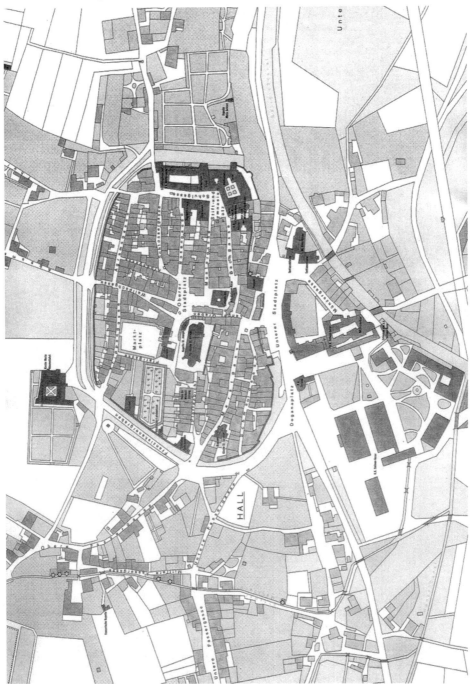

Quelle: Verkleinerter Ausschnitt aus der Karte „Hall in Tirol 1856". In: Österr. Städteatlas, 4. Lieferung. Hall in Tirol. Wiener Stadt- und Landesarchiv, Wien 1993

## 3. Siedlungsstruktur

### 3.1. Häuser- und Wohnungsbestand im Überblick

Nach dem Ergebnis der Volkszählung weist das Siedlungsgebiet von Hall im Jahre 2001 insgesamt 1741 Gebäude auf, von denen über 300 auf die Altstadt entfallen. Bezogen auf das Alter der Gebäude sind davon 653 oder knapp 39 % vor 1945, mehr als 60 % jedoch danach entstanden (*Tab. 1*). Da in dieser Zeit in der Altstadt kaum mehr bebaubare Flächen zu Verfügung standen, bezieht sich dieses Wachstum auf jene Siedlungsbereiche, die außerhalb der Altstadt liegen.

*Tab. 1:* Gebäudebestand 2001 nach Bauperioden

| Bauperiode | Anzahl der Gebäude | | |
|---|---|---|---|
| | absolut | in % | pro Jahr gerundet |
| vor 1919 | 471 | 27,0 | - |
| 1919 - 1944 | 182 | 10,5 | 7 |
| 1945 - 1960 | 339 | 19,5 | 21 |
| 1961 - 1970 | 302 | 17,3 | 30 |
| 1971 - 1980 | 224 | 12,9 | 22 |
| 1981 - 1990 | 171 | 9,8 | 17 |
| 1991 - 2001 | 52 | 3,0 | 5 |

Quelle: ÖSTAT - Häuser- und Wohnungszählung 1991; VZ 2001 (vorläufige Ergebnisse)

Die stärkste Zunahme erfolgte dabei in den ersten 25 Jahren nach dem Zweiten Weltkrieg. Ausschlaggebend für die starke Neubautätigkeit waren die damals verhältnismäßig günstigen wirtschaftlichen Rahmenbedingungen, die einerseits mit den in Relation zum Einkommen noch günstigen Baulandpreisen eine starke private Bautätigkeit auslösten und andererseits durch den wirtschaftlichen Nachholbedarf die Investitionstätigkeit der Industrie in die Höhe schnellen ließen. Belegen lässt sich dieser Aspekt dadurch, dass beinahe 40 % des heutigen Baubestandes aus der Zeit zwischen 1945 und 1970 stammen. Dieser hohe Anteil an Neubauten und die sinkende Zahl an Wohnungen je Haus hängt aber auch damit zusammen, dass in diesen Jahrzehnten besonders viele Ein- und Zweifamilienhäuser entstanden sind, wie *Tab. 1* zu entnehmen ist. Mit den zunehmend knapper werdenden Baulandreserven, den stark steigenden Bodenpreisen, der Forcierung einer verdichteten Bauweise und nicht zuletzt durch die Schaffung neuer Wohnungen im Zuge der Altstadtsanierung ist die durchschnittliche Anzahl von Wohnungen pro Haus seit 1981 wieder angestiegen. Während dieser Wert 1981 nur bei zwei Wohnungen pro Haus lag, erreichte er bis 2001 erneut die Marke 2,8 (*Tab. 2*). Mit 11 % des Gebäudebestandes im Jahr 1991 ist der Anteil an der Kategorie Fabrik- und Werkstättengebäude, die in der Nachkriegszeit in Bahnhofsnähe entstanden sind, vergleichsweise groß (*Fig. 1*).

*Fig. 1:* Gebäudenutzung 1991

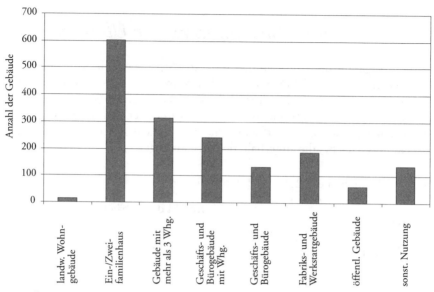

Quelle: ÖSTAT - Arbeitsstättenzählung 1991

Da die Bevölkerungszahl im Vergleich zur Neubautätigkeit geringer gewachsen ist, bzw. sich seit 1971 sogar wieder zu verringern begann, hat die durchschnittliche Belegung pro Haus erheblich abgenommen. *Tab. 2* veranschaulicht diese Entwicklung, der zu entnehmen ist, dass 1945 im Durchschnitt mehr als doppelt so viele Bewohner in einem Haus lebten als im Jahre 2001 mit nur mehr 6,6 Personen.

Aber nicht nur die Zahl der Bewohner pro Haus nahm ständig ab, sondern auch die der Personen pro Privathaushalt, die unscharf der Familiengröße entspricht (*Tab. 3*).

*Tab. 2:* Gebäude-, Wohnungs- und Bevölkerungszahl 1945 - 2001

| Jahr | Gebäude | Bevölkerung | Bewohner pro Haus | Wohnungen | Wohnungen pro Haus |
|---|---|---|---|---|---|
| 1945/1946 | 653 (1945) | 9.420 (1946) | 14,4 | - | - |
| 1951 | 796 | 10.075 | 12,7 | 2.476 | 4,1 |
| 1961 | 1.029 | 10.750 | 10,5 | 2.848 | 3,8 |
| 1971 | 1.346 | 12.335 | 9,1 | 3.673 | 3,4 |
| 1981 | 1.554 | 12.614 | 8,1 | 4.179 | 2,0 |
| 1991 | 1.689 | 12.368 | 7,3 | 4.545 | 2,7 |
| 2001 | 1.741 | 11.492 | 6,6 | 4.923 | 2,8 |

Quelle: ÖSTAT - VZ 1951 - 1991: Häuser- und Wohnungszählung; 1946: Meldeamt; VZ 2001 (vorläufige Ergebnisse)

*Tab. 3:* Personen pro Haushalt 1934 - 2001

|  | **1934** | **1961** | **1971** | **1981** | **1991** | **2001** |
|---|---|---|---|---|---|---|
| Einwohner | 8.657 | 10.750 | 12.873 | 12.614 | 12.368 | 11.492 |
| Haushalte | 1.820 | 2.975 | 3.735 | 4.442 | 4.363 | 4.648 |
| Personen/Haushalt | 4,7 | 3,6 | 3,4 | 2,8 | 2,8 | 2,4 |

Quelle: ÖSTAT - VZ 1934 - 1991, VZ 2001 (vorläufige Ergebnisse)

Bezieht man die Haushalte auf die Zahl der Einwohner, so kamen in Hall im Jahr 1934 durchschnittlich 4,7 Personen auf einen Haushalt, 2001 waren es nur noch 2,4. Die Ursachen sind nicht nur im Geburtenrückgang und dem Trend zur Kleinfamilie zu suchen, sondern vor allem auch im steigenden Anteil an Ein- oder Zweipersonenhaushalten (*Fig. 2*). Während ihre Quote bei der Volkszählung 1961 noch bei 20,6 % lag, ergab die Auswertung für das Jahr 2001 mit 1551 „Singlehaushalten" einen bereits doppelt so hohen Wert (33,4 %). Diese Entwicklung wird den Wohnungsbedarf und die Wohnungsgrößen in Zukunft nachhaltig beeinflussen (*Tab. 4*).

*Fig. 2:* Veränderung der Haushaltsgrößen 1981 - 2001 in Prozent

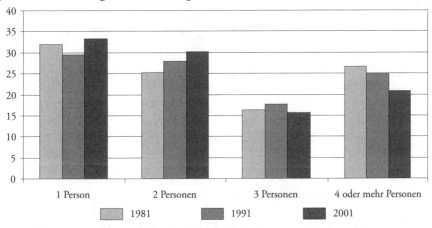

Quelle: ÖSTAT - VZ 1981, 1991, 2001 (vorläufige Ergebnisse)

Ähnlich wie bei den Gebäuden war der Zuwachs an Wohnungen in den Nachkriegsjahren sehr hoch, wobei das Jahrzehnt zwischen 1961 und 1971 mit beinahe 30 % Zunahme besonders heraussticht. Insgesamt stieg die Zahl der Wohnungen zwischen 1951 und 1991 um über 2000 an, die durchschnittliche Zahl an Wohnungen pro Haus halbierte sich zwischen 1951 bis 1981 von 4,1 auf 2,0 und stieg in der Folge, wie schon erwähnt, bis 2001 wieder auf 2,8 (*Tab. 2*).

Die Nachfrage nach kleineren Wohnungen dürfte auch in Zukunft ansteigen. Allerdings zeigt die Entwicklung im Wohnungsbau zumindest zwischen 1981 und 1991 in Hall das Gegenteil (*Tab. 5*): Der Anteil an Kleinwohnungen nahm nämlich ab, während jene mit über 60 m² einen Anstieg verzeichneten. Die Ursachen dürften in der Generalsanierung jener Altstadthäuser zu suchen sein, deren Wohnungen allgemein größer konzipiert worden waren.

*Tab. 4:* Entwicklung der Einpersonenhaushalte 1961 - 2001

| Jahr | Gesamtanzahl der Privathaushalte | davon Einpersonenhaushalte | Anteil in % |
|---|---|---|---|
| 1961 | 2.359 | 487 | 20,6 |
| 1971 | 3.735 | 833 | 22,3 |
| 1981 | 4.442 | 1.420 | 32,0 |
| 1991 | 4.363 | 1.283 | 29,4 |
| 2001 | 4.648 | 1.551 | 33,4 |

Quelle: ÖSTAT - VZ 1961 - 2001

*Tab. 5:* Wohnungsgrößen 1981 und 1991

| Nutzfläche in m² | 1991 | | 1981 | | Änderung in % |
|---|---|---|---|---|---|
| | absolut | % | absolut | % | |
| unter 35 | 317 | 7,0 | 453 | 10,8 | -30,0 |
| 35 bis 44 | 305 | 6,7 | 352 | 8,4 | -13,4 |
| 45 bis 59 | 681 | 15,0 | 631 | 15,1 | 7,9 |
| 60 bis 89 | 1.745 | 38,4 | 1.575 | 37,0 | 10,8 |
| 90 bis 129 | 1.123 | 24,7 | 897 | 21,5 | 25,2 |
| 130 und mehr | 376 | 8,2 | 271 | 6,5 | 38,7 |
| Summe | 4.547 | 100,0 | 4.179 | 100,0 | 8,8 |

Quelle: ÖSTAT - Häuser- und Wohnungszählung 1981 und 1991

Bedeutend verbessert hat sich in den letzten 50 Jahren der Zustand bzw. die sanitäre Ausstattung der Wohnungen, wobei leider auch hier mit den Zahlen bis 1991 das Auslangen gefunden werden muss. Dabei sticht das Jahrzehnt zwischen 1971 und 1981 ins Auge, denn in diesen zehn Jahren ist die Zahl der schlecht ausgestatteten Wohnungen (maximal mit Wasseranschluss) um die Hälfte auf 11,5 % zurückgegangen, der Anteil der Wohnungen mit Zentralheizung, Bad, WC und Wasser jedoch von 15 auf 40 % angestiegen. Auch hierin sind bereits die ersten Auswirkungen des Altstadtsanierungsprogramms spürbar (*Tab. 6*).

Nach diesem allgemeinen, vorwiegend statistischen Überblick soll in den folgenden Abschnitten die Siedlungsentwicklung im Einzelnen sowohl innerhalb als auch außerhalb der Altstadt von Hall erörtert werden.

*Tab. 6:* Wohnungen nach Ausstattungstyp 1961 - 1991 in Prozent

| Jahr | Wohnungsausstattung | | | | |
|---|---|---|---|---|---|
| | I - mit Zentralheizung, Bad, WC, Wasser | II mit Bad, WC, Wasser | III mit WC, Wasser | IV mit Wasser | V ohne Wasser |
| 1961 | 9,0 | 42,8 | 20,2 | 12,9 | 15,1 |
| 1971 | 15,1 | 47,2 | 15,9 | 9,9 | 11,9 |
| 1981 | 40,0 | 39,3 | 9,2 | 11,5 | |
| 1991 | 57,0 | 32,6 | 4,6 | 5,8 | |

Quelle: ÖSTAT - Häuser- und Wohnungszählungen 1961 - 1991

## 3.2. Siedlungsentwicklung seit 1945

Nach dem Ende des Zweiten Weltkrieges musste als erster Schritt mit der Beseitigung der Kriegsschäden und mit dem Wiederaufbau der Infrastruktur begonnen werden. Gerade Hall war durch seinen Verschubbahnhof gegen Kriegsende Luftangriffen ausgesetzt. Im Feber 1945 gingen allein im Bahnhofsbereich mehr als 1000 Bomben nieder, wobei 72 Todesopfer zu beklagen waren, 18 Häuser wurden gänzlich zerstört und 227 Gebäude mehr oder weniger beschädigt. Die Altstadt blieb mit Ausnahme des westlichsten Teiles der Salvatorgasse verschont. Mit diesem Luftangriff hatten die Alliierten ihr Ziel erreicht. Der Bahnhof war völlig zerstört, der Eisenbahnverkehr für vier Tage unterbrochen und die Verschiebetätigkeit für längere Zeit blockiert.

Mit bescheidenen Mitteln und durch die Zusammenarbeit aller Gemeindevertreter unter der Leitung des ersten Nachkriegsbürgermeisters Dr. Viktor Schumacher konnte der Wiederaufbau gestartet werden. Fast ein Fünftel des städtischen Haushaltes benötigte allein das städtische Fürsorgewesen. In dieser Notzeit gelang es, mehrere Hilfsaktionen durch die Patenstadt Winterthur in die Wege zu leiten, mit der auch heute noch regelmäßige Beziehungen gepflegt werden.

Der Wiederaufbau machte gute Fortschritte, wie im damaligen Haller Lokalanzeiger im November 1948 belegt wird, der „an allen Ecken und Enden der Stadt" Verschönerungs- und Erneuerungsbemühungen feststellte. Dabei wird auf „Fassadenfärbelungen" ebenso hingewiesen wie auf den schlechten Zustand der Straßen, deren Staubfreimachung auch noch in den 1950er-Jahren eine der dringlichsten Aufgaben der Gemeinde war. Für den stark zunehmenden Durchzugsverkehr auf der Bundesstraße bildete die alte Lorettokreuzung von Bahn und Straße im Westen der Stadt aus dem Jahr 1858 ein großes Verkehrshindernis. Mit dem Bau eine Überführung konnte aber erst 1951 mit Hilfe von ERP-Mitteln begonnen werden.

Ein weiteres Projekt aus dieser Zeit bezog sich auf die Stadtkanalisation. Auch wenn das städtische Wasseramt schon im Jahr 1939 auf Forderung der deutschen Wehrmacht einen Kanalisierungsplan entwarf, konnte erst im Jahre 1950 nach sorgfältiger

Vorbereitung mit den Bauarbeiten der Stadtkanalisation begonnen werden. Die alten „Ritschen", ehemals Vorbild für eine mittelalterliche Stadtentwässerung, waren bis zu ihrer Abdeckung mit Steinplatten um 1790 offene Gerinne, die vom Stadtbach gespeist wurden, der im Bereich der Guarinonigasse in das Stadtgebiet mündete. Mit dem Aufkommen des modernen Verkehrs waren viele seicht liegende Ritschen zerstört und wasserdurchlässig geworden. Wasser aus beschädigten Ritschen konnte in Keller eindringen, was zur Durchnässung und Ausspülung der Grundmauern der betreffenden Häuser führte.

In der Lokalpresse wurde die Bevölkerung über die dringende Notwendigkeit der Kanalisierung informiert, um auch die letzten Skeptiker zu überzeugen, wie im *Haller Lokalanzeiger* in einem Bericht vom November 1948 nachzulesen ist: *„Hall verliert deswegen seinen mittelalterlichen Charakter nicht, wenn seine Häuser den hygienischen Anforderungen entsprechen, die der moderne Mensch stellen darf".* Und zum Problem der Dachrinnenentwässerung heißt es weiter, *„... daß die Wassermassen aus den Dachrinnen sich in weitem Bogen von Dachhöhe auf die Straße ergießen".* Ohne beträchtliche Zuschüsse von Land und Bund hätte dieses Großprojekt jedoch nicht in Angriff genommen werden können, aber die mit vielen Mühen und Schwierigkeiten verbundenen Arbeiten brachten der Altstadt letztlich eine wesentliche Verbesserung der „haarsträubenden sanitären Verhältnisse". Am schlechtesten waren diese in der Unterstadt, weil hier der Abfluss und das Versickern der Abwässer durch den hohen Grundwasserspiegel gehemmt war. Außerdem bewahrte die Stadtkanalisation die Altstadt vor weiteren Gebäudeschäden und bildete somit eine Grundvoraussetzung für die spätere Altstadtsanierung. Mit der Fertigstellung des Klärwerkes auf dem durch die Innregulierung neu entstandenem Augelände der Guggerinsel im Jahr 1957 konnte die Stadtkanalisierung abgeschlossen werden.

Neben der Beseitigung der Kriegsschäden und dem Auf- bzw. Ausbau der Infrastruktur entstand entsprechend dem neuen Wohnleitbild des Eigenheimes aufgrund der billigen Grundstückspreise in den folgenden Jahren eine Vielzahl an privaten Einfamilienhäusern, wie im vorangegangenen Abschnitt bereits zahlenmäßig belegt wurde. Mit dem Bau der ersten größeren Siedlungshäuser im Osten der Stadt waren auch die weiteren Grundzüge der Stadtentwicklung vorgegeben. Denn im Jahre 1948 erläuterte der international anerkannte Städtebauer Architekt Clemens Holzmeister auf Einladung der Stadt seine Auffassung über den Aufbau der vom Kriegsgeschehen in Mitleidenschaft gezogenen Stadt Hall dahingehend, dass bei der künftigen Stadtentwicklung seiner Auffassung nach folgende Punkte im Besonderen zu berücksichtigen wären:
- Das mittelalterliche Bild der Haller Altstadt sollte möglichst unverändert erhalten bleiben, um seine Anziehungskraft auf Gäste aus „nah und fern" zu bewahren. Hall dürfte aber keine ausgesprochene „Museumsstadt" werden.
- Der östliche Stadtteil gegen Mils zu eigne sich auf Grund der vielen und guten Verbauungsmöglichkeiten vortrefflich zur Schaffung eines großen Wohnbezirkes in naher Zukunft.
- Der westliche Stadtteil hingegen sollte Industriegründungen vorbehalten bleiben, die eine aufblühende Stadt nicht entbehren könne. Besonders für die Obere Lend

*Abb. 4:* Orientierungsskizze von Hall

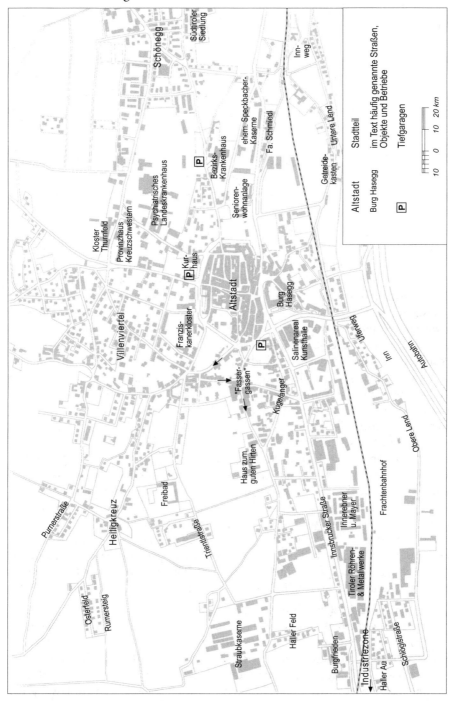

Kartengrundlage: Institut für Geographie, Universität Innsbruck

und die Haller Au sah Holzmeister gute Entwicklungsvoraussetzungen infolge der Nähe zu Bahn und Straße.
- Der Raum nördlich der Altstadt könnte als „Kurzone" der Ruhe und Erholung der Kurgäste dienen. *„Mit viel Grünflächen und Blumenbeeten sollte dort ein wahrhafter Kurgarten entstehen, auf den die Stadt stolz sein und in ihren Werbungen hinweisen müsste"* (Haller Lokalanzeiger, 9.1.1963).

Man hielt sich in der Folge an die von Clemens Holzmeister erteilten Ratschläge und so entstanden in planvoller Aufbauarbeit nach und nach die Industrie- und Gewerbezone im Westen und der Wohnbezirk Schönegg im Osten der Stadt. Mit dem Ausbau der Kurzone war bereits Anfang der 1930er-Jahre begonnen worden, doch hatte Hall später wohl aufgrund der mangelnden Gastgewerbebetriebe und auch der fehlenden unternehmerischen Initiative nicht die idealen Voraussetzungen für einen Kurort, obwohl es bis in die jüngste Zeit immer wieder verschiedene Ideen für die Belebung eines Kurbetriebes gegeben hat.

Schon vor dem Zweiten Weltkrieg hatten sich in der Innsbrucker Straße die Baufirmen „Pümpel & Söhne" (seit 1912), „Innerebner & Mayer" (seit 1917) und „Fröschl" (seit 1937) niedergelassen. Einen weiteren wichtigen Impuls für den Ausbau der Industrie- und Gewerbezone im Westen der Stadt gaben die Tiroler Röhren- und Metallwerke AG. Österreich war nämlich zur Gänze auf die Einfuhr von gusseisernen Rohren aus dem Ausland angewiesen, die im Zuge des Wiederaufbaus der zerstörten Städte bei der Erneuerung und Erweiterung der Abwasseranlagen benötigt wurden. So erwog man, auch in Österreich eine Produktionsstätte für Rohre zu errichten. Ein derartiges Werk sollte, da auch Liechtensteiner Industrielle an der Finanzierung beteiligt waren, möglichst im Westen Österreichs aufgebaut werden. Dafür stellte die Stadt Hall einen geeigneten zwischen Bahn und Straße gelegenen Grund zur Verfügung. Mit einem Kapital von 145.000 € entstanden somit im Jahr 1947 nach Plänen des Architekten Clemens Holzmeister die Tiroler Röhren- und Metallwerke. Im Jahre 1949 lief die Produktion von Gusseisenrohren im Schleudergussverfahren an. Auch wenn nach heutigen Maßstäben gemessen diese Industrieanlage nicht sehr umweltfreundlich produzierte und in der Haller Au mit ihren Rauchschwaden und mit ihren riesigen, von der Durchzugsstraße einsehbaren Schrottlagern nicht gerade einladend wirkte, gelang es bereits in der Anfangsphase, 200 Arbeitsplätze und gute Verdienstmöglichkeiten zu schaffen und der Stadt zu dringend benötigten Steuereinnahmen zu verhelfen. Ein zweiter Betrieb in diesem Gebiet war eine schon lange nicht mehr bestehende Strumpf- und Bandwarenfabrik, die 1949 100 Beschäftigte, zumeist Frauen aufwies. Weitere wichtige Arbeitsplätze schuf die im Jahre 1950 gegründete, auch heute noch bestehende Armaturenfabrik Schmiedl an der Bundesstraße im Osten der Stadt.

In den 1950er- und 1960er-Jahren siedelten sich zahlreiche weitere Industrie- und Gewerbebetriebe in Hall-West an, vor allem nördlich der Bahnlinie und im äußersten Westen bis zur Gemeindegrenze. Die Erschließung des südlich der Bahn gelegenen Teiles der Industrie- und Gewerbezone erfolgte erst im Jahr 1968 mit der Erarbeitung eines Verkehrs- und Bebauungsplanes für das Gebiet zwischen Bundesbahn und Inn. Dieser war insofern von großer Wichtigkeit, da mit der geplanten Auflassung der vier beschrankten Bahnübergänge die nötigen Verkehrsanschlüsse zur Bundesstraße durch Unterführungen für dieses neue Industrie- und Gewerbegiet sowie das östlich anschließende Wohngebiet der Oberen und Unteren Lend geschaffen werden mussten. Auch in diesem Gebiet ließen sich durch die Möglichkeit eines Bahnanschlusses und durch den Bau einer „neuen Industriestraße" (Schlöglstraße), welche die Obere Lend jetzt auch gegen Westen in Richtung Haller Au und damit zur Bundesstraße verband, zahlreiche Firmen und Institutionen vor allem mit zentralen Verteilungs- und Auslieferungslagern nieder.

Im Zuge des Autobahnbaues entstand 1972 eine neue Innbrücke mit gleichzeitiger Überführung der Bahnlinie. Der Standort des Autobahnzubringers in unmittelbarer Altstadtnähe wurde damals vielleicht nicht glücklich gewählt, denn die Kreuzung am Unteren Stadtplatz war schon vor dem Autobahnbau zentraler Knoten des örtlichen Straßennetzes. Im Zuge des stetigen Ausbaues der Industrie- und Gewerbezone und des ständig zunehmenden Schwerverkehrs entwickelte sich diese Kreuzung damit immer mehr zu einem neuralgischen Punkt im Haller Straßennetz. *„Die gesamte Zufahrtsbelastung aus allen Richtungen ist derart hoch (über 38.000 Kfz/24h), daß in Verkehrsspitzenzeiten die Leistungsfähigkeit der Verkehrslichtsignalanlage überschritten wird und Stauungen die unvermeidliche Folge sind"* (Lotz & Ortner 1994, 50). Erst mit der Fertigstellung der zweiten Autobahnzubringerbrücke Hall West im Bereich der Zollfreizone im Dezember 1997 konnte die Kreuzung am Unteren Stadtplatz von jenem Schwerverkehr entlastet werden, der seinen Ausgangs- und Zielpunkt im Industrie- und Gewerbegebiet hat.

Die alte schmale Holzbrücke, die vordem die einzige Verbindung über den Inn nach Süden darstellte, wurde im Jahr 1971 infolge Baufälligkeit gesperrt und abgetragen, 1979 jedoch durch einen der alten Haller Innbrücke nachempfundenen bequemen und stark frequentierten Fußgängerübergang ersetzt.

Während sich die Wohnbautätigkeit im Westen in Grenzen hielt, entstand im Osten der Stadt ein neues, großes Wohnviertel. Anschließend an die schon genannte 1941 errichtete Südtiroler Siedlung entstanden in den 1950er-Jahren hier zunächst vorwiegend ein- bis zweistöckige Siedlungshäuser, Reihenhäuser und Wohnblöcke, als Erste die in sich geschlossene und einheitliche Siedlung Schönegg mit dicht gedrängten ein- und zweistöckigen Reihenhäusern. Ab den 1960er-Jahren erfolgte die Verbauung bzw. Verdichtung des gesamten Bereiches östlich und nördlich des Psychiatrischen Krankenhauses, vorwiegend in vierstöckiger Bauweise. Der Ausbau dieses Stadtteiles setzte sich 1974 mit dem Großprojekt „Wohnen morgen" mit insgesamt 132 Wohnungen fort. Trotz großer Wohndichte erreichte man hier mit Rücksicht auf das Vorhandensein ausgedehnter Grünflächen eine hohe Wohnqualität mit einer großzügigen Spiel- und Sportanlage, die Gelegenheit zu sportlicher Betätigung in unmittelbarer Nähe bietet.

Die zunehmende Größe dieses Stadtteiles, der durch das große Areal des Psychiatrischen Krankenhauses von der Altstadt abgetrennt ist, erforderte auch die Errichtung diverser Versorgungseinrichtungen wie Kindergarten, Volks- und Hauptschule, Pfarre, Geschäfte und Dienstleistungen sowie die Anbindung an das öffentliche Verkehrsnetz. Die zufrieden stellende infrastrukturelle Versorgung des Wohnviertels Schönegg, in dem ein knappes Drittel der Einwohner der Stadt lebt, trägt wesentlich zur guten Wohnqualität bei.

An der Unteren Lend hingegen ist das im Jahr 1997 mit 91 Mietwohnungen fertig gestellte Projekt Innweg nicht nur durch schlechtere klimatische Bedingungen und Lärmbelastungen sowohl durch Autobahn als auch durch die unmittelbar angrenzende Eisenbahn beeinträchtigt. Aber nicht nur der Siedlungsblock Innweg, sondern der gesamte Bereich Untere Lend mit rund 700 Bewohnern ist durch mangelnde Infrastruktur und schlechte Verkehrssituation in seiner Wohnqualität benachteiligt.

Im übrigen Stadtgebiet kam es in den letzten Jahren zu einer hohen Verdichtung des Siedlungsbestandes, wobei infolge der immer geringer werdenden Baulandreserven der Anteil an Eigenheimen zugunsten der verdichteten Bauweise mit Reihenhausanlagen, kleineren und größeren mehrstöckigen Wohnanlagen zurückgegangen ist. Auch künftige Wohnbauprojekte werden durch bestmögliche Nutzung des Baulandes geprägt sein, denn trotz sinkender Einwohnerzahlen wird der Wohnungsbedarf weiter ansteigen. In der Altstadt können im Zuge der Sanierung bestenfalls noch 100 Wohnungen geschaffen werden. Nach Angaben des Wohnungsamtes lag die Zahl der Wohnungssuchenden im Jahre 2000 jedoch bei über 700. Mit einer Dichte von über 2000 Einwohnern pro km$^2$ nimmt Hall aber schon seit langem einen Spitzenplatz hinsichtlich Bevölkerungskonzentration in Österreich ein (*ÖROK-Atlas*, Blatt 01.03.01/89).

## 3.3. *Hall als Teil der Stadtregion Innsbruck*

Der Raum Innsbruck-Hall gehört zu jenen Regionen in Österreich, die eine Sonderstellung zwischen Stadtregion, suburbanen Regionen und ländlichen Räumen einnehmen. Er gilt aufgrund gleicherweise nur knapp unter dem Österreichmittel liegenden Bruttoregionalprodukts und entsprechender Immobilienpreise als stabiler Raum, dessen Problem in erster Linie in der extrem hohen Bevölkerungsdichte liegt. Die Stadtregion Innsbruck-Hall nimmt bezogen auf die Einwohnerzahl mit rund 250.000 Personen den letzten Platz der fünf großen Stadtregionen in Österreich ein.

Zum Kernraum der Doppelstadtregion Innsbruck-Hall gehören neben diesen beiden Städten die Gemeinden Absam, Axams, Birgitz, Fritzens, Götzens, Hall, Mils, Rum, Thaur, Volders, Völs, Wattens und Zirl. Im Jahr 2001 wohnten hier 183.120 Personen. Die Außenzone erstreckt sich im Osten bis zu den beiden Gemeinden Terfens und Weer in rund 25 km Entfernung von Innsbruck, im Westen bildet die etwa 37 km von Innsbruck entfernte Gemeinde Mieming den Endpunkt der Doppelstadtregion, die im Süden von den Gemeinden Obernberg, Gries am Brenner und Vals (circa 38 km) begrenzt wird (*Pirchmoser* 1992, 35).

In der Stadtregion Innsbruck-Hall nahmen in den letzten Jahrzehnten Bevölkerung, Haushalte sowie Arbeitsstätten stark zu, so dass der Großraum Innsbruck seit den 1960er-Jahren den höchsten Einwohner- und Arbeitsplatzzuwachs unter den österreichischen Ballungsräumen aufweist. Die alpine Tallage bietet hier allerdings nur einen geringen Spielraum für Expansion, denn nur 16 % der Gesamtfläche stehen insgesamt für Siedlung, Verkehr und Landwirtschaft zur Verfügung, während 84 % aus Wald, alpinem Grünland sowie Gewässern bestehen. Berechnet man also die Bevölkerungsdichte auf der Basis der Siedlungsfläche und berücksichtigt man in einem zweiten Schritt die Aufstockung der anwesenden Bevölkerung durch Feriengäste, Touristen und Zweitwohnungsbesitzer, so ergeben sich für die Stadtregion Innsbruck-Hall Dichtewerte, die doppelt so hoch sind wie in Flachlandgebieten (z. B. Niederlande 334 oder Belgien 320). Der Siedlungsraum ist daher in den alpinen Bundesländern Österreichs generell und in deren Verdichtungsräumen im Besonderen eine viel knappere Ressource als in außeralpinen europäischen Staaten (*Lichtenberger* 1997, 207). Gleichzeitig treten im Raum Innsbruck-Hall neben der besonders starken Verdichtung in zunehmendem Maße aufgrund der engen Tallage und der Inversionsneigung sehr hohe Lärm- und Schadstoffbelastungen durch den Transitverkehr auf. Auch die Zuspitzung der Konflikte zwischen Raumanspruch und Raumangebot durch die schon genannte Funktion als Erholungs- und Tourismusgebiet tritt in keinem anderen Ballungsraum Österreichs so massiv auf wie im Großraum Innsbruck (*CIMA* 1995, 13).

*Abb. 5:* Die Kleinregion Hall und Umgebung

Quelle:   Tirol-Atlas, Ausschnitt Blatt 10 Verwaltungsgrenzen

Bei der Baulandnachfrage ist aber nicht nur der Bereich Wohnen von überragender Bedeutung, auch von Seiten der Wirtschaft ist mit steigendem Flächenbedarf zu rechnen, der jedoch in immer geringerem Maße zu Verfügung steht. Bezogen auf den Raum Hall und Umgebung, deren Gemeinden in der gleichnamigen Klein- bzw. Planungsregion zusammengefasst sind (*Abb. 5*), wird nach der *CIMA*-Studie

(1995, 18) das verbaute Gebiet und das noch zur Verfügung stehende Bauland von landwirtschaftlichen Eignungsflächen praktisch umschlossen. In den Gemeinden Hall, Absam und Mils ist auch das von den Siedlungsgebieten bereits eingeschlossene Freiland als landwirtschaftliche Eignungsfläche einzustufen. Direkt an das Siedlungsgebiet von Absam schließt die Gnadenwalder Terrasse an, eine Fremdenverkehrs- und Naherholungszone, deren Freiland zur Gänze auch als landwirtschaftliche Eignungsfläche zu betrachten ist. Für eine Erweiterung des Baulandes stünden somit - ohne Inanspruchnahme der landwirtschaftlichen Eignungsflächen bzw. Fremdenverkehrs- und Naherholungszonen - in dieser Kleinregion mit hohem Siedlungsdruck bescheidene 40 ha zur Verfügung.

Da der zusätzliche Baulandbedarf wesentlich höher ist, würden laut *CIMA*-Studie schon bei positiver Betrachtungsweise die Siedlungsgebiete von Hall, Mils und Absam unter „Konsumierung" der von ihnen eingeschlossenen Freilandflächen vollständig zusammenwachsen. Einem pessimistischen „Trend-Szenario" dieser Studie folgend, wären ein Zusammenwachsen mit dem Siedlungsgebiet von Rum und Thaur am nördlichen Talrand in den attraktivsten Wohnlagen sowie ein Zusammenschluss der Gewerbe- und Industriegebiete von Neu-Rum und Thaur im Talboden kaum mehr zu vermeiden.

Auch vor dem Hintergrund der hohen Siedlungsdichte und der Problematik der geringen Baulandreserven ist die von der Stadtgemeinde Hall im Jahr 1974 initiierte Altstadterneuerung zu sehen. Neben diesem Ziel der Reduzierung des Baulandverbrauchs stand natürlich die Erneuerung der Altstadt unter Wahrung des kulturell wertvollen Baubestandes, die Schaffung von zeitgemäßem Wohnraum, von neuen Geschäften und Betrieben sowie die Aktivierung des gesellschaftlichen, kulturellen und wirtschaftlichen Lebens im Vordergrund. Die zukünftige Wohnbaupolitik der Gemeinde Hall wird aber neben der Verbauung der letzten Baulücken bzw. Baulandreserven im Gemeindegebiet auch weiterhin durch die Sanierung des Althausbestandes innerhalb des Altstadtbereiches geprägt sein.

## 3.4. Die Altstadt

### 3.4.1. Das Bild der Altstadt

Der dicht bebaute Stadtkern der ehemals befestigten Stadt prägt das Stadtbild. Die Straßen sind eng, die Häuser stehen dicht aneinander gedrängt und folgen unregelmäßig aufeinander. Die mittelalterliche Stadtanlage ist im Grundriss ein west-östlich gestrecktes Oval. Auf der vom Inn geschaffenen Bruchkante des Schwemmkegels liegt die „Obere Stadt", am Fuß dieser Kante die „Untere Stadt". Ober- und Unterstadt werden durch den „Langen Graben" verbunden.

Der älteste Siedlungskern hat sich in der Nähe des Salinengeländes im Bereich der Salvator- und Schmiedgasse ausgebildet. Bereits in der zweiten Hälfte des 13. Jh. bestand hier eine Marktsiedlung. Die Salvatorgasse hieß bis etwa 1890 Marktgasse.

*Hye* (1993) charakterisiert sie als Straßenmarktplatz: *„Die städtebauliche Situation der heutigen Salvatorgasse und ihre Wechselbeziehung zu der fast parallel südlich von ihr verlaufenden Schmiedgasse legt übrigens die Vermutung nahe, daß beide gemeinsam ursprünglich einen langgezogenen Straßenmarkt gebildet haben, dessen Längs-Mittelachse später mit Wohnbauten bestückt wurde, wodurch dieser Straßenmarktplatz in zwei schmale Parallelgassen umgewandelt worden ist"* (Abb. 2).

Schon im ausgehenden 13. Jh. war Graf Meinhard II. im Besitz von Bergwerk und Saline. Seit dieser Zeit behielt sich der jeweilige Landesfürst die Überwachung dieses wichtigsten landesfürstlichen Unternehmens und die oberste Leitung vor. Er überließ den Hallern aber das Sieden und den Salzverkauf gegen Pacht. Auf Grund dieser dadurch erlangten Bedeutung beherbergte Hall schon seit dem 14. Jh. eine Art landesfürstlicher Nebenresidenz. Die von den Landesfürsten errichteten Ansitze sind auch heute noch prägende Elemente im Bild der Haller Altstadt.

Zu ihnen gehört das Haller Rathaus, das ehemalige „Königshaus", das mit seinen vielen künstlerisch wertvollen Baudetails außen wie innen zu den herausragendsten profanen Baudenkmälern in Tirol zählt und von Herzog Leopold IV. 1406 der Stadt geschenkt wurde. Da nach dieser Schenkung des Königshauses der Landesfürst über keine angemessene Residenz mehr in Hall verfügte, begann Erzherzog Sigmund der Münzreiche daher schon einige Jahrzehnte später mit dem Ausbau des südlichen Teiles des Salinengeländes zur Burg Hasegg. Während der zweiten Bauphase von 1480 bis 1490 entstand der Südtrakt mit dem Torturm, der heute als Münzerturm das Wahrzeichen Halls bildet. Kaiser Maximilian I. setzte das Werk fort und ließ unter anderem 1515 die Georgskapelle erbauen. Die gesamte Burganlage mit dem reizvollen Innenhof, den bedeutsamen Wohntrakten, der Georgskapelle, dem Münzerturm und dem malerischen Münzertor gehört zu den bedeutendsten mittelalterlichen Burganlagen in Tirol und zu den besterhaltenen Denkmälern spätgotischer Architektur.

Sein Urenkel, Erzherzog Ferdinand errichtete schließlich 1567 im Westen der Burg Hasegg die Münzstätte. Auch er behielt repräsentativere Räume wie etwa das „Fürstenzimmer" für seine Besuche in Hall (*Moser* 1989, 280). Noch knapp vor seinem Tod ließ Erzherzog Ferdinand im Jahr 1590 am Oberen Stadtplatz vier Häuser ankaufen und erbaute dort das ursprünglich vierstöckige „Große Fürstenhaus", heute ein eher unscheinbares Haus am Oberen Stadtplatz. Zu dieser Residenz, die eigentlich nie ihren Zweck erfüllte, weil der Erbauer kurz nach der Fertigstellung im Jahr 1595 starb, gehörten auch noch das benachbarte „Kleine Fürstenhaus" (Beginn Eugenstraße) sowie das „Fürstenhäusl" (in der Fürstengasse).

Erzherzog Ferdinand war es auch, der am heutigen Stiftsplatz im Jahr 1567 die Errichtung des Haller Damenstiftes samt der dazugehörenden Stiftskirche in Auftrag gab. Das Damenstift, als eine Heimstätte für adelige Töchter gedacht, die keine standesgemäße Heirat eingehen konnten, entwickelte sich zu einer bedeutenden Stätte höfischer Kultur. Auch drei Schwestern Erzherzog Ferdinands, die Erzherzoginnen Magdalena, Margaretha und Helene, wählten das Leben im Damenstift, das bis zu seiner Aufhebung im Jahr 1783 Armen und Kranken ungezählte Wohltaten zukommen ließ. Das im Jahr 1573 ebenfalls vom Damenstift gegründete Jesuitengymnasium und die vom Stift ausgehende Musikpflege nahmen entscheidenden Einfluss auf das

Kulturleben der Stadt. Zu erwähnen ist auch das vielseitige Wirken des Stiftsarztes Dr. Hippolytus Guarinoni (1571 - 1664) (*Hochenegg* 1981, 16).

Aber nicht einzelne wie die hier angeführten Beispiele prägen letztlich die Stadt, sondern das gesamte unnachahmliche mittelalterliche Stadtensemble. Es wird durch ein Netz von schmalen, unregelmäßig verlaufenden Gassen durchzogen, welche großteils in west-östlicher Richtung verlaufen. Die einzige Nord-Süd-Achse bilden die Wallpachgasse und der verhältnismäßig steil abfallende Lange Graben. Der Name Wallpach geht auf ein bedeutendes Haller Patriziergeschlecht zurück. Bis ins 19. Jh. hieß diese Gasse noch „Herrengasse". Von den ehemaligen „Herren", also reichen, in den Adel aufgestiegenen Bürgerfamilien zeugen die vorwiegend stattlichen, großen Bürgerhäuser dieser Gasse.

Die Achse Langer Graben - Wallpachgasse führt über den Oberen Stadtplatz, den Mittelpunkt der Stadt. Dieser Platz erhält seinen charakteristischen Akzent durch die gestaffelte Baugruppe der Stadtpfarrkirche und der davor liegenden Josefskapelle entlang der Krümmung der ehemaligen Friedhofsmauer. Zu den wohl auffälligsten Gebäuden zählt auch das schon erwähnte Rathaus mit gotischem Dach und wappenverzierten Zinnen an der Südseite. Der gesamte Stadtplatz wird von stattlichen Patrizierhäusern umgeben, die individuell verschieden sind. Unter ihnen stechen das Stubenhaus, am Beginn des Langen Grabens mit seinem für die Inn-Salzach-Städte typischen Grabendach, sowie die beiden mit barocken Ziergiebeln versehenen Gebäude auf der Nordseite (Rosenhaus und Sparkassenhaus) in besonders Weise heraus. Der Obere Stadtplatz ist auch kein Platz mit den geschlossenen Platzwänden wie in anderen Inn-Salzach-Städten, sondern seine besondere Eigenart besteht darin, dass es sich um keine geschlossene einheitliche Anlage handelt, sondern um einen aufgefächerten Platz, der von keiner Seite zur Gänze einsehbar ist und in den sieben Gassen einmünden. Das heutige spätmittelalterliche Bild des Oberen Stadtplatzes wie das der gesamten Altstadt ist im Wesentlichen das Ergebnis des Wiederaufbaus nach dem verheerenden Stadtbrand vom Jahre 1447.

Der Obere Stadtplatz ist heute mit der Wallpachgasse und dem Langen Graben Hauptgeschäftszentrum sowie Ort der Begegnung und knüpft dabei an die Traditionen des Mittelalters an, besonders wenn an Samstagen Bauernmärkte stattfinden und Musikgruppen für Stimmung sorgen. In einigen umliegenden Häusern waren damals Kaufmannsläden untergebracht. In den Häusern Oberer Stadtplatz 2, 4 und 8 waren Kaufmannsgewölbe, die zu Marktzeiten an auswärtige Händler vermietet wurden. Am Platz standen zahlreiche Holzhütten, in denen Lebensmittelhändlerinnen ihre Waren anboten. Dazu kamen noch Marktstände für die Bauersfrauen aus der Umgebung.

Der Obere Stadtplatz teilt die Oberstadt in zwei Hälften. Der westliche Bereich ist auch heute noch dünn besiedelt. Es war das Viertel des landesfürstlichen Stadtherrn und der von ihm geförderten Ortskirche und Geistlichkeit. Hier befinden sich die Stadtpfarrkirche mit Widum und weiteren früher der Kirche gehörenden Häusern im Bereich Pfarrplatz und Ritter-Waldauf-Straße (ehemals „Pfaffenbichl") sowie das Rathaus. Im ehemaligen Friedhofsbereich (bis 1898) ist der städtische Kindergarten untergebracht, am einstigen Platz für die großen Frühjahrs- und Herbstmärkte nördlich des Rathauses die Knabenhauptschule. Am Anfang der Waldaufstraße liegt ein in seiner ursprünglichen Form unversehrt erhaltenes, spätgotisches Haller Altstadthaus, in dem sich Dienstwohnungen für Musikanten des Pfarrchores befanden. Mit den benachbarten Häusern gleicher Bauart bildet es eine Gruppe, wie sie in dieser Unversehrtheit kaum noch irgendwo zu sehen ist.

Nordöstlich des Oberen Stadtplatzes war die Oberstadt im Gegensatz zu heute nur wenig verbaut, denn dieser Bereich diente früher den hier wohnenden Ackerbürgern als landwirtschaftliche Fläche. Gassennamen wie Arbesgasse (Arbes = Erbse) und Agramgasse (Akram = Frucht der Buche) weisen auch heute noch darauf hin. Die Krippgasse im Nordwesten der Stadt wurde früher „Gritschenwinkel" (Gritsch = Kleie) genannt. Hier standen sogar noch bis zum Anfang des 19. Jh. Städel und Ställe, denn auch Vieh wurde innerhalb der Stadtmauern gehalten. Fast jeder Bürger hatte einen Stall im ebenerdigen Gewölbe und einen Stadel. Erst zu Beginn des 20. Jh. wurde die Viehhaltung innerhalb der Stadt aufgelassen, aus den Wirtschaftsgebäuden entstanden Wohnhäuser. Man erkennt diese daran, dass sie traufenseitig zur Straße stehen. Beispiele dafür sind in der Krippgasse und Arbesgasse zu finden.

Der südöstliche Teil der Oberstadt erhielt durch den Bau des Damenstiftes samt Kirche 1567 und später durch den Bau der Jesuitenkirche und des Jesuitenklosters (1685) ein neues Gepräge. Dieser barock ausgestaltete Teil der Altstadt mit dem heutigen Stiftsplatz hat zum Unterschied zum Oberen Stadtplatz mit seiner Geschäftigkeit seinen beschaulichen und ruhigen Charakter bewahrt. Das an der Stelle des ehemaligen Ansitzes Sparberegg errichtete Damenstift mit schönem Arkadenhof ist sowohl künstlerisch wie auch geschichtlich und kulturell von großer Bedeutung. Es ist einer der schönsten Klosterbauten Tirols.

Im Kreuzungsbereich von Schmiedgasse, Salvatorgasse und Langem Graben entstand schon sehr früh der „Untere Platz", der den Rückstau des ursprünglichen Durchzugsverkehrs in Richtung Langer Graben aufnahm. Erst seit der Erweiterung der Stadtmauer bildete sich zusammen mit dem Bereich Münzergasse, Lendgasse sowie einem Teil der Salzburger Straße der Untere Stadtplatz. Mit dem Bau der neuen Landesstraße um 1770, die jetzt über den Unteren Stadtplatz führte, errichtete man das Theresientor, durch das der Verkehr in Richtung Innsbruck weiterführen sollte. Der Untere Stadtplatz wurde nun praktisch Mittelpunkt der Stadt. Dabei kam es zu zahlreichen Umbauten an den Häusern der Unterstadt sowie Fenster- und Toreinbauten zum Unteren Stadtplatz hin. Ansichten aus dem 19. Jh. zeigen zahlreiche Marktstände und belegen ein reges Markttreiben. Im Osten dieses Platzes wurde bereits 1342 in einem bis dahin landesfürstlichen Haus „am Wasen" das Spital eingerichtet. In diesem Areal befinden sich auch heute noch ein von den Tertiarschwestern geführtes Pflegeheim, die Mädchenschule und die angrenzende barocke Heilig-Geist-Kirche.

An der Südseite des Unteren Stadtplatzes erstreckt sich der beherrschende Bau des ehemaligen Verwaltungsgebäudes der Saline. Dieses wurde in den Jahren 1724/25 als mächtiger Barockbau errichtet bzw. später umgestaltet. Seit der Schließung der Saline im Jahr 1967 dient er großteils Wohnzwecken. Zusammen mit den benachbarten Bürgerhäusern und der neuen Heilig-Geist-Kirche ist hier ein vom Barock geprägter Platz entstanden. Von 1891 bis 1974 befand sich am Unteren Stadtplatz außerdem die Endstation der Straßenbahnlinie 4 der Innsbrucker Verkehrsbetriebe, der von vielen

Hallern geliebten „Raffl". Sie musste dem rasch anwachsenden Autoverkehr weichen. Heute ist die Platzwirkung vor allem durch den Verlauf der stark frequentierten Bundesstraße völlig verloren gegangen.

Das mittelalterliche Bürgerhaus ist wegen der zahlreichen Brände nur ganz selten erhalten geblieben. Unter Hans Sewer wurden im 15. Jh. die Häuser fast durchwegs erneuert. Da diese meistens an derselben Stelle wieder aufgebaut worden waren, hat sich der alte Typ erhalten, wenn man auch die Fassade und teilweise die Giebel dem Baustil der Zeit des Wiederaufbaus angepasst hat. Das ursprüngliche Baumaterial war Holz, so dass die dicht gedrängten Holzbauten nicht nur durch Brände gefährdet, sondern auch sehr verwitterungsanfällig waren, schließlich durch Bauordnungen verboten und durch Steinbauten ersetzt werden mussten. Schon im Jahr 1425 wird im Haller Feld eine Ziegelei genannt: Beim Bau des Oberen Egelhaustores verwendete man Ziegel als Bausteine, wobei Jakob Ziegelmeister, der Inhaber der großen Ziegelei, 3500 Ziegel lieferte. Andere Bausteine wurden aus der Umgebung herbeigeschafft. Der Rumer Bruch war im Jahr 1454 schon fast abgebaut, *„... so reitet Maister Hans Seoer gen Artzel und bestelt tuft ..."* (*Egg* 1953, 273).

Der in der Altstadt Halls vorherrschende Haustyp ist spätgotisch und entspricht dem Inn-Salzach-Haus. Dieses hat sich aus dem alpenländischen Flachdachhaus, bestehend aus Wohn- und Wirtschaftsgebäude, entwickelt und wurde als Vorbild für das städtische Bürgerhaus übernommen. Das Inn-Salzach-Haus war ursprünglich Wohn- und Geschäftshaus. Das Erdgeschoss war dem Geschäfts- oder Gewerbebetrieb vorbehalten, während die oberen Geschosse die Wohn- und Schlafräume der Familie und der Angestellten enthielten.

Infolge der Beengtheit innerhalb der Stadtmauern veränderte sich der Grundriss allmählich. Die Häuser sind höher und schmal mit weit in die Tiefe reichenden Parzellen. Drei Haustypen sind in Hall besonders vertreten:
- Das von Gasse zu Gasse durchgehende Haus, das entweder von Anfang an als Wohnhaus gedacht war, oder das ehemalige Wirtschaftsgebäude stieß direkt an das Wohnhaus an. Wohn- und Wirtschaftsgebäude wurden beim Ausbau des Wirtschaftsgebäudes zusammengebaut.
- Wohn- und Wirtschaftsgebäude grenzten direkt aneinander. Nach dem Ausbau des Wirtschaftsgebäudes wurde dieses früher oder später verkauft.
- Zwischen Wohn- und Wirtschaftsgebäude lag ein Hof oder Garten. Das Wirtschaftsgebäude wurde verkauft und zu einem Wohnhaus umgebaut (*Hatzl* 1965, Teil 1, 95).

Der Fassadenschmuck ist sehr bescheiden. Eine Ausnahme bilden die Hauszeichen vor allem bei den ehemaligen Wirtshäusern und Gewerbebetrieben. Ebenso sind über manchen Haustüren kleine Fresken oder Reliefs in die Fassade eingelassen. Ziemlich häufig erscheint das Thema Muttergottes mit dem Jesuskind als Zeugnis der lebendigen Marienverehrung vergangener Zeiten.

Diese schlichte und nicht überladene Gestaltungsweise macht den eigentlichen Reiz der Inn-Salzach-Städte erst aus. Die meisten der mehrstöckigen Häuser verfügen über eine annähernd gleiche Anzahl von straßenseitigen Fenstern.

Ferner ist für die Inn-Salzach-Städte typisch, dass die Bürgerhäuser kaum mehr als Einzelbauten in Erscheinung treten. Durch die so genannten Grabendächer, die in der Haller Altstadt noch zahlreich zu sehen sind, wird das Straßenbild einheitlich. Die Giebel wurden bis zum Dachvorsprung hinauf gemauert („Stirnmauer"), wodurch die Häuser höher und mächtiger wirken. Das dahinter liegende Grabendach bleibt hinter dieser Mauer verborgen. Die gemeinsame Zwischenwand zweier Häuser wurde als „Feuermauer" höher aufgebaut, um bei einer Feuersbrunst ein Übergreifen der Flammen zu verhindern. Das Grabendach und die Hauptform der Stirnmauer, nämlich die oben waagrecht abschließende Hausfront, bilden eigentlich das Charakteristikum der Inn-Salzach-Bauweise.

Weitere Merkmale sind enge, schmale Stiegenhäuser, die entweder durch steile Stiegen oder durch Wendeltreppen erschlossen werden, weiters Lichtschächte oder auch etwas großzügiger angelegte Lichthöfe, die für eine Belichtung der Stiegenhäuser sorgten, sowie die in die Straße reichenden, teilweise mehrstöckigen Erker, die in Hall in ihrer Vielfalt das Straßenbild wesentlich ergänzen.

Das gotische Stadthaus der Inn-Salzach-Städte war in seiner Entwicklung etwa um 1500 abgeschlossen, danach waren die Veränderungen meist nur noch dekorativer Art. Beim großen Erdbeben von 1670 wurden nicht nur die gotischen Kirchtürme schwer beeinträchtigt und später barockisiert, sondern auch ein Großteil der Häuser beschädigt. Aus der Wiederaufbauzeit stammen die zahlreichen Erdbebenpfeiler an den Altstadthäusern und die barocken Einflüsse im Stadtbild, wie z. B. die barockisierten Stirnmauern einiger Häuser am Oberen und Unteren Stadtplatz.

Die historische Altstadt von Hall ist eines der am besten erhaltenen Beispiele einer Inn-Salzach-Stadt, obwohl einige Elemente wie der lang gezogene große Platzraum aus topographischen Gründen oder die z. B. für Innsbruck oder Sterzing typischen Lauben fehlen. Sie stellt das mit Abstand größte Denkmalensemble Tirols dar. In architektonischer und städtebaulicher Hinsicht übertrifft sie alle anderen Tiroler Stadtkerne und fasziniert gleichermaßen durch ihre charakteristische, terrassenförmig in den Hang gebettete Lage wie durch ihre baukünstlerische Vielfalt. In der Haller Erhaltungszone befinden sich nicht weniger als 290 denkmalgeschützte Bauwerke (*Caramelle* 1997, 35).

## *3.4.2. Baulicher Zustand vor 1974*

Dem schon angesprochenen wirtschaftlichen und kulturellen Niedergang der einst so bedeutenden Handelsstadt folgte die Vernachlässigung der Bausubstanz in der Altstadt, denn wohlhabende Bürger und der Adel zogen sich immer mehr aus der Altstadt zurück. Die Verbliebenen investierten ihr Geld nur noch vereinzelt in eine Verbesserung ihrer Häuser. Es kam kaum mehr zu baulichen Veränderungen, wichtige Instandsetzungsarbeiten wurden nicht mehr durchgeführt. War diese Entwicklung bereits im 19. Jh. vorauszusehen, so verschlechterte sich dieser Zustand im 20. Jh. zusehends. Dies gilt auch für die Nachkriegsjahre, denn die andernorts damals festzustellende Bautätigkeit blieb in Hall weitgehend aus. Zum Glück für das Stadtbild, denn der alte Baubestand konnte dadurch in seiner ursprünglichen Form, wenngleich baufällig und desolat, größtenteils erhalten werden.

Ein weiterer Grund für den schlechten Zustand der Häuser lag darin, dass die Hauseigentümer nicht zuletzt wegen der herrschenden Mietzinsregelung keinen Anreiz für kostspielige Sanierungsarbeiten sahen, während die Mieter dagegen in einem fremden Haus auf eigene Kosten keine Wohnungsverbesserungen vornehmen wollten oder konnten. Zwei Quellen aus dem Archiv des städtischen Bauamtes geben Auskunft über den Häuserzustand und die baulichen Veränderungen vor dem Beginn der Altstadtsanierung 1974: die leider nicht mehr kompletten Akten der „Schlichtungsstelle" (1914 - 1978), die die nötigsten Reparaturarbeiten aufzeigen, sowie die so genannte „Bauevidenz" (1952 - 1973), in welcher eine chronologische Aufzeichnung der dem städtischen Bauamt gemeldeten Ein- und Umbauten bei Altstadthäusern sowie der Neubauten verzeichnet sind.

Aus diesen Unterlagen ist zu entnehmen, dass 1914 der gesamte Mietwert eines jeden Haller Altstadthauses festgelegt wurde. Daraus konnte der Anteil an öffentlichen Abgaben und Betriebskosten für ein Jahr und ebenso je nach der Größe und der Lage im Haus der entsprechende Mietwert für die einzelne Wohnung berechnet werden. Die Kosten von „Ausbesserungsarbeiten" und sonstige Veränderungen am Haus durfte der Vermieter nach diesem Schlüssel auf die Mieter der einzelnen Wohnungen aufschlagen. Waren die Mieter jedoch nicht einverstanden, konnten sie sich an die „Schlichtungsstelle" der Stadtgemeinde wenden, um einen Antrag auf Überprüfung der vorgelegten Rechnungen zu stellen. In den vom Bürgermeister ergangenen Bescheiden stand häufig zu lesen, dass „... *nachstehende Instandhaltungsarbeiten unbedingt nötig sind* ...". Damit konnten die durch diese Arbeiten entstandenen Kosten dem gesetzlichen Mietzins zugerechnet werden. Aber auch dann stand den Mietern noch eine weitere Möglichkeit offen, innerhalb von vierzehn Tagen bei der Mietkommission des Bezirksgerichtes Hall Einspruch zu erheben. Obwohl die Protokolle der Schlichtungsstelle nicht mehr für alle Straßen vorliegen, sind sie insofern sehr aufschlussreich, als sie die schlechte Wohnsituation der damaligen Altstadtbewohner und den desolaten Häuserzustand im Detail aufzeigen. Deshalb sollen im Folgenden zumindest einige Zitate aus den Schlichtungsprotokollen die damalige Situation veranschaulichen.

Die in der Zeit vor dem Zweiten Weltkrieg angeführten Sanierungsarbeiten waren größtenteils als „unbedingt nötig" eingestuft, ausgeführt wurde daher nach diesen „Vorentscheidungen" der Stadtgemeinde Hall zumeist nur das „Nötigste". Durch sie konnten aber in den wirtschaftlich schlechten Jahren durch Aufträge an das Haller Baugewerbe Arbeitsplätze erhalten werden. In einer derartigen „Vorentscheidung" vom Oktober 1931 heißt es etwa: „*Des weiteren muß bei der heutigen Arbeitslosigkeit getrachtet werden, Arbeitsgelegenheit durch Bewilligung dringlicher Arbeiten zu schaffen*". So wurden alle Renovierungsarbeiten, die in den Protokollen der „Schlichtungsstelle" angeführt werden, in den Jahren zwischen 1924 und 1936 vorgenommen, wobei über 80 % auf die Jahre 1924 bis 1931 entfielen.

Der denkbar schlechte Zustand der Abortanlagen geht beispielsweise aus folgenden Zitaten hervor:

„*Neuherstellung der Abortanlagen unbedingt notwendig ist, weil das Betreten derselben beinahe lebensgefährlich ist*" (1927)

„*unbedingt notwendig anerkannte Erneuerung der Abortanlagen im Haus*" (1927)

„*daß im Zusammenhang mit der Erneuerung der Abortanlagen bis zum ersten Stockwerk aus baulichen, insbesondere aber aus sanitären Rücksichten die Auswechslung der Abfallschläuche aus Holz durch Tonrohre und die damit verbundene Erneuerung der Aborte des ganzen Hauses unbedingt notwendig ist ... Die Stadtgemeinde als Sanitärbehörde hat ein bedeutendes Interesse daran, daß die unleidlichen Abortverhältnisse in Hall gebessert werden. Einer Wiederherstellung der hölzernen Abfallschläuche kann daher nicht zugestimmt werden"* (1931)

In zwei Fällen werden bereits Wasserklosetts angeführt:

*„Umwandlung eines öffentlichen Abortes in ein WC", „WC überall, Wasser in allen Stockwerken"* (1924)

Eine Ausnahme waren damals Wasseranschlüsse in allen Stockwerken, in einem Kostenvoranschlag aus dem Jahr 1930 wurden diese sogar als Bequemlichkeit bezeichnet, denn normalerweise befand sich der Hausbrunnen, der von allen Bewohnern benutzt wurde, im Parterre:

*„Die im Kostenvoranschlag angeführte Herstellung von Wandbrunnen im 1. und 2. Stock ist ebenfalls nicht unbedingt notwendig, da bis jetzt der Brunnen im Erdgeschoß benützt wurde und ist dies Sache der Parteien im 1. und 2. Stock, ob sie sich diese Bequemlichkeit anfertigen lassen oder nicht".*
*„gründliche Erneuerung des von den Bewohnern benützten Brunnens"* (1926)
*„beschädigte Abflußleitung des gemeinsamen Hausbrunnens"* (1931)

Vor der Kanalisation Anfang der 1950er-Jahre mussten auch die Kanäle immer wieder saniert werden:

*„Arbeit, Erneuerung des Kanals, welcher durch das Haus führt, durch Gußrohre, ist zur Erhaltung des Hauses unbedingt notwendig, da durch den bestehenden Kanal, welcher nicht wasserdicht ist, das Haus schon Schaden leidet."* (1930)

Häufig sind in den Anträgen Reparaturen schadhafter Dächer angeführt. Vielfach waren die Häuser noch mit Schindeln gedeckt, andere trugen bereits ein Blechdach:

*„Schindeldach nicht mehr reparaturfähig, sondern durch ein neues ersetzt werden"* (1925)
*„Abbrechen des alten Schindeldaches am Dach und am Dachkapfer samt dazugehöriger Zimmermannsarbeit"* (1928)
*„Anstrich des Bleches der Hausbedachung"* (1927, 1928)
*„Abdecken von rund 100 m² altes Schindeldach"* (1928)
*„Abtragung des alten Schindeldaches. Eindeckung von ca 61 m² Daches mit verzinktem Eisenblech"* (1935)
*„100 m² altes Schindeldach abbrechen. Eindeckung von circa 100 m² Dach mit verzinktem Eisenblech"* (1931)

Vor Dachlawinen schützte man sich damals durch Schneebäume:

*„Anbringen von Schneebäumen"* (1926), *„Erneuerung der Schneebäume"* (1928)

Bei den Stiegen waren ursprünglich nur Stricke angebracht, um die schlecht beleuchteten Stiegenhäuser abzusichern:

*„Herstellung von Stiegenhausstangen, da die jetzt angebrachten Stricke sehr schadhaft und nicht mehr verläßlich sind"* (1930)

Auch in den Jahren nach 1945 änderte sich an diesem Zustand nur wenig. Ein großer Schritt vorwärts zur Verbesserung der schlechten sanitären Zustände, aber auch eine der wesentlichen Voraussetzungen für die Altstadtsanierung war die Kanalisierung zu Beginn der 1950er-Jahre. Gegen Ende dieses Jahrzehnts werden Einbauten von Spülklosetts, teilweise in allen Stockwerken, sowie Brunnenerneuerungen bereits häufiger genannt. Neben diesen Verbesserungen im sanitären Bereich ist in den Protokollen ganz allgemein von „Sanierungen" oder „Instandhaltungsarbeiten," von „Baugebrechen",

„Baufälligkeit", „Unzumutbaren Zuständen", „Feuerpolizeilichen Mängeln" oder Umbauten" etc. die Rede. Letztere bezogen sich zumeist auf Ein- oder Umbauten kleinerer Geschäfte sowie Garageneinbauten. Auch Dachreparaturen fielen immer wieder an, so wie beispielsweise 1958 bei einem Haus in der Krippgasse erwähnt:

*„noch 45 m² Legschindeleindeckung"*, *„Schindeleindeckung ist im Gebiet mit geschlossener Bauweise nicht zulässig und darf nicht mehr erneuert werden"*

In den Jahren 1961/62 erfolgte eine Verbesserung der Stromversorgung durch die Umspannung von 120 auf 220 Volt. Auch sie findet in den Berichten ihren Niederschlag:

*„der Aufwand für die Umspannung gilt als notwendige Erhaltungsarbeit und kann auf die Miete des Hauses überwälzt werden, sofern die Mietzinsreserve hiefür nicht ausreicht"* (1961)

Von Ausnahmen abgesehen, gab es bis zum Anlaufen der Fassadenaktion nur einzelne kleinere Fassadenausbesserungen und -renovierungen. Insgesamt ist festzuhalten, dass es sich bei den Instandhaltungs- und Bauarbeiten der 1950er- und 1960er-Jahre vielfach um Flickwerk und unsachgemäße Restaurierungen handelte, denn es musste damals nicht jede bauliche Veränderung im Inneren der Häuser beim Stadtbauamt gemeldet werden:

*„da geschieht vieles unkontrolliert, d. h. verständnislos werden Fenster ausgebrochen, Fensterstöcke und Haustüren ausgewechselt, Kamine durch Neubauformen ersetzt, Glasziegel eingemauert, Balkongeländer und Vordächer aus Plexiglas angebracht, Lamellenrollos in die Erkerfenster gehängt, Antennen an die Fenster montiert, Simse von den Erkern gehackt, Fassaden falsch geputzt oder bemalt und unpassende Leuchtschilder bei Geschäften angebracht usw. Man muß der Bauordnung in Hall mehr Geltung verschaffen, die vorschreibt, daß jede bauliche Veränderung beim Stadtbauamt gemeldet und von der städtischen Baubehörde genehmigt werden muß"* (Haller Lokalanzeiger 29.3.1975).

All das belegt, dass sich die Situation in der Altstadt bis zum Beginn der Altstadtsanierung nicht wesentlich verbessert hat. Wie schlecht der Zustand einzelner Häuser war, soll abschließend mit einem Zitat aus der Lokalpresse 1975 belegt werden:

*„Als vordringlich in der Sanierung bezeichnete der Bürgermeister jene Objekte, die in einem Zustand seien, daß sie nicht mehr bewohnt oder nur mehr als Notquartiere benützt würden. Es gebe eine Reihe von Objekten, in der Haller Altstadt, die baulich so desolat seien, daß sie ohne großzügige Renovierung nicht mehr erhalten werden können"* (Haller Lokalanzeiger 3.5.1975).

# 4. Die Altstadtsanierung

## 4.1. Voraussetzungen und Startphase

Der Stadtverfall, wie er sich bis zu Beginn der 1970er-Jahre in Hall darstellte, ist nach *Lichtenberger* (1997, 216) zum Unterschied von der Vergangenheit nicht mit einer Auflösung von politischen Systemen und Wirtschaftskrisen, sondern mit politischer Stabilität und wirtschaftlicher Prosperität breiter Bevölkerungsschichten verbunden. Der wirtschaftskräftigeren und überdies verkehrsmäßig mobileren Gesellschaft fällt es leichter, sich von den historischen Besitzstrukturen zu lösen sowie historische Leitbilder der Stadt aufzugeben, um dann schließlich die Stadt zu verlassen. Dieser Stadtverfall ist hiermit das Ergebnis eines Prozesses von Suburbanisierung und Entstädterung. Zu seinem Entstehen und Fortschreiten haben in Österreich allerdings auch die Mieterschutzgesetzgebung und Niedrigmietenpolitik sowie das Fehlen von Investitionen in den Hausbestand von Seiten der Mietshausbesitzer entscheidend beigetragen.

Auch in Hall zogen Angehörige von sozial besser gestellten Schichten vom Stadtzentrum weg an den Stadtrand oder in das benachbarte Umland, während die weniger begüterte und ältere Bevölkerung zurückblieb. Die Haller Altstadt wurde so immer mehr zu einem Wohngebiet für sozial schwächere Schichten, was durch die Gliederung der Bevölkerung nach ihrer Alters-, Wirtschafts- und Sozialstruktur aufgrund der Haushaltslisten 1967, also vor Beginn der Altstadtsanierung, belegt werden kann (*Hagen* 1967, 152). Diese Entwicklung wurde verstärkt durch die allmählich zuströmenden ausländischen Arbeitskräfte, die in den überbelegten Massenunterkünften der Baufirmen und der Tiroler Röhren- und Metallwerke keinen Platz mehr fanden und stattdessen in der Altstadt, zuerst in den alten Gasthäusern auf engstem Raum und dann in den Substandardwohnungen, unterkamen.

*„... Die Altstadt wird mehr und mehr entsiedelt bzw. mit Gastarbeitern aufgefüllt; auswärtige, oft nicht gerade wünschenswerte Leute siedeln sich im Stadtzentrum an, weil den vielfach fremden Hausbesitzern gleichgültig ist, wer die überhöhten Mieten zahlt ..."* (*Haller Lokalanzeiger*, 29.3.1975).

Im Jahre 1971 gab es in Hall 410 Substandardwohnungen, das sind Wohnungen ohne Wasserinstallation, Bad und WC in der Wohnung, 270 davon oder nahezu zwei Drittel entfielen allein auf die Altstadt. Bei weiteren 340 Wohnungen fehlten WC und Bad, wobei mit 202 oder rund 60 % der Anteil in der Altstadt hoch war. Die sinkende Attraktivität der Haller Altstadt verstärkte die Suburbanisierung und infolge des einhergehenden Kaufkraftschwundes sperrten kleinere Handelsbetriebe zu, während sich Handwerksbetriebe immer mehr aus der Altstadt zurückzogen und an der Peripherie ansiedelten.

Um einem weiteren Stadtverfall mit all seinen wirtschaftlichen und sozialen Folgeerscheinungen Einhalt zu gebieten, fanden zu Beginn der 1970er-Jahre innerhalb der Stadtverwaltung erste Gespräche über die Möglichkeit von Restaurierungs- und Revitalisierungsarbeiten der Haller Altstadt statt. Als erster Schritt in dieser schwierigen Aufgabe wurde beschlossen, dem Bürgermeister als Bau- und Genehmigungsbehörde ein beratendes Gremium beizustellen, welches alle Detailfragen, fachlich und historisch entsprechend fundiert, vorbereiten sollte. Der dafür 1971 eingerichtete Altstadtausschuss setzt sich aus Architekten, Restauratoren, Kunsthistorikern, Beamten des Denkmalamtes und des Stadtbauamtes sowie Vertretern des Gemeinderates zusammen.

Der seit 1973 dem Altstadtausschuss angehörende Architekt Richard Gratl brachte die Problemvielfalt bei der Altstadtsanierung insofern auf den Punkt, als er sagte, dass das Geheimnis einer erfolgversprechenden Altstadtrenovierung im Detail, im maß- und stilgerechten Ineinanderfließen von scheinbaren Kleinigkeiten liege. Denn gerade das Mit- und Nebeneinander von Geschichte und Gegenwart, das Zusammentreffen von historischer Schönheit und Annehmlichkeit, das Spürbarwerden gewachsener Strukturen mache den Lebensraum Altstadt lebenswert (*Gratl o. J., Stadtbauamt Hall*). Um dieses Ziel, das historische Zentrum von Hall als bevorzugten Wohn-, Lebens-, Wirtschafts- und Kulturraum wieder erstehen zu lassen, ging der Altstadtausschuss auch davon aus, dass ohne Bewusstseinsbildung, ohne Zusammenarbeit mit der Bevölkerung eine gedeihliche Altstadtsanierung nicht möglich wäre. Seine Aufgabe sollte ferner sein, nicht nur einzelne Fassaden- oder Generalsanierungsprojekte zu erörtern, sondern auch Grundsatzfragen über mögliche zukunftsorientierte Entscheidungen wie etwa Verkehrsfragen in der Altstadt zu diskutieren.

Bis zum Jahr 1970 fehlten der Gemeinde allerdings die gesetzlichen Voraussetzungen, um sanierungswillige Hausbesitzer zu subventionieren. Ausschlaggebend für eine Änderung war eine Resolution des Verbandes für Heimatschutz und Heimatpflege in Tirol aus dem Jahr 1973 an die Bürgermeister von Innsbruck und Hall mit der Bitte um Unterstützung diesbezüglicher Bemühungen. Angelehnt an die im Jahr 1964 erlassene Charta von Venedig und die Beschlüsse von Vertretern der historischen Städte der Mitgliedsstaaten des Europarates 1971 in Split, deren Hauptanliegen die Rettung der historischen Stadtbereiche war, heißt es in der Resolution: *„Der Verband für Heimatschutz und Heimatpflege in Tirol bittet alle Mitglieder des Tiroler Landtages, sich über einen echten und angemessenen finanziellen Beitrag einzusetzen und darüber hinaus die Erlassung der notwendigen Gesetze zur Wiederbelebung und Bewahrung der Altstadt von Innsbruck und des übrigen historischen Baubestandes Tirols als vordringlich zu behandeln und mit ganzer Kraft zu unterstützen"* (*Stadtbauamt Hall*).

Sowohl Land als auch Bund reagierten positiv, indem das vom Nationalrat beschlossene Wohnbauförderungsgesetz nun auch auf Altstadthäuser angewendet werden konnte. Mit dem Wohnungsverbesserungsgesetz war es möglich, Mittel für eine zeitgemäße Adaptierung der Altstadtwohnungen bereitzustellen. Ab dem Jahr 1973 wurde die Haller Bevölkerung in einer gezielten Kampagne über die Bedeutung der Altstadtrevitalisierung und über die günstigen Finanzierungsmöglichkeiten aufgeklärt, wobei auch die Stadt Hall die Gewährung zinsenloser Darlehen in Aussicht stellte. Einen weiteren Aspekt der Sanierungsaktion im Altstadtbereich löste die bereits im Jahr 1969 vom Bundesministerium für Wissenschaft und Forschung ins Leben gerufene *Fassadenaktion* aus, an der sich Hall ab 1974 beteiligen sollte. Sie besteht darin, dass Fassadenrenovierungen aus öffentlichen Mitteln gefördert werden, wobei für Hauseigentümer zwei Drittel der Renovierungskosten anfallen, ein Drittel jedoch von Gemeinde, Land und Bund übernommen wird - sofern die vom Altstadtausschuss erstellten, denkmalpflegerischen Auflagen erfüllt werden.

Eine wertvolle Hilfe für die Revitalisierung der Haller Altstadt war die Vermessung und Aufnahme aller Objekte in der Haller Altstadt durch das Institut für Baukunst und Denkmalpflege der Technischen Fakultät der Universität Innsbruck ab dem Jahr 1975. Diese Arbeiten bildeten eine wichtige Grundlage für Umbau- und Sanierungsmaßnahmen. Außerdem beschloss der Gemeinderat gemäß § 27 (1) Tiroler Raumordnungsgesetz 1975 eine Änderung des Bebauungsplanes. Er enthält ein Bauverbot für alle Baumassen vermehrenden Bauten im Kerngebiet. Eine weitere wichtige Phase wurde 1976 durch die Tiroler Landesregierung mit dem Stadtkern- und Ortsbildschutzgesetz (SOG) eingeleitet. Auf Grund dieses SOG konnte über Antrag des Haller Gemeinderates die Landesregierung den gesamten, ehemals ummauerten Bereich der Altstadt zur Erhaltungszone und das gesamte Gemeindegebiet zur Sichtzone erklären. Mit diesem Erlass war es nunmehr möglich, die einzelnen historisch gewachsenen Bauwerke, aber auch das gesamte Stadtbild vor negativen Eingriffen zu schützen. Dieses denkmalpflegerische Gesetz eröffnete den Hallern darüber hinaus die Möglichkeit, weitere Geldquellen für die Altstadtsanierung in Anspruch zu nehmen. Es wurde ein Fonds mit über € 145.000 pro Jahr gegründet, an dem sich zu je einer Hälfte das Land Tirol und die Stadt beteiligten. Damit konnten Renovierungsmaßnahmen über die gesetzliche Wohnbauförderung hinaus mit zusätzlichen Mitteln gefördert werden. Ein Sachverständigenbeirat, bestehend aus drei Mitgliedern des Landes und zwei Vertretern der jeweiligen Gemeinde, prüfte dabei im Einzelnen, welche Kosten für statische Sicherungsmaßnahmen bzw. zusätzlich anfallende Kosten im Zuge von Fassadenerneuerungen, denkmalpflegerischen Restaurierungsarbeiten außen wie innen (z. B. Sanierung von gotischen Balkendecken, Fresken, Gewölben) oder Revitalisierungsmaßnahmen (Ein-, Aus- oder Umbauten von Geschäften) übernommen werden.

Aufbauend auf diesem Gesetz erfolgte im Jahr 1978 als weiterer innovativer Schritt erstmals die Generalsanierung eines Altstadthauses auf Basis des sozialen, geförderten Eigentumswohnbaues durch die „Gemeinnützige Wohnbaugesellschaft Wohnungseigentum" (WE). *„Wer die komplexen rechtlichen und finanziellen Probleme des sozialen Wohnbaus nur annähernd kennt, kann diese Mutation, speziell was die auf den Neubau zugeschnittenen Wohnbauförderungsrichtlinien betrifft, nicht hoch genug einschätzen. Die notwendige intensive Zusammenarbeit zwischen Hausbesitzern, Stadt Hall, Land Tirol, Planern und Baugesellschaften führte in der Folge zum Haller Wohnmodell ‚Neues Wohnen in alten Häusern' und ermöglichte den Schritt von den Fassaden in das Innere der Häuser."* (Gratl 1989, 17).

Der gesamte Themenkomplex über Sanierung und Revitalisierung der Haller Altstadt war bereits zweimal Inhalt wissenschaftlicher Arbeiten (*Stoffaneller* 1985, *Halhammer* 1987). Der Haller Historiker *H. Moser* verfasste 1989 eine umfassende Dokumentation über die ersten 15 Jahre Altstadtsanierung, wobei er vor allem auf die Geschichte der bis dahin renovierten Häuser eingegangen ist. Deshalb soll diese erste Phase der Altstadtsanierung in den folgenden Ausführungen in einem eher knapp gefassten Überblick, der Zeitabschnitt zwischen 1989 und 2000 hingegen ausführlicher behandelt werden. Als Quellen dazu dienten in erster Linie der umfangreiche Schriftverkehr und andere Unterlagen im städtischen Bauamt, ergänzt durch die Jahresberichte des Denkmalamtes 1991 - 2000, die Baubestandsaufnahme des Instituts für Baukunst und Denkmalpflege sowie zahlreiche eigene Erhebungen, Gespräche und Interviews.

## 4.2. Fassadenaktion

Mit der in Hall 1974 gestarteten Fassadenaktion konnte bei der Bevölkerung rasch ein „Altstadtbewusstsein" und eine starke Nachfrage nach subventionierten Fassadenerneuerungen geweckt werden. In Zusammenarbeit mit dem Bundesministerium für Wissenschaft und Forschung, dem Land Tirol und dem Bundesdenkmalamt gelang es, im gesamten Zeitraum von 1974 bis zum Jahr 2000 305 Fassaden an 168 Objekten zu restaurieren. Die Kosten für die gesamten bis dahin erneuerten Fassaden betrugen € 5,8 Mio., wobei für die Eigentümer € 4,2 Mio. anfielen, € 1,6 Mio. wurden an Subventionen zur Verfügung gestellt (*Tab. 7*).

*Tab. 7:* Fassadenaktion im Überblick 1974 - 2000

| Zeit | Objekte | Fassaden | Gesamtkosten | | Förderung | |
|---|---|---|---|---|---|---|
| | | | ATS | € | ATS | € |
| 1974 - 1988 | 109 | 195 | 33,5 Mio. | 2,4 Mio. | 10 Mio. | 0,7 Mio. |
| 1989 - 2000 | 59 | 110 | 47,0 Mio. | 3,4 Mio. | 13 Mio. | 0,9 Mio. |
| gesamt | 168 | 305 | 80,5 Mio. | 5,8 Mio. | 23 Mio. | 1,6 Mio. |

Quelle: Weber 1989; Stadtbauamt Hall; eigene Berechnungen

Die Bemühungen, das ursprüngliche Erscheinungsbild möglichst wiederherzustellen, beschränkten sich nicht nur auf die Fassaden allein, sondern auch auf die Erhaltung und Erneuerung der Dachlandschaft. Die einzelnen Bauwerber erhielten aber jene circa 30 % der Erneuerungskosten - zu je einem Drittel vom Bund, vom Land und von der Stadt - nur dann, wenn sie die erteilten denkmalpflegerischen Auflagen auch erfüllten. Damit erwiesen sich die gewährten Subventionen aus der Fassadenaktion sowie aus dem Altstadtfonds für besonders aufwendige Restaurierungen als wirkungsvolles Instrument bei der Gestaltung des Altstadtbildes (*Weber* 1989, 12).

Die Fassadenaktion war auch deshalb so erfolgreich, weil das städtische Bauamt sämtliche dafür notwendigen Vorarbeiten wie Ausschreibungen, Bauleitungsleistungen und Abrechnungen für die einzelnen Hausbesitzer erledigte. So gelang es in den ersten 15 Jahren der Fassadenaktion von 1974 bis 1988, an 109 Objekten 195 Fassaden zu erneuern (*Abb. 6*). Trotz zunehmender anderweitiger finanzieller Belastungen konnte die Fassadenaktion in Hall auch in den Folgejahren wirksam fortgesetzt werden und weitere 110 Fassaden an 59 Altstadthäusern restauriert und durch Subventionen in der Höhe von € 940.000 gefördert werden, wie *Tab. 8* für die einzelnen Jahre zwischen 1989 und 2000 zu entnehmen ist. Die Gesamtsumme der Förderungen bei der Fassadenaktion umfasste bis 1988 € 727.000 bei einer Gesamtbausumme von € 2,4 Mio. an 109 Objekten mit 195 Fassaden.

Durch die mit großem finanziellem Aufwand bisher erfolgreich durchgeführte Fassadenrenovierung konnte das Erscheinungsbild der Altstadt wesentlich verbessert werden. Allerdings ist nach den Erhebungen des Stadtbauamtes das Ausmaß der noch zu erneuernden Fassadenflächen beinahe gleich groß wie die bis jetzt renovierten. Außerdem müsste man einige in den Anfangsjahren sanierte Fassaden bereits wieder auffrischen. Außeninstandsetzungen von Altstadthäusern wie Fassadenerneuerungen allein haben allerdings noch keinen Einfluss auf deren Wohnqualität. Die ersten Ideen zur machbaren Umsetzung einer zeitgemäßen Wohnungserneuerung in den „gotischen Hausleichen" auf Basis des sozialen Wohnbaues und damit zur Revitalisierung im Innern der Häuser gehen auf das Jahr 1975 zurück (*Gratl* 1997, 58).

*Abb. 6:* Fassadenaktion 1974 - 2000

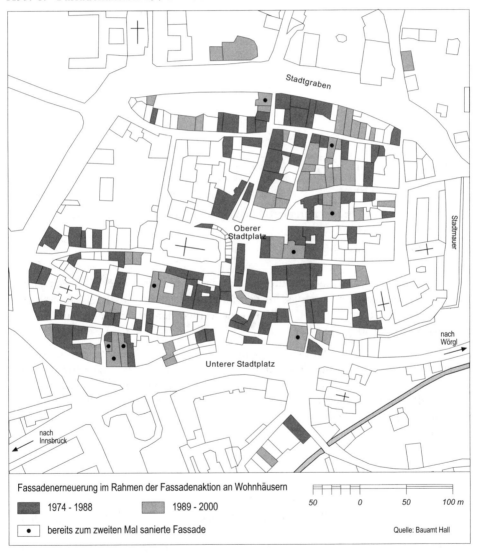

*Tab. 8:* Jährliche Fassadenaktion 1989 - 2000

| Jahr | Zahl der Fassaden | Fassadenfläche/m² | Gesamtkosten in €* | Gesamtförderung in €* |
|---|---|---|---|---|
| 1989 | 14 | 2.405 | 437.000 | 55.000 |
| 1990 | 9 | 2.600 | 314.000 | 87.000 |
| 1991 | 13 | 1.715 | 310.000 | 76.000 |
| 1992 | 7 | 754 | 163.000 | 53.000 |
| 1993 | 11 | 1.392 | 341.000 | 109.000 |
| 1994 | 13 | 1.991 | 218.000 | 83.000 |
| 1995 | 9 | 868 | 237.000 | 51.000 |
| 1996 | 7 | 809 | 149.000 | 124.000 |
| 1997 | 8 | 1.385 | 298.000 | 89.000 |
| 1998 | 2 (Gh. Engl) | 660 | 272.000 | 65.000 |
| 1999 | 7 | 1.090 | 242.000 | 65.000 |
| 2000 | 10 | 1.970 | 429.000 | 85.000 |
| Summe | 110 | 17.639 | 3,400.000 | 942.000 |

* Die Zahlen wurden bei der Euroumrechnung gerundet und sind daher mit der Gesamtsumme nicht ganz ident.

Quelle: Bauamt Hall; eigene Berechnungen

Eine komplette Dokumentation, aufgegliedert nach einzelnen Objekten, bietet *Tab. 9*, aus der auch zu entnehmen ist, dass im Zeitraum von 1989 bis einschließlich 2000 eine Fassadenfläche von immerhin 17.639 m² erneuert worden ist mit einen Durchschnitt pro Fassade von 160 m² pro Haus.

Die Aufstellung der Fassadenaktion entspricht dabei den Unterlagen des städtischen Bauamtes, ist aber nicht ganz ident mit den Aufzeichnungen über restaurierte Fassaden. Es gibt laut Aussagen des zuständigen städtischen Beamten vereinzelt die Möglichkeit, für Fassadenrenovierungen Teilförderungen aus SOG-Mitteln zu gewähren, wenn eine Fassade nicht mehr in die „Fassadenaktion" des betreffenden Jahres aufgenommen werden kann.

*Tab. 9:* Dokumentation der Fassadenaktion 1989 - 2000 nach Objekten

*1989*

| Objekt | Fläche in m² | Fassaden | Objekt | Fläche in m² | Fassaden |
|---|---|---|---|---|---|
| Wallpachgasse 15 | 110 | O | Mustergasse 6 | 50 | O |
| Kurzer Graben 1 | 465 | N, W, S | Eugenstraße 13 | 550 | N, O, S |

| Objekt | Fläche in m² | Fassaden | Objekt | Fläche in m² | Fassaden |
|---|---|---|---|---|---|
| Rosengasse 9 | 150 | S | Salvatorgasse 6 | 600 | S, N, W |
| U. Stadtplatz 7/ Schmiedgasse 7 | 480 | S, N | | | |

### 1990

| Objekt | Fläche in m² | Fassaden | Objekt | Fläche in m² | Fassaden |
|---|---|---|---|---|---|
| Wallpachgasse 2 | 260 | W | Salzburger Straße 5 | 550 | N |
| Agramgasse 2 | 90 | N | Salvatorgasse 15 | 150 | N, O, S |
| Salzburger Straße 3 | 50 | N | Salvatorgasse 4 | 1.500 | N, S, innen |

### 1991

| Objekt | Fläche in m² | Fassaden | Objekt | Fläche in m² | Fassaden |
|---|---|---|---|---|---|
| Schumacherweg 2a | 375 | N, S, W | Schulgasse 5, 1. Abschnitt | 135 | O |
| Agramgasse 9 | 75 | S | Waldaufstraße 1 | 370 | N, O, S |
| Agramgasse 8 | 145 | N, O | Speckbacherstr. 1 | 370 | N |
| Mustergasse 1 | 245 | N, O | | | |

### 1992

| Objekt | Fläche in m² | Fassaden | Objekt | Fläche in m² | Fassaden |
|---|---|---|---|---|---|
| Mustergasse 6 | 230 | N | Salvatorgasse 19 | 150 | N |
| Schlossergasse 5, 1. Abschnitt | 140 | S | Schulgasse 5, 2. Abschnitt | 116 | N, O |
| Waldaufstraße 20 | 57 | W | Waldaufstraße 3 | 61 | N |

### 1993

| Objekt | Fläche in m² | Fassaden | Objekt | Fläche in m² | Fassaden |
|---|---|---|---|---|---|
| Waldaufstraße 3 | 90 | S | Krippgasse 14 | 232 | N, S |
| Schlossergasse 7 | 130 | S | Arbesgasse 3 | 180 | O |
| Salvatorgasse 3 | 510 | N, S | Stadtgraben 10 | 250 | N, O, W |
| Schlossergasse 5, 2. Abschnitt | ? | S | | | |

### 1994

| Objekt | Fläche in m² | Fassaden | Objekt | Fläche in m² | Fassaden |
|---|---|---|---|---|---|
| Agramgasse 8a | 48 | N | Schmiedtorgasse 4 | 365 | N, S |
| Arbesgasse 2 | 260 | O, W | Stadtgraben 12 | 474 | N, O |

| Objekt | Fläche in m² | Fassaden | Objekt | Fläche in m² | Fassaden |
|---|---|---|---|---|---|
| Krippgasse | 98 | S | U. Stadtplatz 3 | 315 | N, S |
| Salvatorgasse 11 | 172 | N | Wallpachgasse 2 | 91 | O |
| Salvatorgasse 17 | 168 | N | | | |
| *1995* | | | | | |
| Agramgasse 7/9 | 386 | N, W, S | Schmiedtorgasse 4 | 46 | O |
| Agramgasse 11 | 103 | S | U. Stadtplatz 6 | 257 | O, S, W |
| Agramgasse 17 | 76 | S | | | |
| *1996* | | | | | |
| Rosengasse 3 | 40 | W | Schlossergasse 11 | 179 | N, S |
| Schlossergasse 5 | 274 | N, W | Schlossergasse 13 | 148 | N |
| Schlossergasse 6 | 168 | W | | | |
| *1997* | | | | | |
| Agramgasse 13 | 190 | N, S | Schlossergasse 9 | 420 | N, S |
| Schlossergasse 7 | 315 | O | Schmiedtorg. 3 - 5 | 320 | N, W |
| Schlossergasse 6 | 140 | N | | | |
| *1998* | | | | | |
| U. Stadtplatz 5 | 660 | N, S | | | |
| *1999* | | | | | |
| Arbesgasse 5 | 520 | O, W | U. Stadtplatz 4 | 56 | S |
| Münzergasse 3 | 284 | N, S | U. Stadtplatz 10 | 230 | N, O |
| *2000* | | | | | |
| Arbesgasse 4 | 160 | O | Schlossergasse 3 | 460 | N, S |
| Mustergasse 3 | 450 | N | Thurnfeldgasse 4 | 800 | N, O, S, W |
| U. Stadtplatz 1 | 400 | N, S | | | |

Quelle: Bauamt Hall

## 4.3. Restaurierung kirchlicher Bauten

Die Haller Silhouette wird sehr stark von barocken Kirchtürmen geprägt, denn in der Stadt gibt es insgesamt sieben Kirchen, sechs Klöster und mehrere Kapellen. Um diesen kulturell wertvollen kirchlichen Baubestand zu erhalten und möglichst in seinem schönsten Glanz erhalten und präsentieren zu können, bemühte sich der Altstadtausschuss schon in der Anfangsphase der Altstadtsanierung um die entsprechenden finanziellen Zuwendungen zur zumindest teilweisen Sanierung und Renovierung der Kirchenbauten. Die Mittel dazu stammten von Gemeinde, Land (Kulturabteilung), Bundesdenkmalamt sowie aus Spenden der Bevölkerung. Auch die „ersten" Gelder aus dem Fonds nach dem Stadtkern- und Ortsbildschutzgesetz wurden beispielsweise für die Restaurierung der Westfassade der Pfarrkirche St. Nikolaus eingesetzt. Da Restaurierungsarbeiten an den Haller Sakralbauten aus finanziellen Gründen meist nur etappenweise erfolgen können, fallen diese auch weiterhin an.

Die nachfolgende Aufstellung bietet einen Überblick über die seit den 1990er-Jahren geleisteten Maßnahmen an den Haller Sakralbauten:

### *Die Stadtpfarrkirche St. Nikolaus:*

Die mächtige Stadtpfarrkirche St. Nikolaus aus dem 13. Jh. wurde 1420 bis 1437 durch ein nördliches Seitenschiff erweitert. Wie bei den anderen Haller Kirchen wurde der ehemals gotische Turm nach dem Erdbeben von 1670 barockisiert. Das Innere der Kirche hat trotz Barockisierung seinen spätgotischen Raumeindruck bewahrt. Bemerkenswert in der so genannten Waldaufkapelle sind Reste der großen Reliquiensammlung von Florian Ritter Waldauf, eine spätgotische Madonna und ein prachtvolles Schmiedeeisengitter.

- 1993: Beginn der Restaurierung der Epitaphe im Bereich der Pfarrkirche
- 1994: Fassadenuntersuchung, Befundung und Dokumentation
- 1995: Beginn der Gesamtrestaurierung der Fassaden mit Trockenlegungsmaßnahmen der Außenmauern
- 1997: Innenrestaurierung der Fiegerkapelle, die über der Portalvorhalle der Pfarrkirche liegt und die Westfassade der Pfarrkirche wesentlich mitbestimmt
- 1998 - 2002: Außenrestaurierung der gesamten Kirche einschließlich Turm in mehreren Abschnitten
- 1999: Restaurierung der Orgel. Eines der schönsten frühbarocken Orgelgehäuse Tirols konnte wieder in den originalen Zustand gebracht werden. Das Orgelspielwerk wurde hingegen vollständig erneuert.

### *Magdalenenkapelle:*

Neben der Pfarrkirche befindet sich die 1330 erstmals urkundlich erwähnte Magdalenenkapelle mit Sternrippengewölbe, Sakramentshäuschen, hervorragenden gotischen Wandgemälden aus drei Epochen und spätgotischem Flügelaltar. Die seit 1923 als Kriegergedächtniskapelle genutzte einstige Haller Friedhofskapelle ist eines der bedeutendsten gotischen Denkmäler des Landes.

- 1991/1992: Von der Messerschmitt-Stiftung großteils finanzierte Gesamt-Innenrestaurierung. Der geschnitzte Altar wurde in den Werkstätten des Bundesdenkmalamtes in Wien restauriert.

### *Jesuitenkirche:*

Die (ehemalige) Jesuiten- oder Allerheiligenkirche wurde 1608-1610 nach dem Vorbild der Jesuitenkirche in Konstanz erbaut und im späten 17. Jh. innen und außen stark verändert. Die Kirche mit ihrer großartigen Innenausstattung gilt als frühester Barockbau Tirols. Bemerkenswert ist die alljährlich zur Weihnachtszeit in der Xavierkapelle aufgestellte Krippe aus der Mitte des 17. Jh. Sie zählt mit ihren 12 etwas über einen Meter großen Figuren zu den ältesten erhaltenen Krippen Tirols.

- 1989 - 1995: Zur Behebung der teilweise gravierenden Altersschäden an der Krippe wurde 1989 durch das Denkmalamt ein etappenweises Restaurierungskonzept erstellt, welches 1995 offiziell abgeschlossen werden konnte
- 1996: Neuanstrich des Blechdaches der Jesuitenkirche
- 1998/1999: Mauertrockenlegungsarbeiten und anschließend Verputzarbeiten und Färbelungen im Sockelbereich. Restaurierung des Blendgiebels

*Stiftskirche und Herz-Jesu-Kloster (ehemaliges Damenstift):*

Die Stiftskirche wurde im Auftrag von Erzherzogin Magdalena von Österreich um 1570 errichtet. Der einschiffige Innenraum gehört durch seine reiche Barockstuckatur (um 1690) zu den schönsten kirchlichen Innenräumen des Landes.

- 1992: Sanierung der Blechabdeckung der Fassadengesimse
- 1994: Erneuerung der Tragkonstruktion der Turmspitze nach einem Blitzschlag. Beginn der Restaurierung der Innenräume. Erneuerung sämtlicher Fenster. Neuverlegung der Elektroinstallation. Sanierung der Krypta: Instandsetzung des Nonnenchores
- 1997: Lifteinbau. Renovierung der Süd- und Ostfassade des Wirtschaftsgebäudes an der Salzburger Straße. Erneuerung der Eingangstür
- 1998: Konservierung der drei lebensgroßen Schnitzfiguren, die in den rundbogigen Figurennischen am Fassadengiebel stehen
- 1999: Erster Bauabschnitt der Gesamtaußenrestaurierung. Restaurierung der Nord- und Westfassade, der Fenster und der Steinportale

*Franziskanerkirche und -kloster:*

Franziskanerkirche und -kloster liegen nordwestlich des Stadtkernes außerhalb des Stadtgrabens. Die Anlage wurde 1643 bis 1645 erbaut und nach dem Brand 1760 erneuert.

- 1994: Abschluss der Gesamtsanierung der Fassaden mit Auswechseln der Fenster und Fassadenfärbelung
- 1997: Gutachtenerstellung über Umbau, Sanierung und Renovierung des Klosters
- 1999: Abschluss der Generalsanierung. Schwerpunkte waren die Sanierung des Kreuzgangs mit der neuen Pfortenlösung sowie Umgestaltung von Refektorium und Wohnbereich

*Heilig-Geist-Kirche:*

Die Heilig-Geist-Kirche am Unteren Stadtplatz im Besitz der Tertiar-Schulschwestern wurde 1727 an Stelle der ehemaligen Spitalskirche erbaut. Im Inneren reicher Frührokoko-Stuck mit qualitätsvoller Ausstattung.

- 1992: Eindecken des Turmzwiebels des achtseitigen Südtürmchens und Sanierung der an der Westfassade befindlichen, zwei Mosaikbilder einfassenden Stuckarbeiten
- 1997: Erneuerung des Kirchendaches über dem Presbyterium. Befundung und Sanierung der Nord- und Ostfassade
- 1998: Instandsetzung und Färbelung der hofseitigen Fassaden des Klostergebäudes

Außerdem wurden noch folgende sakrale Objekte mit SOG-Mitteln saniert:

- 1991: *Salinenkapelle* Hl. Johannes Nepomuk (Teil-Sanierung)
- 1994 - 1997: Gesamtsanierung der *Kapelle Maria Schnee* im Damenstiftsgarten
- 1995 - 1996: Generalsanierung des *Widums*
- 1996: Sanierung des 1859 von den Salesianerinnen gekauften ehemals zum Damenstift gehörigen *Ansitzes Thurnfeld*
- 1996: Kapelle beim *Ansitz Alter Zoll* (Türrestauration)
- 1998: Restauration der *Friedhofskapelle* von Heiligkreuz

## 4.4. Sanierung und Revitalisierung öffentlicher Bauten und Einrichtungen

Eine wichtige Voraussetzung für das Gelingen der Altstadtsanierung und die Wiederbelebung des Stadtkernes war neben der Verbesserung der Infrastruktur die Sanierung und Revitalisierung öffentlicher Gebäude.

Das im Jahr 1571 erbaute und im 17. Jh. barockisierte Jesuitenkloster wurde 1773 aufgehoben und diente bis 1945 als Kaserne. In der Folge bis 1979 befand sich hier die Landesberufsschule für Zimmerer, Schuhmacher, Sattler, Tapezierer und Optiker. Das Gebäude zählt zu den schönsten Barockbauten der Stadt und ist deshalb sowohl für das Stadtbild im Allgemeinen als auch für die Schulgasse durch die barocke Ensemblewirkung zusammen mit dem Stiftsplatz von Bedeutung. Im Jahr 1978 erfolgte deshalb der Beschluss, die Generalsanierung dieses damals desolaten ehemaligen Jesuitenkollegs einzuleiten. Auf Wunsch des Gemeinderates und im Einvernehmen mit der Justizverwaltung konnte der Plan, in diesem Gebäude das Bezirksgericht einzurichten, verwirklicht werden. Nach Abschluss des Umbaus und der vorbildlichen Erneuerung des Gebäudekomplexes im Jahre 1980 konnten neben dem Bezirksgericht auch der Volkshochschule sowie einigen anderen Institutionen Büro- und Arbeitsräume zur Verfügung gestellt werden. Darüber hinaus bietet sich der stimmungsvolle Innenhof für die Veranstaltung von Festen und Konzerten im kleineren Rahmen an.

Als zweites Gebäude, das nach seiner Restaurierung administrativen Zwecken dienen sollte, ist das Rosenhaus am Oberen Stadtplatz zu nennen. Das dreigeschossige Gebäude mit seinem barock geschwungenen Fassadengiebel diente einst als Wirtshaus. Es reicht weit in die Tiefe und öffnet sich im Erdgeschoss in mehreren Rundbögen. Im Inneren des im Kern gotischen Hauses gibt es schöne gewölbte Räume mit bemerkenswerten künstlerischen Baudetails. An der zum Stadtplatz hin orientierten Südfassade hängt immer noch das barocke Wirtshausschild, darunter eine Steinmadonna in einer Rundbogennische. Dieses der ehemals reichen Haller Familie Kripp gehörende Wirtshaus lag direkt beim Marktanger und wies acht Marktgewölbe auf. Sie wurden zu Marktzeiten an auswärtige Händler vermietet (*Moser* 1989, 148).

Das Rosenhaus befindet sich seit dem Jahr 1920 in städtischem Besitz und grenzt direkt an das Rathaus. Wachsende kommunale Aufgaben zwangen zur Sanierung dieses Hauses, in dem zeitgemäße Büroräume für eine Reihe städtischer Ämter geschaffen werden sollten. Seit der Generalsanierung im Jahr 1992 sind hier das Bau- und Umweltamt, das Sozial-, Schul-, Kultur-, Sport-, Melde- und Standesamt untergebracht. Der Zugang zu diesen Amtsräumen erfolgt durch ein neues Stiegenhaus und eine Liftanlage, während das Erdgeschoss Geschäftszwecken dient. Erstmals wurde bei diesem Objekt vor Beginn der Sanierung eine eingehende Bauuntersuchung durchgeführt, die als Grundlage zur Beurteilung der Umbauarbeiten herangezogen wurde. Diese Untersuchung ergab, dass der Kern des Hauses sogar zu den ältesten Bauwerken Halls zählt, was bei Planung und Ausführung zu besonderer Rücksichtnahme und sorgfältiger Beachtung der denkmalpflegerischen Aspekte führte. So konnte neben besonders wertvollen romanischen und gotischen Baudetails auch sehr viel originale Bausubstanz sowie auch ursprüngliche Putzoberfläche erhalten bleiben.

Mit der Sanierung öffentlicher Gebäude bot sich für Hall aber auch die Gelegenheit, dem Kulturleben neue Impulse zu verleihen. Ein im Zuge der Revitalisierungsbemühungen für die Altstadt ins Leben gerufener Kulturausschuss wurde beauftragt, Überlegungen bezüglich eines Veranstaltungszentrums anzustellen, aber ebenso Räumlichkeiten für Ausstellungen, Galerien oder Konzerte sowie Lokale für die vielen heimischen Vereine zu suchen. Mit der Generalsanierung des Kurhauses, der Restaurierung des Stadtsaales und vor allem der Wiederbelebung der Burg Hasegg ist die Stadt diesem Ziel, der kulturellen Belebung der Altstadt, einen wesentlichen Schritt näher gekommen.

Die Revitalisierung der Burg Hasegg mit der Adaptierung als Haller Kulturzentrum kann als durchaus gelungen bezeichnet werden. Als die Münzprägestätte im Jahr 1809 stillgelegt wurde, funktionierte man die Burg in ein Wohnhaus um. Es entstanden Wohnungen für Salinenbedienstete. Die Burg blieb bis in die jüngste Zeit eine reine Wohnanlage. Erst mit der Sanierung des Münzerturms im Jahr 1969 wurde die Generalrestaurierung der Burg Hasegg allmählich in Angriff genommen. Mit der Wahl dieses Objektes sah der damalige Bürgermeister Dr. Posch einen Ansatzpunkt zur Sensibilisierung der Bevölkerung, seine Stadt als Kulturstadt zu präsentieren und die „Münze" wieder ins Leben zu rufen.

Ein Vierteljahrhundert später fasste *Moser* (1997) mit einem Beitrag, betitelt mit „Die Münze als städtisches Zentrum und Leitbild", in der Gedenkschrift für den in der Zwischenzeit verstorbenen Bürgermeister Dr. Posch die Bedeutung der Revitalisierung der Haller Münze zusammen.

1971 wurde die Numismatische Gesellschaft mit Sitz in der Burg Hasegg gegründet und ihre möglichen Ziele in einem Weißbuch formuliert:
- Wissenschaftliche Aufarbeitung der Geschichte der Münzstätte
- Revitalisierung der Münzprägung (Sonderprägungen)
- Schaffung eines Münzmuseums

Weiters erschienen eine Reihe von wissenschaftlichen Publikationen vor allem zur Geschichte der Münzstätte. Zahlreiche Veröffentlichungen namhafter in- und ausländischer Wissenschaftler zu Detailfragen sind in den seit 1971 erscheinenden „Haller Münzblättern" abgedruckt. Nach der Adaptierung der Kellergewölbe im Südtrakt der Burg prägte man 1975 erstmals nach 166 Jahren wieder Münzen. In der Folgezeit wurden immer wieder Hundert- und Fünfhundert-Schilling-Gedenkmünzen geprägt, die als begehrtes Sammelobjekt auch die moderne Münzstätte Hall international zu einem Begriff machten. Mit dem Einbau der „Alten Münze" in den ehemaligen Verwaltungsräumen der historischen Münzstätte im Westtrakt der Burg 1981 wurde der erste Schritt in Richtung Münzmuseum gemacht. Hier können auf historischen Münzprägemaschinen auch von den Besuchern selbst Erinnerungsmedaillen gestanzt werden. 1997 gelang es, durch einige räumliche Umstrukturierungen im westlichen Anbau drei Räume mit einer Größe von circa 100 m$^2$ für das Technische Münzmuseum zu gewinnen. Hier werden die wichtigsten Stationen der Geschichte der Münzstätte präsentiert und durch noch immer funktionsfähige historische Prägemaschinen ergänzt. Eine zusätzliche Besonderheit soll die Rekonstruktion der Walzenprägemaschinen sein, mit denen die Münzstätte Hall im 16. Jh. die Prägetechnik revolutionierte und Hall weltweite Bedeutung verschuf. Das Münzmuseum wird nach der Fertigstellung ein weiteres Wahrzeichen der „Kulturstadt Hall" sein (*Moser* 1997, 84).

Die Burg Hasegg ist daher ein beliebtes „Herzeigziel" geworden. Bei der Besteigung des Münzerturmes führt ein bei der Innensanierung 1976 eingerichtetes „Vertikalmuseum" über eine Wendeltreppe zur „Zunftstube" im obersten Bereich, von wo aus der Besucher einen schönen Rundblick auf Hall genießen kann. Im Vertikalmuseum sind eine Fotodokumentation zur Münzprägung, die urgeschichtliche Sammlung Dr. Kneußl und Zunftgegenstände ausgestellt. Persönlichkeiten aus Politik und Wirtschaft werden bei ihrem Besuch in Hall deshalb gerne in die „Burg" geführt.

Ferner befinden sich in der Burg das in den 1980er-Jahren erweiterte städtische Museum, eine Galerie und weitere Ausstellungsräume sowie die Georgskapelle, die mit ihrem besonderen Flair zu einer beliebten Hochzeitskapelle geworden ist. Das „Fürstenzimmer" kann für besondere Anlässe und Feiern angemietet werden. Für das leibliche Wohl sorgt das Restaurant „Burgtaverne".

Auch als Veranstaltungsort ist die Burg Hasegg mit ihrem stimmungsvollen Innenhof sehr beliebt, sei es für Tagungen oder für Konzerte und Theaterveranstaltungen einheimischer oder auswärtiger Gruppen und Kulturvereine. Leider wurde es verabsäumt, die im Jahre 1981 in Hall gegründeten Tiroler Volksschauspiele für immer an die Burg Hasegg zu binden.

Ein weiteres Objekt, das die Revitalisierung der Haller Altstadt maßgeblich beeinflusst hat, ist das Kurhaus. Dieses im Bauhausstil von dem damals bekannten Architekten Hans Illmer errichtete und im Jahr 1930 in Betrieb genommene „Kurmittelhaus" musste, wie schon erwähnt, im Jahr 1970 seinen stark defizitären Kurbetrieb einstellen. Seit der Schließung der Saline im Jahr 1967 stand auch die Sole aus dem Halltal nicht mehr zur Verfügung.

Mit der Totalsanierung des leer stehenden Gebäudes und mit ergänzenden Zubauten entstand 1978/79 ein vielseitig nutzbares Kommunikations- und Veranstaltungszentrum. Die repräsentative Eingangshalle, ein großer Saal, ein kleiner Saal sowie ein Restaurant bieten sich für Kongresse und Tagungen mittlerer Größe ebenso an wie für Bälle, Konzerte oder Ausstellungen. In den Kellerräumlichkeiten entstand die städtische Sauna, im Erdgeschoss befindet sich außerdem die Seniorenstube als beliebter Treffpunkt für die ältere Generation. Das Kurhaus hat in seiner neuen Funktion das kulturelle, gesellschaftliche und wirtschaftliche Leben von Hall wesentlich bereichert.

Auch der heute als barocker Stadtsaal bezeichnete Raum in der Knabenvolksschule, dem ehemaligen Jesuitengymnasium, hat sich als geeigneter Ort für mittelgroße Veranstaltungen bis zu 150 Personen bewährt. Seit seiner Restaurierung 1985/86 verfügt Hall wieder über einen kleinen Festsaal mit viel Atmosphäre, der das Angebot an Räumlichkeiten der Burg Hasegg und des Kurhauses ideal ergänzt.

Ein weiteres Gebäude, das im Zuge der Sanierungsmaßnahmen genannt werden muss, ist die neue Kunsthalle. Die Salinenverwaltung errichtete im Jahr 1852 auf dem Salinengelände das ehemalige Haller Salzmagazin. Nach der Schließung der Saline war in dem Gebäude zunächst eine Weinkellerei untergebracht, verschiedene weitere Nutzungsvorschläge wurden nicht aufgegriffen und so wäre es beinahe zum Abbruch freigegeben worden. Nach Interventionen des Bundesdenkmalamtes und eingehenden Beratungen kamen Fachleute und Gemeindevertreter zur Ansicht, dieses Industriedenkmal der Salzerzeugung zu erhalten.

So bewarb sich die Stadt Hall 1992 erfolgreich als Standort für das vom Land Tirol geplante Haus der modernen Kunst, womit sich die Verwendung des Salzlagers mit seiner eindrucksvollen Säulenhalle für kulturelle Zwecke anbahnte. Allerdings ergab sich erst nach Einbeziehung des gesamten Salinenbereichs mit dem Lobkowitzgebäude und den ehemaligen Bürogebäuden der Saline in die Schutzzone gemäß § 11 SOG die Möglichkeit, auch Zuschussmittel nach dem Stadtkern- und Ortsbildschutzgesetz in Anspruch zu nehmen und damit das Gebäude einer Gesamtsanierung zu unterziehen. Das alte Salzlager sollte durch die Verbindung von alter Bausubstanz und neuen architektonischen Mitteln als Kunsthalle zu einem Ort für zeitgenössische Kunst in Tirol werden und Hall - wie das Salz in früheren Zeiten - über die Stadtgrenzen hinaus bekannt machen.

Eine Kunsthalle in einer Kleinstadt hätte allerdings mehr Zeit benötigt, durch gutes Programm und interessante Inhalte auf sich aufmerksam zu machen, denn nach einer nur vierjährigen Anlauf- und Probephase kam auf Grund unterschiedlicher Zielvorstellungen und finanzieller Schwierigkeiten für die Kunsthalle Tirol bereits das vorläufige Ende. Es bleibt zu hoffen, dass dieser kulturelle Rückschlag nicht ähnliche Folgen nach sich zieht wie die im Jahre 1982 durch wenig Weitblick und einseitige Kulturpolitik vertane Chance, Hall in den Sommermonaten zu einer Theaterstadt zu machen. Durch Einflussnahme auf die Stückeauswahl in die ein Jahr zuvor gegründeten Tiroler Volksschauspiele in der Burg Hasegg wanderten diese nach Telfs im Oberinntal ab, wo sie seit 20 Jahren große Erfolge feiern.

Trotz dieser Versäumnisse darf sich Hall zu Recht Kulturstadt nennen, denn durch die im Zuge der Altstadterneuerung sanierten oder neu geschaffenen Räumlichkeiten in den genannten Gebäuden sowie in den Sakralräumen der Stadt (speziell in der Jesuitenkirche) ist es möglich geworden, ein reichhaltiges und differenziertes Kulturprogramm aufzubauen. Neben den zahlreichen Veranstaltungen der Haller Kulturvereinigungen ist der weit über die Stadtgrenzen hinaus bekannte Ruf als Kulturstadt vor allem dem Kulturverein „Galerie St. Barbara" zu danken, der hier seit 30 Jahren hervorragende Aufbauarbeit geleistet hat.

## 4.5. „Wohnen in alten Häusern" - Generalsanierung von Wohnhäusern

### 4.5.1. Das Haller Sanierungsmodell

Die Sanierung sakraler und öffentlicher Gebäude kann als Ausgangspunkt dafür gesehen werden, dass die Altstadt wieder geistiger und kultureller Mittelpunkt von Hall geworden ist. Aber ebenso bedeutsam war es, Privathäuser zu sanieren und auf einen zeitgemäßen Standard zu heben, denn nur eine entsprechende Wohn- und Lebensqualität weckt bei jungen Menschen wieder Bereitschaft, in der Altstadt zu wohnen, und bei Handels- und Dienstleistungsbetrieben Interesse, sich anzusiedeln. Dieses Ziel, moderne Räumlichkeiten unter Beibehaltung der alten Bausubstanz sowie des bestehenden Altstadtbildes zu schaffen, verfolgt die Stadt Hall erfolgreich seit 1978. Vom städtebaulichen Gesichtspunkt aus löst die Generalsanierung des Altbestandes mehrere Problemkreise:

1. Der weitere Verfall der Gebäude kann generell gestoppt und der Anteil der Substandardwohnungen eingeschränkt werden. Es kommt zur Sanierung der sehr schlecht ausgestatteten und wenig einladenden Geschäfts- und Gastronomielokale.
2. Die Physiognomie des Stadtbildes bleibt erhalten, Neubauten fügen sich nur selten harmonisch in ein vorgegebenes Ortsbild ein.
3. Bei der Begrenztheit des Baulandes bietet sich für die Stadtgemeinde in einem der größten Ballungsräume Österreichs eine effiziente Möglichkeit, dem steigenden Flächenverbrauch für den Wohnbau zu begegnen, Infrastrukturkosten zu sparen und Verkehrsaufkommen zu vermeiden (*Weber* 1989, 10).

Nachfolgend sollen einige der Punkte des Haller Generalsanierungsmodells kurz erläutert werden:
- Die Kosten einer Generalsanierung sind sehr hoch und daher von privaten Bauherren trotz der Förderungen nur schwer aufzubringen. Deshalb wird das Haus häufig an eine gemeinnützige Wohnbaugesellschaft verkauft. Durch hohe Wohnbauförderungen werden die aufwendig sanierten Wohnungen dann auch für Familien der Mittelschicht finanziell erschwinglich.
- Vor dem Kauf eines Objektes durch die Wohnbaugesellschaft müssen für die „Restmieter" Ausweichquartiere zur Verfügung gestellt werden. Da diese Mieter eher der weniger begüterten einheimischen Bevölkerungsschicht angehören oder Migranten sind, kam und kommt die Stadtgemeinde diesen Bewohnern bei der „Aussiedlung" zu Hilfe. Älteren Menschen wird die Möglichkeit geboten, in einem Seniorenheim oder in einer städtischen Mietwohnung außerhalb der Altstadt unterzukommen. Die Stadt kaufte zu diesem Zweck aber auch sanierungsbedürftige Häuser - zumeist in der Altstadt - an, um in diesen Häusern Übergangswohnungen („Springerwohnungen") einzurichten und diese der Wohnbaugesellschaft kostengünstig zur Verfügung zu stellen. Meist wurden diese Objekte dann zu einem späteren Zeitpunkt saniert. Durch den Ankauf von Häusern mit derartigen „Springerwohnungen" sollte zudem verhindert werden, dass sanierungsbedürftige Häuser zu Spekulationsobjekten werden. Außerdem wollte sich die Stadtgemeinde das Vergaberecht der renovierten Wohnungen sichern. Nur über jeweils fünf Prozent der Wohnungen können die WE als Bauträger sowie das Land Tirol als Förderungsgeber verfügen.
- Das nach wie vor laufende Generalsanierungsprogramm erfordert in jedem Einzelfall im Vorfeld eine Klärung, welche Funktion dem Bauwerk zugedacht ist. Sehr viele Objekte weisen eine kombinierte Nutzung auf, wobei sich im Erdgeschoss Geschäftslokale und in den Obergeschossen Wohnungen befinden. In etlichen von ihnen sind aber auch Büros und Praxisräume für öffentliche und private Dienstleistungen sowie Gewerbe- und Gastronomiebetriebe untergebracht. Um ein optimales Ergebnis zu erzielen, muss somit bei jedem einzelnen Objekt überlegt werden, welchem Zweck die Innenräume nach der Sanierung dienen werden.

Das Denkmalamt kontrolliert genau die Beibehaltung des historischen Charakters und die Bewahrung der Bausubstanz der zu sanierenden Häuser, weshalb es für die Architekten eine große Herausforderung war und ist, aus Altem etwas Neues, Lebendiges zu schaffen. Einer der Architekten bezeichnete dabei „... *die Bauerei in der Haller Altstadt trotz ‚gestutzter' Honorare, langer Planungs- und Bauzeiten als eine der sinnvollsten Tätigkeiten …"* (Gratl 1989, 19). Die Attraktivität des neuen Wohnens sollte darin liegen, dass jede einzelne Wohnung irgendwie anders gestaltet ist und somit ihre eigene Individualität bei höchstem Komfort bietet. Der Großteil der „neuen" Haller Altstadtbürger ist zufrieden und schätzt vor allem diese Individualität, die großzügige Bauweise, aber auch den kunsthistorischen Wert ihrer Wohnungen. Ein Bewohner erzählt: *„Wir fühlen uns wohl in dieser Atmosphäre. Sehr positiv war die Möglichkeit zur Selbstgestaltung. Die Wohnungen werden nämlich nicht präzise vorgegeben, die Architekten geben sich viel Mühe, sich mit den Bewerbern zusammenzusetzen, auf deren Bedürfnisse einzugehen und sie möglichst gut zu beraten. Das trägt zur Identifikation mit der Altstadtwohnung natürlich wesentlich bei."* Besonders die Maisonettenwohnungen sind sehr gefragt, wo die tiefer liegenden, dunkleren Räume als Schlafzimmer, die oberen helleren als Wohn- und Arbeitsräume dienen. Die Verbindung beider Stockwerke erfolgt durch eine Wendeltreppe.

Sehr positiv wird auch die Zentralität der Haller Altstadt bewertet: *„Die Kinder können in die Schule gehen, ohne über eine Kreuzung zu müssen. Geschäfte, Buchhandlungen, Friseur, Arzt, Zahnarzt - alles ist in unmittelbarer Nähe. Man kennt die Leute alle, wenn man zwei bis drei Jahre in der Stadt lebt. Wenn ich am Samstag einkaufen gehe, bin ich mindestens drei Stunden unterwegs, weil ich an jeder Ecke jemanden treffe und mit ihm rede. Das ist sehr angenehm. Dadurch, dass man die Kaufleute kennt, bekommt man denselben Preis wie in einem Innsbrucker Kaufhaus, hier habe ich aber Fachberatung. Der Branchenmix wird natürlich von Textil dominiert, aber es fehlt an nichts. Ein- bis zweimal im Monat fahre ich zusätzlich ins DEZ nach Innsbruck einkaufen … ",* sagt ein Wohnungsbesitzer.

Trotzdem sind einige der generalsanierten Wohnungen aus unterschiedlichen Gründen wieder verkauft worden. Gerade das relativ dichte Wohnen, das Fehlen von Grünflächen, Freiräumen oder Balkonen in der Altstadt kann für Zuziehende mitunter zum Problem werden. Etwas problematisch ist auch die Situation bei Wohnungen im ersten Stock, die besonders in der Salvatorgasse verhältnismäßig dunkel sind. Andere Verkäufer, die das Wohnen in der Altstadt zwar schätzen, sind nur deshalb ausgezogen, weil etwa die Familie zu groß geworden ist, sich berufliche Veränderungen oder finanzielle Schwierigkeiten ergeben haben. Als ein generelles Manko wird das Fehlen von Garagen für die generalsanierten Wohnungen empfunden. Das Parkplatzproblem hat sich seit dem Bau von zwei Tiefgaragen beim Kurpark und in der Unteren Stadt zwar gebessert, aber es gibt auch Eigentümer, welche eine Tiefgarage nicht annehmen wollen.

## 4.5.2. *Ehemalige Gasthäuser als Impulsgeber zur Wohnraumbeschaffung*

Von den in der Zeit bis 1990 von der gemeinnützigen Wohnbaugesellschaft WE generalsanierten Häusern in Hall waren von zwei Ausnahmen abgesehen alle Gebäude Gasthäuser. Warum gerade diese ehemaligen, zum Teil sehr großen Gasthöfe zum auslösenden Element für die Generalsanierung und Wohnraumbeschaffung in der Altstadt wurden, liegt in ihrer historischen Funktion begründet. An den damals wirtschaftlich bedeutendsten Plätzen des Landes ließen sich, wie bereits geschildert, viele Wirte und Gastbetriebe nieder. Mit dem wirtschaftlichen Niedergang von Hall verloren aber auch sie allmählich an Bedeutung. Eine wichtige Zäsur stellte das Jahr 1770 dar, als der Durchzugsverkehr mit dem Bau der neuen Landstraße von Innsbruck ins Unterinntal nicht mehr durch die Stadt, sondern am Unteren Stadtplatz vorbeiführte. Das spürten die Innenstadtwirtshäuser an der ehemaligen Durchzugsstraße besonders, vor allem jene in der Salvatorgasse, wo der Großteil der Haller Wirtshäuser konzentriert war. Im Jahr 1802 trat die Innung der Haller Wirte an den damaligen Ballhauswirt Josef Hofer in der Salvatorgasse heran, die Gastwirtkonzession gegen Bezahlung stillzulegen, was dieser auch tat. Die Lage des Gastgewerbes war zu dieser Zeit äußerst angespannt, denn es gab in Hall immer noch über 20 Gasthäuser, *„eine Anzahl, die für 4000 Bewohner, wovon der dritte Teil als mittellose Berg- und Salinenarbeiter anzunehmen sind, wahrlich zu stark übersetzt ist, weil auch noch nebenbei zwei Brauhäuser und fünf Bierfratschlereien (Bierausschank) bestehen ... "* (*Moser* 1989, 193).

Während sich etliche Wirte gezwungen sahen, ihre Betriebe aufzugeben, gelang es anderen wiederum, durch Zukauf der Nachbarwirtschaften sich zu Großgasthäusern emporzuarbeiten. So entstanden etwa in der Salvatorgasse zwei Großgasthäuser, die sogar erst zu dieser Zeit ihren größten Aufschwung erlebten. Das gilt für das „Bräuhaus" (Salvatorgasse 4, 6, 8), das ab 1770 aus drei früheren Gasthöfen („Sauerwein'sches Gasthaus", „Glaserhaus" und „Gasthaus zum Einhorn") gebildet wurde. Auch das „Bärenwirtshaus" (Salvatorgasse 2, 2a, 2b) war aus drei Häusern („Bären", „Weiße Lilie" und ehemaliger Pferdestall des Gasthofs „Bären") entstanden und galt 1838 als größter Gasthof in Hall. Weiters stiegen am Ende der Salvatorgasse der „Goldene Stern" (aus „Goldenes Kreuz" und „Torladenwirt" vereinigt) und in der Eugenstraße der „Schwarze Adler" (ehemals drei getrennte Häuser) und die „Goldene Sonne" (aus zwei Objekten vereinigt) zu derartigen Großgasthäusern auf.

Eine Beschreibung der „Goldenen Sonne" aus dem Jahr 1808 gibt nach *Moser* (1981, 101) einen guten Einblick in die damaligen Räumlichkeiten der Großgasthäuser: Im Parterre befanden sich ein gewölbter Stall, eine Waschküche sowie weitere Nebenräume. Im ersten Stock gab es vier Zimmer mit Öfen gegen Süden und je zwei Zimmer und Kammern zur Eugenstraße. Im zweiten Stock schließlich waren ein großer Saal mit zwei Nebenstübchen, eine Küche und ein Speisegewölbe nach Süden sowie gegen Norden eine große Stube und ein so genanntes „Hühnerstübele". Der Dachboden wies zwei Kammern und eine Kornschütte auf. Im großen Saal fanden häufig Armenredouten der Stadt Hall statt, deren Reinerlös für die Versorgung der armen Gemeindebürger verwendet wurde, seit 1846 gab es hier auch regelmäßige Theateraufführungen.

Die großen Wirtshäuser an der Stadtmauer zur neuen Landstraße, wie der Gasthof „Engl" oder der „Goldene Hirsch" am Unteren Stadtplatz, hatten ursprünglich nur einen Zugang von der Schmiedgasse und verloren seit dem Bau der neuen Landstraße einen Großteil ihrer Gäste. Sie konnten sich aber durch Ausbrechen von Fenstern und Türen durch die Stadtmauer zu Beginn des 19. Jh. zur neuen „Lebensader" Unterer Stadtplatz hin orientieren. Auch der Gasthof „Zum Lamm" am südlichen Ende des Unteren Stadtplatzes bzw. am Beginn der Lendgasse profitierte von der neuen Verkehrslage. Mit dem weiteren Bedeutungsverlust von Hall war aber auch ihre Entwicklung durch Niedergang oder Schließung gekennzeichnet, mit entsprechenden Auswirkungen auf Fassaden und Zustand der Häuser. Bis zum Beginn der Altstadtsanierung boten diese einst renommierten Gastbetriebe einen ziemlich desolaten Eindruck. In einigen dieser Häuser wurden die ehemaligen Räume zu Mietwohnungen umgestaltet, viele Zimmer boten den heranströmenden ausländischen Arbeitskräften eine erste Unterkunft *(Abb. 10)*, manche standen auch leer.

Die ehemaligen Gastlokale präsentierten sich - soweit sie überhaupt noch bestanden - nur mehr als einfache Schankbetriebe. Die Besitzer dieser Häuser waren bedingt durch deren Größe und den Umfang der anstehenden Restaurierungsarbeiten nicht in der Lage, einen Umbau ihrer Häuser zu finanzieren. Hausbesitzer und Stadtgemeinde sahen in einer Generalsanierung dieser Objekte die beste Lösung, denn diese ehemaligen großen Haller Gasthäuser boten sich durch ihre Geräumigkeit bestens für eine Umgestaltung und die Schaffung von neuem Wohnraum an. Auch für die WE als öffentliche gemeinnützige Siedlungsgesellschaft war der Einstieg in dieses Altstadterneuerungsprojekt eine Herausforderung und wirtschaftlich durchaus interessant.

So wurde das Projekt „Generalsanierung" mit der Umgestaltung des ehemaligen Gasthauses „Zur Sonne" in der Eugenstraße in den Jahren 1977 bis 1979 begonnen. In diesem Haus lebten damals nur mehr wenige Menschen, leer stehende Wohnungen wurden auch nicht mehr nachbesetzt. Bezüglich des Hausverkaufs kam es zu Gesprächen zwischen dem Besitzer und der Gemeindevertretung und nachdem die wenigen Parteien im Stadtteil Schönegg schließlich untergebracht bzw. vorübergehend umgesiedelt werden konnten, war der Startschuss für den Sanierungsbeginn gegeben.

Bei der Umgestaltung des ersten Hauses konnten Erfahrungswerte über die vielschichtigen und schwierigen Probleme gesammelt werden, die sich in finanzieller, technischer, denkmalpflegerischer und auch sozialer Hinsicht ergaben und bei den weiteren Sanierungen berücksichtigt werden sollten. Als zweites Projekt folgte in den Jahren 1981/82 mit dem „Schwarzen Adler" ein weiteres altes Gasthaus. Auch dieses stand, wie die schräg gegenüberliegende „Sonne," bis ins 19. Jh. im Zentrum gesellschaftlicher Ereignisse. Außer dem im Zusammenhang mit der Fassadenrenovierung 1974 erfolgten vollständig umgebauten Gastgewerbebetrieb im Erdgeschoss befand sich das Gebäude in einem äußerst schlechten Zustand. Die Räumlichkeiten in den oberen Stockwerken waren nur zum Teil bewohnt bzw. dienten „Gastarbeitern" als Quartier. Im gesamten Komplex, der von der Mustergasse bis in die Eugenstraße reicht und aus ehemals drei Häusern besteht, wurden wie im ehemaligen Gasthof „Zur Sonne" elf Wohneinheiten eingebaut. Der bestehende Gastbetrieb blieb weiterhin bestehen.

Mit der Generalsanierung dieser ersten beiden Häuser waren alle Beteiligten durchaus zufrieden, was aus einem Schreiben des Bürgermeisters vom März 1983 an die WE ersichtlich ist: *„Es hat sich bei den bereits durchgeführten Umbauten im Altstadtbereich, im Haus Mustergasse 2 und im Haus Eugenstraße 8 zur vollsten Zufriedenheit von Stadtgemeinde und WE herausgestellt, daß die Zusammenarbeit, vor allem bei der Lösung der Umsiedlungsprobleme, aber auch bei der Vergabe der neugeschaffenen Wohneinheiten, welche dann in Wohnungseigentum vergeben werden konnten, bestens bewährt hat. Ich möchte daher wünschen, daß auch für die noch ausstehenden Projekte in Hall (z. B. in der Salvatorgasse) diese Zusammenarbeit aufrechterhalten wird. Ich bitte Sie, in diesem*

*Zusammenhang, der Stadtgemeinde Hall das Vergaberecht der Wohnungen zu überlassen, so daß wir unsererseits bereits diesbezügliche Vormerkungen entgegennehmen und entsprechende Auskünfte erteilen können"* (*Wohnungsamt*, Akt Eugenstraße 3).

*Tab. 10:* Häusergeneralsanierungen durch die Wohnbaugesellschaft WE bis 2000

| Haus mit Jahr der Fertigstellung | Bewohner/davon Jugoslawen, Türken | | Nutzung* |
|---|---|---|---|
| | 1982 | 1997 | |
| Eugenstr. 8 „Sonne" (1980) | 29 (saniert) | 29 | 11 W, 1 G, 1 S |
| Eugenstr. 3/ Musterg. 2** „Schwarzer Adler" (1983) | wird saniert | 29 / 9 | 11 W |
| Salvatorg. 14 (1984) | 39 / 33 Y | 18 | 5 W, 1 G |
| Salvatorg. 5/ Salvatorg. 7 (1985) | 15 / 7 Y 8 / - | 16 | 7 W, 2 G |
| Salvatorg. 2ab „Bären" (1986) | 39 / 25 Y, 2 T | 67 | 21 W, 2 G |
| Schlosserg. 2 (1987) | 5 / - | 32 | 10 W, 3 G |
| Stadtgraben 6 / Salvatorg. 25 „Stern" (1987) | 9 / - 7 / - | 31 | 11 W, 3 G |
| Salvatorg. 4 (1990) | 7 / 4 T | | |
| Salvatorg. 6 „Bräuhaus" (1990) | 11 / - | 71 | 23 W, 1 G |
| Salvatorg. 8 (1990) | 5 / - | | |
| Salzburger Str. 5 „Breze" (1990) | 1 / - | 17 | 4 W, 2 B |
| Agramg. 8a° (1993) | - (Umbau) | 4 | 2 W, 1 G |
| Salvatorg. 3 (1994) | 21 / 1 T | 25 | 9 W, 1 G |
| Arbesg. 5 (1998) | 15 / 8 Y | 11 | 5 W, 1 G |
| Schlosserg. 9 (1998) | 15 / 14 Y | 14 | 5 W |
| Eugenstr. 10 (2000) | 9 / - | 1 / - | 7 W |
| Summe | 235 / 87 Y, 7 T | 365 / 9 | 131 W, 16 G, 2 B, 1 S |

\* W (Wohnung), G (Geschäft), B (Büro), S (Sonstige Nutzung)   \*\* Springerhaus
° Baulückenverbauung
Y Jugoslawen, T Türken

Quelle:   Bauamt - Unterlagen Altstadtsanierung; Steueramt - Haushaltslisten 1982; Meldeamt - Personenstandserhebung 1997; eigene Berechnungen

In den Jahren 1985/86 erfolgte die Generalsanierung des Bärenwirtshauses in der Salvatorgasse einschließlich dem Nebenhaus, dem ehemaligen Gasthaus „Zur weißen Lilie", sowie dem erst im 19. Jh. für den „Bären" errichteten Pferdestall, gefolgt vom „Goldenen Stern" (1986/87) und schließlich dem ehemaligen Bräuhaus mit den beiden Nebenhäusern (alle Salvatorgasse) in den Jahren 1987/1990. Besonders bemerkenswert ist bei den beiden nebeneinander stehenden Objekten „Bräuhaus" und „Bären" die Wiederherstellung der schönen Innenhöfe.

In den fünf Gasthäusern („Goldene Sonne", „Schwarzer Adler", „Goldener Stern", „Bären" und „Bräuhaus") konnten im Zuge der Generalsanierung zusammen 77 Wohneinheiten geschaffen werden, das sind mehr als in den anderen bisher von der WE sanierten Häusern zusammen (54 Wohnungen) (*Tab. 10*).

Neben der Generalsanierung durch die WE sind auch von privater Seite beachtliche Erneuerungsmaßnahmen an Objekten mit unterschiedlicher Nutzungsstruktur durchgeführt worden, wobei die Sanierung nicht vorwiegend auf Wohnraumschaffung ausgerichtet war. Die Arbeiten begannen vereinzelt schon vor Beginn des Altstadtsanierungsprogramms, viele erstreckten sich über Jahre hinweg und dauern teilweise noch an. Zu bemerken ist, dass in 70 % dieser Häuser die Hauseigentümer selbst oder mehr noch deren Angehörige wohnen, wie aus der Hausbesitzerliste ersichtlich ist. Diese Häuser können daher als mit viel Engagement größtenteils saniert oder generalsaniert bezeichnet werden (*Abb. 7*).

## 4.5.3. *Dokumentation der Phase 1990 bis 2000*

Das folgende Kapitel analysiert die weitere Entwicklung der Altstadterneuerung in der Zeitspanne von 1990 bis 2000. Insgesamt konnten dabei 31 Häuser generalsaniert werden, wobei Pfarrplatz 1/2 und Waldaufstraße 2/2a heute als eine Einheit gelten und daher als ein Haus gezählt werden. Dazu kommt noch der „Goldene Engl", dem als „Sonderfall" ein eigener Abschnitt gewidmet wird.

Neun Objekte hatte die WE zum Zweck der Erneuerung angekauft (*Tab. 10*), 14 wurden von privater Hand und je drei im Eigentum der Stadt Hall bzw. der Pfarre erneuert. Bei je einem gaben der Tourismusverband und eine Handelskette die Sanierung in Auftrag. Die von privater Hand generalsanierten Objekte zwischen 1990 und 2000 werden in *Tab. 11* aufgelistet.

Während die neun von der WE neu gestalteten Häuser und das privat sanierte „Lamplwirtshaus" (Lendgasse 2) - übrigens auch ein ehemaliges „Großgasthaus" - vorwiegend Wohnzwecken dienen, wurden die 22 von privater Seite generalsanierten Gebäude einer Wohn- und Geschäftsnutzung zugeführt. Dabei überwiegt Letztere, denn beinahe zwei Drittel aller 47 neu entstandenen Wohneinheiten befinden sich in nur drei Häusern, der Rest in den anderen 20 Objekten, von denen sieben ausschließlich als Geschäftshäuser konzipiert worden sind (*Tab. 11*).

In der folgenden Zusammenstellung aller zwischen 1990 und 2000 generalsanierten Objekte steht die Jahreszahl für das Jahr der Fertigstellung. Am Beispiel der einzelnen Objekte soll zugleich nochmals auf die besonderen Kennzeichen des Haustyps der Inn-

Salzach-Städte in Hall hingewiesen werden. *Abb. 7* bietet zudem eine Gesamtübersicht über alle Sanierungsobjekte getrennt nach den einzelnen Bauträgern.

*Tab. 11:* Private, mit SOG-Mitteln generalsanierte Wohnhäuser 1990 - 2000

| Straße | Jahr | Besitzer | Neue Nutzung (W = Wohnung, G = Geschäft) |
|---|---|---|---|
| Saline 2 | 1991 | Stadt | 2 W |
| Stadtgraben 1 | 1991 | M-Preis Warenvertrieb | 1 Lebensmittelmarkt, 1 Ordination |
| Agramgasse 2 | 1992 | privat | 1 G, 2 W, 1 Lift |
| Waldaufstraße 1 | 1992 | Pfarre | 2 W |
| Unterer Stadtplatz 3 | 1994 | privat | 1 Bankfiliale, 2 W |
| Pfarrplatz 1/2 | 1994 | Pfarre | 1 G, 2 Büros |
| Stadtgraben 12 | 1995 | privat | 1 Bankfiliale, 2 W |
| Wallpachgasse 5 | 1996 | Tourismusverband Hall | 1 Büro, 1 Café, 1 Ordination |
| Schlossergasse 11 | 1996 | privat | 6 W, 2 G |
| Unterer Stadtplatz 15 | 1996 | privat | Lebensmittelmarkt |
| Agramgasse 13 | 1997 | privat | 3 W, 1 G |
| Agramgasse 11 | 1997 | privat | 1 G, 1 Ordination |
| Saline 20 | 1997 | Stadtwerke Hall | Fitness-Center |
| Unterer Stadtplatz 8 | 1997 | privat | Büchermarkt |
| Stadtgraben 3 | 1998 | privat | 1 G, 1 Ordination, 1 Pizzeria, 1 Drogerie-Markt |
| Krippgasse 11 | 1998 | Stadt | 1 Clubcafé |
| Lendgasse 2 | 1999 | privat | 19 W, 2 G, 3 Büros |
| Wallpachgasse 10 | 1999 | privat | 2 W, 1 G |
| Münzergasse 3 | 1999 | privat | 1 W, 1 Ordination, 1 Kosmetikstudio, 1 Lift |
| Arbesgasse 4 | 2000 | privat | 1 W, 1 G, 1 Büro |
| Waldaufstraße 2/2a | 2000 | Pfarre | 5 W, 1 Heizraum, 2 Büros |
| Stadtgraben 8 | 2000 | privat | 1 G |
| Summe | | | 47 W, 37 Dienstleistungs- und Handelsbetriebe |

Quelle: Bauamt - SOG- und Sanierungs-Akte; Kulturberichte aus Tirol - Denkmalberichte; Hausbesitzerliste; Baubestandsaufnahme der Haller Altstadt; eigene Berechnungen

*1990*

## Salvatorgasse 4, 6, 8 (WE)

Beim Gebäudekomplex Salvatorgasse 4, 6, 8 handelt es sich um drei typische Altstadtgebäude mit einem besonders wertvollen Baubestand. Alle drei waren ehemalige Gasthäuser. Der Name Salvatorgasse (ehemals Marktgasse) wurde erst nach dem Wiederaufbau der vom Patriziergeschlecht Kripp erbauten Salvatorkirche eingeführt.

Das Haus Salvatorgasse 4 ist ein weiträumiges dreigeschossiges Gebäude über viereckigem Grundriss mit annähernd quadratischem Innenhof, der zu den schönsten Renaissance-Innenhöfen der Stadt zählt. Im Zuge der Generalsanierung wurden Einbauten im Hofbereich entfernt. Das ehemalige städtische Bräuhaus stammt im Kern aus dem 15. Jh. und wurde im 16. Jh. weitgehend umgebaut. Die Fassaden des Innenhofes weisen aus dem ersten Drittel des 18. Jh. stammende Architekturmalerei auf, welche zum Abschluss der Gesamtsanierung renoviert wurde.

Beim Objekt Salvatorgasse 6 handelt es sich um ein aus dem späten 15. Jh. stammendes schmales, viergeschossiges, an der Rückseite in den Hang gebautes Wohnhaus mit Satteldach. Der gotische Charakter blieb trotz späterer Umbauten innen und außen großteils erhalten.

Das Gebäude Salvatorgasse 8 ist ein viergeschossiges Haus mit Satteldach. Der Baukern stammt aus dem 16./17. Jh.

Seit 1987 sanierte die WE die drei Objekte samt Innenhof und baute dort 23 neuzeitliche Wohneinheiten ein. Die Stadtgemeinde kaufte die an der Ostseite dieses Innenhofes angebauten, großzügig gewölbten Räumlichkeiten, die ehemals von der Brauerei genutzt wurden, um dort die städtische Bücherei unterzubringen. Auch hier waren wie beim gesamten Gebäudekomplex Mauerentfeuchtungsmaßnahmen, statische Festigungen und Sicherungen sowie denkmalpflegerische Sanierungs- und Erneuerungsarbeiten nötig. Damit konnten diese schönen Gewölberäume nicht nur baulich saniert, sondern gleichzeitig auch öffentlich zugänglich gemacht werden.

Die gesamten Arbeiten wurden wie bei allen anderen Häusern im engen Einvernehmen mit dem Altstadtausschuss und dem Denkmalamt durchgeführt.

## Salzburger Straße 5 (WE)

Das Objekt Salzburger Straße 5, das Gasthaus „Breze", ist ein viergeschossiger Bau mit Satteldach und geschwungenem Fassadengiebel. Es handelt sich dabei um eines der wenigen Häuser in Hall, die beim Wiederaufbau nach dem großen Erdbeben von 1670 ebenso wie die drei angrenzenden Häuser einen barocken Giebel erhielten. Einige wohlhabende Bürger gestalteten ihre Häuser beim Wiederaufbau um und modernisierten auch die Giebel nach dem damaligen Geschmack. Die unregelmäßige fünfachsige Fassade besitzt zwei vierseitige Polygonalerker, mehrere Erdbebenpfeiler und nagelfluhgerahmte Rundbogenportale bzw. Fenster im Erdgeschoss.

Die WE führte in den Jahren 1989/90 die Gesamtsanierung durch. Es waren umfangreiche statische Maßnahmen sowie Maßnahmen aufgrund der Bausubstanz notwendig, die weit über das normale Maß einer Gesamtsanierung hinausgehen. Ein großes Anliegen bei diesem Gebäude bildeten die Erhaltung der Gewölbe im Erdgeschossbereich, die besondere Ausgestaltung des Stiegenhauses und die Erhaltung von gotischen Holzbalkendecken. Es wurden vier Wohneinheiten und zwei Architekturbüros eingebaut. Der bestehende Gastbetrieb blieb erhalten. Die Künstlerstube im ersten Stock weist darauf hin, dass das Gasthaus als bekannter alter Künstlertreffpunkt auch kulturell von Bedeutung war.

## Saline 2 (Stadtgemeinde)

Beim Objekt Saline 2 handelt es sich um einen lang gestreckten, über rechteckigem Grundriss in der ersten Hälfte des 19. Jh. errichteten, zweigeschossigen Bau mit Walmdach und ostseitigem Pultdach mit kleinem Zubau. Dieses Haus ist ein wesentlicher Bestandteil des aus unterschiedlichen Gebäuden bestehenden Salinenkomplexes, der für die geschichtliche und wirtschaftliche Entwicklung der Stadt von großer Bedeutung war. Aus diesem Grund entschloss man sich, das Objekt zu erhalten und einer Generalsanierung zuzuführen.

Um zeitgemäße Wohnungen einbauen zu können, musste an der Ostseite der kleine Anbau abgerissen und durch einen größeren ersetzt werden. Aufgrund der Lage zur nahe gelegenen Burg Hasegg wurde besonders Bedacht darauf genommen, dass die Proportionen des Hauses erhalten blieben und die klein gegliederten Details erneuert bzw. restauriert wurden. Auch war es notwendig, zur Erhaltung der charakteristischen Dachlandschaft in diesem Bereich das Dach mit Biberschwanz-Tondachziegeln einzudecken. Es entstanden zwei Wohneinheiten.

## Stadtgraben 1

Eine ehemalige Bildhauerwerkstatt und spätere Heilmittelfabrik wurde von einem Lebensmittelgroßmarkt gekauft und im Jahr 1991 vergrößert und saniert, wobei es zum Einbau einer Ordination im 1. Obergeschoss kam.

## 1992:

### Agramgasse 2 (privat)

Das dreigeschossige, dreiachsige, giebelständige Haus aus dem Ende des 16. Jh. ist mit einem Satteldach mit profiliertem Kranzgesims versehen. Der einstöckige Polygonalerker weist einen Putzspiegel im Parapetfeld auf, alle Fenster eine geohrte Putzfatschenumrahmung. Das Gebäude erfuhr in den Jahren 1961 und 1967 einen Umbau, 1981 einen Geschäftseinbau.
Das Objekt wurde in den Jahren 1989/92 generalsaniert. Besonders die Nordfassade war in einem Bauzustand, der es notwendig machte, diese neben den üblichen Sanierungsarbeiten auch statisch zu sichern. Gleichzeitig mit der Fassadenrenovierung kam es zu einer Sanierung des im 2. Obergeschoss zwischen den beiden Fenstern liegenden breiten, stark profilierten barocken Stuckrahmens, und abschließend zur Erneuerung des Rundbogenportals aus Nagelfluh - auch ein besonderes Kennzeichen vieler Haller Altstadthäuser - sowie des Erdbebenpfeilers. Neben der Errichtung eines Personallifts kam es zu einem Geschäftsum- und -ausbau in Verbindung mit dem Geschäft Agramgasse 4 sowie zum Einbau zweier Wohneinheiten.

### Waldaufstraße 1 (Pfarre)

Die bis etwa 1900 gebräuchliche Bezeichnung „Pfaffenbichl" hängt damit zusammen, dass hier mit Kirche und Widum sowie weiteren der Kirche gehörenden Häusern eine Art kirchliches Stadtviertel entstanden war. Der heutige Name Waldaufstraße geht auf Ritter Florian Waldauf von Waldenstein, einen Berater und Freund Kaiser Maximilians I., zurück.
Das originelle gotische Haus ist zweigeschossig mit einem für die Inn-Salzach-Städte typischen Grabendach und hoher Stirnmauer. Die schmucklose Fassade wurde im 19. Jh. abgeändert, wodurch es bei der Sanierung erforderlich war, die gotische Grundfassadenkonzeption wieder nachzuvollziehen bzw. zu restaurieren. Aus diesem Grund mussten umfangreiche statische Maßnahmen durchgeführt werden. Der Baukern stammt aus dem 15./16. Jh.
Nach der bereits im Jahr 1991 beendeten Außenrenovierung konnte im Frühjahr 1992 die Gesamtsanierung mit der Fertigstellung der Innenräume abgeschlossen werden. Neben einer vorbildlichen Restaurierung der gut erhaltenen gotischen Bausubstanz (Balkendecken, originale Putzoberflächen) wurden auch entsprechende Holzfelderböden und passende Rahmen und Türen eingebaut. Der im Zuge der Restaurierung gefundene Wappenfries im südwestlichen Eckzimmer des Erdgeschosses konnte weiter freigelegt, restauriert und trotz starker Schäden sowie entsprechender Fehlstellen als das Fieger'sche Stifterwappen eindeutig identifiziert werden. Im Jahr 1490 stiftete Hans Fieger, der im Schwazer Silberbergbau großen Reichtum erworben hatte, die Fiegerkapelle, die an die Westfassade der benachbarten Stadtpfarrkirche angebaut wurde.

## 1993:

### Agramgasse 8a (WE)

An der Stelle des ehemaligen Stöckelgebäudes einer Metzgerei in der Agramgasse wurde eine Baulückenverbauung durchgeführt, wodurch zwei Kleinwohnungen und ein Geschäft errichtet werden konnten.

## 1994:

### Salvatorgasse 3 (WE)

Auch beim Objekt Salvatorgasse 3 handelt es sich um ein Haus mit typischen Kennzeichen des Haller Innstadthauses. Das viergeschossige Haus mit Grabendach hat zwei dreiseitige Polygonalerker und Fenster mit originalen Hohlkehlen. Im Flur des Hauses befindet sich ein einzigartiges Gratgewölbe. Das Haus weist außerdem Erdbebenstützmauern und einen Lichtschacht auf. Besonders in engen Gassen mit großteils viergeschossigen Häusern wie in der Salvatorgasse sind die Lichtschächte neben den Erkern eine willkommene Zusatzlichtquelle für die unteren Stockwerke. Der Kern des Hauses stammt aus dem 15. Jh. Nach mehrjähriger Vorbereitung mit genauer Bauuntersuchung konnte die WE im Spätsommer 1992 mit den Bauarbeiten für die Generalsanierung dieses Hauses beginnen. Die Bauuntersuchung bestätigte die Siedlungskontinuität in der Salvatorgasse bis in die Romanik und konnte die Entwicklung des Objektes im 15., 16. und frühen 19. Jh. aufzeigen. Von besonderer Bedeutung ist die Höhenentwicklung, die bereits im 16. Jh. die heutige Gebäudehöhe erreichte. Im Zuge der Arbeiten wurde noch weitere wertvolle Bausubstanz freigelegt. Infolge des schlechten Bauzustandes und aus statischen Gründen musste mehr tragende Substanz ausgewechselt werden, als ursprünglich geplant. Trotz einiger Kompromisse, die zur Erreichung zeitgemäßer Wohnungen notwendig waren, blieb sehr viel originale Substanz aus verschiedenen Bauphasen erhalten und wurde restauriert. So konnten neben der Erhaltung zahlreicher Gewölbe und gotischer Holzbalkendecken auch Teile des originalen Dachstuhles sowie eine sehr qualitätsvolle, reich gegliederte Holzfelderdecke restauriert werden. Durch die Generalsanierung dieses Altstadthauses konnten neun Wohneinheiten und ein Geschäft adaptiert werden. Allerdings gab es nach Aussagen der WE im Jahr 1993 einen einjährigen Baustopp, da die zusätzlichen unvorhergesehenen Auflagen des Denkmalamtes nicht gleich finanziert werden konnten.

## *Unterer Stadtplatz 3 (privat)*

Beim Objekt Unterer Stadtplatz 3 handelt es sich um ein viergeschossiges, traufseitiges, drei- bis vierachsiges Haus. Die quer-rechteckigen Fenster stammen aus den 1930er-Jahren. Das Objekt ist direkt an die Stadtmauer angebaut, die im Kellerbereich noch vorhanden ist.

Nach einer Wohnungssanierung im Jahr 1992 erfolgte 1994 ein Dachgeschossausbau. Die Landeshypothekenbank als Mieter der im ersten Stock und im Erdgeschoss gelegenen Räumlichkeiten baute diese im selben Jahr zu einer Bankfiliale um. Ein Teilbereich der bestehenden Geschäftsfläche wurde zur Unterbringung von Tresor- und WC-Räumlichkeiten unterkellert Nach Entfernung der seinerzeit zwischen Erdgeschoss und erstem Obergeschoss eingebauten Decke führt nun im Bereich des Kundenraumes eine Stahltreppe ins erste Obergeschoss. Durch den Umbau blieb die Bausubstanz des Gebäudes im Großen und Ganzen erhalten.

## *Pfarrplatz 1/2*

Dieses dreigeschossige Gebäude mit Walmdach und kräftigem Kranzgesims ist breit gelagert über einem unregelmäßigen, sechseckigen, leicht gebogenen Grundriss. Die Ostfassade ist siebenachsig. Sämtliche Maueröffnungen sind mit barocken Stuckfatschen versehen, die Portale und die Fenster zusätzlich mit einem Kreuz. Das Haus ist sowohl außen (architektonische Gliederung, Proportion, Stuck) als auch innen (Gewölbe, Baudetails) von künstlerischer Bedeutung. Die Lage des Objektes gegenüber der Stadtpfarrkirche ist für das Stadtbild bedeutend.

Der mächtige, in seinen heutigen Dimensionen barocke Bau, welcher der Pfarre Hall gehört, wies besonders an den Fassaden sehr starke Schäden auf und war dringend sanierungsbedürftig. Neben einigen Umbauten in den Sanitärbereichen wurde vor allem das gesamte Außenerscheinungsbild generalsaniert. Das Dach wurde wieder mit Biberschwanztonziegeln eingedeckt und mit kleinen Kapfern für die Belichtung und Durchlüftung des Dachbodens versehen. Aus denkmalpflegerischen Gründen verzichtete die Pfarre auf einen ursprünglich geplanten Dachbodenausbau. Im Gebäude sind nun ein Dritte-Welt-Laden und eine Rechtsanwaltskanzlei untergebracht.

## *1995:*

## *Stadtgraben 12 (privat)*

Das viergeschossige Haus Stadtgraben 12 mit Krüppelwalmdach und profiliertem Kranzgesims ist in die Stadtmauer eingebunden und weist viele gotische Baudetails auf. Das Objekt ist trotz starker Erneuerung in Form und Proportion für das Stadtbild von großer Bedeutung. Der Baukern stammt aus dem 16. Jh. Schon Ende der 1970er- und Anfang der 1990er-Jahre kam es bei diesem Objekt zu diversen Sanierungen. Wie im Haus Unterer Stadtplatz 3 mietete auch in diesem Gebäude ein Bankinstitut Kellergeschoss,

Erdgeschoss und erstes Obergeschoss an. Im Zuge der Fassadensanierung wurden diese Geschossebenen 1995 zu einer Bankfiliale umgestaltet.

## 1996:

### Wallpachgasse 5 (privat)

Das aus den 1930er-Jahren stammende, seit Jahren leer stehende ehemalige Kinogebäude wurde 1994 bis 1996 für Büro- und Geschäftszwecke umgebaut. Während die innere Bausubstanz vollkommen erneuert werden musste, konnte die Außenerscheinung, bis auf geringfügige Änderungen, weitgehend erhalten bleiben. Besonders die an der Wallpachgasse gelegene bemerkenswerte Fassade wurde unter teilweiser Rückführung auf den Originalbestand restauriert. Neben einem Caféhaus mit Gastgarten sind heute eine Arztpraxis und der Fremdenverkehrsverband untergebracht.

### Schlossergasse 11 (privat)

Die Schlossergasse weist wie die Schmiedgasse auf eine hohe Konzentration der betreffenden Gewerbe in diesen Gassen hin.
Es handelt sich hier um ein viergeschossiges Wohnhaus mit Satteldach, horizontaler Stirnmauer und kräftigem Kranzgesims. Die dreiachsige Fassade ist mit einem Segmentbogenportal aus Nagelfluh, einem rechteckigen Breiterker und Erdbebenpfeilern versehen. Diese tragen wie die Erker zur Auflockerung des Straßenbildes bei. Seit den großen Erdbeben von 1572 und 1670 wurden fast an jedem Haus Stützpfeiler meist aus Höttinger Breccie angebracht. Diese springen bis zu drei Viertelmetern aus der Häuserfront vor und schließen nach schrägem Verlauf mit der Hausmauer bündig ab.
Im Inneren befindet sich ein stichkappengegliedertes Tonnengewölbe. Das Stiegenhaus weist einen Lichtschacht und viele interessante Baudetails auf. Der Baukern des Objektes stammt aus dem 16. Jh. Im Zuge der vorbereitenden Untersuchungen zur Generalsanierung des Altstadthauses konnte der mittelalterliche Kernbau, eine Raumtiefe zurückliegend, an der Nordostecke lokalisiert werden. Die in diesem Bau noch in drei Geschossen vorhandenen romanischen Deckenbalken wurden vom Institut für Hochgebirgsforschung um 1310 dendrochronologisch datiert. Gemeinsam mit der ebenso romanischen Feuermauer zur Schlossergasse 13 bilden demnach drei Gebäude eine Baufluchtund weisen die mittelalterliche Straßenflucht etwa 7,5 m weiter im Norden aus. Die exakte zeitliche Einordnung belegt zudem die Siedlungsentwicklung in diesem Bereich der Stadt Hall um 1310.
Die bestehende Fassadierung ist für das Haus bestimmend geworden und musste daher beibehalten werden. Im Erdgeschoss wurde ein Geschäftslokal für einen Geigenbauer eingerichtet, dessen Portallösung in zeitgemäßer Form eine Geschäftsfassade des 19. Jh. nachempfindet. Dadurch konnten dahinter die im 19. Jh. zugemauerten gotischen Ladenöffnungen wieder freigelegt werden. Über die gesamte Hoffassade erstrecken sich Holzbalkone. Das bestehende Grabendach musste für den Einbau der Wohnungen geringfügig angehoben werden. Der romanische Keller wurde samt Decke trockengereinigt und in der Folge als kleines Weinlokal adaptiert. Insgesamt wurden sechs Wohneinheiten und zwei Geschäfte errichtet.

### Unterer Stadtplatz 15

Die Garage eines Busunternehmens wurde in einen Lebensmittelmarkt umgestaltet.

## 1997:

### Agramgasse 13 (privat)

Beim Objekt Agramgasse 13 handelt es sich um ein dreigeschossiges, spätgotisches Wohnhaus mit Grabendach und horizontaler Stirnmauer. Die dreiachsige Südfassade weist drei Erdbebenpfeiler und einen breit abgefasten Rundbogeneingang aus Höttinger Breccie auf sowie in der Mittelachse einen über beide Mittelgeschosse reichenden Polygonalerker. Die Erker brachten einerseits mehr Licht in die dahinter liegenden Stuben, andererseits dienten sie als Kommunikations- und Aussichtsplatz, denn von ihnen aus war es meist möglich, einen Großteil der Gasse zu überblicken. Sie beleben aber auch das Straßenbild sehr. In ungleichen Abständen ragen sie aus den Hauswänden vor. Sie haben verschiedene Formen. Besonders reizvoll wird das Straßenbild durch das Nebeneinander verschieden gestalteter Erker. Die häufigste Form bildet der dreiseitige Erker.

Nach längerer Planungsvorbereitung erfolgte die Generalsanierung dieses im Kern mittelalterlichen Gebäudes aus dem 14. Jh. Trotz größerer statischer Schwierigkeiten konnten mehrere Gewölbe sowie eine romanische Holzdecke erhalten bleiben. Im Erdgeschoss wurde eine Geschäftseinheit eingebaut, in den Obergeschossen entstanden drei Wohneinheiten.

## *Agramgasse 11 (privat)*

Das viergeschossige, aus dem 17. Jh. stammende Haus mit Satteldach ist durch drei Achsen gegliedert, wobei sich in der mittleren Achse ein über drei Geschosse gehender Polygonalerker befindet. Die Fenster weisen zum Teil die gotische Laibung auf. Das bereits in den 1950er-Jahren im Inneren stark veränderte Gebäude wurde 1997 im Gesamten saniert und die Südfassade renoviert. Im Zuge der Arbeiten konnte ein früherer, im Maßstab für das Haus völlig unpassender Geschäftseinbau formal verbessert werden. Im ersten Obergeschoss wurde im Werkraum des ehemaligen Gemüsegeschäftes eine Arztordination adaptiert. Neben dem Erstellen von Zwischenwänden kam es auf der Nordseite zur Stadtmauer hin zum Ausbruch von zwei Fenstern als Belichtungs- und Belüftungsöffnungen.

## *Saline 20*

Eine auf dem Gelände des ehemaligen Graf-Wilczek-Werkes im Salinenbereich in den 1970-Jahren entstandene Maschinenhalle wurde komplett umgestaltet und in ein Fitnesscenter umfunktioniert.

## *Unterer Stadtplatz 8*

In einem eingeschossigen, mehrmals umgestalteten Anbau an der Nordseite des Unteren Stadtplatzes aus dem Jahr 1961 wurde die Filiale eines Büchergroßmarktes adaptiert.

## *1998:*

### *Arbesgasse 5 (WE)*

Beim Objekt Arbesgasse 5 handelt es sich um ein lang gestrecktes, zweigeschossiges, unregelmäßig gegliedertes, traufenseitiges Haus. Zwei Flach-Polygonalerker im zweiten Obergeschoss sowie ein einstöckiger Polygonalerker im ersten Obergeschoss bilden einen wesentlichen Bestandteil der Ostfassade. Bemerkenswert ist das breit abgefaste spätgotische Portal aus Hagauer Marmor und ein Wandgemälde aus dem Jahr 1960 (Hl. Nikolaus).
Im Inneren befindet sich eine Halle mit einem Kreuzgratgewölbe. Das Haus gehörte einst den adeligen Familien Hamerspach und Kripp, die zu den angesehensten und wohlhabendsten Haller Familien zählten. Deren Stadthäuser wiesen nicht nur durch prächtige Fassaden auf den Reichtum der Besitzer hin, sondern waren auch innen luxuriös ausgestaltet. Das im Kern aus dem 16. Jh. stammende Haus ist für das Straßenbild der Arbes- und Schlossergasse von großer Bedeutung.
Die schon seit Jahren geplante Generalsanierung des in mehreren Bauphasen veränderten Altstadthauses konnte im Herbst 1996 begonnen werden. Dabei zeigte es sich, wie problematisch es ist, eine Generalsanierung ohne exakte Befundung zu beginnen. Bei der Bauaufnahme beherbergte das desolate Haus, das zuletzt noch von einer „Gastarbeiterfamilie" bewohnt war, eine getäfelte Stube aus dem 17. Jh., eine geschnitzte Tür sowie Fresken. Kurz nach Baubeginn kamen dann die „unvorhersehbaren" Überraschungen zu Tage: Kassettendecken, bemalte gotische Deckenbalken, Wandnischen und ein Baldachin, zudem sind in fast jedem Raum Wandmalereien unter dem Verputz verborgen. Die wesentlichen Mehrkosten, die dadurch entstanden sind, waren auch aus SOG - Mitteln bei weitem nicht zu decken. So schlug das Denkmalamt teilweise Ersatzmaßnahmen vor, um einzelne Malereien zumindest unrestauriert zu sichern. Durch den Umbau dieses Gebäudes und die Generalsanierung wurden fünf neue Wohnungen mit entsprechender Ausstattung geschaffen sowie die ehemalige Metzgerei im Erdgeschoss zu einem Geschäft umgebaut.

### *Schlossergasse 9 (WE)*

Das Objekt Schlossergasse 9 ist ein dreigeschossiges Haus mit Satteldach und vorgeblendetem Fassadengiebel mit Kranzgesims. Die unregelmäßige vierachsige Fassade weist zwei dreiseitige Polygonalerker und drei profilierte Dachbodenfenster auf. Im Erdgeschoss befindet sich ein breit abgefastes Rundbogenportal aus Kramsacher Marmor. Im Inneren des Hauses befinden sich ein gewölbter

Flur und eine malerische, gotische Treppenanlage im Erdgeschoss sowie mehrere Räume mit gotischem Gewölbe im ersten Stock.

Das im Kern im 14. Jh. entstandene und in der zweiten Hälfte des 15. Jh. ausgebaute Haus wurde von der WE in den Jahren 1997/98 generalsaniert. Im Zuge der vorbereitenden Untersuchungen konnte der mittelalterliche Kernbau wie beim Nachbarhaus Schlossergasse 11, eine Raumtiefe zurückliegend, an der Nordseite lokalisiert werden. Das Objekt ermöglichte trotz enger ökonomischer Rahmenbedingungen eine weitgehende Schonung der Baustruktur (Wände, Decken) und Oberflächen.

Im Zuge der Generalsanierung wurden im Haus Schlossergasse 9 fünf zeitgemäße Wohneinheiten eingebaut. Das bestehende Geschäft wurde saniert.

Im Besonderen erfolgte im gesamten Bereich des Stiegenhauses eine Restaurierung der gotischen Original-Putze. Die Sanierung und Erhaltung von solchen so genannten „halb öffentlichen Bereichen" von Gebäuden kann von besonderer Bedeutung für die Gesamtbetrachtung des Gebäudes sein. Deshalb werden seit einigen Jahren derartige für den Besitzer „wichtige" halb öffentliche Bereiche aus SOG-Mitteln gefördert. Bei der Beurteilung und Begutachtung wird jedoch auch darauf geachtet, dass diese halb öffentlichen Bereiche für die Öffentlichkeit auch zugänglich sein müssen. Die archäologischen Funde, die bei Grabungsarbeiten im Hof dieses Hauses im Bereich der alten Latrine zu Tage traten, werden als Leihgabe des städtischen Museums in einer Vitrine in diesem so genannten halb öffentlichen Bereich des Hauses ausgestellt.

Ein weiteres Beispiel für den „halb öffentlichen Bereich" bietet das Haus Schlossergasse 15. Ebenfalls im Jahr 1997 wurde vom Eigentümer im Zuge von Adaptierungsarbeiten im Eingangsbereich zum „Gasthaus Aniser" eine Wandmalerei entdeckt. Nach Rücksprache mit dem Denkmalamt konnte diese freigelegt, retuschiert, ergänzt und dann konserviert werden. Der Zugang zu dem mächtigen, dreigeschossigen Eckgebäude mit Grabendach und hoher Blendmauer erfolgt über das prachtvolle Barockportal (Nagelfluh) mit darüber befindlichem Madonnenrelief in reichem Stuckrahmen.

## *Stadtgraben 3 (privat)*

Nach der Schließung des ehemaligen Möbelhauses Zoglauer kam es 1997/98 zu einem Totalumbau dieses nach Ansicht des Altstadtausschusses wenig qualitätsvollen Objektes. Da das Grundstück in einem städtebaulich heiklen Bereich liegt (Verkehrssituation, unmittelbare Altstadtnähe, Erhaltungszone), bedurfte der Umbau einer qualitätsvollen Planung, bei der dann eine geschlossene Bauweise beibehalten wurde. Nach der Umgestaltung dieses Gebäudes befinden sich dort ein Optikergeschäft, die Filiale eines Drogeriemarktes, eine Pizzeria und eine Arztordination.

## *Krippgasse 11*

Im ehemaligen Feuerwehrgebäude, das später als Paketpostamt und Fleischereibetrieb diente, ist nach einer Generalsanierung nun ein Kulturcafé eingerichtet worden.

## *1999:*

## *Lendgasse 2 (privat)*

Das mächtige Gebäude befindet sich an der Ecke Lendgasse/Münzergasse und besteht aus vier Geschossen mit weitem, flachem Krüppelwalmdach und kräftigem Kranzgesims. Die Nordfassade ist sechsachsig, im Erdgeschoss befinden sich ein barockes Nagelfluhportal sowie ein mächtiger Erdbebenpfeiler. Die Westfassade ist zweiachsig mit drei Maueröffnungen mit abgefasten Rund- bzw. Korbbögen im Erdgeschoss und einem mächtigen Erdbebenpfeiler. Die Eckkante wird von einem über drei Geschosse reichenden vierseitigen Erker gebildet. Im Inneren des Hauses existieren noch mehrere Gewölbe und gotische Baudetails. Das bereits im 16. Jh. als „Lamplwirtshaus" erwähnte Gebäude zählt zu den markantesten gotischen Altstadthäusern und war lange Zeit eines der bedeutendsten großen Gasthäuser von Hall. Erwähnenswert ist, dass in den angrenzenden zwei Häusern zwei weitere Gasthäuser existierten, nämlich jenes zur „Weintraube" (Münzergasse 1) und zum „Goldenen Adler" (Münzergasse 2). Die Anhäufung von Gastbetrieben gerade an dieser Stelle hängt sicherlich mit der Saline und der Münzstätte zusammen, zu denen zahlreiche Händler kamen, die Unterkunftsmöglichkeiten benötigten (*Moser* 1989, 130).

Erst ein Besitzerwechsel ermöglichte die Generalsanierung dieses mächtigen, für den Unteren Stadtplatz bedeutenden Gebäudes, das in den letzten Jahrzehnten immer mehr verwahrloste. Es wurde eine typische „Gastarbeiterunterkunft". Im Jahr 1982 waren von den 27 Bewohnern 23 Türken, 1997 zur

Zeit des Verkaufes lebten noch sechs Ausländer in dem Haus, darunter eine indische Familie, welche die Pizzeria im Erdgeschoss führte. Im zweiten Obergeschoss befand sich zu dieser Zeit in vier Zimmern mit dem Türkisch-Islamischen Verein ein beliebter Treffpunkt der türkischen Arbeitsmigranten. Beim Freitagsgebet waren diese Räumlichkeiten stets bis zum letzten Platz besetzt.

Im ersten Bauabschnitt wurde 1997 vor allem der in der Lendgasse anschließende, in den 1960er-Jahren errichtete Neubau, in dem ein Nahversorgungsmarkt untergebracht war, umgebaut und erweitert.

Im Zuge der weiteren Bauarbeiten konnte festgestellt werden, dass die innere Substanz infolge zahlreicher Umbauten in den letzten Jahrhunderten in statisch desolatem Zustand war und in vielen Bereichen gesichert werden musste. Im Dachboden wurden zwei Wohneinheiten adaptiert, wobei der ursprüngliche Dachstuhl massiv verstärkt werden musste. Nach Abschluss der Sanierungsarbeiten befinden sich im ehemaligen „Lamplwirtshaus" nun zwei Geschäfte, drei Büros sowie 19 Wohneinheiten.

### *Wallpachgasse 10 (privat)*

Das zweigeschossige ehemalige Bräuwirtshaus mit Satteldach und ausgebautem Dachgeschoss ist auf der Westseite im Obergeschoss fünfachsig. Das Erdgeschoss weist bemerkenswerte Rahmenfüllungstüren mit geradem Abschluss sowie fünf Segmentbogenöffnungen auf. Die Südseite ist im Obergeschoss vierachsig mit fünf Segmentbogenöffnungen. An der südwestlichen Hausecke befindet sich ein das Absamer Tor darstellendes schmiedeeisernes Wirtshausschild mit Ranken.

Die über Jahre erfolgte Generalsanierung dieses Objektes begann im Jahr 1994 mit der Unterkellerung und statischen Sicherung der Obergeschosse. Nach der Fertigstellung konnten zwei Wohneinheiten und ein Geschäft neu adaptiert werden.

### *Münzergasse 3 (privat)*

Das viergeschossige Haus hat ein Grabendach und eine horizontale Blendmauer mit profiliertem Gesims. Die Straßenfassade ist dreiachsig und in ihrer Erscheinung schmucklos und einfach gegliedert. Im Erdgeschoss befinden sich zwei segmentbogige Nagelfluhportale. Das Haus weist innen einen spitzbogig gewölbten Flur und mehrere gotische Baudetails auf und bildet ein bestimmendes Element im Ensemble dieser Gasse. Der Baukern stammt aus dem 16./17. Jh.

Im Zuge der Umbauarbeiten 1997 bis 1999 kam es zu einer Vergrößerung des Garagentores und einem Einbau eines Personenlifts bis ins zweite Obergeschoss. Im ersten und zweiten Obergeschoss wurden zwei südseitige Wohnungen saniert, im dritten Obergeschoss und Dachgeschoss eine zweigeschossige Wohnung mit Wendeltreppe und neuer Decke für den Eigenbedarf adaptiert. Außerdem konnte der Dachstuhl erneuert und über alle Geschosse an der Südseite ein Holzbalkon angebaut werden. Nach der Generalsanierung befinden sich im Haus eine Ordination und ein Kosmetikstudio.

### *2000:*

### *Arbesgasse 4 (privat)*

Dieses Objekt besteht aus einem lang gestreckten zweigeschossigen (im Hof dreigeschossigen) Haus mit flachem Satteldach traufseitig zur Straße (mit stark profiliertem Kranzgesims und sechsachsiger Westfassade). In der nördlichen Achse befindet sich ein tonnengewölbter Durchgang zum Hof mit hohem Torbogen.

Das schon 1986 einsturzgefährdete und in der Folge nur teilweise im Rohbau wieder errichtete Gebäude stand seit Jahren als halbe Ruine und Schandfleck in der Haller Altstadt. Durch einen Besitzerwechsel kam es 1997 zur Wiederaufnahme und im Jahr 2000 zum Abschluss der Sanierungsarbeiten an diesem Haus, dessen Hofseite noch mit qualitätsvoller gotischer Bausubstanz ausgestattet ist. Zum bestehenden Treppenhaus mit Wendeltreppe wurde westlich ein neues Stiegenhaus vorgelegt. Das Erdgeschoss dient nun gewerblichen Zwecken, im Obergeschoss entstand eine Wohneinheit sowie ein Büroraum. Als Dachkonstruktion kam ein Satteldach mit Blechabdeckung zur Anwendung.

### *Eugenstraße 10 (WE)*

Das im Baukern aus dem 16. Jh. stammende, viergeschossige Gebäude hat ein Satteldach und einen flachen Blendgiebel. Die zweiachsige Fassade weist im Erdgeschoss ein breites Rundbogenportal aus Nagelfluh auf sowie in der rechten Achse einen über das erste und zweite Obergeschoss gehenden dreiseitigen

Polygonalerker. Im Erdgeschoss und im ersten Obergeschoss befinden sich gewölbte Flurhallen. Das Haus prägt vor allem wegen seiner Südfassade die Stadtsilhouette entscheidend mit.

Im Zuge der Generalsanierung wurden im Keller ein Heizraum und ein Elektroverteilerraum untergebracht. Die Erschließung des Wohngebäudes erfolgt durch das zentral gelegene Stiegenhaus. Auf der Terrasse im ersten Obergeschoss wurde ein Sichtschutz in Form von sandgestrahltem Glas aufgeführt. Im umgebauten Haus sind sieben neue Wohneinheiten entstanden.

## *Waldaufstraße 2/2a (Pfarre)*

Dieses prachtvolle, dreigeschossige Haus mit Grabendach und regelmäßiger fünfachsiger Fassade stammt im Kern aus dem frühen 16. Jh. Die Erdbebenmauer und das korbbogige Barockportal sind aus Nagelfluh. Dieser Haustyp stellt eine einmalige Besonderheit in der Haller Altstadt dar, da sich im gotischen Hausflur ein Doppelstiegenhaus befindet. In einem gewölbten Raum im Erdgeschoss war die berühmte „Waldauf-Bibliothek" untergebracht.

Für die Generalsanierung dieses Objekts standen zwei Varianten zur Auswahl. Der Sachverständigenbeirat entschied sich für jene Variante, bei der beide Treppenhäuser erhalten werden und damit die ursprüngliche Zweiteilung des Hauses auch nach der Sanierung nachvollziehbar bleibt. In den Kellerräumen wurden eine Waschküche und ein Heizraum eingebaut. Das erneuerte Haus bietet im Parterre und im ersten Stock Raum für fünf Wohnungen und eine Arztpraxis, im Dachgeschoss wurden Büroräume adaptiert.

## *Stadtgraben 8 (privat)*

Dieses zweigeschossige Eckhaus über halbrundem Grundriss mit entsprechendem Zeltdach verfügt über ausgesprochen malerische Außenarchitektur, ein sehr schönes korbbogiges Barockportal und gotische Baudetails im Inneren. Die Lage am Eingang in die Altstadt ist bedeutend.

Im Zuge der Generalsanierung des Geschäftes wurde auch die Eingangstüre erneuert und ein großes, bisher nur einfach verglastes Fenster durch ein Verbundfenster in gleicher Form und Gliederung ersetzt.

Bei dieser Dokumentation der Generalsanierung von Objekten soll aber auch daran erinnert werden, dass es seit dem Inkrafttreten des Stadtkern- und Ortsbildschutzgesetzes im Jahr 1976 möglich ist, nach Prüfung durch den Sachverständigenbeirat Renovierungsmaßnahmen an Häusern über die gesetzliche Wohnbauförderung hinaus mit zusätzlichen Mitteln der Gemeinde und des Landes Tirol zu fördern. So konnten an zahlreichen Häusern aus SOG-Mitteln Sanierungsarbeiten vorgenommen werden. Die zwischen 1990 und 2000 erfolgten Verbesserungen an Gebäuden zeigt

*Tab. 12:* Sonstige Sanierungsarbeiten an Altstadthäusern 1990 - 2000

| Sanierungsarbeiten | Anzahl | Sanierungsarbeiten | Anzahl |
|---|---|---|---|
| Geschosssanierung | 4 | Portal | 14 |
| Wohnungssanierung | 7 | Kamin/Kaminkopf | 14 |
| Geschäftsein- oder -umbau | 23 | Ölfeuerung | 3 |
| Dachgeschossausbau/Dachterrasse | 13 | Lifteinbau | 2 |
| Einbau eines Dienstleistungsbetriebes | 9 | Mauertrockenlegung | 2 |
| Fenster/Fensterstöcke | 18 | Balkon | 2 |
| Dach/Dachstuhl | 10 | Garagentor | 1 |
| Stiegenhaus/Eingangsbereich | 9 | Kassettendeckensanierung | 1 |

Quelle: Bauamt - SOG-Akten - Baubewilligungen, Sitzungsberichte des Altstadtausschusses; eigene Zählungen

*Tab. 12* auf. Die vom Autor aus verschiedenen Quellen erhobenen Daten erheben dabei keinen Anspruch auf Vollständigkeit, zeigen aber doch die Bedeutung dieses Gesetzes für die Altstadtsanierung und -revitalisierung auf. Umbauarbeiten im Zuge von Generalsanierungen wurden dabei nicht berücksichtigt.

Laut einer Zusammenstellung für den Bürgermeister (Bauamt Hall) konnten seit 1977 bis Oktober 1997 einschließlich der generalsanierten Häuser *„… 277 Wohnungen sowie 86 Geschäftsräume und 32 sonstige Gebäude (Kapellen, Kirchen, etc.) mit SOG-Mitteln gefördert werden. Die Gesamtsubventionssumme (Stadt und Land) betrug 78,9 Mio. Schilling (€ 5,7 Mio.). Damit wurde eine Gesamtbaukostensumme in der Höhe von ca. 800 Mio. Schilling (€ 58,1 Mio.) ausgelöst."*

## 4.5.4. Das Projekt „Goldener Engl" als besonderes Beispiel

Als Beispiel für die Komplexität der Generalsanierungs- und Revitalisierungsarbeiten in Hall soll im Folgenden das Projekt „Goldener Engl" ausführlich erörtert werden, das in den Jahren 1996 bis 1998 realisiert wurde.

Seit Jahrzehnten hatte der Gasthof Engl in Hall eher einen negativen Beigeschmack, denn seit dem Ende der 1960er-Jahre diente das damals als „Ohrwaschlbar" bezeichnete Gasthaus nur mehr als eine für die damalige Zeit typische „Gastarbeiterunterkunft", das von den Haller Bürgern gemieden wurde. Nach der Schließung im Jahr 1973 und dem Abbruch der charakteristischen „Engl-Veranda" stand das ehemals stattliche Wirtshaus mehr als zwanzig Jahre leer. Das völlig verwahrloste Haus bildete über Jahrzehnte einen „Schandfleck" für eine Stadt wie Hall, die 1984 den Staatspreis für Denkmalschutz erhalten hatte und zwei Jahre später auch eine internationale Würdigung erfuhr, bei der die Stadtgemeinde für die mustergültigen Revitalisierungs- und Restaurierungsarbeiten im Rahmen eines Festaktes am Oberen Stadtplatz die Europafahne überreicht bekam. Zur Renovierung dieses 700 Jahre alten Gebäudes sah sich die Stadt jedoch aus finanziellen Gründen außerstande. Erst zehn Jahre später gelang dem damaligen Bürgermeister Dr. Posch im Jahr 1994 ein Bravourstück: Er konnte die Messerschmitt-Stiftung in München dazu gewinnen, das historische Gebäude in ihr Förderungsprogramm aufzunehmen. Die Stadt Hall verkaufte dieser Stiftung zwar das Anwesen um damals vier Millionen Schilling (291.000 EUR), sie durfte aber nach erfolgter Restaurierung als Hauptmieter des Objektes auftreten. Für die Messerschmitt-Stiftung, die in Tirol schon Tradition hat, war auch die jahrelange enge Zusammenarbeit mit dem Denkmalamt mitentscheidend. Die Stiftung sieht ihre Aufgabe darin, kostbare und wertvolle Kunst- und Kulturdenkmäler auch in Nord- und Südtirol der Nachwelt zu erhalten. Der „Engl" sprengte zwar den finanziellen Rahmen aller bisherigen Aktionen, doch was bei den Sanierungsarbeiten an archäologisch und denkmalpflegerisch Interessantem dann tatsächlich zu Tage kam, überstieg alle Erwartungen. Auch der Vorstand der Messerschmitt-Stiftung bezeichnete die Generalsanierung des „Engl" als Ausnahmeprojekt, da es die bisher größte Einzelmaßnahme gewesen ist, welche die Stiftung in Tirol jemals finanziert hat.

Die Vorgangsweise bei der Wiederbelebung dieses unter Denkmalschutz stehenden

Objektes war für Experten geradezu ein Lehrbeispiel, weil alle Projektbeteiligten von der Grundüberlegung ausgingen, dass die neue Nutzung des Gebäudes nicht nur wirtschaftlich sinnvoll sein muss, sondern auch dem Denkmalschutz ein besonders hoher Stellenwert beizumessen ist. Mit der Gemeinde Hall als Hauptmieter und der Münchner Großbrauerei Augustiner hatte die Messerschmitt-Stiftung auch zwei ideale Partner zur Seite.

Das Gestaltungs- und Restaurierungskonzept, das von einem Architektenbüro in Zusammenarbeit mit dem Denkmalamt und der Gemeinde Hall erarbeitet wurde, basierte auf dem Ergebnis einer umfassenden, im Vorfeld angelegten Bauuntersuchung durch das Denkmalamt sowie archäologische Untersuchungen durch das Institut für Ur- und Frühgeschichte der Universität Innsbruck. Sie brachte verschiedene Bauphasen zu Tage:

- Romanische Bauphase (14. Jh.): Dazu gehört auch die Stadtmauer, die über die gesamte Bauwerkslänge zu verfolgen ist. Die romanische Bauhöhe lässt sich bis ins Dachgeschoss verfolgen. Bedeutend für die Kunsthistoriker ist, dass das Gebäude schon Anfang des 14. Jh. direkt an die Stadtmauer angebaut wurde, vermutlich sogar unmittelbar nach ihrem Bau.
- Gotische Bauphase (15. und 16. Jh.): Während die Netzgratgewölbe der Eingangshalle an der Schmiedgasse mit dem Aufgang ins Obergeschoss erhalten geblieben waren, entstand im Osten des romanischen Kerns ein gotischer Neubau mit einer achtjochigen Rundpfeilerhalle im Erdgeschoss. Die Errichtung dieser gotischen Bauteile dürfte auf Grund der Baudetails in der zweiten Hälfte des 15. Jh. erfolgt sein. Dieser erste große Umbau kam demnach - wie das für die meisten Bauten in Hall gilt - nach dem Stadtbrand im Jahr 1447 zur Durchführung und gehört in die Wiederaufbauphase.
- Barocke Bauphase (vor allem im letzten Drittel des 17. Jh.): In dieser Zeit erfuhr das gesamte Bauwerk eine eingehende Umgestaltung. Eine neue, von oben belichtete Eingangshalle wurde eingefügt, in das Obergeschoss führte nun ein neues Stiegenhaus. Diesen Bauarbeiten folgte eine reiche Neuausstattung, wobei die kostbarsten Räume weiterhin zur Schmiedgasse hin orientiert blieben. Von besonderer Qualität sind die beiden Erkerstuben mit Kassettendecken im Obergeschoss. Auch die an der Nordseite des Gebäudes nahezu umlaufend bis ins Obergeschoss aufgeführten Erdbebenpfeiler aus Höttinger Breccie stammen aus dieser Zeit. Die Fassade wurde dadurch neu gegliedert. Vermutlich gab das Erdbeben vom Jahr 1670 den Anstoß für diese dritte Bauphase.
- Bauphasen des 19. und 20. Jh.(vor allem um 1830/40): In dieser einschneidenden Umbauphase wurde vor allem der Westtrakt umgestaltet, beinahe zur Gänze ausgehöhlt und neu unterteilt. Es entstand Raum für drei Wohneinheiten. Gleichzeitig kam es zum Ausbau der Scheune und zur Erneuerung der Aborte. Die Südfassade erhielt nun durch Fensterausbrüche eine prägende Umgestaltung. Der Hauptzugang zum Gasthof Engl erfolgte jetzt durch das Südportal vom Unteren Stadtplatz aus. Im 20. Jh. wurden nur kleinere Adaptierungsarbeiten vor allem im Küchenbereich und Fassadenrenovierungen vorgenommen. Hervorzuheben ist die Errichtung der Holzveranda etwa um 1890, die im Jahr 1973 mit der Schließung des Gasthofes wieder abgetragen wurde (*Hauser/Peskoller* 1996, 7-9).

Diese Bauuntersuchung brachte somit hinsichtlich der Architektur die große geschichtliche Vielfalt dieses Hauses zu Tage. Aus diesem Grund wurde für die Restaurierung eine raumindividuelle Konzepterstellung vorgeschlagen, denn eine solche Vorgangsweise konnte dem Ausstattungsreichtum und damit der geschichtlichen Bedeutung der einzelnen architektonischen Elemente gerecht werden. Bei der endgültigen Konzepterstellung kristallisierte sich schließlich eine Zweiteilung des Hauses in einen Osttrakt und einen Westtrakt heraus, denn die künstlerisch und historisch bedeutenden architektonischen Ausstattungselemente fanden sich hauptsächlich im Osttrakt. Der Westtrakt war dagegen für die Restauratoren von untergeordneter Bedeutung, hier bestand eher Spielraum für eine neue architektonische Interpretation der Baustruktur, der Oberflächen und Ausstattungselemente. Aus diesem Grunde konnte der Nordwestbereich, der die neu konzipierte Treppenanlage und den Lift aufnimmt, durchaus „modern" gestaltet werden.

Der schlechte Zustand des Gebäudes erforderte deshalb umfassende Grundstruktursanierungen im Bereich der Gewölbe, der Steinsäulen, der Deckenkonstruktion sowie im Bereich des barocken Dachstuhles. Die konstruktive Sanierung und Verstärkung aller Deckenbauteile erfolgte ausschließlich in Trockenbauweise mit Holz oder Stahl.

Eine Restaurierung stößt natürlich immer wieder auch auf unvorhergesehene Überraschungen und Schwierigkeiten. So sind bei den Decken und Wänden des ersten Obergeschosses zahlreiche Freskenfunde und Ornamentreste sowie auch Stuckelemente zu Tage getreten, die freigelegt, konserviert und saniert werden konnten, was nicht nur zu Verzögerungen bei den Bauarbeiten führte, sondern auch wesentliche Mehrkosten verursachte. Die insgesamt sehr sensiblen und schwierigen Sanierungsarbeiten konnten in dieser Qualität natürlich nur mit erstklassigen Fachkräften in sämtlichen Arbeitsbereichen und Sanierungsphasen und mit fachkundiger Unterstützung des Denkmalamtes durchgeführt werden.

Entsprechend dem Nutzungskonzept sollte der neue Gasthof Engl in erster Linie wieder seiner ursprünglichen Bestimmung entsprechend als Gastbetrieb mit einer Bierschwemme im passend rustikalen Säulengewölbe des Erdgeschosses und einem Restaurantbetrieb im ersten Obergeschoss belebt werden. Im Gastronomiebereich des Erdgeschosses wurde die aus dem ehemaligen Gasthof Bären stammende so genannte „Bärenstube" eingebaut und so „wiederbelebt". Durch die Mithilfe und Intervention des Denkmalamtes war es auch möglich, eine passende Stube mit Tafelbildern aus Innsbruck zu erwerben und diese im ersten Obergeschoss einzubauen. Ein Wirtshausschild aus der zweiten Hälfte des 18. Jh., das ursprünglich vom Gasthof Spiegel, Münzergasse 1, stammt und dort bereits vor Jahrzehnten abmontiert worden war, konnte angekauft, restauriert und angebracht werden. Für das Stiegenhaus stellte das Bundesdenkmalamt aus Depotbeständen ein barockes Kruzifix zur Verfügung. Die Gasträume auf der Südseite bieten einen schönen Blick zur Burg Hasegg, reizvoll sind aber auch die Räume mit den alten Erkern und der barocken Holzdecke zur Schmiedgasse.

Betreiber der gesamten Gastronomie ist das Augustinerbräu München, welches allerdings den Gastbetrieb in Pacht vergeben hat. In den oberen Räumlichkeiten befinden sich eine Arztordination, eine Galerie und weitere Büroräume, im Parterre eine Trafik mit Zeitschriften- und Schreibwarenangebot sowie ein Durchgang vom Unteren Stadtplatz zur Schmiedgasse.

Die Sanierung und Revitalisierung des Gasthofs Engl dürfte als Pionierleistung in die Geschichte der Tiroler Denkmalpflege eingehen. Erstmals konnte ein Altstadthaus so restauriert werden, wie es den internationalen Maßstäben der modernen Denkmalpflege entspricht. Sämtliche Untersuchungen und konservatorischen Maßnahmen erfolgten durch qualifizierte Restauratoren, begleitet von Fachleuten der verschiedensten wissenschaftlichen Disziplinen, vor allem der Innsbrucker Universität. Der Erfolg der Generalsanierung dieses kulturgeschichtlich bedeutsamen Baudenkmals zeigt auf, dass Denkmalpflege heute nur als interdisziplinäre Zusammenarbeit funktionieren kann und dass die Charta von Venedig nach wie vor unentbehrliche Grund-lage der Restaurierungs- und Gestaltungsmethodik ist. Der Messerschmitt-Stiftung, die als Eigentümerin des Gebäudes mit Optimismus und großem Verständnis ein Musterbeispiel für den sensiblen Umgang mit historischer Bausubstanz ermöglicht hat, gebührt für die eindrucksvolle Revitalisierung des Goldenen Engl Dank und Gratulation (*Denkmalbericht* 1998, S. 71).

Im Frühjahr 2001 erwarb die Messerschmitt-Stiftung die östlich an den „Engl" angrenzenden Objekte Unterer Stadtplatz 7 und 7a (Dachgeschoss), um darin ein kleines, aber hochwertiges Altstadthotel mit 18 Gästeeinheiten zu errichten und damit das Nutzungsangebot entscheidend zu erweitern. Die kleine Hotelanlage mit einer großzügigen Wellnesszone im Dachgeschoss konnte Anfang 2003 fertig gestellt werden.

Im Zuge der Generalsanierung des Gasthofs Engl erfolgten auch umfangreiche archäologische Untersuchungen. Neben zahlreichen Kleinfunden (Keramikscherben, Glasresten, Münzen u.a.) waren vor allem die Mauerzüge für die Archäologen interessant. Die doppelt geführte Stadtmauer - an den inneren Wall war der Gasthof Engl angebaut - und der dazugehörende Graben konnten einwandfrei identifiziert werden. Ein Stadtgraben im eigentlichen Sinn war hier nicht notwendig und im Feuchtbereich gar nicht möglich. Wahrscheinlich war das Gelände hier so sumpfig, dass die Errichtung einer so genannten „Zwingermauer" vor der älteren Stadtmauer einen ausreichenden Schutz bot. Durch Grabungen bis über fünf Meter konnte festgestellt werden, dass das Niveau des Unteren Stadtplatzes zur Zeit des Baues der Stadtbefestigung etwa vier Meter tiefer lag als heute. Diese Angaben können sich natürlich nur auf den Grabungsbereich beziehen.

Eine weitere Grabungsfläche in einem ehemaligen Hinterhof ergab eine ummauerte, überwölbte Latrine aus der Zeit um 1500. Ein doppeltes Toilettensitzbrett trat ebenso zu Tage wie zahlreiche Glas- und Keramikfunde. Die archäologischen Funde werden in Vitrinen im Erdgeschoss des Gasthofs Engl zur Schau gestellt. Die Stadtgemeinde Hall unterstützte diese stadtarchäologische Untersuchung arbeitstechnisch mit der Infrastruktur des Bauhofes sowie durch die Bereitstellung von Räumlichkeiten zur Bearbeitung und Lagerung der Fundstücke.

Im Zusammenhang mit den archäologischen Untersuchungen im Bereich des Gasthofs Engl sei auf das Projekt „Stadtarchäologie Hall" hingewiesen, denn seit dem Frühjahr 1996 werden durch das Institut für Ur- und Frühgeschichte der Universität Innsbruck im Zuge von Sanierungen von Altstadthäusern Ausgrabungen durchgeführt. Dieses Institut richtete im Dezember des Jahres 1994 ein Schreiben an den städtischen Bauamtsleiter, in dem in enger Zusammenarbeit mit dem Denkmalamt das Interesse an einer „... *systematischen, von bauanalytischen und archäologischen Kriterien getragenen Erforschung Ihrer Stadt ...*" bekundet wurde. Die Stadt Hall besitze durch ihre historische und wirtschaftliche Bedeutung im Mittelalter besonders günstige Voraussetzungen für eine Stadtarchäologie. Da in der Zeit der Stadtsanierungen das Geld für größere Veränderungen fehlte, sei die Bausubstanz noch sehr gut erhalten. Auch der Boden sei in einigen Bereichen noch unberührt. Kulturschichten lägen zum Teil sehr tief und damit geschützt.

Die Stadt zeigte sich interessiert, da durch gezielte archäologische Untersuchungen im Altstadtbereich und den daraus gewonnenen Funden in Kombination mit der Bauforschung und archivarischen Überlegungen der Blick in die mittelalterliche Geschichte Halls, besonders aber in die Siedlungsgeschichte vertieft werden kann.

Bereits ein halbes Jahr vor dem Ausgrabungsbeginn beim Gasthof Engl kam es in der Oberstadt das erste Mal in Hall zu archäologischen Untersuchungen. Durch kleinere Baumaßnahmen im Innenhof eines Hauses in der Mustergasse und das Abtragen von etwa ein Meter starken Auffüllungsschichten fand eine Studentin der Ur- und Frühgeschichte Münzen, Keramik, Glas, Holzkohlenreste, Knochen, Knöpfe und Würfel. Die große Zahl von Funden ist vielleicht dadurch zu erklären, dass der Hinterhof jahrhundertelang als Abfalldeponie diente. Die Stücke sind im Einzelnen recht unscheinbar, geben in ihrer Vielfalt aber wertvolle Einblicke in das Alltagsleben der Haller Bürger vergangener Jahrhunderte. Neben diesen Funden wurden auch Reste eines mittelalterlichen Entsorgungsgrabens freigelegt. Nach ihrer wissenschaftlichen Auswertung dürften die Funde interessante Schlüsse auf die soziale und wirtschaftliche Entwicklung der Stadt und ihrer Bewohner zulassen. Weitere interessante Funde, wie beispielsweise ein knöcherner Spielwürfel, stammen von einem 1997 generalsanierten Haus in der Schlossergasse. Laut Angaben des Leiters der Ausgrabungen in Hall wurden seit dem Frühjahr 1996 40 derartige Spielwürfel gefunden. Diese Funde weisen vielleicht darauf hin, dass sich das Würfelspiel im Mittelalter großer Beliebtheit erfreute. Andererseits bezeugen sie ein längst ausgestorbenes Handwerk, das des Würfelschnitzers.

Inwieweit sich das Projekt Stadtarchäologie weiterführen lässt und zu einer bleibenden Einrichtung wird, liegt in seiner Finanzierbarkeit begründet. „*Falls auch in Zukunft eine archäologische Betreuung der Stadt Hall in Tirol möglich ist, könnte nicht nur ein für die Wirtschaftsgeschichte Europas wichtiger Ort weiterhin genauer untersucht werden. Das Bild von der Entwicklung einer Stadt und der städtischen Alltagskultur in Tirol würde dadurch sicherlich entscheidend bereichert werden*" (*Zanesco* 1997, 137). Dieser sieht Hall als den in Tirol interessantesten Ort für stadtarchäologische Forschungen an. Er würde sich wünschen, dass Hall diese Gelegenheit, als erste Stadt Tirols die Stadtarchäologie zu institutionalisieren, auch finanztechnisch ermöglichen könnte.

## 4.6. Begleitende Maßnahmen und sonstige Veränderungen

Neben den Schwerpunkten der Objektsanierung konnten SOG-Mittel auch für die Erneuerung und Verbesserung des Altstadtbildes als Ganzes eingesetzt werden, die zur Belebung der Gassen und Plätze beitragen sollten.

Als eine Besonderheit im Haller Altstadtbild gelten die Reste der ehemaligen Stadtmauer. Die Befestigungsanlage war großzügig angelegt, so dass es bis ins 19. Jh. herauf nicht nötig war, die Stadtmauer zu erweitern. Außerdem hielt sich das Wachstum der Stadt seit dem 17. Jh. in Grenzen. Als gegen Ende des 18. Jh. die Befestigungsanlage für den „modernen" Verkehr immer mehr zum Hindernis wurde, begann man mit der Demontage der Mauern und Straßentore. Ein besonders hervorstechender Teil der Stadtmauer jedoch ist gegenüber dem Kurhaus noch in seiner ursprünglichen Form, allerdings ohne die hölzernen Wehrgänge, erhalten geblieben, ebenso einige weitere Reste im Westen und Nordwesten der Altstadt. Kurze Abschnitte des ehemaligen Stadtgrabens sind noch am Ostrand der Altstadt im Bereich des ehemaligen Jesuitenklosters sowie südlich der Burg Hasegg zu sehen. Als einziges Stadttor blieb das Münzertor im Bereich der Burg Hasegg bestehen. Es gehörte der Saline und entging so einem Abbruch, der um etwa 1840 abgeschlossen war.

Der schlechte Bauzustand der Stadtmauerreste erforderte seit dem Jahr 1989 umfangreiche Sanierungsarbeiten, wobei eine möglichst originalgetreue Wiederherstellung der Mauer angestrebt wurde. Deshalb waren den Restaurierungsarbeiten monatelange Vorarbeiten und kunsthistorische und fachmännische Beratungen vorangegangen.

Bei jenen Mauern, die einen besonders schlechten Zustand aufwiesen, wie etwa bei den bis zu zehn Meter hohen Resten gegenüber dem Kurhaus, musste die Mauer zunächst mit Dampfstrahlern gereinigt werden, wobei man fehlende Steine ergänzte und mit einem witterungsbeständigen Mörtel ausfugte. Diese Arbeiten waren sehr aufwendig, denn allein die Restaurierung dieses Mauerstückes hatte ein Ausmaß von rund 800 m². Bis zum Jahre 2000 konnten diese Sanierungs- und Ausbesserungsarbeiten der Stadtmauer jedoch abgeschlossen werden. Einige Mauerreste kamen auch erst im Zuge einer Haussanierung wieder zum Vorschein.

Ein weiteres Element, das ursprüngliche Bild der Straßen und Plätze dem früheren Aussehen anzupassen, lag in der Wiederherstellung der Straßenpflasterung und dem Entfernen der Gehsteige. Die ursprünglich mit Bachsteinen gepflasterten oder mit Stöckelpflaster versehen Altstadtgassen waren im Laufe der Zeit asphaltiert worden und hatten mit der Zunahme des motorisierten Verkehrs großteils Gehsteige erhalten, wodurch das Straßenbild negativ verändert worden war. Die 1982 begonnene Kleinsteinpflasterung im Altstadtbereich mit Bozner Quarzporphyr oder Mühlviertler Granit stellt einen wesentlichen Beitrag zur gesamten charakteristischen Wirkung des mittelalterlichen Straßenbildes dar. Sowohl durch die Steine als auch durch die Art ihrer Verlegung wird nun den Plätzen und Gassen ein lebendigeres Aussehen verliehen und ihr mitunter unregelmäßiger Verlauf unterstrichen. Im Besonderen müssen hier der Stiftsplatz und die Schulgasse erwähnt werden, die durch Pflasterung ein völlig neues Gepräge erhalten haben.

Vor seiner Neugestaltung im Jahr 1990 ließ der Stiftsplatz zusammen mit der Schulgasse seine charakteristische Geschlossenheit vermissen. Die vorwiegend barocken Bauten mit Bezirksgericht (ehemaliges Jesuitenkloster), Jesuitenkirche, Damenstift, Herz-Jesu-Basilika und Knabenvolksschule sind nun durch eine einheitliche Pflasterung des Platzes mit Porphyrsteinen in ihrer architektonischen Erscheinung zusammengefasst und zu einer gesteigerten Wirkung gebracht worden. Der neue Brunnen aus Mühlviertler Granit mit einer Schale von über drei Metern Durchmesser und einer Mittelsäule, auf der die Metallfigur der Stiftsgründerin Erzherzogin Magdalena steht, wurde im Westteil des Platzes errichtet und fügt sich harmonisch in das barocke Ensemble des gesamten Platzes ein. Der Stiftsplatz ist ein ruhiger, beschaulicher Platz, der sich aber auch für diverse kulturelle Veranstaltungen anbietet und bewährt hat.

Nicht so erfolgreich war das Unterfangen, Fußgängerverbindungen zwischen den Gassen zu schaffen, wie es z. B. die Kaufleute der Schlossergasse im Zusammenhang mit der Generalsanierung des Hauses Arbesgasse 5 zwischen Schlossergasse und Wallpachgasse in einem Schreiben an die Stadtgemeinde angeregt hatten. Der Altstadtausschuss stellte bei einem Lokalaugenschein fest, dass die Errichtung eines derartigen Fußgängerdurchganges eine Bereicherung und durchaus im Sinne der Revitalisierung der Altstadt gelegen wäre, da schon in früheren Zeiten die Altstadtgassen durch so genannte „Querganglen" oder Stiegen besser miteinander verbunden waren. *Moser* (1989) nennt einige derartige Verbindungswege: Das „Sonnengangl" zwischen Eugenstraße und Mustergasse, dessen südliche Fortsetzung zum Unteren Stadtplatz heute noch über die Schwaighoferstiege gerne benutzt wird. Bis zum Bau des Fürstenhauses Ende des 16. Jh. gab es eine öffentliche Verbindungstreppe vom Oberen Stadtplatz zum Kurzen Graben. Von dort führte ein kleiner Durchgang als Fortsetzung in die Schergentorgasse. Des Weiteren existierte eine Verbindung vom Oberen Stadtplatz zur Mustergasse (im 19. Jh. „Pummerantschengangl" genannt) und eine von der Rosengasse über einen malerischen Innenhof in die Mustergasse sowie eine Stiege von der Salvatorgasse zum Pfarrplatz.

Im Bereich Arbesgasse - Wallpachgasse gelang es mit Ausnahme der Verbesserung der Innenhofsituation trotz intensiver Bemühungen des Altstadtausschusses nicht, den vorgeschlagenen Durchgang zu bauen, da die Situation besitzmäßig zu kompliziert war. Gelungen ist jedoch eine neue Fußgängerpassage im Zuge der Generalsanierung des Gasthofes „Engl". Zwischen Unterem Stadtplatz und Schmiedgasse entstand ein kreuzgratgewölbter groß dimensionierter öffentlicher Durchgang durch den ehemaligen Pferdestall. Auch die schon in der ersten Sanierungsphase entstandene Öffnung zwischen Bachlechnerstraße und Wallpachgasse wird als Durchgang sehr gerne benutzt.

Der Haller Altstadtausschuss stellte aber auch in Richtung der so genannten „Hofentkernung" Überlegungen an, da ein öffentlicher Zugang zu den zum Teil wunderschönen, in sich geschlossenen ruhigen Höfen im Altstadtbereich - teils mit „Grün" ausgestattet, teils mit Schuppen, Abstellräumen oder Stöcklgebäuden verbaut - als Kleinode der Altstadt nach deren „Entkernung" eine Bereicherung wären. Laut Aussagen des zuständigen Beamten im Bauamt wird eine Renovierung und allgemeine Nutzung dieser Innenhöfe aber nur durch intensive Gespräche möglich sein, da einerseits die verstrickten Nutzungsverhältnisse zu klären und andererseits die Besitzer von den Vorteilen einer Erneuerung der Höfe zu überzeugen sind. Umso erfreulicher war, dass es im Zuge der Generalsanierung des Hauses Arbesgasse 5 wenigstens gelungen ist, den zugehörigen Hof mit einzubeziehen, da der Besitzer eines Hauses in der Wallpachgasse überzeugt werden konnte, dass durch den Abbruch von Schuppen und Zubauten eine wesentliche optische Verbesserung für den von mehreren Häusern umgebenen Innenhof erreicht werden kann.

Eine weitere Bereicherung erhielt das Straßenbild durch das „Brunnenprogramm". Der Altstadtausschuss befand im Jahr 1996, dass Straßen, Gassen und Plätze nicht nur durch Renovierung vorhandener, sondern auch durch Errichten von neuen Brunnen aufgewertet würden. Auch war anfänglich sogar daran gedacht worden, durch die Mitarbeit heimischer Künstler an geeigneten Stellen die alten „Ritschen" wieder sichtbar zu machen oder die Gassen jeweils zur Mitte hin wieder abzusenken, um so einen ungefähren Eindruck des mittelalterlichen Straßenbildes zu vermitteln. Diese Ideen konnten bis jetzt aber (noch) nicht umgesetzt werden, während die vorhandenen Brunnen der Stadt erneuert wurden und neue hinzugekommen sind. Neben dem 1991 restaurierten Brunnen am Stiftsplatz folgten die Brunnen der Münzergasse bzw. am Oberen Stadtplatz, die abgebaut, gereinigt, restauriert und wieder aufgestellt werden konnten (1996). Auf Initiative der „Schlossergassler" Kaufleute entstand ein Jahr später aus der Hand eines Haller Schlossermeisters ein neuer Brunnen, der mit einem Gassenfest eingeweiht wurde. Der „Fröschebrunnen" gegenüber dem Speckbacherdenkmal am Stadtgraben erhielt nach seiner Restaurierung mit der Errichtung eines Kreisverkehrs einen etwas versetzten Standort (1999).

Der imposanteste Brunnen und ein bedeutender Blickfang in Hall ist jedoch der Springbrunnen am westlichen Ende des Unteren Stadtplatzes. Nach der Umgestaltung der dortigen Kreuzung zur Verbesserung des Verkehrsflusses folgte im Jahr 1997 die Neugestaltung der „Springbrunneninsel". Die Entfernung einiger Föhren und die Anpflanzung von Platanen in diesem Bereich löste bei Teilen der Bevölkerung zunächst heftige Diskussionen aus, doch die offene und durchlässige Neugestaltung verleiht dem gesamten Platz mit dem Springbrunnen nun ein besonderes Gepräge und gibt nicht nur den Blick auf die dahinter liegende südliche Häuserfront der Altstadt frei, sondern hat sich seit seiner Fertigstellung zu einem beliebten Treffpunkt für Jung und Alt sowie gleichermaßen für Ausländer und Einheimische entwickelt.

Bei der Renovierung des Brunnens beschloss man im Einvernehmen mit dem Denkmalamt, seinen ursprünglichen Charakter nicht zu verändern und die ursprüngliche Natursteinumrahmung sowie die in der Mitte des Brunnens aufgestellten Steine zu belassen. Das abgeänderte und in den Abendstunden durch Scheinwerfer ausgeleuchtete Wasserspiel erfreut seit 1998 durch eine bis zu fünf Meter hohen Zentralfontäne, dreier Nebenfontänen mit je drei Meter Springhöhe und einer 24-strahligen Ringfontäne, deren Abfolge durch vollelektronische Steuerung in vielen Varianten verändert werden kann.

Die zentrale Bedeutung des Unteren Stadtplatzes für die Haller Bevölkerung und speziell für die Altstadtbewohner liegt im Ausgangs- und Schnittpunkt der öffentlichen Verkehrslinien, wobei ein gutes Angebot an öffentlichen Verkehrslinien nach Innsbruck zur Verfügung steht. Auch die Haltestellenbereiche sind in den letzten Jahren umgestaltet und verbessert worden. Noch nicht ausreichend ist derzeit allerdings die Anbindung der einzelnen Stadtteile und benachbarten Dörfer an die Altstadt.

Sie und die gesamte Verkehrssituation in der Altstadt harren seit Jahren einer Lösung. Als einzige Maßnahme in diesem Zusammenhang gelang es laut Gemeinderatsbeschluss vom Juli 1983, den gesamten Altstadtbereich zur Wohnstraße zu erklären. Nach der Auffassung fast aller Gemeinderatsmitglieder wäre die Wohnstraßenregelung die relativ beste Verkehrslösung für Hall, bei der die Fußgänger auf allen Verkehrsflächen gleiches Recht wie Autofahrer besitzen. Diese Festlegung ermöglichte es zumindest auch, Bänke aufzustellen und die Gassen mit Grünpflanzen der Stadtgärtnerei zu beleben. Durch eine Eigeninitiative der Kaufleute in der Schlossergasse wurden 1998 schwere Blumentröge aufgestellt, um die „Dauerparker" fern zu halten und dadurch die Gasse für Gäste und Kunden attraktiv zu machen.

Neben dem allgemein steigenden Motorisierungsgrad erhöhte sich der Bedarf an Abstellplätzen durch den Aufschwung als Handels- und Einkaufsstadt und den Zuzug jüngerer Bevölkerungsschichten in die sanierten Wohnungen zusätzlich. Zweck einer sinnvollen Revitalisierung der Innenstadt verbunden mit der Erhöhung der Wohnqualität war aber die Reduzierung des Verkehrsaufkommens durch entsprechende Verkehrsentflechtungsmaßnahmen. Allerdings fanden sich in unmittelbarer Nähe zur Altstadt kaum mehr Freiflächen für Parkplätze.

Nach jahrelangen Standortüberlegungen gelang es im Jahr 1989 im Kurpark, dem nördlichen Grenzbereich der Altstadt, die „Altstadt-Tiefgarage" mit über 330 Abstellplätzen fertig zu stellen. Diese trug zur Beruhigung des Verkehrs in der Innenstadt und auch als Abstellfläche für Autos der Bewohner der „Oberen Stadt" wesentlich bei. Die Kapazität dieser Garage soll im Zusammenhang mit dem Neubau des Parkhotels bis zum Jahr 2003 erheblich erweitert werden. Wie bedeutend dieses Verkehrs- und Parkproblem für die zuständigen Politiker damals war, zeigt die Tatsache, dass bereits vor der Fertigstellung der Altstadt-Tiefgarage im Kurpark die Errichtung einer Hochgarage im Süden der Altstadt erwogen wurde.

Stattdessen konnte im Zusammenhang mit dem „Projekt Untere Stadt" Ende des Jahres 1997 eine zweite Tiefgarage mit knapp 400 Stellplätzen in Betrieb genommen werden. Damit besitzt auch die Untere Stadt eine zentrumsnahe Parkmöglichkeit. Die Infrastruktur der Unteren Stadt erhielt durch das gesamte Projekt insofern eine weitere Belebung und Verbesserung, als auf diesem Areal im Bereich des „Surergartens" auch eine neue Hauptschule sowie zeitgemäße Hallen- und Freiluftsportstätten für die Jugend entstanden sind.

Eine dritte Tiefgarage - allerdings außerhalb des Altstadtbereiches - dient seit 1999 dem Bezirkskrankenhaus als Abstellfläche (380 Stellplätze).

Mit dem Bau der beiden Tiefgaragen in unmittelbarer Altstadtnähe wäre im Zuge des Modells der Verkehrsentflechtung dem inzwischen europäischen Slogan „... *jeder Klein- und Mittelstadt eine Fußgängerzone ...*" (*Lichtenberger* 1998, 215) in Hall die Möglichkeit dazu gegeben. Demnach sollte dem Fußgänger die Stadt wieder „zurückgegeben" werden.

Die Bedeutung der „Fußgängerfreundlichkeit" als Motor innerstädtischer Wirtschaftskraft wird nach *Thaler* (1997) von den Geschäftsleuten noch immer unterschätzt. Diese forderten freie PKW-Zufahrt und große Parkplatzangebote und beriefen sich dabei auf das, was sie für „Kundenwünsche" halten. Doch Kundenbefragungen bestätigen allgemein, dass gutes Service, angemessene Preise und ein attraktives Einkaufsumfeld Priorität haben - eine gute Erreichbarkeit der Geschäftszone vorausgesetzt. *„Die Einführung der Fußgängerzone in der Eisenstädter Hauptstraße hat zu Umsatzsteigerungen von rund 30 % in den betroffenen Geschäften geführt. Fußgängerbereiche sollten also nicht auf kurze Straßenzüge oder Einzelplätze beschränkt sein. Je größer und netzförmiger die Fußgängerzonen sind, um so fußgängerfreundlicher und attraktiver werden Städte"* (*Thaler* 1997, 12).

In Hall wird es jedoch in absehbarer Zeit nicht möglich sein, die gesamte Innenstadt zur Fußgängerzone zu erklären, wie dies in vielen österreichischen Städten ähnlicher Größenordnung bereits der Fall ist. Städte wie etwa Leibnitz, Hollabrunn oder Tulln, um nur einige zu nennen, verfügen als zentrale Orte im Rang einer Bezirksstadt über verkehrsfreie Innenstädte. Hall jedoch fehlt diese Positionierung als Bezirksstadt und „leidet" unter der unmittelbaren Nähe von Innsbruck als Landeshauptstadt. Zwar können - neben der Wohnstraßenregelung für die gesamte Haller Altstadt - die beiden Hauptgeschäftsstraßen Langer Graben und Wallpachgasse wegen des Fahrverbotes als Fußgängerzone angesehen werden, doch befürchten die Haller Innenstadt-Kaufleute die Sogwirkung von Innsbruck, wenn die Fußgängerzone auf die ganze Haller Altstadt ausgedehnt würde.

Nicht nur im Gemeinderat ist die Innenstadtverkehrsdiskussion in Hall schon jahrelang ein zentrales Thema. In Zusammenhang damit wurden auch von anderen Institutionen zahlreiche Vorschläge gemacht und Konzepte ausgearbeitet etwa bezüglich der Ansiedlung eines „Magnetbetriebes" innerhalb der Altstadt mit Tiefgarage oder der Erstellung eines Verkehrskonzeptes für die Innenstadt. Bereits 1993 hat das Stadtbauamt ein detailliertes Citybus-Konzept ausgearbeitet, auch liegen Modelle zur Parkraumbewirtschaftung vor. Bei Einführung gebührenpflichtiger Parkplätze befürchten die Innenstadtkaufleute jedoch eine Abwanderung der Kunden in auswärtige Supermärkte.

Trotz all dieser ungelösten Probleme hat der Obere Stadtplatz seine Stellung als Herz und Zentrum der Stadt ausbauen und verstärken können. Der Obere Stadtplatz als der Ort der Begegnung und Kommunikation entfaltet sein Flair besonders an Samstagen, wenn der wöchentliche Bauernmarkt oder sonstige Veranstaltungen stattfinden und Musikgruppen zum Frühschoppen aufspielen. In den Sommermonaten dient dieser Platz aber ebenso für Musik-, Theater- oder Kinovorführungen. Seit Jahren haben Gasthäuser und Cafés hier und in einigen anderen Gassen auf der Verkehrsfläche kleine Gastgärten eingerichtet, die von der Bevölkerung und auch von den Gästen gerne in Anspruch genommen werden. Immer mehr Kaufleute machen ferner von der Möglichkeit Gebrauch, ihre Waren vor dem Geschäft anzubieten.

## 4.7. Veränderungen und Auswirkungen

### 4.7.1. Wandel der Bevölkerungsstruktur

Die geschilderten Maßnahmen in Bezug auf Altstadtsanierung haben mehrfache Auswirkungen gezeigt, vornehmlich auf Bevölkerungsstruktur und Wirtschaft. Die Veränderungen sind nicht allein eine Folge der neu entstandenen Wohnsituation bei den geschilderten Objektsanierungen. Auch zahlreiche Teilsanierungen wie Dachbodenausbauten, Wohnungsverbesserungen mit Aus- und Umbau haben, wie schon erwähnt, die Wohnsituation in der Altstadt erheblich verbessert und dazu beigetragen, dass „neues Leben" in die Altstadt kam.

Der demographische Wandel lässt sich am besten anhand einer vergleichenden Analyse der Altstadtbevölkerung mit der Wohnbevölkerung der gesamten Stadt zwischen 1971 und 1991 dokumentieren (*Tab. 13*).

*Tab. 13:* Gegenüberstellung von Altstadtbevölkerung und Gesamtbevölkerung nach Altersgruppen 1971 - 1991

|  | 0 bis 15 | | über 15 bis 60 | | über 60 | |
| --- | --- | --- | --- | --- | --- | --- |
|  | absolut | % | absolut | % | absolut | % |
| 1971 | | | | | | |
| Altstadt | 623 | 20,8 | 1.719 | 57,5 | 649 | 21,7 |
| außerhalb der Altstadt | 2.197 | 23,5 | 5.393 | 57,7 | 1.754 | 18,8 |
| Hall gesamt | 2.820 | 22,9 | 7.112 | 57,6 | 2.403 | 19,5 |
| 1981 | | | | | | |
| Altstadt | 488 | 18,0 | 1.643 | 60,7 | 574 | 21,3 |
| außerhalb der Altstadt | 1.809 | 18,2 | 6.191 | 62,4 | 1.920 | 19,4 |
| Hall gesamt | 2.297 | 18,2 | 7.834 | 62,0 | 2.494 | 19,8 |
| 1991 | | | | | | |
| Altstadt | 520 | 19,5 | 1.658 | 62,1 | 493 | 18,4 |
| außerhalb der Altstadt | 1.405 | 14,5 | 6.108 | 63,0 | 2.183 | 22,5 |
| Hall gesamt | 1.925 | 15,6 | 7.766 | 62,8 | 2.676 | 21,6 |

Quelle: ÖSTAT - VZ 1971 - 1991

Bei der Betrachtung der Bevölkerung nach den drei typischen Altersgruppen ist *Tab. 13* zu entnehmen, dass in diesem Zeitraum die Zahl der Kinder bis zu 14 Jahren im gesamten Stadtbereich beträchtlich und kontinuierlich abgenommen hat, in der Altstadt hingegen seit 1981 wieder angestiegen ist. Der Prozentsatz der 0 - 14-Jährigen war im Jahr 1971 noch geringer als in der gesamten Stadt, 1981 bereits gleich hoch und 1991 wesentlich höher. Die Schicht der Berufstätigen zusammengefasst in der Altersgruppe der 15 - 60-Jährigen stieg in der gesamten Stadt an, in der Altstadt dagegen nahm sie leicht ab. Während sich die Zahl der über 60-Jährigen in der gesamten Stadt zwischen 1971 und 1991 um 273 Personen erhöht hat, verringerte sich ihr Anteil in der Altstadt um 156 Personen. Seit 1991 sind die über 60-Jährigen in der Altstadt prozentuell schwächer vertreten als in der gesamten Stadt.

Noch deutlicher kommt die Verjüngung der Altstadtbevölkerung zwischen 1971 und 1991 zum Ausdruck, wenn die Wohnbevölkerung in und außerhalb der Altstadt in fünf Altersgruppen gegenübergestellt wird (*Fig. 3*).

Die jüngeren Altersgruppen bis 40 sind in der Altstadt (56,1 %) nun prozentuell stärker vertreten als in der übrigen Stadt (50,4 %), die beiden Altersgruppen über 60 dagegen schwächer (18,5 % bzw. 22,5 %). Bei den unter 20-Jährigen erhöhte sich zwischen 1981 und 1991 trotz eines allgemeinen Rückgangs sogar die absolute Zahl. Die Gruppe der 20 - 40-Jährigen war 1981 bereits wesentlich stärker als außerhalb der Altstadt. Vor allem die Zuwanderung von „Gastarbeiterfamilien" in die Altstadt in den 1970er-Jahren brachte hier einen Verjüngungsprozess mit sich, so dass der Prozentsatz der Altersgruppe zwischen 60 bis 80 seit 1971 in der Altstadt kontinuierlich abnahm, in der übrigen Stadt dagegen ziemlich gleich blieb. Die Zahl der über 80-Jährigen nahm außerhalb der Altstadt bedeutend zu, während sie in der Altstadt zwischen 1981 und 1991 ebenfalls konstant blieb.

Ein weiteres Merkmal des demographischen Wandels ist die Veränderung der Familienstruktur in der Altstadt zwischen 1971 und 1991 (*Tab. 14*). Der Prozentsatz der Ein-Kind-Familie verringerte sich in der Altstadt stärker (um 17,2 %) als außerhalb (12,3 %). Bei einer allgemeinen Zunahme der Zahl der Familien mit zwei und drei Kindern in Hall war in diesem Zeitraum besonders bei der Drei-Kinder-Familie in der Altstadt ein stärkeres Ansteigen (um 11,5 %) festzustellen als außerhalb (7,4 %).

Nach dieser allgemeinen Gegenüberstellung zwischen Altstadt und der übrigen Stadt soll anhand eines Vergleichs der Bewohner der von der WE generalsanierten Häuser vor und nach der Generalsanierung untersucht werden, ob und inwieweit auch die Wohnraumbeschaffung im Zuge der Altstadtsanierung zu einer „Verjüngung" der Altstadt beigetragen hat. Als Kriterien wurden Alter, Haushaltsgröße, soziale Stellung und Herkunft der „Zusiedler" sowie Ziele der Weggezogenen ausgewählt. Grundlage für die Berechnungen bildeten die Haller Haushaltslisten aus dem Jahr 1982, Unterlagen des Wohnungsamtes der Stadtgemeinde Hall und der WE Innsbruck, die Hauskartei und die Meldekartei des Meldeamtes Hall 1997, Grundbuchsauszüge sowie eigene Erhebungen.

Dabei wurden jene 14 Häuser untersucht, die von der WE in Zusammenhang mit der Stadtgemeinde Hall zwischen 1982 und 1998 generalsaniert worden waren. Die beiden bereits zuvor generalsanierten Häuser standen 1982 bereits leer und konnten so nicht in die Untersuchung einbezogen werden.

*Fig. 3:* Gegenüberstellung der Bevölkerung nach Altersgruppen in und außerhalb der Altstadt 1971 - 1991 in Prozent

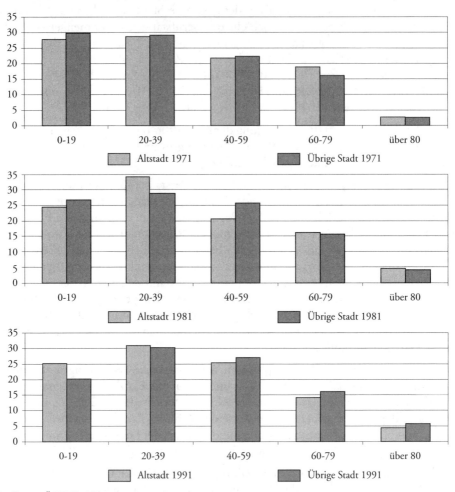

Quelle: ÖSTAT - VZ 1971 - 1991

*Tab. 14:* Familiengröße in und außerhalb der Altstadt 1971 - 1991

| Familien mit | 1971 | | 1981 | | 1991 | |
|---|---|---|---|---|---|---|
| | Altstadt | außerhalb | Altstadt | außerhalb | Altstadt | außerhalb |
| einem Kind | 43,7 | 41,3 | 27,2 | 21,8 | 26,5 | 29,0 |
| zwei Kindern | 33,3 | 33,7 | 34,6 | 36,8 | 39,3 | 39,1 |
| drei Kindern | 13,5 | 15,5 | 22,8 | 24,2 | 25,0 | 22,9 |
| vier und mehr Kindern | 9,5 | 9,5 | 14,9 | 17,2 | 9,2 | 9,0 |

Quelle: ÖSTAT - VZ 1971 - 1991; eigene Berechnungen

Die Ermittlung des Alters der früheren Hausbewohner erfolgte auf der Basis der Haushaltslisten von 1982, wobei von jeder Person das Jahr des Auszuges (und ebenso später die neue Adresse) festgehalten wurde - beides vermerkt in der Hauskartei des Meldeamtes. Diese Auswertung ergab, dass in diesen 14 Häusern vor der Sanierung insgesamt 196 Personen gelebt haben.

Von diesen 196 ausgesiedelten Bewohnern waren beinahe 60 % jünger als 40 Jahre bzw. nur 10 % älter als 60 Jahre. Dazu kommen allerdings noch 6 Personen zwischen 70 und 90 Jahren, die 1982 noch in den Haushaltslisten gemeldet waren, aber in der Zeit bis zur Aussiedlung verstorben sind. Diese Zahlen überraschen auf den ersten Blick, es ist aber zu bedenken, dass zu Beginn der Generalsanierung in vielen Altstadthäusern bereits zahlreiche Migranten gewohnt haben (*Tab. 15*). Sie beeinflussten das Durchschnittsalter der damaligen Bewohner insofern, als die 94 „Gastarbeiter" mit einer Ausnahme das 55. Lebensjahr noch nicht überschritten hatten. Aber auch von den 102 „Haller" Aussiedlern war die Hälfte unter 40 und nur elf über 70 Jahre. Es kann also hiermit belegt werden, dass in den Häusern vor der Generalsanierung zumindest keine wesentliche Überalterung vorhanden war.

*Tab. 15:* Alter der durch die Sanierung ausgesiedelten Altstadtbewohner

| Alter | Anzahl der Personen | | „Gastarbeiter" | | Haller | |
|---|---|---|---|---|---|---|
| | absolut | % | absolut | % | absolut | % |
| 0 - 20 | 52 | 26,8 | 31 | 33,0 | 21 | 21 |
| 21 - 40 | 64 | 33,0 | 35 | 37,2 | 29 | 29 |
| 41 - 60 | 61 | 31,5 | 27 | 28,7 | 34 | 34 |
| über 60 | 17 | 8,7 | 1 | 1,1 | 16 | 16 |
| Summe | 194 | 100,0 | 94 | 100,0 | 100 | 100,0 |

Quelle: Steueramt: Haushaltslisten 1982; Meldeamt: Hauskartei; eigene Berechnungen

*Fig. 4:* Altersstruktur der Hausbewohner vor und nach der Objektsanierung

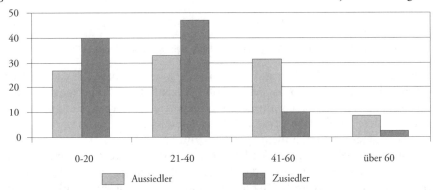

Quelle: Steueramt: Haushaltslisten 1982; Meldeamt: Hauskartei; eigene Berechnungen

Bei den neuen Bewohnern wurde das Alter nach dem Jahr des Einzuges in die neue Altstadtwohnung berechnet. Als Basis dafür dienten die Daten des Meldeamtes vom März des Jahres 1997 (1997 minus Einzugsjahr = Einzugsalter), wobei nach der Sanierung 284 Personen in diese Häuser eingezogen waren. Bei ihrer Altersstruktur zeigt sich erwartungsgemäß eine deutliche Verjüngung, denn beinahe 90 % von ihnen hatten beim Einzug das 40. Lebensjahr noch nicht überschritten *(Fig. 4)*. 15 davon besaßen eine ausländische Staatsbürgerschaft, darunter acht italienische Staatsbürger (Südtiroler) und drei deutsche. Seit dem Einzug und dem Stichtag im Jahr 1997 wurden 35 Kinder geboren, wodurch sich damit die Zahl der „Zusiedler" auf 319 erhöhte. Beim Vergleich mit den Zahlen der Aussiedler ist neben einer Verjüngung auch eine Zunahme der Altstadtbevölkerung um 123 Personen festzuhalten.

Auch der Vergleich nach Haushaltsgröße bestätigt diese Verjüngung. Von den 83 Aussiedlerhaushalten hatten nur 38 % Kinder, davon nur ein Fünftel zwei oder mehr, von den 102 Haushalten der „Zusiedler" hingegen besaßen jedoch fast 62 % Kinder, von denen beinahe doppelt so viele Familien zwei oder mehr Kinder aufgewiesen haben. Nach der Familien- bzw. Haushaltsgröße lagen die Zwei-Kinder-Familien (26,5 %) an der Spitze, gefolgt von Ein-Kind-Familien und Singlehaushalten mit je 22,5 %, den Rest bildeten zum Zeitpunkt des Einzugs Zwei-Personen-Haushalte.

*Tab. 16:* Haushaltsgrößen vor und nach der Sanierung

| Haushaltsgröße | Zusiedler | | Aussiedler | |
|---|---|---|---|---|
| | absolut | % | absolut | % |
| 1 Person | 23 | 22,5 | 36 | 43,4 |
| 2 Personen | 16 | 15,7 | 15 | 18,1 |
| 3 Personen | 23 | 22,6 | 15 | 18,1 |
| 4 Personen | 27 | 26,5 | 10 | 12,0 |
| 5 Personen | 11 | 10,8 | 6 | 7,2 |
| 6 Personen | 2 | 1,9 | - | - |
| 7 Personen | - | - | 1 | 1,2 |
| Summe | 102 | 100,0 | 83 | 100,0 |

Quelle: Steueramt: Haushaltslisten 1982; Meldeamt: Hauskartei; eigene Berechnungen

Die durchschnittliche Haushaltsgröße von 1,2 Personen vor bzw. 2,8 nach der Sanierung sowie der früher nahezu doppelt so hohe Prozentsatz an Einpersonenhaushalten hängt allerdings teilweise auch mit der Haushaltsstruktur der ursprünglichen „Gastarbeiterquartiere" zusammen *(Tab. 16)*. In zwei Häusern der Salvatorgasse wohnten z. B. bereits „Gastarbeiterfamilien", während im ehemaligen Bärenwirtshaus bis zu seiner Sanierung viele Zimmer an ausländische Arbeitskräfte vermietet wurden, wobei in einem Zimmer nach Auskunft des damaligen Vermieters „durchschnittlich zwei Personen" lebten. Daraus ergab sich für die Ermittlung der Haushaltsstruktur in diesem Haus, ein Zimmer mit Zweierbelegung als einen Haushalt zu zählen.

Anteilsmäßig lassen sich „Aussiedler", also Personen, welche vor der Generalsanierung durch die WE aus den 14 Altstadthäusern ausziehen mussten, in 102 „Haller" und 94 „Gastarbeiter" bzw. deren Angehörige unterteilen. Haller Aussiedler fanden vorwiegend in alten städtischen Mietwohnungen ihr neues Zuhause, die Arbeitsmigranten in „Gastarbeiterhäusern".

Ein Drittel der „einheimischen Aussiedler" blieb in der Altstadt, der Großteil in Springerwohnungen, in städtischen Altmietshäusern oder in privaten Altstadthäusern. Der Rest erhielt außerhalb der Altstadt, zumeist in städtischen Mietwohnungen eine nach Möglichkeit adäquate Wohnung. Bei den „Gastarbeitern" zogen über 38 % ebenfalls in andere Altstadthäuser, die Hälfte davon in Häuser, in denen schon Ausländer lebten und die heute fast ausschließlich von ihnen bewohnt werden. Die andere Hälfte wurde in Springerhäusern untergebracht.

Die aus der Altstadt ausquartierten ausländischen Arbeitskräfte kamen in Häusern in der Innsbrucker und in der Bahnhofstraße sowie in Unterkünften von Baufirmen unter. Fünf eingebürgerte Jugoslawen fanden in der jüngst fertig gestellten Siedlung am Innweg ihre neue Heimat. Zwei Häuser in der Innsbrucker Straße sind schon längere Zeit im Besitz von türkischstämmigen Österreichern, bei einem Objekt in der Bahnhofstraße handelt es sich um einen „Wiederaufbaublock". In diesen großen ab Mitte der 1960er-Jahre errichteten Häusern werden immer öfter Wohnungen frei, teilweise durch Auszug der Parteien in eine bessere Wohngegend, teilweise durch den Tod der Besitzer. In diese rücken häufig Migrantenfamilien nach. Im Haus Bahnhofstraße 10 waren 1997 bereits 25 ausländische Bewohner gemeldet. Von den Haller Aussiedlern blieben 74 % in Hall, von den Migranten 63 %. Jeweils rund je 11 % von ihnen zogen in die umliegenden Dörfer oder nach Innsbruck *(Tab. 17)*.

Bei der Herkunft der in die generalsanierten Häuser „Eingezogenen" ergab sich, dass von den 102 Haushalten über 40 % aus Hall außerhalb der Altstadt kamen *(Fig. 5)*, etwa ein Viertel wechselte seine Wohnung innerhalb der Altstadt. Zwei Drittel aller „Zusiedler" stammten somit aus Hall, was das Interesse der Haller an sanierten Altstadtwohnungen beweist. Gründe für die 26 „Altstadtumsiedlerhaushalte" waren die zuvor zu kleinen Wohnungen ohne Komfort. Einige lebten auch nur vorübergehend in einer der so genannten Springerwohnungen, junge Singles schufen sich ein Eigenheim in einer neu konzipierten Altstadtwohnung. Dass auch für die umliegenden Gemeinden die Haller Altstadt einen neuen Reiz ausübte, zeigt, dass allein 20 Wohnungen von Innsbruckern belegt wurden.

Zum Abschluss soll noch kurz auf die Sozialstruktur der Bewohner vor und nach der Sanierung eingegangen werden *(Tab. 18)*. Hausfrauen und Kinder blieben dabei unberücksichtigt, wohl aber Hausfrauen, die nebenher berufstätig waren, wie es etwa laut Haushaltslisten 1982 bei Jugoslawinnen durchaus üblich war. Auffallendstes Merkmal der Gegenüberstellung ist der zuvor über 77 % hohe Anteil an Arbeitern und Pensionisten, während seither Angestellte und Akademiker dominieren.

So haben sich die demographischen und sozialen Strukturen der Altstadtbewohner seit Beginn der Sanierungsmaßnahmen insgesamt nachhaltig verändert. Bei der ausländischen Bevölkerung erfuhr vor allem die Altersstruktur durch den Zuzug junger Familien einen Wandel.

*Fig. 5:* Herkunft der Bewohner in den sanierten Häusern in Prozent

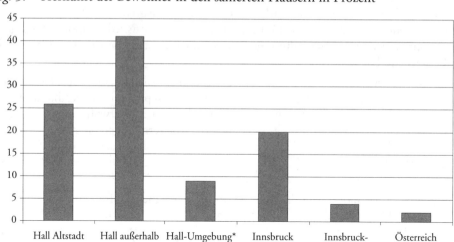

\* Absam, Thaur, Tulfes, Rinn, Mils, Fritzens, Baumkirchen
\*\* Aldrans, Götzens, Natters, Ranggen

Quelle: Steueramt: Haushaltslisten 1982; Meldeamt: Hauskartei; eigene Berechnungen

*Tab. 17:* Wohnstandorte der früheren Bewohner nach der Umsiedlung

| Aussiedlungsziel | „Gastarbeiter" | | Haller | | zusammen | |
|---|---|---|---|---|---|---|
| | absolut | % | absolut | % | absolut | % |
| Altstadt Hall | 36 | 38,3 | 33 | 33,0 | 69 | 35,6 |
| restliches Stadtgebiet | 23 | 24,5 | 41 | 41,0 | 64 | 33,0 |
| Hall-Umgebung | 10 | 10,6 | 6 | 6,0 | 16 | 8,2 |
| Innsbruck | 11 | 11,7 | - | - | 11 | 5,7 |
| Innsbruck-Umgebung | - | - | 7 | 7,0 | 7 | 3,6 |
| übriges Tirol | 7 | 7,5 | - | - | 7 | 3,6 |
| Österreich | - | - | 2 | 2,0 | 2 | 1,0 |
| Deutschland | - | - | 2 | 2,0 | 2 | 1,0 |
| Türkei | 2 | 2,1 | - | - | 2 | 1,0 |
| Altersheim | - | - | 2 | 2,0 | 2 | 1,0 |
| gestorben | 1 | 1,1 | - | - | 1 | 0,6 |
| unbekannt | 4 | 4,2 | 7 | 7,0 | 11 | 9,7 |
| Summe | 94 | 100,0 | 100 | 100,0 | 194 | 100,0 |

Quelle: Steueramt: Haushaltslisten 1982; Meldeamt: Hauskartei; eigene Berechnungen

*Tab. 18:* Sozialstruktur der Migranten

| Soziale Stellung | "Zusiedler" | | "Aussiedler" | |
|---|---|---|---|---|
| | absolut | % | absolut | % |
| Arbeiter | 14 | 13,7 | 75 | 60,5 |
| Angestellte | 28 | 27,5 | 9 | 7,3 |
| Beamte | 13 | 12,7 | 2 | 1,6 |
| Akademiker | 23 | 22,5 | 2 | 1,6 |
| Selbständige | 13 | 12,7 | 3 | 2,4 |
| Rentner, Pensionisten | 1 | 1,0 | 21 | 16,9 |
| Sonstige | 10 | 9,9 | 12 | 9,7 |
| gesamt | 102 | 100,0 | 124 | 100,0 |

Quelle: Steueramt: Haushaltslisten 1982; Meldeamt: Hauskartei; eigene Berechnungen

## 4.7.2. Verbesserungen für die Wirtschaft

Die Haller Altstadt spielte als Zentrum des Handels- und Gewerbslebens bis ins 18. Jh. eine überragende Rolle, wobei die Jahrmärkte als wichtigste in Nordtirol damals noch in voller Blüte standen. Erst im 19. Jh. sank Hall in die wirtschaftliche Bedeutungslosigkeit ab, die sich bis in die jüngste Vergangenheit fortgesetzt hat. In der Zeit nach dem Zweiten Weltkrieg wurden zwar immer wieder Geschäfte um- oder eingebaut (*Bauamt*, Bau-Evidenz 1952-1974), aber erst im Zuge der Altstadtsanierung konnte auch aufgrund bedeutender Investitionen und gezielter Werbemaßnahmen der Haller Wirtschaftstreibenden das Geschäftsleben neu belebt werden. Vom Beginn der Altstadtsanierung 1974 bis zum Jahr 1989 sind in der Haller Altstadt „... *37 Gastronomie- und Handelsbetriebe neu errichtet, weitere 21 Betriebe dem heutigen Standard im Maßstab und im Erscheinungsbild in die Altstadt passend, angeglichen worden ...*" (*Weber* 1989, S. 12).

Die Veränderungen im Geschäftsleben der Altstadt in den letzten 50 Jahren dokumentiert *Tab. 19*, wobei die vier Zeitabschnitte so gewählt wurden, dass die Belebung der Haller Wirtschaft durch die Altstadtsanierung deutlich sichtbar wird. Dem schon untersuchten „ersten Abschnitt" der Altstadtsanierung und -revitalisierung bis 1989 wird die vom Verfasser untersuchte Zeitspanne zwischen Anfang 1990 und Oktober 2001 gegenübergestellt. Die Erweiterung der Tabelle bis in das Jahr 1946 zurück soll das „Handwerker- und Greißlersterben" sowie die gesamte Umstrukturierung der Haller Altstadtwirtschaft wenigstens andeuten. Die zahlreichen Gewerbetreibenden in den unmittelbaren Nachkriegsjahren werden von Schuhmachern (7), Sattlern (6), Tischlern, Schneidern (je 5) sowie Spenglern und Schmieden (je 3) angeführt. Die Nahversorgung mit Lebensmitteln gewährleisteten 25 Lebensmittel- bzw. Gemischtwarenhändler, zehn Metzger und sechs Bäcker. Daneben scheinen damals noch drei

„Milchausgabestellen", vier Obst- und Gemüseläden, zwei Getränkegeschäfte sowie je ein Süßwaren- und Fischladen auf.

Während von den ehemaligen Gewerbebetrieben in der Altstadt noch drei (zwei Schlossereien, ein Schuster) ihr Gewerbe ausüben, ist es nur einem „Greißler" in der Rosengasse gelungen, „die Stellung zu halten", was diesem Ausnahmeladen vor einigen Jahren eine Ehrung durch den Bundespräsidenten eingebracht hat. Heute erfolgt die Nahversorgung der Altstadtbevölkerung durch zunehmende Filialisierung: durch Lebensmittelsupermärkte (Billa, M-Preis, Nah und Frisch) am ehemaligen Stadtgraben im Norden, Westen bzw. Süden am Rande der Altstadt sowie für die Versorgung mit Backwaren (Baguette, Ruetzbrot), Fleisch (Hörtnagl) und Waren der Gruppe „Körperpflege-Gesundheit" (Drogerie-Markt, Schlecker, BIPA) innerhalb der Altstadt. Diese Filialisierung kann als Beleg dafür gewertet werden, *„... dass im Wettbewerb vor allem jene Einzelbetriebe bestehen können, die ihre Verkaufsfläche noch erweitern können, während die kleineren Anbieter ohne Expansionspläne der Konkurrenz zum Opfer fallen ..."* (Borsdorf/Hess 2000, 255).

Besonders auffallend im Einzelhandelsbereich ist die unverminderte Zunahme von Bekleidungs- und Textilgeschäften, häufig in Form von Boutiquen. Zwischen 1975 und 1989 kamen 15 neue Betriebe dazu, in den 1990er-Jahren noch weitere 18. Während heute nahezu ein Überangebot in der mittelfristigen Bedarfsdeckung vorhanden ist, beschränkte sich in Hall in der Nachkriegszeit das Angebot auf nur vier Kurzwaren-, zwei Textilgeschäfte sowie ein Schuhgeschäft. Auch das Ansteigen der Gastlokale seit 1975 (30) ist bemerkenswert, wobei gerade die Zunahme von kleinen Cafés ins Auge fällt. Die wirtschaftliche Umstrukturierung im Altstadtbereich in den letzten 25 Jahren kommt aber besonders durch eine bedeutende Verbesserung in der Versorgung mit Dienstleistungen zum Ausdruck. An kulturellen Einrichtungen sind drei Galerien, zwei Büchereien und zwei Museen dazugekommen, im „Gesundheits-, Fürsorge- und Sozialwesen" 21 neue Betriebe, bei den „Rechts- und Wirtschaftsdiensten" 17 und bei „Sonstigen Versorgungs- und Dienstleistungen" 27.

Als Quellen dienten Adressbücher der Stadt Hall 1946, 1957, 1970, „Bau-Evidenz 1952-1974" (Bauamt), verschiedene Ausgaben des „Haller Lokalanzeigers", Personalstands- und Betriebsaufnahmen (Steueramt) von 1973, 1987, 1998, diverse Statistiken und Unterlagen über bauliche Veränderungen seit 1989 (Bauamt), Telefonbücher, Gespräche mit den letzten zwei „Greißlern" (einer noch in, einer außerhalb der Altstadt) und anderen Gewährsleuten (Anwohner, „alte Haller"), Kartierungen und schließlich eigene Erinnerungen. Wenn es möglich war, wurde die aus den Quellen ersichtliche Jahreszahl der Veränderung übernommen.

Auch wenn trotz aller Recherchen kein Anspruch auf Vollständigkeit und Exaktheit in Bezug auf übernommene Jahreszahlen gewährleistet ist, zeigt die Tabelle eindrucksvoll sowohl die Wiederbelebung des Geschäftslebens seit Beginn der Altstadtsanierung als auch den raschen Wandel im Geschäftsleben der Haller Altstadt. Die Dokumentation endet mit dem Stand Oktober 2001.

*Tab. 19:* Veränderungen im Geschäftsleben der Altstadt 1950 bis 2001

**Legende**

| Flächennutzung | früher | | bestehend (Stand Oktober 2001) | |
|---|---|---|---|---|
| Einzelhandel | | | | |
|   kurzfristiger Bedarf | ○ | Gemischtwaren | ○ | Brot |
|   mittel-/langfristiger Bedarf | ● | Spielwaren | ● | Textilien |
| Filial-/Franchiser-Betriebe | ◎ | IFA-Lebensmittelmarkt | ◉ | Palmers |
| Gewerbe/Handwerk | □ | Schlosser | □ | Instrumentenbauer |
| Dienstleistungen | ▲ | Frisör | ▲ | Arzt |
| Gastronomie | ◆ | Gasthaus | ◆ | Restaurant |
| Sonstige Nutzung | ⬡ | Auslage | ⬡ | Lagerraum |

| Agramg. | vor 1952 | 1952 - 1974 | 1975 - 1989 | ab 1990 |
|---|---|---|---|---|
| 1 | ● Radio | ● Elektro (bis 1982) <br> ● Lederwaren | | ◉ Anker-Brot |
| 2 | ○ Brot | ○ Brot- und Süßwaren | | ● Textilien (s. 1992) |
| 3 | ● Drogerie | | ▲ Bausparen (1989 - 1999) | ● Textilien |
| 4 | ● Textilien | | | |
| 7 | ○ Fleischhauer | | ◉ Drogeriemarkt Schlecker (s. 1988) | |
| 8 | □ Schuster | ● Miederwaren | ○ Brot (bis 1986) | ⬡ Auslage |
| 8a | | | | ● Textilien (s. 1994) |
| 11 | ○ Getränkehandel | ○ Obst-Gemüse-Blumen | | □ Goldschmied & Gürtler (bis 1997) <br> ▲ Friseur |
| 13 | | | | ● Bilderrahmen |
| 14 | ● Blumen | ● Wand- und Bodenbeläge | ● Altwaren (s. 1978) <br> ● Textilien (1988 - 1999) | □ Schneiderei |
| 16 | | | | ▲ Sportwetten |
| 17 | | ▲ Trockenreinigung (s. 1956) | ● Textilien <br> ▲ Schankanlagenservice <br> ▲ Videothek | ● Textilien (1998/99) <br> ⬡ leer |
| 19 | ○ Gemischtwaren | ▲ Frisör - Kosmetik <br> ▲ chem. Reinigung (bis 1982) | | |
| 21 | | | | ● Kunsthandel (1995 - 1998) <br> ▲ Hilfestellung Dr. Bach-Anwendung <br> ▲ Büro (s. 2000) |
| 23 | □ Elektriker | □ Drechslerei und Schauraum | | |

| Arbesg. | vor 1952 | 1952 - 1974 | 1975 - 1989 | ab 1990 |
|---|---|---|---|---|
| 1 | □ Schneiderei <br> ● Elektro - Radio <br> □ Frisör | | ▲ Facharzt (s. 1977) <br> ● Blumen (s. 1981) | |

| Arbesg. | vor 1952 | 1952 - 1974 | 1975 - 1989 | ab 1990 |
|---|---|---|---|---|
| 2 | ▲ Schuhmacher | | | |
| 3 | ○ Lebensmittel | ○ Gemischtwaren (bis 1980)<br>● Reformdrogerie (bis 1985) | | ● Optiker (1989 - 1998)<br>● Geschenksartikel |
| 4 | ○ Obst und Gemüse | ○ Bauruine | | ▲ Frisör (s. 1998) |
| 5 | ○ Milch | ○ Fleischhauer | | ● Optiker (s. 1998) |
| 6 | | ● Bodenbeläge | ● Koffer und Taschen | ● Kindermoden |
| 7 | ▲ chem. Reinigung | | | |
| 11 | ▲ Frisör | | | |
| 15 | ○ Lebensmittel | ● Eisenwaren | ● Kindertextilien | |

| Burg Hasegg | vor 1952 | 1952 - 1974 | 1975 - 1989 | ab 1990 |
|---|---|---|---|---|
| 1 | | | ○ Museum & Münze, Galerie | ◆ Restaurant |

| Eugenstr. | vor 1952 | 1952 - 1974 | 1975 - 1989 | ab 1990 |
|---|---|---|---|---|
| 1 | ▲ Rechtsanwalt | | | ▲ Arzt (s. 1992) |
| 2 | ☐ Tischlerei | ☐ Musikinstru-<br>mentenmacher | ● Kräuter-Drogerie | |
| 3 | ◆ Gasthof | | ◆ Restaurant | |
| 3 | ☐ Hüteerzeugung<br>und -verkauf | ● Hüte | | ◆ Café (s. 1990) |
| 3 | | ☐ Malerwerkstatt | | |
| 4 | ○ Gemischtwaren<br>○ Fleischverkauf | | ● Korbwaren | ○ Lager |
| 5 | ▲ Bestattung | | | |
| 6 | ○ Fleischhauer | | ▲ Friseur (s. 1980) | ◆ Café (s. 1995) |
| 7 | | ▲ Raumausstatter | ○ Schaugeschäft | |
| 7 | | ● Antiquitäten | | |
| 8 | ☐ Sattler und Tapezierer | ● Kunstgewerbe (seit 1966) | | |
| | | | ○ Atelier | |
| 9 | | | ● Schmuck (s. 1976) | ▲ Lebens- und<br>Sozialberatung<br>(1994 - 1997)<br>○ leer |
| 9 | ☐ Schuster | | ● Glaswaren | ▲ Haarchirurgie<br>(s. 1999) |
| 10 | | ○ Lagerraum-Lederwaren | | |
| 11 | | ☐ Erzeugung<br>von Strohgebinden | ○ Auslage und Lager | |
| 12 | ○ Gemischtwaren | | | ▲ Personalleasing-<br>GmbH (s. 1996)<br>● Textilien (s. 1999) |

| Eugenstr. | vor 1952 | 1952 - 1974 | 1975 - 1989 | ab 1990 |
|---|---|---|---|---|
| 13 | O Bäckerei | | | ● EDV (s. 1994) |
| | | | | ▲ Reisebüro (s. 1997) |
| 14 | ☐ Buchdruckerei | | | ▲ Verlag (s. 1998) |
| | ▲ Arzt | ▲ Rechtsanwalt | | |

| Fürsteng. | vor 1952 | 1952 - 1974 | 1975 - 1989 | ab 1990 |
|---|---|---|---|---|
| 1 | | ● Milch (s. 1955) | ▲ Facharzt | |
| 2 | ☐ Baumeister | ☐ Damenschneider | ☐ Bildhaueratelier | ▲ Architekt |

| Guarinonig. | vor 1952 | 1952 - 1974 | 1975 - 1989 | ab 1990 |
|---|---|---|---|---|
| 1 | ● Elektro | | ● Schuhe (bis 1978) | |

| Krippg. | vor 1952 | 1952 - 1974 | 1975 - 1989 | ab 1990 |
|---|---|---|---|---|
| 1 | O Obst-Gemüse-Lebensmittel | ● Wollwaren (s. 1968) | | ◆ Café (s. 1999) |
| 2 | | ◆ Eisdiele (s. 1954) | ● Hartlauer (s. 1988) | |
| 3 | ☐ Bildhaueratelier | | ◆ Espresso (s. 1989) | |
| 4 | | ● Fahrräder | | |
| 6 | O Gemischtwaren (bis 1988) | | | ⬡ Schaufenster |
| 7 | ▲ Postamt | | | |
| | ▲ Rechtsanwalt | | | |
| 8 | O Milch | | ● Textilien (s. 1976) | ◯ Lagerraum |
| | | | | ▲ Büro (s. 2000) |
| 9 | ▲ **Rechtsanwalt** | | | |
| 10 | ☐ Tapezierer | ● Nähmaschinen (bis 1964) | ▲ Fotograf (s. 1964) | |
| 11 | ▲ Feuerwehr | ● Paketpostamt | O Fleisch- und Wurstwaren (1988 - 1989) | ◆ Kulturcafé (s. 1998) |
| | ● Kurz-Wirkwaren | ● **Spielwaren (s. 1965)** | | |
| 14 | | ☐ Schuhmacher (s. 1965) | | ● Blumen (bis 1999) |
| | | | | ● Textilien |
| | | ▲ Frisör (1965 - 1998) | | ⬡ leer |
| 16 | O Gemischtwaren | | ● Textilwaren (s. 1979) | |
| | ▲ Rechtsanwalt | | | |
| 18 | | ● Textilwaren (s. 1959) | | ● Blumen (s. 1998) |
| 20 | | ● Textilwaren | ● Silberwaren | |
| 26 | | ● Hüte | | |

| Kurzer Graben | vor 1952 | 1952 - 1974 | 1975 - 1989 | ab 1990 |
|---|---|---|---|---|
| 1 | | ○ Obst und Gemüse | ● Blumen (s. 1978) | ● Kunsthandel (s. 1992) |
| | | ● Spielwaren | ● Holz- und Korbwaren | ● Textilien (s. 1996) |
| | | ▲ Facharzt | | |
| 2 | ● Glas und Porzellan | | ○ Speckwaren | ◆ türk. Imbissstube (s. 1998) |
| | | | | ▲ Arzt (bis 1998) |
| 4 | | ○ Lebensmittel | | ● Blumen | ○ Brotwaren |
| 8 | | | ◆ Gasthaus | ◆ Restaurant |

| Langer Graben | vor 1952 | 1952 - 1974 | 1975 - 1989 | ab 1990 |
|---|---|---|---|---|
| 1 | ● Bücher und Papierwaren | | | |
| | | | | ▲ Facharzt |
| | | | | ▲ Psychologe |
| 2 | ○ Fleischerei | ○ Fleisch- und Wurstwaren | | ◉ Hörtnagl Fleisch (s. 1996) |
| 3 | ● Wolle | ● Textil | | ● Ital. Spezialitäten (1996 - 2000) ● Textilien (s. 2000) |
| | | | ▲ Frisör (s. 1985) | |
| 5 | ○ Fische | ● Drogerie | | |
| | ▲ Fahrschule | | | |
| | ◆ Weinhaus | ◆ Konditorei - Café | | |
| 7 | ○ Gemischtwaren | ○ Lebensmittel | | ○ Brot (s. 1998) |
| 9 | □ Uhrmacher | ● Küchengeräte | | ◆ Eis (1996 - 1999) ● Trachten |
| 11 | ● Eisenwaren | ● Haus- und Küchengeräte | | ● Öfen |
| 13 | ● Bücher/Papierwaren | | | |
| 15 | | ● Textilien | ◉ Palmers | |

| Lendg. | vor 1952 | 1952 - 1974 | 1975 - 1989 | ab 1990 |
|---|---|---|---|---|
| 2 | ○ Fleischhauer | | | |
| | ▲ Fotograf | ▲ Notar | | ▲ Steuerberater |
| | ◆ Gasthof | | ◆ Restaurant | |
| | | ◉ Billa (bis 1995) | | |

| Marktg. | vor 1952 | 1952 - 1974 | 1975 - 1989 | ab 1990 |
|---|---|---|---|---|
| 1 | □ Schuster | ○ Textilien | ▲ Bettfedernreinigung | □ Restaurator |
| | ○ Fisch | | | |

| Milser Str. | vor 1952 | 1952 - 1974 | 1975 - 1989 | ab 1990 |
|---|---|---|---|---|
| 1 | | ● Musikinstrumente | ▲ Versicherungsbüro (s. 1984) | ⬡ leer |
| | | ○ Trafik | | |
| 3 | | | ● Parfümerie und Wäsche (1988 - 2000) | |
| | | | ▲ Büro (s. 2001) | |
| | | | | ▲ Facharzt (s. 1994) |
| 5 | ◆ Gasthof | | | |
| | | | | ▲ EDV-Büro |
| | | | | ▲ Musikagentur (bis 2000) |

| Münzerg. | vor 1952 | 1952 - 1974 | 1975 - 1989 | ab 1990 |
|---|---|---|---|---|
| 1 | ○ Gemischtwaren | | ☐ Malermeister (s. 1978) | |
| 4 | ☐ Schneidermeister | ☐ Malermeister<br>☐ Schuster | ☐ Elektro & Reparaturen | |
| 5 | ☐ Damenschneider | | | |
| 6 | ○ Lebensmittel | | | |

| Musterg. | vor 1952 | 1952 - 1974 | 1975 - 1989 | ab 1990 |
|---|---|---|---|---|
| 1 | | ○ Obst & Gemüse | | |
| 2 | | ☐ Malermeister | ▲ Versicherungsagentur | |
| 3 | ◆ Gasthof | ◆ Bar (s. 1958) | | |
| 5 | ☐ Skierzeugung & Wagnerei | | ● Sportartikel (s. 1988) | |
| 6 | | | | ▲ Fußpflege (1994 - 2000) |
| | | | | ⬡ leer |
| 9 | ● Nähmaschinen | ▲ Taxi | | |
| 11 | ☐ Schuster | | | |

| Ob. Stadtplatz | vor 1952 | 1952 - 1974 | 1975 - 1989 | ab 1990 |
|---|---|---|---|---|
| 1 | ○ Städt. Museum | | ◆ Café (s. 1978) | |
| 2 | ● Elektro | | ◆ Konditorei | |
| | ● Schuster & Schuhe | | | ○ Obst & Gemüse |
| | | ▲ Dentist | | ▲ Städt. Ämter |
| | | ● Schuster & Schuhe | | ▲ Reisebüro |
| | ▲ Arzt | | | ▲ Städt. Ämter |
| 3 | ○ Lebensmittel (1945 - 1949) | ● Papierwaren | | |

| Ob. Stadtplatz | vor 1952 | 1952 - 1974 | 1975 - 1989 | ab 1990 |
|---|---|---|---|---|
| 4 | ☐ Weißnäherei | ● Textilien | ▲ Bank (s. 1987) | |
| | ● Metzger | | | |
| | ◆ Gasthaus | | | ◆ Chinarestaurant |
| 5 | ▲ Apotheke | | | |
| | ▲ Arzt | | | |
| 6 | ● Eisenwaren Herde & Öfen | ● Eisenwaren | | |
| 7 | ○ Lebensmittel & Tabak | ◉ Feinkost Meinl | ● Textilien (s. 1980) | |
| | | ● Souvenirs | | |
| 8 | | ☐ Edelstahlschleiferei (1960 - 1982) | | |
| | ▲ Frisör | ● Elektro | ● Textilien | |
| | ○ Lebensmittel | ● Textilien | | |
| | ☐ Bürstenbinder | ● Seiler & Gemischtwaren | | ● Bastelwaren (s. 1996) |
| 9 | | ○ Trafik | | |
| 10 | | ☐ Uhrmacher | ● Uhren & Schmuck | |
| 12 | ☐ Strickwarenerzeugung | ● Textilien ● Reiseandenken | ● Kerzen | ● Textilien |
| 13 | ▲ Reisebüro (bis 1959) | ☐ Uhrmacher | ● Uhren & Schmuck | |

| Pfarrplatz | vor 1952 | 1952 - 1974 | 1975 - 1989 | ab 1990 |
|---|---|---|---|---|
| 1 | ☐ Sportschuherzeugung | ● Orthopädische Schuhe | | |
| | ▲ Pfarramt | ☐ Damenschneider | | ▲ Rechtsanwalt (s. 1996) |
| | | ● Tabak | | ● Dritte-Welt-Laden (s. 1996) |
| 2 | | ● Lederbekleidung | | |

| Roseng. | vor 1952 | 1952 - 1974 | 1975 - 1989 | ab 1990 |
|---|---|---|---|---|
| 1 | ○ Gemischtwaren | ● Elektrowaren (s. 1964) | | |
| 3 | ☐ Spenglermeister | | ● Pelze (s. 1986) | ● Textilien |
| | | ▲ Frisör | ● Textilien (s. 1987) | |
| | | | ● Schuhe (s. 1987) | |
| 4 | ☐ Tischlermeister | ☐ Miedererzeugung | ● Strick- und Kurzwaren (s. 1980) | |
| 5 | ☐ Bau- und Möbeltischler | | | ▲ Ärztegemeinschaft |
| 6 | ○ Dampfbäckerei & Gemischtwaren | ○ Bäckerei „Jesuitenbäck" | ● Schuhe (s. 1979) | |
| 7 | | | | ● Kurzwaren (s. 1996) |

| Roseng. | vor 1952 | 1952 - 1974 | 1975 - 1989 | ab 1990 |
|---|---|---|---|---|
| 8 | ☐ Tischlermeister | ☐ Verzinnerei | | |
| 9 | ● Putz- und Waschmittel & Parfümerie | ● Textilien (s. 1969) | ● Wirk-, Strick- und Kurzwaren | ● Textilien (s. 1989) |
| 11 | ○ Süßwaren | | ● Textilien (bis 1998) | ◆ Pub |
| 13 | ○ Lebensmittel | | | |
| | | ● Haus- und Küchengeräte | | |
| 15 | ○ Gemischtwaren | ● Wolle & Lebensmittel | ● Textilien | |

| Salvatorg. | vor 1952 | 1952 - 1974 | 1975 - 1989 | ab 1990 |
|---|---|---|---|---|
| 1 | ○ Elektrobäckerei & Gemischtwaren (bis 1998) | | | ⬡ leer |
| 2 | ◆ Gasthof | | ● Spielwaren | ● Bandagist |
| | | | ● Textilien (s. 1980) | |
| 2a | | | | ▲ Psychotherapeut |
| 3 | ○ Obst & Gemüse (bis 1978) | | | |
| | | ○ Trafik | | ▲ Friseur (s. 1995) |
| 4 | ○ Stadtbräuhaus | ◆ Gastlokal (s. 1956) | | ▲ Stadtbücherei |
| | | | | ▲ Alternative Heilmethoden (s. 1998) |
| 5 | ○ Milch | | ▲ Chem. Reinigung (bis 1979) ○ Bioladen (1980 - 1985) | ◆ Gastlokal (s. 1985) |
| 6 | ◯ Stadtbräuhauslager | ☐ Schnapsbrennerei | ◆ Gastlokal | |
| 7 | | | ◆ Gastlokal | |
| 8 | | ☐ Möbelreparatur | | |
| 9 | ☐ Malermeister | | | |
| 10 | ○ Spirituosen | ◆ Gastlokal | ◆ Bierstube | ◆ Café (s. 1990) |
| 11 | ● Nähmaschinen | | | |
| | ● Textilien | | | ▲ EDV-Software (s. 1993) |
| 12 | ○ Rohprodukte-Mittelhandel Obst & Gemüse (bis 1969) | | ◆ Bar | |
| 14 | | ▲ Chem. Reinigung | ○ Glaslager | ☐ Restaurator |
| 15 | ☐ Spenglerei & Glaserei | | ● Glaswaren | ▲ Verlag (1996 - 1999) ⬡ leer |
| 16 | | ▲ Frisör | | |
| | | | ▲ Fotograf (s. 1988) | |
| 17 | ☐ Baumeister | ● Schuhe | ● Strick- und Wirkwaren (s. 1976) | |
| 18 | | ▲ Versicherung | ○ Kräuter | ⬡ leer |
| 21 | | | | ◯ Islam. Verein (bis 1999) ⬡ leer |

| Salvatorg. | vor 1952 | 1952 - 1974 | 1975 - 1989 | ab 1990 |
|---|---|---|---|---|
| 22 | | ● Maschinen & Bedarfsartikel für Fleischhauer | | ● Textilien |
| 24 | | ▲ Chem. Reinigung | ● Pelze | ▲ Versicherungsmakler (bis 1999)<br>○ leer |
| 25 | ● Wirk- und Kurzwaren | | | ● Textilien (s. 1994) |
|  | | | ◆ Café (s. 1988) | |
| 26 | ○ Bäckerei | | | |

| Salzburger Str. | vor 1952 | 1952 - 1974 | 1975 - 1989 | ab 1990 |
|---|---|---|---|---|
| 2 | | ● Nähmaschinen, Fahrzeuge & Reparatur (bis 2001) | | |
| 5 | ◆ Gasthaus | | | |
|  | | | | ▲ Architekturbüro |
| 11 | ● Mopeds & Fahrräder | | | |
| 13 | ☐ Reparaturwerkstätte für Mopeds & Fahrräder | | | |

| Schergentorg. | vor 1952 | 1952 - 1974 | 1975 - 1989 | ab 1990 |
|---|---|---|---|---|
| 1 | ● Kurz-, Strick- und Wirkwaren | ● Textilien | | |
| 3 (= Kurzer Graben 4) | ○ Großbäckerei & Lebensmittel | | ● Blumen | ● Brot (Baguette) Pizzeria |

| Schlosserg. | vor 1952 | 1952 - 1974 | 1975 - 1989 | ab 1990 |
|---|---|---|---|---|
| 1 | ○ Spezereien & Kolonialwaren | ○ Lebensmittel | ● Wohntextilien | ◆ Café (s. 1999) |
| 2 | ☐ Hutmacher | ● Hüte | | |
|  | | ● Textilien (bis 1996) | | ● 10S-Shop |
|  | | ○ Weine & Spirituosen | ● Strümpfe | |
| 3 | | ◆ Gasthof | | ◆ Café (s. 1991) |
|  | | ○ Lagerraum | ● Textilien (bis 2000) | ○ leer |
| 4 | | ☐ Installateur | ● Textilien | |
|  | | ◆ Gasthaus | ◆ Café | |
| 5 | ● Farben & Bilderrahmen (bis 2000) | | | |
|  | | ▲ Frächterei | ☐ Malermeister | ● Textilien (s. 1992) |
| 6 | ☐ Alkoholfreie Getränkeerzeugung | ● Wolle | ● Textilien | ● Spielzeug (s. 1998) |
|  | | | | ⬡ Altstadtgalerie (s. 1994) |

| Schlosserg. | vor 1952 | 1952 - 1974 | 1975 - 1989 | ab 1990 |
|---|---|---|---|---|
| 7 | O Fleischhauer (bis 2000) | | | ⬡ leer |
| 8 | ▲ Kaminkehrermeister | | | |
| | | ☐ Malermeister | ● Schuhe | |
| 9 | O Feinbäckerei | ☐ Tischlerei | ● Textilien (s. 1985) | |
| 10 | | ○ Lagerraum | | ▲ Elektroinstallationen |
| 11 | | | | ☐ Streichinstrumentenbauer (s. 1996) |
| | | | | ◆ Vinothek (s. 1997) |
| 13 | ☐ Bau- und Kunstschlosser | | | |
| | | | | ● Glaswaren (1991 - 2000) |
| | | | | ⬡ leer |
| 14 | | ◆ Konditorei (s. 1956) | ◆ Café | |
| | ☐ Schneiderei | | | ● Antiquitäten (s. 1999) |
| 15 | ◆ Gasthof | | | |
| | O Lebensmittel | ● Antiquitäten | ● Sportartikel (s. 1984) | |

| Schmiedg. | vor 1952 | 1952 - 1974 | 1975 - 1989 | ab 1990 |
|---|---|---|---|---|
| 2 | O Eisenwaren | | O Reformhaus | ◆ Café (s. 1999) |
| 3 | ☐ Sattler | ☐ Damenschneiderei | | |
| 4 | ☐ Schmiede | | | |
| 5 | O Lebensmittel | ☐ Brandweinbrennerei (1954 - 1959) | | |
| 8 | | ☐ Malermeister | | |
| 11 | ▲ Apotheke | | | |
| | | ▲ Autounternehmen | | |
| 12 | O Pferdefleischhauerei | ▲ Lottokollektur | ● Schlüsselzentrale | |
| 20 | ☐ Schmiede & Schlosserei | ☐ Schlosserwerkstatt | | |
| 24 | | ● Säcke & Rohproduktenhandlung | | |
| | | ☐ Werkstätte f. Mühlenbau (s. 1958, Umbau 1974) | | ⬡ Moslem. Arbeiterorganisation |
| 28 | ☐ Huf- und Wagenschmied | ☐ Kunstschlosserei & Schmiede | | ⬡ leer |
| 30 | ▲ Autounternehmen | | | |
| | | ☐ Malermeister | | |

| Schmied-torg. | vor 1952 | 1952 - 1974 | 1975 - 1989 | ab 1990 |
|---|---|---|---|---|
| 2 | | ☐ Maurermeister | ☐ Schlosserwerkstätte | |
| 3 - 5 | ◆ Konditorei | | | ▲ Tierarzt |
| | | | | ▲ Psychosozialer Pflegedienst |
| | | ◆ Café | | ◉ Drogerie (Bipa) |
| | | | ● Eisdiele | |
| 4 | ☐ Elektro-installationen | ● Elektroartikel | | ● 10S-Shop |

| Schuh-macherw. | | | ○ Parkkino | ● Schallplatten |
|---|---|---|---|---|
| 2 | | | | ◉ Nah & Frisch |
| | | | | ▲ Architekt |

| Schulg. | vor 1952 | 1952 - 1974 | 1975 - 1989 | ab 1990 |
|---|---|---|---|---|
| 3 | ▲ Frisör | | | |
| | ○ Gemischtwaren | ● Pelze | ● Uhren & Schmuck | |

| Spar-kasseng. | vor 1952 | 1952 - 1974 | 1975 - 1989 | ab 1990 |
|---|---|---|---|---|
| 1 | ▲ Sparkasse | | | |
| | ▲ Arzt | | | ▲ Facharzt |
| | | | | ▲ Rechtsanwalt |

| Stadtgrab. | vor 1952 | 1952 - 1974 | 1975 - 1989 | ab 1990 |
|---|---|---|---|---|
| 1 | ☐ Erzeugung von Pharmazeutika | | | ◉ Lebensmittel (M-Preis) |
| | | | | ▲ Facharzt |
| 2 | ☐ Parkettbodentischlerei | ● Lebens- und Genussmittel | | ▲ Solarium |
| | | | | ▲ Frisör |
| 3 | | ● Möbelhaus | | ◉ Drogerie (Schlecker, s. 1998) |
| | | | | ● Optiker (s. 1999) |
| | | | | ◆ Pizzeria (s. 1999) |
| 4 | ☐ Sattler & Tapezierer | | | ● Lederwaren (s. 1996) |
| | | | | ● Textilien (s. 1998) |
| 6 | ◆ Gasthaus | | | |
| | ● Wäsche & Kurzwaren | | | ● Secondhand-Shop (s. 1998) |
| 8 | ☐ Herrenschneider | | ▲ Versicherungsmakler | ▲ Fußpflege (s. 2000) |

| Stadtgrab. | vor 1952 | 1952 - 1974 | 1975 - 1989 | ab 1990 |
|---|---|---|---|---|
| 12 | | ▲ Bankfiliale | | |
| 14 | ◆ Konditorei & Café | | | |
| | | ○ Süßwaren | | |
| 15 | | | ◆ Kurcafé (bis 1980) | ▲ Sparkassen Real Service |
| | | | | ▲ Zahnarzt |
| | | | | ▲ EDV-Büro (s.1991) |
| | | | | ▲ Rechtsanwalt (s. 1998) |
| 16 | | ☐ Tapezierer | | |
| | | ▲ Fotogewerbe & Handel | | |
| 18 | ◆ Gasthaus | | | |
| 20 | | | | ▲ Arzt |

| Unt. Stadtplatz | vor 1952 | 1952 - 1974 | 1975 - 1989 | ab 1990 |
|---|---|---|---|---|
| 1 | ○ Bäckerei | ○ Brot (1966 - 1998) | | ○ Umbau |
| | | ▲ Tierarzt | | |
| 2 | ◆ Gasthaus | | | |
| | ☐ Dachdecker | | | |
| | ▲ Notar | | | |
| 3 | ● Futtermittel, Salz | | ● Buch- & Kunsthandel | |
| | ○ Lebensmittel | | ● Schuhe (s. 1976) | ▲ Bankfiliale (s. 1994) |
| | | | ▲ Technisches Büro | |
| 4 | ▲ Arzt | | | |
| | ▲ Spedition | ● Optiker (Miller) | | ● Textilien (s. 1995) |
| | | ▲ Kinderfacharzt | | |
| | | ▲ Augenfacharzt (bis 1977) | | ▲ Neurologe |
| 5 | ◆ Gasthaus (bis 1973) | | | ◆ Gasthaus (s. 1999) |
| | ▲ Zahnarzt | | | ▲ Arzt |
| | | | | ▲ Hallbüro |
| | | | | ● Trafik |
| | | | | ⬡ Galerie |
| 6 | ▲ Spedition | | | |
| | | ● Textilwaren (s. 1964) | | |
| 7 | ▲ „Spar- und Vorschusskassa für Handel, Gewerbe und Landwirtsch." | ▲ Bankfiliale | | |
| 7a | | ▲ Frisör | | |
| | | ▲ Kaminkehrer | | |
| 8 | | ○ IFA - Markt | | ◉ Libro (s. 1997) |
| | ○ Fische | ◆ Café (bis 1978) | | |

| Unt. Stadtplatz | vor 1952 | 1952 - 1974 | 1975 - 1989 | ab 1990 |
|---|---|---|---|---|
| 8a | □ Kaffeerösterei, Gewürzmühle | | ○ Fleischhandel | |
| 9 | ◆ Gasthaus | | | |
|  | ▲ Gendarmerie (bis 1950) | ▲ **Versicherungsbüro** | | |
|  | ▲ Frisör | ◆ Café (seit 1956) | | |
| 10 | ▲ Tapezierer | ○ Getränke-Großhandel | ▲ Steuerberater | ▲ **Büro** |
|  | | ▲ **Autobusunternehmen** | | |
|  | | □ Fliesenleger | ▲ **Frisör (s. 1978)** | |
|  | | ● Textilien | | ▲ **Frisör (s. 1991)** |
| 11 | ● Lebensmittel | □ Malermeister | □ Goldschmied | □ Änderungsschneiderei (1997-2000) ▲ **EDV-Büro** |
| 15 | ▲ **Autounternehmen** | | | |
|  | ▲ Tankstelle | | | ⬤ **Billa (s. 1996)** |

| Waldaufstr. | vor 1952 | 1952 - 1974 | 1975 - 1989 | ab 1990 |
|---|---|---|---|---|
| 2 | | ▲ Facharzt | | ▲ **Büro** ○ Bücherei ▲ **Physiotherapeut** |
| 4 | | ● Pelzwaren | ○ Videoverleih | ○ **Auslage** |
| 5 | | ● Reiseandenken | ○ Videoverleih | |
|  | | | ○ Islamischer Verein | ○ türk. Lebensmittel (1998 - 2000) ● **Tiernahrung** |
| 6 | | ○ Lebensmittel | ● Altwaren & Zeitschriften | ○ Kopieranstalt ○ **leer** |
| 8 | □ Kupferschmiede | | | ▲ **Optiker (s. 1993)** |
|  | □ Installateur | | □ Verzinnerei | □ **Instrumentenbauer (s. 1991)** |
| 10 | | □ Radioreparatur | □ Spielzeugproduktion | |
|  | | ▲ Kosmetiksalon | | |
|  | | ● Zeitschriften | | |
| 11 | □ Tapezierwerkstätte | | ◆ **Gastlokal (s. 1976)** | |
| 16 | ○ Lebensmittel | □ Handweberei | | |
|  | | ▲ Verlag | ▲ Psycholog. Beratung | ▲ **Werbegraphik (s. 1996)** |

| Wallpachg. | vor 1952 | 1952 - 1974 | 1975 - 1989 | ab 1990 |
|---|---|---|---|---|
| 2 | ○ Fleischhauer | | ● **Blumen** | |
|  | | ○ Obst & Gemüse | ▲ **Chem. Reinigung** | |
|  | | | | ▲ **Facharzt** |

| Wallpachg. | vor 1952 | 1952 - 1974 | 1975 - 1989 | ab 1990 |
|---|---|---|---|---|
| 3 | ◆ Gasthaus | | | ◉ Ruetz Brot (s. 1995) |
| 4 | ○ Gemischtwaren | | | |
| | ● Schuhe | ● Blumen (s. 1978) | ○ Reformhaus (s. 1988) | |
| | ☐ Uhrmacher | ● Uhren & Schmuck | | |
| | | ● Sportartikel (s. 1962) | | ◉ Miller-Optik (s. 1990) |
| 5 | ○ Filmbühne (bis 1980) | | | |
| | | | ▲ Reisebüro | ◆ Café (s. 1995) |
| | | | ▲ Fremden-verkehrsverband | ▲ Tourismusverband Hall & Thaur |
| | | | | ▲ Facharzt |
| 6 | ▲ Tierarzt | ▲ Kosmetiksalon | | |
| | ☐ Spenglerei & Glaserei | | | |
| | ☐ Installationen | | | ● Tee & Kräuter |
| | ● Haus- und Küchengeräte | | ▲ Bankfiliale | |
| | ☐ Schirmmacher & Galanterie, Spielwaren | ● Schirme & Leder | ● Lederwaren | |
| | | ☐ Kaminkehrermeister | | |
| | ● Modesalon | ▲ Reinigung | | |
| 7 | ● Farben & Lacke | | ● Textilien (s. 1982) | |
| 8 | ○ Fleischhauerei & Selcherei | ● Textilien (s. 1982) | | |
| | | ● Trafik & Reiseandenken | | |
| | | ▲ Wirtschaftstreuhänder | | ▲ Facharzt (s. 1994) |
| | | ▲ Zahnarzt | | |
| 9 | ○ Lebensmittel | | | ● Orientteppiche (s. 1995) |
| | | | | ● Textilien (s. 1996) |
| | | | | ● Textilien (s. 1995) |
| 10 | ◆ Gasthaus (bis 1964) | ◆ Café | ● Drechslereiwaren | |
| | | ● Spielwaren | ● Textilien | ◉ Hörtnagl-Fleisch (s. 1996) |
| | | | | ▲ Notar (s. 1997) |
| 11 | ● Blumen | ● Uhren & Schmuck | ● Spielwaren | ● Textilien (1993 - 1998) |
| | | | | ● Souvenirs & Vasen |
| | | | | ⬡ leer |
| | | ○ Lager | ● Farben | |
| | | | | ▲ Arzt |
| 13 | ● Hut- & Filzartikel | ☐ Fliesenlegermeister | | |
| | ○ Lebensmittel | ◆ Milchbar | ◉ Hartlauer | |
| 15 | ○ Fleischhauerei | | ▲ Chem. Reinigung (s. 1979) | |

## 4.8. Zusammenfassung und Zukunftsperspektiven

Seit über einem Vierteljahrhundert wird in Hall die Altstadtsanierung mit dem Ziel betrieben, die alte Bausubstanz zu erhalten und die gesamte Altstadt zu revitalisieren. Im Zeitraum zwischen 1974 und 2000 konnte durch die Erneuerung von über 300 Fassaden das Altstadtbild wieder attraktiv gestaltet werden. Die Sanierung öffentlicher und sakraler Bauten sowie die Schaffung von über 200 zeitgemäßen Wohnungen, Geschäftslokalen und gastronomischen Betrieben trugen zur wesentlichen Aufwertung des wirtschaftlichen, kulturellen und gesellschaftlichen Lebens in der Altstadt bei. Durch diese viel beachtete Renovierungs- und Revitalisierungsaktion kam es zu einer deutlichen Umstrukturierung der Altstadtbevölkerung sowie einer wesentlichen Verbesserung der allgemeinen Infrastruktur. Die nationale und internationale Anerkennung ist auch dem Tagestourismus nicht völlig verborgen geblieben.

Auf Beschluss des Bundesministeriums für Wissenschaft und Forschung ist im Jahr 1984 der Stadtführung sowie den Bürgern der Stadt Hall der Österreichische Staatspreis für Denkmalschutz zuerkannt worden. Diese erstmals in Österreich vergebene Auszeichnung erfolgte „aufgrund der hervorragenden Leistungen auf dem Gebiet des Denkmal- und Ensembleschutzes". Im Jahr 1986 erhielt Hall die Europafahne des Europarates für jahrelange Restaurierungs- und Revitalisierungsmaßnahmen „im Sinne der Anregungen der europäischen Kampagne für Stadtentwicklung". In diesem Zusammenhang sei auch die Würdigung der Gemeinnützigen Wohnbaugesellschaft Wohnungseigentum mit dem „Europa-Nostra-Preis" für die Generalsanierung der Häuser Salvatorgasse 5 und 7 im Jahr 1987 erwähnt. „Europa Nostra" ist eine Gründung aus dem Jahre 1963, in der Gesellschaften aus 22 Ländern zusammengeschlossen sind, und die sich um die Erhaltung von Kulturgut bemühen. Die Auszeichnung erfolgte aufgrund „... *beispielhafter, einfühlsamer und substanzerhaltender Wiedernutzbarmachung zweier Bürgerhäuser aus dem 15. Jh. ...*"

Im Zeitraum von 1978, dem Beginn der Generalsanierung von Altstadthäusern, bis einschließlich 1999 wurden für die Altstadterneuerung zusammen mit den Förderungen der öffentlichen Hand über € 77 Mio. umgesetzt (*Tab. 20*). Zu beachten ist dabei auch, dass ein erheblicher Teil dieser Gelder der Haller Wirtschaft zugute kam.

Die Gesamtbausumme setzt sich aus Geldern der Fassadenaktion, aus Förderungen nach dem Stadtkern- und Ortsbildschutz-Gesetz des Landes Tirol sowie aus Leistungen des Bundes und schließlich den Eigenmitteln zusammen. Der Restbetrag von circa € 1,4 Mio. EUR stammt zum einen von anderen Förderungsquellen und zum anderen von schwer eruierbaren Eigenleistungen (*Bauamt Hall*). Wie *Tab. 20* zu entnehmen ist, hatte das Inkrafttreten des Stadtkern- und Ortsbildschutz-Gesetzes (SOG) im Jahr 1978 entscheidenden Einfluss auf die Höhe der Förderungsmittel für die gesamten Sanierungsmaßnahmen.

Die Förderungssummen verteilen sich auf:
- das Land Tirol mit circa € 3,9 Mio. (1/3 Fassadenaktion + ½ SOG-Mittel + Kultur)
- die Stadt Hall mit circa € 3,8 Mio. (1/3 Fassadenaktion + ½ SOG-Mittel)
- den Bund mit circa € 1,3 Mio. (1/3 Fassadenaktion + Denkmalamt).

*Tab. 20:* Zusammenstellung der Förderbeträge 1978 - 1999

| Förderungen | Summe | 1978 - 1988* | 1989 - 1999* |
|---|---|---|---|
| Gesamtbausumme | 77,000.000 | 33,700.000 | 43,300.000 |
| Fassadenaktion (1/3 Land, Bund, Stadt) | 1,460.000 | 600.000 | 860.000 |
| SOG-Mittel (1/2 Land, 1/2 Stadt) | 6,600.000 | 2,800.000 | 3,800.000 |
| Land (Kulturabteilung) | 124.000 | 22.000 | 102.000 |
| Bund (Denkmalamt) | 821.000 | 167.000 | 654.000 |
| Eigenmittel | 66,600.000 | 29,900.000 | 36,700.000 |
| Summe** | 75,600.000 | 33,500.000 | 42,100.000 |

\* Zahlen wurden gerundet
\*\* „Der Restbetrag von 1,4 Mio. € stammt zum einen von anderen Förderungsquellen und zum anderen von schwer eruierbaren Eigenleistungen" *(Bauamt Hall).*

Quelle: Stadtbauamt Hall; eigene Umrechnung

Den mit Abstand höchsten Beitrag von € 66,6 Mio. an Eigenmitteln haben jedoch die Hausbesitzer und Eigentümer (großteils Private, aber auch Stadt, WE, Pfarre) selbst geleistet. Die Aktivitäten der Bevölkerung bei der fachgerechten Erneuerung ihrer Altstadthäuser wurden durch umfangreiche Beratung und Hilfe seitens des Stadtbauamtes, des Altstadtausschusses und des Bundesdenkmalamtes unterstützt.

In der vom Verfasser untersuchten Periode zwischen 1989 und 2000 konnte das Haller Altstadtsanierungs- und -revitalisierungsmodell erfolgreich weitergeführt werden (Sanierung kirchlicher und öffentlicher Bauten, Fassadenaktion, Generalsanierung von Wohnhäusern und damit die Schaffung von modernem Wohn- und Geschäftsraum, Aufwertung der Straßen und Plätze, Sanierung von Kleindenkmälern). Mit der Generalsanierung des Gasthofs Engl wurde ein Vorzeigemodell geschaffen, das allerdings nur durch großzügige private Sponsorgelder verwirklicht werden konnte. Insgesamt wurden in der Phase zwischen 1989 und 1999 mit über € 42 Mio. noch mehr umgesetzt als in der „ersten" Periode bis 1989 (€ 33,5 Mio.) (*Tab. 20*).

Abschließend soll die Zukunft der Altstadtsanierung in Hall aus der Sicht der Stadtgemeinde und der gemeinnützigen Wohnbaugesellschaft Wohnungseigentum erörtert werden. Laut Aussagen der WE werden die Probleme im Bereich der Altstadtsanierung in Zukunft allerdings größer werden, vor allem deshalb, weil sich die Kostensituation in den letzten fünf bis zehn Jahren immer mehr zugespitzt hat.

(1) Die Kosten für die zu sanierenden Häuser werden noch mehr steigen und je teurer ein Haus gekauft wird, umso weniger Geld bleibt für einen standardgemäßen Umbau. Die Umbaukosten entsprechen bereits den Kosten eines Neubaues oder liegen sogar darüber, so dass für die WE die Entscheidung einer rentablen Sanierung immer schwieriger wird. Sie fertigt daher relativ genaue Schätzungen und liefert

*Abb. 7:* Gesamtübersicht der Altstadterneuerung

aufgrund ihrer jahrelangen Erfahrungen eine Entscheidungsgrundlage, bei der sie sich nicht auf Risiken einlassen kann, denn Sanieren ist eine Frage der Wirtschaftlichkeit, andererseits für die WE aber auch zu einem besonderen Anliegen seit den 1970er-Jahren geworden.

(2) Hauptverantwortlich für die Kostenentwicklung sind die Auflagen des Denkmalschutzes. Schon im Jahr 1993 kam es bei einem Projekt in der Salvatorgasse zu einem einjährigen Baustopp, „da das Denkmalamt Auflagen vorgab, die schwer zu finanzieren waren, und sich dann an den wesentlichen Mehrkosten nicht oder nur geringfügig beteiligte." Auch bei zwei weiteren Projekten in der Arbesgasse bzw. Schlossergasse mussten die Sanierungsarbeiten durch kurzfristige Auflagen vorübergehend unterbrochen werden. Aus diesem Grund überlegt man sich bei der WE, diese Bescheide anzufechten und genau zu hinterfragen, um den durch den Gemeinnützigkeitsstatus vorgeschriebenen gesetzlichen Kalkulationsvorschriften Rechnung tragen zu können.

(3) Aber auch die „Freimachung" der zu sanierenden Häuser, sowohl in Bezug auf Mieter als auch von Möblierung, wird immer schwieriger und teurer. Dachböden und Kellerräume sind häufig mit allerlei Gegenständen und Sperrmüll unbekannter Besitzzugehörigkeit überlegt. Die den Altmietern angebotenen Ersatzwohnungen finden nicht immer Gefallen, häufig berufen sich die Mieter auf den Mieterschutz. *„Früher bezahlte man ihnen Ablösen, Übersiedlungskosten und brachte sie in Springerwohnungen, in städtischen Altmietwohnungen oder im Altersheim unter."* Auch in Zukunft wird die Stadt der WE hilfreich zur Seite stehen, indem sie städtische Mietwohnungen in Neubauten zur Verfügung stellt, damit man Mieterschutzwohnungen in zu sanierenden Objekten leichter leer bekommt. So wurden damaligen Bewohnern aus den zu sanierenden Häusern Arbesgasse 5, Mustergasse 2 und Krippgasse 20 und 24 im „Projekt Innweg" neue Mietwohnungen zur Verfügung gestellt. Die WE hat im Jahr 1995 den alten, großen „Getreidekasten" in der Unteren Lend gekauft, um diesen vielleicht später einmal zu sanieren. Der Vorbesitzer nahm Türken in das Haus, um die „mietergeschützten" einheimischen Parteien eher aus den Wohnungen zu bekommen. Im Jahr 1997 lebten dort bereits 47 Türken, die dort allerdings keinen Mieterschutz besitzen.

(4) Der Ensembleschutz schreibt vor, dass bei der Sanierung eines Gebäudes auch beim Nachbarhaus zumindest Dach und Fenster zu renovieren sind. In letzter Zeit häuften sich jedoch die Anfragen, „dies oder jenes auch mit zu sanieren", was gesetzlich aber nicht abgedeckt ist.

(5) Bei den bisher von der WE generalsanierten Objekten handelte es sich um ziemlich große Objekte. Mittlerweile gibt es nicht mehr viele Altstadtgebäude, mit denen man „sinnvoll Wohnraum schaffen" könnte, denn „bei kleinen Objekten sind die Sanierungskosten derart hoch, dass eine Neubauwohnung wesentlich billiger kommt als eine generalsanierte". Als Beispiel ist ein Haus am Kurzen Graben zu nennen. Der Zustand dieses Hauses war so schlecht, dass es für die WE als Eigentümer nicht mehr wirtschaftlich war, dieses zu sanieren. Das Haus fand eine Privatperson als Käufer.

Die WE würde sich natürlich wünschen, maximal die Fassaden zu erhalten und innen ein Haus hinter dem Haus zu errichten, um möglichst wirtschaftlich arbeiten zu können. Das ist in der Haller Altstadt im denkmalgeschützten Bereich derzeit aber nicht möglich.

In Zukunft werden die generalsanierten Wohnungen durch Verringerung der Förderungsmittel sicher teurer und nicht mehr für jedermann erschwinglich sein. Solange es sich bei der Förderung von Altstadthäusern jedoch noch um eine Objektförderung handelt und keine Subjektförderung, wird es auch für den Durchschnittsverdiener vielleicht noch möglich sein, eine solche Wohnung zu kaufen. Bei der Objektförderung wird nämlich das gesamte Objekt vom Land Tirol gefördert und die Käufer dann auf ihre Förderungswürdigkeit hin überprüft. Bei der Subjektförderung hingegen muss sich jeder Käufer bei der Landesregierung um eine Förderung bemühen und bekommt, wenn er erstmals eine Wohnung kauft, einen so genannten Wohnbauscheck in der Höhe von rund € 33.000, der zu denselben Bedingungen rückzahlbar ist wie die Förderung jetzt.

*Tab. 21:* Generalsanierung von Altstadthäusern in Bau oder Planung (Juni 2001)

| Objekt | Eigentümer | Zustand |
| --- | --- | --- |
| Krippgasse 20 | WE | in Planung |
| Krippgasse 24 | WE | in Planung |
| Kurzer Graben 6 | privat | in Bau |
| Milser Straße 1 | privat | in Planung |
| Eugenstraße 7 | WE | in Planung |
| Münzergasse 1 | privat | in Planung |
| Mustergasse 3 | privat | in Bau |
| Salvatorgasse 1 | privat | in Bau |
| Schmiedgasse 3 | privat | in Bau |

Quelle:    Bauamt Hall

Die nachfolgenden Punkte fassen die Meinung der Stadtgemeinde hinsichtlich der Fortführung der Altstadtsanierung zusammen.

(1) Nach Auskünften des städtischen Bauamtes wird ebenfalls die Frage der Finanzierung für die weiteren Überlegungen zur Erhaltung des gebauten kulturellen Erbes und damit der Generalsanierung von Altstadthäusern der wichtigste Punkt sein. Es gibt im Haller Altstadtbereich nämlich noch genügend Sanierungsobjekte. (*Tab. 21*). Die Fortführung der Fassadenaktion ist bis zum Jahr 2003 gesichert. Es gibt eine Zusage vom Bund, dass der Förderungsanteil von € 65.000 sogar auf € 87.000/Jahr erhöht wird, und zwar unter der Voraussetzung, dass auch Stadt und Land ihre Förderungsanteile erhöhen. Auch die SOG-Gesamtförderungssumme (50 % Stadt, 50 % Land) wurde laut Stadtratsbeschluss für die nächsten Jahre (vorbehaltlich eventueller finanztechnischer Entwicklungen) von € 363.000 auf € 436.000 erhöht,

wobei die Stadt in Absprache mit dem Sachverständigenbeirat dem Land die Summe vorgeben kann.

(2) Besonders wichtig sind auch die Mittel für den Denkmalschutz, denn ohne Zuschüsse seitens des Denkmalamtes ist es schwer, Auflagen zu erteilen, mit denen wertvolle alte Bausubstanz erhalten werden kann. Aber es muss auch darauf hingewiesen werden, dass Denkmalpflege heute längst ein wichtiger Faktor in der heimischen Wirtschaft geworden ist. Nach einer im Auftrag der EUROCARE erstellten Studie (*Stadtbauamt Hall* o. J.) bringt die Altstadtsanierung Millionen Euro für die Bauwirtschaft.

Die Beschäftigung mit der Denkmalpflege ist aber gerade auch in der Zeit des Zusammenschlusses Europas besonders bedeutend, denn die Regionen haben wieder stärker das Bedürfnis nach Wahrung ihrer Identität. Die Individualität der europäischen Städte basiert auf ihrem historischen Kern, moderne Städte ohne Altstadt, die sich mehr oder weniger gleichen, bringen für den Fremdenverkehr kaum Impulse. Dazu kommt die europaweite Problematik, Arbeitsplätze schaffen zu müssen, sowie Wahrung der Klein- und Mittelbetriebe. Nur sie können vielleicht eine Antwort auf die Globalisierung der Wirtschaft sein, sie bringen Qualität und Flexibilität in Kleinsträume und bürgen für die Bewahrung von Handwerkstechniken, die besonders auch bei der Denkmalpflege benötigt werden. Früher war es für Haller Handwerker ein Problem, z. B. alte Eingangstüren, Kastenfenster oder gotische Balkendecken so zu restaurieren, dass sie für den neuzeitlichen Verwendungszweck adaptierbar waren. Diese Situation hat sich seit der Sanierung des Gasthofs Engl verbessert. Die dafür eingeladenen Restauratoren aus Süd- und Osttirol konnten Haller Handwerkern auf der gemeinsamen Baustelle wichtige Impulse geben. Um diese noch zu vertiefen, sollen laut Stadtbauamt in Hall in Zukunft eventuell Schulungen bzw. Seminare veranstaltet werden, bei denen Handwerker ortsansässiger Firmen durch Fachleute einschlägig geschult werden, so dass diese für Restaurationsarbeiten im denkmalgeschützten Bereich noch besser eingesetzt werden können.

Einer der wichtigsten Problempunkte bei der Generalsanierung von Altstadthäusern, auf die man noch immer viel zu wenig geachtet hat, sind die Unsicherheitsfaktoren. Architekt Gratl hat auf diese in einem Schreiben an die WE schon im Jahre 1984 deutlich hingewiesen. *„Trotz genauer Bestandspläne und kleinerer Voruntersuchungen (wie Putz abschlagen, Probelöcher machen etc.) müssen für die Sanierung von bestehendem Mauerwerk, Decken, Gewölben, Stiegen etc. Annahmen getroffen werden. Hier sorgte noch jedes ausgeführte Bauwerk für Überraschungen, die absolut nicht vorhersehbar waren. Beispiel: tragendes, kräftiges Mauerwerk steht auf morschem und verfaultem Holz, oder nicht tragendes Tuffsteinmaterial für Gewölbe und Pfeiler, extrem feuchte Mauern bei Hanglage, ehemaliges Kaminmauerwerk kann mit dem Finger abgetragen werden, gotische Holzdecken etc. Für solche nicht vorhersehbaren Umstände müsste ein Polsterbetrag in Ansatz gebracht werden können, der dann bei Bedarf und Nachweis eine Kostenabdeckung ermöglicht"* (*Gratl*, Schreiben an WE 1984, *Stadtbauamt Hall*).

(3) In Zukunft sieht man es als das Wichtigste an, vor einer Generalsanierung eines Objektes die „Befundung" noch intensiver durchführen zu lassen und die genauen Ergebnisse dieser Voruntersuchung der Idee des Bauwerbers gegenüberzustellen. Es muss nämlich versucht werden, alte Bausubstanz mit neuzeitlicher Nutzung zu

kombinieren. Es liegt daher im Interesse der Stadtgemeinde, dass der Hausbesitzer, der eine Generalsanierung durchführt, in demselben Haus wohnt. So saniert er nicht nur nach rein wirtschaftlichen Zwecken, sondern legt durch die Eigennutzung großen Wert auf die Qualität der Sanierung. Auch belebt er mit der Erreichung einer guten Wohnqualität und einer vernünftigen Mischnutzung die Infrastruktur.

## 5. Bevölkerungs- und Wirtschaftsstruktur

### 5.1. Wesenszüge der allgemeinen Bevölkerungsentwicklung

Mit Ausnahme einer leichten Stagnation infolge des Ersten Weltkriegs verlief das Bevölkerungswachstum in Hall von 1869 bis zum Zweiten Weltkrieg weitgehend konstant (*Fig. 6*). Die Verluste durch den Zweiten Weltkrieg sind wenig ausgeprägt, da sie durch Zuwanderer vor allem aus Südtirol, aber auch aus Innerösterreich wettgemacht worden sind. Die folgenden Jahrzehnte zeigen dann eine unterschiedliche Entwicklung auf.

*Fig. 6:* Bevölkerungsentwicklung in Hall seit 1869

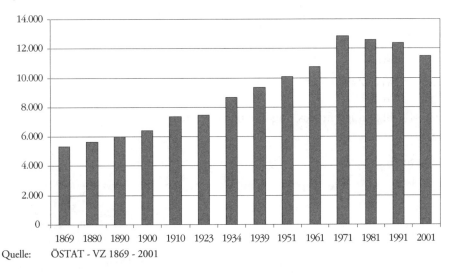

Quelle: ÖSTAT - VZ 1869 - 2001

*Fig. 7:* Bevölkerungsentwicklung in Hall 1939 - 2001 in Prozent

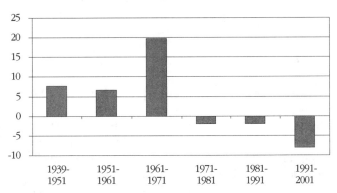

Quelle: ÖSTAT - VZ 1939 - 2001

*Fig. 8:* Bevölkerungsentwicklung in einigen Tiroler Kleinstädten 1951 - 2001

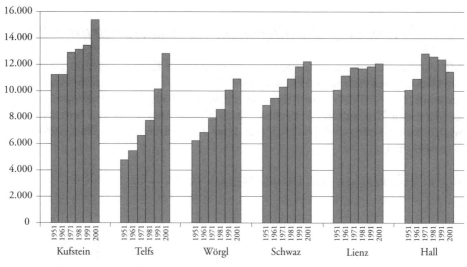

Quelle: ÖSTAT - VZ 1951 - 2001

*Fig. 9:* Bevölkerungsentwicklung in einigen Gemeinden der Region Hall

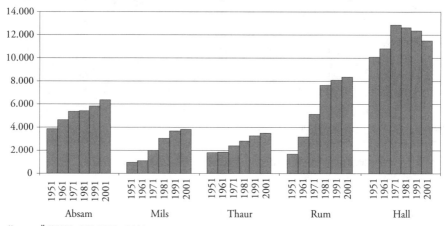

Quelle: ÖSTAT - VZ 1951 - 2001

Einem leichten Anstieg zwischen den Volkszählungsterminen 1939 und 1951 sowie 1951 und 1961 folgt im Dezennium 1961 bis 1971 ein starkes Bevölkerungswachstum mit dem höchsten Bevölkerungswachsstand bei der Volkszählung 1971. Danach allerdings setzte eine Trendwende ein, welche in einer Bevölkerungsabnahme, die bis zum heutigen Tag anhält, ihren Niederschlag findet. Die prozentuellen Veränderungen in den einzelnen Dezennien sind *Fig. 7* zu entnehmen.

Ein Vergleich der Bevölkerungsentwicklung mit einigen anderen Tiroler Kleinstädten dokumentiert die Ausnahmestellung von Hall deutlich. Von jenen sechs Orten in

Tirol, die mehr als 10.000 Bewohner aufweisen, konnten alle seit 1951 an Einwohnern dazugewinnen, davon Kufstein, Wörgl und Telfs prozentuell am meisten. Einzig Hall muss seit 30 Jahren Bevölkerungsverluste hinnehmen (*Fig. 8*).

Im Gegensatz dazu stehen auch jene Gemeinden, die Hall umgeben und die Klein-region Hall bilden. Sie sind in ihrer Siedlungs- und Wirtschaftsdynamik seit den 1950er-Jahren stark durch die Nähe zur Landeshauptstadt geprägt und dem allgemeinen Trend der Suburbanisierung in Ballungsräumen entsprechend durch einen kräftigen Aufschwung und einen damit verbundenen starken Bevölkerungsanstieg gekennzeichnet (*Fig. 9*).

## 5.2. *Bevölkerungsentwicklung im Wechselspiel von Geburtenbilanz und Wanderungssaldo*

Im Folgenden soll der Bevölkerungsentwicklung in Hall in der zweiten Hälfte des 20. Jh. nachgespürt werden. Die hier verwendeten Zahlen stammen aus verschiedenen Quellen (Volkszählungen, Meldeamtskartei, Personenstandsaufnahmen, Haushaltslisten, Standesamt), weshalb sie nicht immer ganz ident sind und somit gewisse Unsicherheiten in Kauf genommen werden müssen.

*Fig. 10:* Gebürtigkeit der Haller Bevölkerung 1961 in Prozent

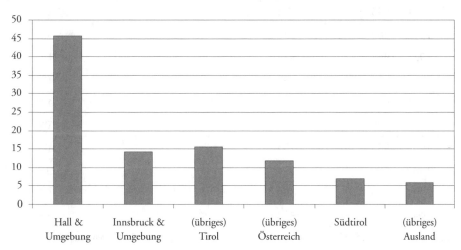

Quelle:   Hagen 1967, Tab. 15

Für den Bevölkerungsanstieg bis 1971 waren sowohl Geburtenüberschüsse als auch Zuwanderung ausschlaggebend (*Tab. 22*). Der Zuwachs im Zeitraum zwischen 1939 und 1951 (726 Personen) hängt hauptsächlich auch mit der Umsiedlung von Südtiroler Optanten zusammen, für die im Osten der Stadt die „Südtiroler Siedlung" errichtet wurde. Die Bevölkerungszunahme im anschließenden Jahrzehnt bis 1961

(675) ist der natürlichen Geburtenbilanz, aber auch der Zuwanderung - vorwiegend von Industriebeschäftigten - zuzuschreiben. Durch den Arbeitskräftemangel besonders im Baugewerbe und später in der Industrie wurde Hall zu einem interessanten Ziel für Wanderungswillige, zuerst aus Südtirol, dann in verstärktem Maße aus Innerösterreich. Diese Wanderbewegungen sind zahlenmäßig nicht leicht zu dokumentieren, eine Analyse bezüglich der Gebürtigkeit der Haller Bevölkerung im Jahre 1961 zeigt aber interessante Aspekte. In den Haller Haushaltslisten von 1961 schienen 700 in Südtirol geborene Personen auf, 1137 kamen aus den übrigen Bundesländern, wobei Oberösterreich, Kärnten und die Steiermark zusammen mit 589 Personen an der Spitze lagen (*Fig. 10*).

Das Jahrzehnt zwischen 1961 und 1971 war auch in Hall wie in ganz Österreich der Zeitraum mit der stärksten Wachstumsphase nach dem Zweiten Weltkrieg. Die Zuwanderung in Österreich übertraf in dieser Zeit insgesamt die ebenfalls beträchtliche Abwanderung von Österreichern in das westliche Ausland (*Lichtenberger* 1997, 75). Bei damals noch sehr hohen Geburtenraten (*Tab. 22*) kam es konjunkturbedingt zu einer weiteren starken Zuwanderung, jetzt aber erstmals auch durch ausländische Arbeitskräfte in die Haller Bau- und Industriebetriebe.

*Tab. 22:* Natürliche Bevölkerungsbewegung von 1946 bis 2001

| Zeitraum | Geburten | Sterbefälle | Veränderung |
|---|---|---|---|
| 1946 - 1950 | 639 | 577 | + 62 |
| 1951 - 1955 | 574 | 529 | + 45 |
| 1956 - 1960 | 663 | 506 | + 157 |
| 1961 - 1965 | 826 | 612 | + 214 |
| 1966 - 1970 | 958 | 646 | + 312 |
| 1971 - 1975 | 642 | 599 | + 43 |
| 1976 - 1980 | 691 | 800 | - 109 |
| 1981 - 1985 | 755 | 858 | - 103 |
| 1986 - 1990 | 624 | 841 | - 217 |
| 1991 - 1995 | 699 | 796 | - 97 |
| 1996 - 2001 | 543 | 798 | - 255 |

Quelle: 1946 - 1995: Standesamt, eigene Auszählung und Berechnung; 1996 - 2001: Demographische Daten von Tirol

Die Zuwanderung von „Gastarbeitern" begann Mitte der 1960er-Jahre und hat seither wesentlichen Einfluss auf die Zusammensetzung der Haller Bevölkerung. Denn seit damals nahm die Migration von jugoslawischen, später türkischen Arbeitskräften zu. Sie kulminierte erstmals in den Jahren 1972 (2260) und 1973 (2457) (*Tab. 32*). Im Zuge der Rotation wechselten anfangs viele ständig Unterkunft oder Wohnung.

Mit diesem Wechsel hängt auch die überaus starke Fluktuation der An-, Um- und Abmeldungen in der Haller Meldeamtsstatistik zusammen, die zu einer sehr schwierigen Erfassung durch die Meldebehörde geführt hat.

Bestätigt wird diese Situation durch eine Untersuchung der Stadtgemeinde Hall über die Wohnungsmobilität in den Jahren 1967 bis 1970: Gerade in den Zählbezirken mit vielen „Gastarbeiterunterkünften" Hall-Südwest (27,2 % der Wohnbevölkerung wechselten den Wohnstandort), Hall-West (23 %) und Altstadt-West (21,6 %) kam es zu häufigen Veränderungen. Die hohen Umzugsraten in den Zählbezirken Hall-Nordost (22 %) und Hall-Gartenfeld (21,8 %) sind hingegen eine Folge des Umzuges von Teilen der Bevölkerung in die neu errichteten Wohnungen im Stadtviertel Schönegg (*Bauamt Hall*, Manuskript o. J.).

Seit dem Bevölkerungshöchststand im Jahr 1971 mit 12.873 verringerte sich die Bevölkerungszahl bis 2001 (11.492) um 1381 Personen und damit um mehr als 10 %. Neben dem allgemeinen Trend der Stadtflucht liegen die Ursachen dieses Rückganges in den seit den 1970er-Jahren sinkenden Geburtenzahlen sowie der ab der Mitte der 1970er-Jahre starken Zunahme an Sterbefällen (*Tab. 22* und *Tab. 23*). Einige andere, nicht unwesentliche Gründe werden im folgenden Kapitel näher erläutert.

*Tab. 23:* Bevölkerungsentwicklung durch Geburten- und Wanderungsbilanz 1951 - 2001

|  | 1951 - 1961 | 1961 - 1971 | 1971 -1981 | 1981 - 1991 | 1991 - 2001 |
|---|---|---|---|---|---|
| Gesamt | 675 | 2.062 | - 259 | - 246 | - 876 |
| Geburtenbilanz | 202 | 702 | - 169 | - 320 | - 374 |
| Wanderungsbilanz | 473 | 1.360 | - 90 | - 74 | - 502 |

Quelle: ÖSTAT - VZ 1961 - 2001; eigene Berechnungen (1951 - 1961)

Die Veränderung des generativen Verhaltens, die sich im Rückgang der Fertilität ausdrückt, führte schließlich zu einer negativen Geburtenbilanz. Mit der Auflösung der Dreigenerationenfamilie nach dem Krieg verlor in der postindustriellen Gesellschaft auch die Kernfamilie an Bedeutung. Immer mehr Ehen werden wieder geschieden, neue Formen von Lebensgemeinschaften haben sich gebildet, Alleinerzieherhaushalte nehmen auch in Hall zu. Ein Blick in die Meldekartei (mit Stand Jänner 2000) bestätigt diesen Trend. Auf 2938 männliche Haushaltsvorstände „entfielen" lediglich 2038 Ehegattinnen, auf die 1739 weiblichen Haushaltsvorstände gar nur 164 Ehegatten. Diese demographischen Verschiebungen sind Ausdruck erheblich veränderter Wertemuster. *„Der letzte Schub, der die deutliche Steigerung des Anteils an Einpersonenhaushalten bewirkte, wird sehr häufig auf eine zunehmende Instrumentalisierung der sozialen Beziehungen zurückgeführt, einer ‚betriebswirtschaftlichen Optimierung' des sozialen Umfeldes. Damit soll deutlich gemacht werden, dass sich die Qualifikationen, die in den neuen Dienstleistungsberufen wichtig sind, negativ auf das Privatleben übertragen (können)"* (Dangschat 2000, 149).

## 5.3. „Besondere" Bevölkerungsverluste seit den 1970er-Jahren

Neben der Stadtflucht und der negativen Geburtenbilanz sowie einem Anwerbestopp ausländischer Arbeitskräfte in der ersten Hälfte der 1970er-Jahre aufgrund der ungünstigen Wirtschaftsentwicklung gibt es auch noch einige spezifische Gründe, die zu den Bevölkerungseinbußen von Hall geführt haben. Sie lassen sich in den Stichworten Erhebungskriterien bzw. Zählweise, Anstalthaushalte und geringe Flächengröße von Hall zusammenfassen.

Bedeutend für die Erfassung der Einwohner in den 1970er-Jahren war beispielsweise die „Aufnahme des Haushaltscodes in die EDV-Meldekartei". In einem „EDV-Jahresbericht" (*Meldeamt Hall* 1977) heißt es: *„Der Haushaltscode ermöglicht nun die Feststellung aller zu einem Haushalt gehörigen Personen. Die Vergabe des Codes er-folgte aufgrund der Angaben der Personenstandsaufnahme 1976. Im Zuge dieser Arbeiten wurden die 3.800 Haushaltslisten kontrolliert und mit der Meldekartei abgestimmt. 894 Personen, die bereits vor Jahren verstorben waren, konnten abgemeldet werden. Ebenso wurden Personen festgestellt, die in Hall wohnhaft, aber nicht gemeldet waren. In circa 600 unklaren Fällen mussten von der Stadtpolizei Erhebungen durchgeführt werden. Darüber hinaus wurden circa 500 Erhebungen telefonisch gemacht."*

Zwischen 1981 und 1991 zeichnete vor allem auch die veränderte Zählweise der ausländischen Arbeitsbevölkerung (seit 1983) für die nachfolgende „Abnahme" der Gesamtbevölkerung verantwortlich. Aus dem Jahresbericht des Meldeamtes 1983 geht hervor, dass bis zu diesem Zeitpunkt der Gendarmerieposten Hall die Zahl der Ausländer dem Meldeamt mitteilte. Die Zählungen erfolgten meist im Spätherbst, weil zu dieser Zeit einerseits die ihre Eltern besuchenden schulpflichtigen jugoslawischen und türkischen Kinder schon wieder abgereist waren, und andererseits die Bauarbeiter erst ab Mitte Dezember den Winter über in ihre Heimatländer zurückkehrten. Weil sich immer wieder herausstellte, dass beim Gendarmerieposten Hall Ausländer als anwesend geführt wurden, die zum Teil schon längere Zeit abgemeldet waren, ermittelte man seither die Zahl der gemeldeten Ausländer in Abstimmung mit dem Meldeamt. Dies erklärt den plötzlichen starken Rückgang von 378 Personen zwischen 1982 und 1983 (*Tab. 32*), der nur zum kleineren Teil seine Ursachen in den Schwierigkeiten am Arbeitsmarkt oder in der Reduzierung von Gastarbeiterwohnungen findet. Die starke Fluktuation wurde durch die immer länger werdenden beruflichen Aufenthalte und das Nachkommen der Familien abgeschwächt und damit die Erfassung erleichtert.

Der Ausländeranteil in Hall ist inzwischen sehr hoch und beträgt laut Volkszählung 2001 15,7 % der Wohnbevölkerung. Diese hohe Quote und die sich daraus ergebenden Fragen des Zusammenlebens rechtfertigen eine ausführliche Behandlung dieses Themas in einem eigenen Kapitel. Bei Hinzurechnen der zwischen 1981 und 2000 in Hall wohnhaften eingebürgerten ehemaligen (ex-)jugoslawischen (102) und türkischen (208) Staatsbürger erhöht sich der Prozentsatz sogar auf 18,6 %.

Für die Bevölkerungsentwicklung im Dezennium der 1990er-Jahre waren vor allem drei Faktoren bedeutend. Erstens die Integration der Bosnienflüchtlinge zu Beginn des Jahrzehnts, zweitens die Einflüsse, die sich aus dem neuen Hauptwohnsitzgesetz ergaben, und schließlich jene einwohnermäßig negativen Auswirkungen, die durch die Umstrukturierungen verschiedener überörtlicher Institutionen in Hall bedingt sind.

So ist beispielsweise der Bevölkerungsverlust von 178 Personen zwischen 1994 und 1995, das sind immerhin 1,5 % der Wohnbevölkerung, zu erwähnen, der mit dem Inkrafttreten des Hauptwohnsitzgesetzes ab 1995 zusammenhängen dürfte. *„Mit Hilfe dieser Richtlinien wird sichergestellt, dass jede Person nur einen Hauptwohnsitz (in Österreich) begründen kann und im Zuge der Ermittlung der Wohnbevölkerung Mehrfachzählungen vermieden werden. In welchem Ausmaß die vorliegenden Ergebnisse für das Jahr 1995 durch diese Definitionen des Hauptwohnsitzes bzw. des (Zweit-, Neben-, weiteren) Wohnsitzes im Vergleich zu den vorhergehenden Erhebungen beeinflusst werden, lässt sich allerdings nicht abschätzen, in der Landeshauptstadt Innsbruck z. B. (Abnahme der Zahl der Hauptwohnsitze 1995 gegenüber den ordentlichen Wohnsitzen des Jahres 1994 um über 3 %) sind die Auswirkungen jedoch offensichtlich"* (Demographische Daten 1995, 2).

Als besonderes Beispiel in diesem Zusammenhang soll auf das Psychiatrische Krankenhaus (PKH) in Hall eingegangen werden. Laut Mitteilung des Meldeamtes zählte man in der Vergangenheit bei Volkszählungen die Insassen - obwohl sie in der Meldekartei der Stadt nicht aufscheinen - nach Rücksprache mit dem PKH mit, weshalb die Bevölkerungszahlen des Meldeamtes immer niedriger als jene bei Volkszählungen waren. Über die Zahl der Meldungen seitens des PKH an die Stadtgemeinde vor 1991 stehen leider keine genauen Aufzeichnungen zur Verfügung, doch stiegen durch den Ausbau Ende der 1960er- und Anfang der 1970er-Jahre sowie die Eröffnung zahlreicher Stationen zu Beginn der 1980er-Jahre die Zahl der Patienten an (*Fig. 11*).

*Fig. 11:* Patienten des Psychiatrischen Krankenhauses 1961 - 2001

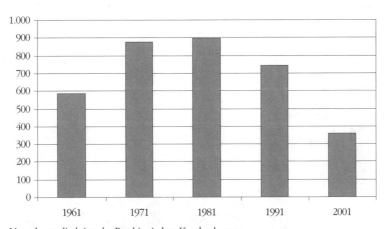

Quelle: Verwaltungsdirektion des Psychiatrischen Krankenhauses

Im Jahr 1991 zählte dieses Krankenhaus 744 Patienten, von denen 525 als Pflegepersonen (die für längere Zeit im Krankenhaus verbleiben müssen) zur Vorlage für die Volkszählung dem Meldeamt weitergegeben wurden. Inzwischen versucht man laut Verwaltungsdirektion aber aus dem früheren *„Auffanglager für alle irgendwie*

*Auffälligen"* ein Krankenhaus zu machen, das psychisch kranke Menschen behandelt. Pflegebedürftige behinderte Patienten werden immer mehr von verschiedenen Organisationen aufgefangen und/oder in umliegenden Gemeinden in Wohngemeinschaften betreut. Für die Volkszählung 2001 meldete das PKH von den 360 Patienten nur mehr 100 als *„Pflegefälle mit Langzeitaufenthalt"* (die damit auch dem Hauptwohnsitzgesetz entsprechen) an die Stadt. Damit verringerte sich ihre Zahl seit 1991 um 424 Personen, die bei den offiziellen Zahlen der Volkszählung 2001 „fehlten".

Hall hat in den letzten zehn Jahren auch seine Bedeutung als Garnisonsstadt weitgehend eingebüßt. Nach Auflösung und Abbruch der Speckbacherkaserne im Osten der Stadt konnte die Stadtgemeinde diese Flächen für sozial geförderten Wohnbau gewinnen. Auch die im Westen der Stadt liegende Straubkaserne ist erheblich verkleinert worden.

Die Stadt Hall ist seit Jahrhunderten auch geprägt als eine Stadt der Klöster und diverser kirchlich-sozialer Einrichtungen. Zu den bereits bestehenden kamen seit 1851 noch einige Frauenklöster dazu, die sich vor allem dem Unterricht und der Krankenpflege widmeten (*Nothegger* 1953, 290-336):

1851:   Tertiarschwestern (Unterer Stadtplatz 3/4)
1859:   Salesianerinnen (Kloster Thurnfeld) (Kaiser-Max-Straße 3)
1863:   Barmherzige Schwestern (Zufluchtshaus) (Fassergasse 32)
1910:   Kreuzschwestern (Provinzhaus) (Bruckergasse 24)
1912:   Herz-Jesu-Schwestern (ehemals Damenstift) (Schulgasse 2)

Mangelnder Nachwuchs und eine bedenkliche Überalterung haben den Anteil dieser Gemeinschaften ebenfalls erheblich reduziert.

*Fig. 12:* Vergleich der Gemeindeflächen einiger Tiroler Städte

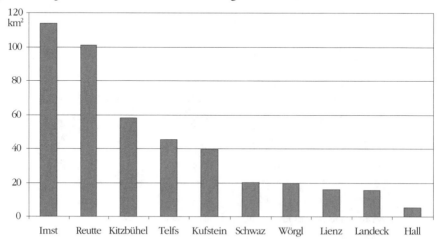

Quelle: ÖSTAT - Ortsverzeichnis 1991

Nach dieser Analyse des deutlichen Bevölkerungsverlustes in Hall in den letzten 30 Jahren kann davon ausgegangen werden, dass bei Beachtung all dieser angeführten, die

Bevölkerungsentwicklung beeinflussenden Faktoren (Entfernen von „Karteileichen" bei der Umstellung auf EDV, veränderte Zählweise bzw. Erfassung der „Gastarbeiter", neues Hauptwohnsitzgesetz usw.) die Einwohnerzahl im Jahr 1971 von 12.873 nach heutigen Erfassungskriterien wohl zu hoch gegriffen war.

Als ein weiterer Grund für die kontinuierliche Bevölkerungsabnahme seit 1971 ist ungeachtet ihres Ausmaßes noch die Katasterfläche zu nennen. Hall liegt mit seinen eng gezogenen Gemeindegrenzen im Vergleich mit anderen Tiroler Städten (*Fig. 12*) oder Umlandgemeinden am untersten Ende der Skala und hat deshalb nur mehr wenig Bauland anzubieten.

So weisen z. B. Rum und Mils mit ihrer wesentlich größeren Gemeindefläche seit 1945 hohe Zuwachsraten auf. In Rum entstand südlich der Bundesstraße der Ortsteil Neurum und in Mils erwarb die Firma Swarowski in den sechziger Jahren im Bereich der Milser Heide große Baulandflächen, die sie dann zu sehr günstigen Konditionen an ihre Mitarbeiter weitergegeben hat. In Hall werden die Neubauwohnungen nach Auskunft des *Meldeamtes* immer mehr *„… von den insgesamt kleiner werdenden Haller Haushalten (Geschiedene, Alleinerziehende, Singles mit oder ohne Lebensabschnittspartner) gekauft oder gemietet, so dass sich der Wohnungsmarkt innerhalb der Stadt abspielt und Zuwanderern damit wenig Chancen auf eine Neubauwohnung in Hall haben …"*.

## 5.4. *Altersaufbau und sozioökonomische Struktur der Wohnbevölkerung*

Beim Blick auf den Altersaufbau in Hall (*Fig. 13*) oder die Alterspyramide (*Fig. 14*) fällt die abnehmende Zahl der Kinder bei gleichzeitigem Ansteigen der Senioren besonders ins Auge. Nach den Ergebnissen der Volkszählung 1991 betrug der Anteil der 0-14-Jährigen an der Gesamtbevölkerung nur mehr 15,6 % und sank trotz zunehmender Anzahl von Ausländerkindern bis 2001 noch weiter auf 15,1 %. Bei diesem Prozentsatz an Jugendlichen unter 15 Jahren ist anzunehmen, dass trotz steigender Lebenserwartung die Wohnbevölkerung weiterhin abnehmen wird.

Als Folge ist mittelfristig mit einer geringeren Nachfrage an Kindergartenplätzen und im Pflichtschulbereich zu rechnen. Der Bedarf an Versorgungseinrichtungen für ältere Leute wird steigen, die Gefahr der Verringerung der regionalen Kaufkraft ist dabei nicht auszuschließen, ebenso wie die Nachfrage nach öffentlichen Verkehrsmitteln durch weniger Schülerfahrten.

Der Prozentsatz der älteren Generation mit über 60 Jahren nimmt seit 1971 laufend zu und wies im Jahr 2001 bereits 23,5 % auf. Ein Mitgrund für diese Überalterung der Bevölkerung mit fast fünf Prozent über dem Tirol-Durchschnitt ist auf die große Anzahl an Pflege- und Seniorenheimen zurückzuführen. Auch die Klostergemeinschaften weisen bei sinkender Zahl eine immer stärkere Überalterung auf. Wenn die neuesten Prognosen über die Bevölkerungsentwicklung in Österreich zutreffen, dürfte sich die schon jetzt schlechtere Situation der Altersstruktur in Hall in den nächsten 30 Jahren noch wesentlich weiter verschärfen:

*Fig. 13:* Wohnbevölkerung nach Altersgruppen 1971 - 2001 in Prozent

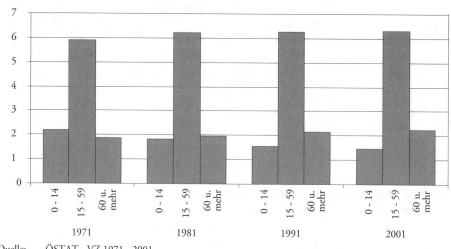

Quelle: ÖSTAT - VZ 1971 - 2001

*Fig. 14:* Alterspyramide 2001 im Vergleich mit 1967

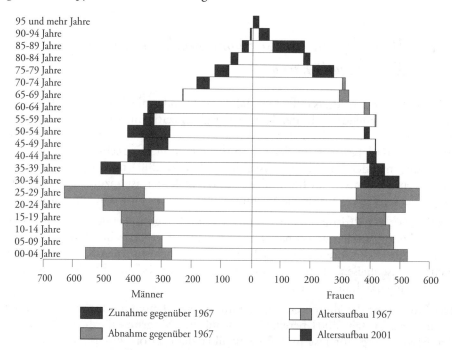

Quelle: Meldeamt - Personalstandsaufnahme 1967; ÖSTAT - VZ 2001

„Während die Gesamtbevölkerung in Österreich in den nächsten 30 Jahren leicht steigt, wird sich die Altersstruktur gewaltig verändern. Der Anteil der Kinder unter 15 Jahren wird stark zurückgehen, von 16,7 % (2000) auf 13,9 (2030). Schon im Jahr 2005 wird *die Zahl der Kinder im Vorschulalter um 10 % niedriger sein als 2000. Stark ansteigen wird in den nächsten Jahrzehnten die Bevölkerung im Alter von mehr als 60 Jahren, während die Zahl derer, die im Erwerbsalter sind, kontinuierlich sinkt. Derzeit steht, so die Experten der Statistik Austria, etwa jeder fünfte Österreicher im Pensionsalter von 60 und mehr Jahren. Ab 2015 wird es schon jeder vierte sein, um 2030 bereits jeder dritte"* (*ORF-Teletext*, 30.07.01).

Der Bevölkerungsanteil der Erwerbsfähigen (15-59 Jahre) stieg in den vergangenen 30 Jahren anfangs noch leicht an und stagniert in den letzten Jahren nahezu (*Fig. 13*), während der Anteil der Berufstätigen an der Gesamtbevölkerung kontinuierlich Zuwachs erhielt (*Fig. 15*).

*Fig. 15:* Wohnbevölkerung nach Lebensunterhalt 1971 - 1991 in Prozent

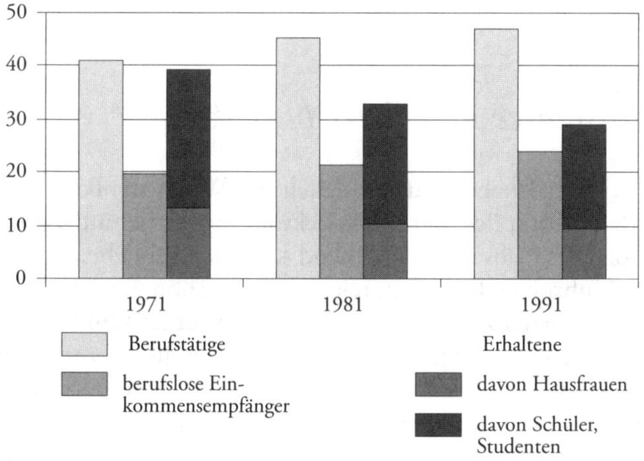

Berufstätige
berufslose Einkommensempfänger
Erhaltene
davon Hausfrauen
davon Schüler, Studenten

Quelle: ÖSTAT - VZ 1971 - 1991

Von den 7766 Personen im Alter zwischen 15 und 59 Jahren waren 1991 5814 berufstätig. Die Differenz zwischen Erwerbsquote und potentieller Beschäftigungsdauer hängt mit dem späteren Einstieg der Jugendlichen in das Berufsleben vor allem durch den Besuch weiterführender Schulen und dem früheren Ausstieg der oberen Altersjahrgänge zusammen. Da Hall als traditionelle Studentenstadt über ein gutes Schulangebot verfügt, sei an dieser Stelle auch darauf hingewiesen, dass gemessen an der Haller Bevölkerung der über 15-Jährigen der Anteil an Hochschulabsolventen und jener an berufsbildenden höheren Schulen laut Volkszählung 1991 über dem Landesdurchschnitt lag.

Infolge sinkender Kinder- und Schülerzahlen sowie einer zunehmenden Berufstätigkeit der Frauen wird der Prozentsatz der erhaltenen Personen hingegen ständig kleiner. So gab es in Hall 1971 noch um 480 „Hausfrauen" sowie 802 Kinder mehr als 1991. Die Bildungspolitik des Staates wurde zu einem Motor des sozialen Wandels in den 1970er- und 1980er-Jahren, von dem besonders die Frauen profitiert haben. Noch in den 1950er- und 1960er-Jahren arbeiteten die Frauen nach Beendigung der Pflichtschule vielfach nur als ungelernte Hilfskräfte, die nach Gründung einer Familie wieder aus dem Erwerbsleben ausschieden. Für die frühen 1990er-Jahre zeigt sich ein anderes Bild, Frauen besuchen weiterführende Schulen, erwerben zumindest die Facharbeiterqualifikation, schieben die Familiengründung hinaus und steigen nach der Geburt des ersten Kindes seltener bzw. nur mehr für kürzere Zeit aus dem Erwerbsprozess aus. Verstärkt wird dieser Vorgang durch die steigenden Scheidungszahlen und die Zunahme der allein erziehenden Frauen (*Faßmann* 1997, 85). In Hall stieg sowohl der prozentuelle Anteil der Maturantinnen an der Wohnbevölkerung der über 15-Jährigen zwischen 1981 (8,9 %) und 1991 (12,6 %) an, als auch die Zahl der Hochschulabsolventinnen, die sich im gleichen Zeitraum von 122 auf 218, also um fast 80 % erhöhte (*ÖSTAT - VZ* 1991). Im Haller Gymnasium gab es im Jahr 1997 von den 400 Schülern noch knapp mehr männliche Schüler (208/192), in der Handelsakademie und Handelsschule betrug das Verhältnis bereits 170 zu 206 zugunsten der Mädchen (*Schulamt Hall*).

## 5.5. Arbeitsplätze und Betriebsstruktur

Bezüglich der wirtschaftlichen Zugehörigkeit der Wohnbevölkerung (*Fig. 16*) sticht die überragende Position des Wirtschaftssektors „Industrie und Gewerbe" ins Auge, dessen Anteil bis 1981 absolut weitgehend konstant geblieben ist und erst danach einen stärkeren Einbruch erlitten hat, relativ jedoch schon seit 1951 rückläufig ist. Die Pensionisten weisen seit 1951 konstante Zuwächse auf und bilden 1991 erstmals die stärkste Gruppe, erst an dritter und vierter Stelle folgen die Dienstleistungen sowie der Sektor Handel und Verkehr. Außer der in Hall unbedeutenden Landwirtschaft haben sich die einzelnen Wirtschaftsbereiche mehr und mehr aneinander angeglichen.

*Fig. 16:* Wirtschaftliche Zugehörigkeit der Wohnbevölkerung 1951 - 1991

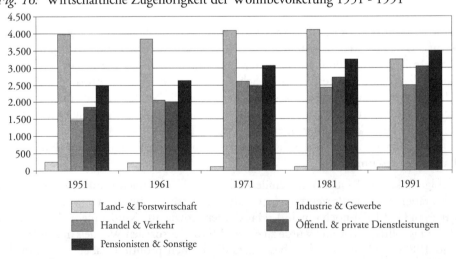

Quelle:  ÖSTAT - VZ 1951 - 1991

*Tab. 24:* Berufstätige und Beschäftigte am Arbeitsort nach Wirtschaftsabteilungen
a. **Berufstätige in Hall**

| Wirtschaftsabteilungen | 1971 | 1981 | 1991 |
|---|---|---|---|
| Verarb. Gewerbe; Industrie | 1.649 | 1.769 | 1.399 |
| Bauwesen | 433 | 643 | 654 |
| Handel, Lagerung | 836 | 920 | 1.031 |
| Beherbergungs- und Gaststättenwesen | 174 | 245 | 291 |
| Verkehr; Nachrichtenübermittlung | 361 | 351 | 349 |
| Geld-, Kreditwirtschaft, Wirtschaftsdienste | 181 | 251 | 386 |
| Persönl., soz. u. öffentl. Dienste, Haushalte | 1.239 | 1.425 | 1.607 |
| Sonstige | 125 | 122 | 97 |
| **Summe** | **4.998** | **5.726** | **5.814** |

b. **Beschäftigte am Arbeitsort nach Wirtschaftsabteilungen**

| Wirtschaftsabteilungen | 1971 | 1981 | 1991 |
|---|---|---|---|
| Verarb. Gewerbe; Industrie | 2.205 | 2.405 | 2.140 |
| Bauwesen | 880 | 964 | 1.086 |
| Handel, Lagerung | 802 | 1.205 | 1.300 |
| Beherbergungs- und Gaststättenwesen | 165 | 203 | 225 |
| Verkehr, Nachrichtenübermittlung | 384 | 487 | 568 |
| Geld-, Kreditwirtschaft, Wirtschaftsdienste | 114 | 154 | 301 |
| Persönl., soz. u. öffentl. Dienste; Haushalte | 1.349 | 1.812 | 2.439 |
| **Summe** | **6.069** | **7.346** | **8.161** |

Quelle: ÖSTAT - VZ 1971 - 1991

Die Betrachtung der Berufstätigen nach Wirtschaftsabteilungen ergibt ein ähnliches Bild. Durch die Lage im zentralen Inntal und die Nähe zur Landeshauptstadt liegt Hall mit einer vergleichsweise starken Gewerbe- und Industriestruktur im landesweit besten Arbeitsmarktraum. Dies erklärt auch den nach wie vor hohen Stellenwert von Industrie und Baugewerbe (*Tab. 24*). Mit den zahlreichen Betriebsgründungen im sekundären und tertiären Bereich ist das Angebot an Arbeitsplätzen erheblich angestiegen, so dass es schon lange von den ortsansässigen Beschäftigten nicht mehr gedeckt werden konnte und Hall sich trotz der Nähe zu Innsbruck immer mehr zu einem Einpendlerzentrum entwickelt hat (*Tirol-Atlas*, Karte I-1: Berufspendler).

Während 1961 knappe 40 % der Arbeitskräfte in Hall Einpendler waren, lag der Prozentsatz 1991 bereits bei über 65 %. Diese stark gestiegenen Einpendlerzahlen veranschaulichen die wachsende Bedeutung der Stadt als Arbeitsstandort. Die Nähe zu Innsbruck und zum Industrieort Wattens hat mit nahezu der Hälfte der in Hall wohnhaften Arbeitnehmer zwar auch zu einem beachtlichen Anstieg der Auspendler geführt, doch konnte Hall die Zahl der Beschäftigten am Arbeitsort in den 30 Jahren zwischen 1961 und 1991 von rund 5100 auf 8200 steigern. Damit sind zwei Drittel der in Hall Beschäftigten Einpendler (*Tab. 25*)

*Tab. 25:* Ein- und Auspendler in Hall 1961 - 1991

| Jahr | Beschäftigte am Wohnort | Auspendler | | Einpendler | | Beschäftigte am Arbeitsort | davon Einpendler in % |
|---|---|---|---|---|---|---|---|
| | | abs. | % | abs. | % | | |
| 1961 | 4.776 | 1.616 | 33,8 | 1.959 | 41,0 | 5.119 | 38,3 |
| 1971 | 4.998 | 1.946 | 38,9 | 3.017 | 60,4 | 6.069 | 49,8 |
| 1981 | 5.556 | 2.331 | 41,9 | 4.122 | 74,2 | 7.346 | 56,1 |
| 1991 | 5.514 | 2.688 | 48,7 | 5.335 | 96,7 | 8.161 | 65,4 |

Quelle: ÖSTAT - VZ 1961 - 1991; eigene Berechnungen

Die Einpendler verteilen sich beinahe gleichmäßig auf alle Wirtschaftsabteilungen (*Tab. 26*). Sie kommen zu über 50 % aus anderen Gemeinden des politischen Bezirkes, hauptsächlich aus den Nachbargemeinden Absam, Thaur und Mils sowie Rum und Wattens. Über ein Viertel der Einpendler stellt Innsbruck.

Im Jahr 1991 zählte Hall bei 2700 Auspendler, was seit 1961 ebenfalls einer Zunahme von rund 1000 entspricht. Über ein Viertel der Auspendler arbeitet in anderen Gemeinden des politischen Bezirkes, vornehmlich in Rum, Absam, Wattens und Mils. Mit 65 % der Auspendler steht Innsbruck verständlicherweise an der Spitze. Nicht wenige dieser Auspendler haben ihren Wohnort von Innsbruck nach Hall verlegt und sind auf diese Weise zu Pendlern geworden. Andererseits ist in Hall ein traditionell hoher Anteil an Eisenbahnern beheimatet, deren Dienstort ebenfalls in Innsbruck liegt.

Wie bereits ausgeführt, hat die Vormachtstellung des Wirtschaftszweiges „Industrie und Gewerbe" erst seit 1991 zahlenmäßig Einbußen erlitten, ist aber nach wie vor noch sehr bedeutend. Bei einer Aufgliederung nach ausgewählten Fachgruppen der Sektion Industrie (*Tab. 27*) wird deutlich, dass die Metallgrundindustrie und der Maschinenbau die wichtigsten Sparten der Haller Industrie sind, auf die 1991 noch 45 % (1973: 59,3 %) aller Arbeitsplätze fielen.

Das dafür prägende Unternehmen sind die Tiroler Röhren- und Metallwerke mit 420 Arbeitnehmern (1997). Das Werk wurde 1948 gegründet und beschäftigte im Jahr

1970 noch über 1000 Arbeiter und Angestellte. Günstige Bodenpreise und niedere Gebühren in der Industrie- und Gewerbezone schufen entsprechende Anreize für zahlreiche weitere Betriebsansiedlungen und -gründungen zu Beginn der 1960er-Jahre. Die gute verkehrsgeographische Lage für den An- und Abtransport von Gütern trug einen wesentlichen Teil zum Entstehen dieser Industriezone im Westen der Stadt bei. Diese hebt sich immer deutlicher vom übrigen Stadtbild ab, seit Stadt- und Landesplanung den Ausbau der Industriezone Thaur-Hall auch in die Nachbargemeinde forcieren.

*Tab. 26:* Beschäftigte und Einpendler nach Wirtschaftsgruppen 1991

| Wirtschaftsabteilungen | Beschäftigte | davon Einpendler | |
|---|---|---|---|
| | | absolut | % |
| Verarb. Gewerbe; Industrie | 2.140 | 1.394 | 65 |
| Bauwesen | 1.086 | 717 | 66 |
| Handel, Lagerung | 1.300 | 859 | 66 |
| Beherbergungs- und Gaststättenwesen | 225 | 96 | 43 |
| Verkehr, Nachrichten-übermittlung | 568 | 456 | 80 |
| Geld-, Kreditwirtschaft, Wirtschaftsdienste | 301 | 189 | 63 |
| Persönl., soz. u. öffentl. Dienste; Haushalte | 2.439 | 1.585 | 65 |
| Sonstige | 102 | 39 | 38 |
| **Summe** | **8.161** | **5.335** | **65** |

Quelle: ÖSTAT - VZ 1991

Dem Haller Paradebetrieb Tiroler Röhren- und Metallwerke folgten nach Beschäftigungszahlen von 1997 die Firmen Maschinenbau Felder (205), Haller Textilwerke (150), Dinkhauser Kartonagen (130), Schmiedl Armaturen (120), Foliplast Kunststoffwerk (110), Milford Tee (110) und Recheis Eierteigwaren (85). Diese Haller Betriebe sind neben dem Baugewerbe auch die bedeutendsten Arbeitgeber für „Gastarbeiter". Sie repräsentieren weitgehend jene Industrie-Branchenstruktur, die auch unqualifizierten Mitarbeitern Arbeitsmöglichkeiten verschafft.

Neben zahlreichen, neu gegründeten Gewerbebetrieben siedelte sich hier aber auch eine Reihe von ehemals kleinen Handwerksbetrieben aus der Altstadt an. Diese erhielten durch Erweiterung ihrer Produktion oder durch die stärkere Verlagerung vom Reparatur- auf den Fertigungssektor teilweise einen industrieähnlichen Charakter. Darunter fallen beispielsweise zwei Spenglereien, zwei Installationsbetriebe oder eine Kunstschlosserei mit einer Beschäftigtenzahl zwischen 15 und 35.

*Tab. 27:* Industriebeschäftigte in den sechs größten Branchen

|  | 1964 | 1973 | 1981 | 1991 |
|---|---|---|---|---|
| Eisen und Metall | 794 | 924 | 832 | 557 |
| Maschinen | 291 | 604 | 337 | 485 |
| Transportmittel | 48 | 208 | 275 | 208 |
| Nahrungsmittel | 207 | 196 | 214 | 164 |
| Textil | 55 | 179 | 255 | 238 |
| Holz | 54 | 173 | 99 | 184 |
| **Summe** | **1.449** | **2.284** | **2.012** | **1.809** |

Quelle: ÖSTAT - Betriebsstättenzählungen 1964 - 1991; eigene Berechnungen

Auch das Baugewerbe verzeichnet seit 1971 leichte Zuwächse. Entscheidende Impulse für die Entwicklung des Bauwesens in Hall gingen von der nicht mehr bestehenden Firma „Pümpel und Söhne" aus, die im Jahr 1970 mit 250 Beschäftigten die größte in Hall war. Die beiden heute wichtigsten Arbeitgeber im Baugewerbe sind die Firmen Fröschl und Innerebner mit zusammen immerhin mehr als 700 Beschäftigten, die zu einem beachtlichen Anteil von ausländischen Arbeitskräften eingenommen werden.

Besonders auffallend beim Blick auf *Tab. 24* ist die rasante Entwicklung der Beschäftigten im tertiären Sektor, vor allem bei den „Sozialen und öffentlichen Diensten". Die Bedeutung Halls als Schulstadt und als wichtiger Standort von Einrichtungen im Bereich „Gesundheits- und Fürsorgewesen" hat seit 1971 zu einer Verdoppelung dieser Beschäftigten geführt. Die größten Arbeitgeber sind hier vor allem die beiden Haller Krankenhäuser, die ständig ausgebaut und modernisiert werden. Das Bezirkskrankenhaus Hall mit 290 Betten beschäftigte im Jahr 1998 einschließlich der 65 Krankenpflegeschüler 670 Personen.

Im Psychiatrischen Krankenhaus (PKH) mit 387 Betten und der angeschlossenen Landes-Pflegeklinik Tirol (LPK) mit 109 Betten haben im Jahr 2001 460 Personen gearbeitet. Im Tiroler Volksmund ist die Stadt schon „immer" Synonym für das „gelbe Haus" oder das „Narrenhäusl" oder „Guglhupf". Diese Institution ist zwar in Hall auch heute noch mit nicht unbegründeten Vorurteilen behaftet, doch gehört das PKH inzwischen zu den modernsten Krankenhäusern Europas. 1984 waren noch alle Stationen im Haus „geschlossen". Jetzt gibt es nur noch Kleinstationen, bei denen die Außentüren verriegelt bleiben. Dort sind jene Patienten untergebracht, die aufgrund ihrer Selbst- und Fremdgefährdung geschützt werden müssen. 90 % aller Patienten können sich jedoch frei bewegen bzw. bleiben nur für kurze Zeit in Behandlung.

Im Jahr 2000 gab es 4716 Aufnahmen und 4703 Entlassungen. Das PKH zeichnet sich vor allem auch durch seine ideale Lage am Stadtrand von Hall aus. Auf der einen Seite liegt das Stadtzentrum nur fünf Gehminuten entfernt, andererseits haben die Patienten die Möglichkeit, die 15 ha große Parkanlage, die das Haus umgibt, für Ruhe und Entspannung zu nutzen. Das Einzugsgebiet der Patienten beschränkt sich weitestgehend auf das Bundesland Tirol, wobei Innsbruck-Stadt und Innsbruck-Land 60 % der Patienten „stellen".

Aufgrund der wesentlichen Umstrukturierung der „kaiserlich-königlich provinziellen Irrenanstalt in Hall" in ein Psychiatrisches Krankenhaus sowie seiner beachtlichen wirtschaftlichen Bedeutung für Hall sei hier eine kurze historische Zusammenfassung des PKH angefügt:

Die Geschichte des PKH ist eng mit der Geschichte der Psychiatrie in Tirol verbunden. Im Jahre 1819 wurde beschlossen, dass eine kaiserlich-königlich provinzielle Irrenanstalt in Hall errichtet werden sollte. Hierfür zog man einen ursprünglich als Kloster konzipierten und später für militärische Wohnzwecke adaptierten Bau heran, so dass im Jahre 1826 mit dem Umbau begonnen und 1830 letztendlich die k. und k. Irrenanstalt eröffnet werden konnte. Diese war ursprünglich für 45 Männer und 30 Frauen vorgesehen. In dieser ersten Hälfte des 19. Jahrhunderts galt die psychiatrische Erkrankung eher als moralisches Fehlverhalten denn als eine Veränderung im Sinne eines Krankheitsbildes. Erst im Jahre 1845 kam es zur Beschreibung psychiatrischer Phänomene als Erkrankungen des zentralen Nervensystems. Im Jahre 1865 kam es zur Übernahme dieses Krankenhauses, das damals noch als Irrenanstalt bezeichnet wurde, durch das Land Tirol und 1891, also 61 Jahre nach Gründung der Irrenanstalt in Hall, wurde die Univ.-Klinik für Psychiatrie in Innsbruck gegründet.

Die Irrenanstalt in Hall erlebte zwischen 1885 und 1910 eine ausgeprägte Ausdehnung. Neben der Eröffnung mehrerer Stationen entstanden in dieser Zeit die Kapelle und das Wirtschaftsgebäude, 1912 kam es zum Zukauf der Landwirtschaft und zur Errichtung entsprechender Gebäude. In das zweite Dezennium des 20. Jahrhunderts fallen neue therapeutische Ansätze im Rahmen der Psychiatrie. Zunehmend werden Schlafkuren, Fieberkuren, aber auch Arbeitstherapie in die Betreuung psychisch Kranker mit einbezogen. Nicht zufällig kommt es aus diesem Grunde auch im Jahre 1917 zu einer Umbenennung des bis dahin als Irrenanstalt bezeichneten Krankenhauses in die *Landes-Heil- und Pflegeanstalt*.

In den 1930er-Jahren wurde es zunehmend „dunkel" um den Bereich der Psychiatrie. Im Jahre 1933 erschien in der Nr. 86 des Reichsgesetzblattes das Gesetz zur Verhütung von erbkrankem Nachwuchs: „Wer erbkrank ist, kann durch einen chirurgischen Eingriff unfruchtbar gemacht (sterilisiert) werden, wenn nach den Erfahrungen der ärztlichen Wissenschaft mit großer Wahrscheinlichkeit zu erwarten ist, dass seine Nachkommen an schweren körperlichen oder geistigen Erbschäden leiden werden."

Erbkrank im Sinne dieses Gesetzes ist, wer an einer der folgenden Krankheiten leidet: 1. angeborenem Schwachsinn, 2. Schizophrenie, 3. zirkulärem (manisch-depressivem) Irresein, 4. erblicher Fallsucht (Epilepsie), 5. erblichem Veitstanz (Chorea Huntington).

Im Jahre 1940 kam Herr Dr. Meeneke gemeinsam mit ein paar Studenten in die Heil- und Pflegeanstalt nach Hall, um die gesamten Krankenunterlagen nach „lebensunwerten" PatientInnen zu durchforsten. Dr. Meeneke weigerte sich, die PatientInnen selbst zu beurteilen, sondern nahm nur Einblick in die Unterlagen. Nach Erstellung einer Liste von 300 PatientInnen, die auch eine Reihe von relativ leicht kranken PatientInnen enthielt, nahm der damalige ärztliche Leiter Prim. Dr. Ernst von Klebelsberg Kontakt mit Herrn Univ.-Prof. Dr. Helmut Scharfetter, dem damaligen Vorstand der Univ.-Klinik für Psychiatrie in Innsbruck, auf. Aufgrund dieses Kontaktes konnten zwar eine Reihe todgeweihter PatientInnen gerettet werden, letztendlich kam es in den Jahren 1940 - 1942 zu einem Abtransport von 233 PatientInnen von der Heil- und Pflegeanstalt in Hall in die Tötungsanstalten von Hartheim und Niedernhart.

Nach diesen schwarzen Flecken der Geschichte der Heil- und Pflegeanstalt in Hall kam es in den 1950er-Jahren zu einem Aufschwung der Psychiatrie. Ein erster Meilenstein dürfte wohl das Jahr 1953 sein, in dem es zur Einführung des ersten Neuroleptikums (Chlorpromazin) kam, im Jahre 1958 wurde das erste Antidepressivum (Imipramin) entwickelt. Diese biologisch-medikamentösen Errungenschaften könnten auch der Ausschlag für eine neuerliche Umbenennung der bis dorthin als Heil- und Pflegeanstalt bezeichneten Struktur in *Landes-Nervenkrankenhaus Hall* gewesen sein. Dieses wurde im Jahr 1973 wieder erweitert.

Langsam kam es auch auf politischer Ebene zu einer stärkeren Repräsentanz psychiatrischer Inhalte. Aufgrund der prekären psychiatrischen Versorgungslage versuchte man in Deutschland mit Hilfe einer Psychiatrieenquete grundlegende Ziele einer künftigen modernen Psychiatrie festzulegen (Deutscher

Bundestag 1975). Die dabei festgehaltenen Grundprinzipien fanden auch Eingang in österreichische Reformbemühungen.

1984 leitete Prof. Schubert im Landes-Nervenkrankenhaus Hall eine Öffnung des Hauses ein. Bis dorthin waren noch praktisch alle Stationen geschlossen. Im Jahre 1989 erhielt die Univ.-Klinik für Psychiatrie in Innsbruck den Auftrag, den Psychiatrieplan für Tirol zu erstellen, und zwei Jahre später trat das Unterbringungsgesetz in Kraft.

Im Jahre 1992 kam es zu einer neuerlichen Umbenennung des Landes-Nervenkrankenhauses in *Psychiatrisches Krankenhaus des Landes Tirol*. Im Jahre 1991 wurde die Trägerschaft vom Land Tirol der TILAK Ges.m.b.H. übertragen. Nach dem von der Landesregierung im Jahr 1995 beschlossenen Psychiatrieplan Tirol erfolgte als erster Umsetzungsschritt die Unterteilung des Psychiatrischen Krankenhauses in Hall. Diese Aufteilung erfolgt psychiatrieplangemäß wie folgt: Das Primariat I versorgt die Region 2 (Bezirke Innsbruck-Land und Schwaz), das Primariat II die Regionen 3, 4 und 5 (die Bezirke Landeck, Reutte, Imst, Kufstein, Kitzbühel und Lienz) und das Primariat III im Sinne der Spezialversorgung geriatrischer Patientinnen und Patienten.

Im Jahre 1996 wurde die Gruppe der geistig Behinderten (Verein W.I.R.) ausgegliedert, die forensische Abteilung eröffnet und eine zunehmende Spezialisierung eingeleitet. Diese erfuhr ihren bisherigen Höhepunkt im Rahmen eines Beschlusses der Primariatskonferenz (besteht aus Ärztlichem Direktor, Verwaltungsdirektor und Pflegedienstleitung sowie den drei Primarii), in dem festgehalten wurde, dass sich im Psychiatrischen Krankenhaus des Landes Tirol zunehmend Spezialbereiche etablieren sollen, während die Regelpsychiatrie in die Bezirkskrankenhäuser ausgegliedert wird. Dieser Beschluss der Primariatskonferenz baut auf dem Psychiatrieplan Tirol auf und ist für die Zukunft des Psychiatrischen Krankenhauses in Hall richtungsweisend. Als letzter wichtiger Schritt wurde im Jahre 1996 ein Psychiatriekoordinator eingesetzt, der die Etablierung regionaler Strukturen und zentraler Spezialeinheiten zur Aufgabe hat (*PKH*, 2001).

Auch die fünf Senioren- und Pflegeheime beschäftigen eine große Anzahl an Personal. Zwei dieser Heime - das „Haus am Glashüttenweg" (60 Betten) ist seit 1928 im Gebäude der ehemaligen Glashütte auf der Unteren Lend untergebracht und das „Haus zum guten Hirten" (100 Betten), ein privates Altersheim der Barmherzigen Schwestern - liegen außerhalb der Altstadt, die anderen aber in unmittelbarer Altstadtnähe, wie das „St. Klaraheim" am Unteren Stadtplatz (60 Betten) als privates Alters- und Pflegeheim der Tertiarschwestern. Das „Annaheim" (65 Betten) befindet sich auf einem idealen Standort in der Nähe zum Stadtzentrum. Der Ankauf durch die Stadt sollte sichern, dass dieses von den Kreuzschwestern geführte Alters- und Pflegeheim weiterhin diesem Zweck dient und vorwiegend der Haller Bevölkerung zur Verfügung steht.

Mit dem „Haus im Stiftsgarten" (130 Betten) wurde zu Beginn der 1980er-Jahre ein beispielhaftes Modell geschaffen, das den alten und pflegebedürftigen Menschen weitgehend entgegenkommt. Bei der Planung des neuen Seniorenheimes entschloss sich die Stadt, dieses in der Nähe der Altstadt zu errichten, wodurch es den Senioren ermöglicht wird, den Kontakt zur Bevölkerung aufrechtzuerhalten, indem die Altstadt über einen Park kreuzungsfrei erreicht werden kann.

Ermöglicht wurde dieser Bau durch den Ankauf eines 4000 m² großen Areals östlich der Altstadt („Faistenbergergarten"). Darauf errichtete die Stadt 36 Kleinwohnungen für ältere Ehepaare oder für allein stehende alte Menschen und ein Heim mit 48 Pflegebetten sowie 24 Altersheimbetten für diejenigen, die auf eine Versorgung angewiesen sind. Als Erweiterung dieses Seniorenheimes ist eine zweite Anlage östlich davon bereits in Bau. Mit der Pflegeabteilung des Psychiatrischen Landeskrankenhauses stehen in Hall insgesamt 450 Betten in Senioren-, Wohn- und Pflegeheimen zur Verfügung.

Zu den großen Leistungen der Ära des Langzeitbürgermeisters Posch gehörte neben dem Aus- und Aufbau der Senioren- und Pflegeheime auch der Ausbau der medizinischen Versorgung und der sozialen Fürsorge, die für die große Anzahl von Senioren in Hall sehr bedeutend sind. Das soziale Netz ist natürlich auch in anderen Städten ausgebaut worden, in Hall jedoch mit besonderer Intensität. Daher soll es an dieser Stelle als Herzeigmodell besonders herausgestrichen werden. Der Sozial- und Gesundheitssprengel umfasst nämlich ein Betreuungsgebiet von immerhin 25.000 Einwohnern. Er besteht seit dem Jahr 1980 und versorgt die Gemeinden Hall, Absam, Gnadenwald, Thaur und Mils. Seine wichtigsten Aktivitäten erstrecken sich hauptsächlich auf die Hauskrankenpflege und Familienhilfe. Dazu kommen verschiedenste Beratungsdienste sowie die Mobilisierung der Nachbarschaftshilfe. Für diesen Zweck sind Diplomkrankenschwestern und Familienhelferinnen im Einsatz, deren Aufwand aus Beiträgen der betreuten Personen, aus Spenden und Landeszuschüssen und in der Hauptsache durch die beteiligten Sprengelgemeinden gedeckt wird. Die Hauskrankenpflege ermöglicht es, dass die Patienten in ihrer gewohnten häuslichen Umgebung bleiben können. Abgesehen von den regelmäßigen Pflegeleistungen der Krankenschwestern stellt der Sprengel Krankenbetten, Geh- und sonstige Pflegehilfen zur Verfügung. Die Zusammenarbeit mit der Ärzteschaft ist gewährleistet. Auch die Familienhilfe hat sprunghaft zugenommen. Die Mitarbeiter des Gesundheits- und Sozialsprengels bieten inzwischen auch Beratungen, Kurse und Hilfe in fast allen Lebenslagen an. Dort konzentrieren sich Mütterberatung, Säuglingsturnen, Eltern-Kind-Zentrum, Tagesmütter des Katholischen Familienverbandes, schulpsychologische Beratung, Sozialarbeiter, Logopädie, Erziehungsberatung, Zentrum für Ehe- und Familienfragen, psychologische Beratung für Krebskranke und deren Angehörige, Selbsthilfegruppe Depressionen, Selbsthilfegruppe Parkinson, Ernährungs- und Diätberatung sowie die Pflegeelternrunde. Die Angebote der Hilfestellungen im sozialen Bereich sind umfangreich und vielfältig.

Dieses große und ständig steigende Angebot an „Sozialen und öffentlichen Diensten" und der zum Teil im Schichtbetrieb geführten Einrichtungen erklärt den außerordentlich hohen Personalaufwand. In den drei städtischen Altersheimen stehen für die circa 240 Heimbewohner z. B. 130 Bedienstete zur Verfügung, von denen allein 90 in der Pflege tätig sind.

Der Handel, in Hall seit jeher von großer Bedeutung, war im Jahr 1991 nach den Beschäftigtenzahlen in den Haller Betrieben der drittwichtigste Bereich. Auch hier stieg die Zahl der Beschäftigten seit 1964 ständig an (*Fig. 17*) und erhöhte sich gleichermaßen bei Groß- und Einzelhandel: nach der Betriebsstättenzählung beim Großhandel von 406 (1964) auf 722 (1991), beim Einzelhandel von 395 (1964) auf 801 (1991). Neben den zahlreichen Einzelhandelsgeschäften vornehmlich im Altstadtbereich einschließlich der unmittelbaren Umgebung beschäftigen die Großhandelsfirmen wie Retterwerk-Mercedes (140), Hörtnagl-Fleischwaren (100), Zollfreizone-Logistikzone Tirol GmbH (65), Eisenkies-Groß- und Einzelhandel (60) die meisten Arbeitnehmer. Die Arbeitsplätze im Handel werden weiterhin zunehmen: Seit Dezember 1997 verfügt die Industrie- und Gewerbezone Hall über eine Infrastruktur, die für die wirtschaftliche Entwicklung des gesamten Tiroler Raumes von Bedeutung ist, denn mit der Eröffnung der neuen Autobahnausfahrt direkt in die Industriezone wurde nicht nur der Untere Stadtplatz wesentlich vom Schwerverkehr entlastet, sondern auch ein schnellerer Zugang in dieses Industriegelände geschaffen. Aber auch die Infrastruktur für den Umschlag von Gütern zwischen Schiene und Straße erhielt mit der Errichtung des Terminals Tirol eine besondere Qualität. Verlade- und Entladeflächen können ohne Rangieren besser erreicht werden und der Umschlag der Container erfolgt in kürzester Zeit. Durch diese neuen Einrichtungen, aber auch durch die große Zahl der Handelsbetriebe und Beschäftigten im Handel in der Stadt, deren Zahl mit anhaltendem Trend auch zwischen 1981 und 1991 beträchtlich zugenommen hat, schließt Hall wieder an seine mittelalterliche Tradition als Wirtschaftsdrehscheibe im Zentrum Tirols an.

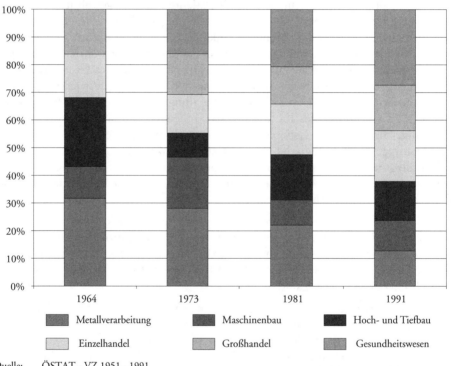

*Fig. 17:* Veränderung der Beschäftigtenstruktur in den sechs wichtigsten Wirtschaftsbranchen von Hall 1964 - 1991

Quelle: ÖSTAT - VZ 1951 - 1991

Insgesamt wird die Wirtschaft von Hall charakterisiert durch das Vorherrschen von Klein- und Mittelbetrieben. Von den insgesamt 635 Betrieben (1991) beschäftigen 517 weniger als 10 Personen, wobei die Betriebsgröße von 0 - 4 Beschäftigten mit mehr als 65 % überwiegt.

Die Veränderung in der Beschäftigtenstruktur zeigt sich in *Fig. 17,* wobei das Gesundheitswesen 1964 in der Betriebsstätten- und Beschäftigtenstatistik noch nicht als eigene

Branche aufschien. Werden die sechs für Hall wichtigsten Wirtschaftsabteilungen nach sekundärem und tertiärem Sektor zusammengefasst, dann wird der Wandel von der Industrie- zur Dienstleistungsgesellschaft nach dem Zweiten Weltkrieg deutlich. In zunehmendem Maß werden Dienstleistungsaufgaben aus der Produktion ausgelagert und können sich als selbständige Branchen etablieren. Eigene Firmen beschäftigen sich mit Werbung, Marketing, Finanzierung, Versicherung oder Betriebsberatung. Diese Auslagerung folgt dem arbeitsteiligen Prinzip, dementsprechend nahm auch in Österreich die Produktionstiefe in den Industrieunternehmen ab. Unternehmen spezialisierten sich und konnten damit kostengünstiger produzieren. Mit der abnehmenden Produktionstiefe sind die Unternehmen aber zunehmend in ein komplexes Transportsystem eingebunden worden. Rohstoffe und Vorprodukte müssen „just in time" zu den Unternehmen gebracht werden, ebenso die Endprodukte zu den Konsumenten (*Faßmann* 1997, 83).

# 6. Einflüsse und Auswirkungen der Migration auf Hall

## 6.1. Impressionen aus Hall zur Einführung

„Gastarbeiter" bilden schon lange ein prägendes Element in den Gassen und auf den Plätzen der Stadt. Viele Gesichter sind seit Jahrzehnten bekannt und vertraut, vor allem von Männern der ersten Generation, die bereits das Pensionsalter erreicht haben und an bestimmten Orten sitzend und ins Gespräch vertieft zu sehen sind. Einige trifft man immer wieder in Gastlokalen, wo sie sich bemühen, auch mit Einheimischen ins Gespräch zu kommen. Nicht wenige versuchen in ihrem gebrochenen Deutsch auszudrücken, dass sie sich als „Haller" fühlen wollen. Zu Dienstschluss in Betrieben der Haller Industriezone fallen die Migranten und hier besonders die Frauen auf, die in Gruppen zu Fuß den Weg nach Hause in Richtung Altstadt einschlagen.

Seitdem die „Gastarbeiter" begonnen haben, ihre Familien nachzuholen, bevölkern auch Frauen häufig in traditioneller Kleidung sowie mit Kinderwagen und Kleinkindern die Stadt. Mitunter unangenehm berührt fühlen sich jedoch Einheimische, wenn junge Frauen und Mütter, „wie Klosterfrauen verhüllt", ihre Einkäufe tätigen. Aus vielen Gesprächen mit ausländischen Bewohnern in Hall war zu entnehmen, dass dieses Faktum auch innerhalb der türkischen, aber auch der bosnisch-kroatischen Migranten sehr wohl zur Sprache kommt. Dieses Erscheinungsbild könnte sich für „Gastarbeiterfrauen" nachteilig auswirken, da sie damit immer als Ausländer betrachtet werden und die Distanz zu den Einheimischen bestehen bliebe. Westlich denkende integrationswillige Türken distanzieren sich deshalb von Teilen ihrer Landsleute, wenn sie zum Ausdruck bringen, dass sich gerade in der Türkei sehr viele Frauen „westlich" kleiden. Andererseits gleichen sich aber auch moslemische Mädchen in Hall in der Kleidung an den westlichen Lebensstil an. Als Zeichen, dass sie sich ihrer Religion noch verbunden fühlen, tragen sie modische Kopftücher. Wieder andere sind hinsichtlich Kleidung von den Einheimischen nicht mehr zu unterscheiden.

Die ursprünglich als „Gastarbeiter" nach Hall immigrierten (ex-)jugoslawischen und türkischen Staatsbürger bilden den Grundstock des ausländischen Bevölkerungsanteils. Aber längst besuchen ihre Kinder und teilweise Enkelkinder die heimischen Schulen, so dass diese Ausländer schon in zweiter und dritter Generation hier leben und viele von ihnen bereits eine Familie gegründet und eine neue Existenz aufgebaut haben. Gasthäuser, Imbissstuben, Gemüse- und Lebensmittelgeschäfte, die von Migranten betrieben werden, bereichern die lokale Vielfalt, auch einige Vereine wurden gegründet.

Einheimische machen sich wiederum Sorgen um die Ausbildung ihrer Kinder, wenn in manchen Klassen der Altstadtschulen hohe Anteile an „Gastarbeiterkindern" aufscheinen. Allerdings sprechen die meisten Kinder der zweiten und dritten Generation schon sehr gut deutsch.

Die Gefahr der Gettobildung durch ethnische Segregation einerseits sowie Vorurteile und fremdenfeindliches Verhalten von Teilen der einheimischen Bevölkerung andererseits sind nicht zu übersehen. Da der Ausländeranteil in Hall als durchaus hoch empfunden wird, gibt es in der Stadt nach Auskünften zuständiger Institutionen ein

latentes „Problem mit den Ausländern", welches durch die zunehmende „visibility",
auch bedingt durch die Kleidungsvorschriften moslemischer „Gastarbeiterfrauen" aus
der Türkei und aus Bosnien verstärkt wird.

*Tab. 28:* Ausländer in Hall nach Nationalitäten 2001

| Nationalität | Personen | Prozent |
|---|---|---|
| Österreich | 9.684 | 84,3 |
| Ausland: | 1.808 | 15,7 |
| EU-Staaten: | 204 | 11,3 |
| davon: | | |
| Deutschland | 112 | 6,2 |
| Italien | 64 | 3,6 |
| andere EU-Staaten | 28 | 1,5 |
| sonstiges Ausland: | 1.604 | 88,7 |
| davon: | | |
| Türkei | 547 | 30,2 |
| Bosnien | 216 | 12,0 |
| Kroatien | 358 | 19,8 |
| Mazedonien | 2 | 0,1 |
| Serbien und Montenegro | 344 | 19,0 |
| Slowenien | 7 | 0,4 |
| Sonstige | 130 | 7,2 |

Quelle: ÖSTAT - VZ 2001

Um diese geschilderten Eindrücke auch zahlenmäßig zu dokumentieren, soll vor der
detaillierten Auseinandersetzung mit der Situation der Migranten ein kurzer zahlenmäßiger Überblick geboten werden. Im Jahr 2001 waren in Hall 1808 Personen mit
ausländischer Staatsbürgerschaft gemeldet, was einem Anteil von 15,7 % entspricht,
204 davon stammen aus EU-Ländern (*Tab. 28*).

Nach eher kräftigem Anstieg Ende der 1960er-Jahre veränderte sich die absolute Zahl
der Ausländer und ausländischen Arbeitskräfte bis heute nicht mehr wesentlich
(*Fig. 18*). Das geringfügige Ansteigen des Prozentsatzes seit 1971 trotz annähernd
gleich bleibender Ausländerzahl hängt nicht mit einem absoluten Zuwachs zusammen,
sondern ist eine Folge des Rückganges der einheimischen Bevölkerung.

Bei dieser zahlenmäßigen Entwicklung muss aber noch berücksichtigt werden,
dass sich nicht wenige der schon lange ansässigen ausländischen Arbeitskräfte

um die österreichische Staatsbürgerschaft bemühen. Eine Durchsicht der Staatsbürgerschaftsakten im Haller Standesamt durch den Autor ergab, dass im Zeitraum zwischen 1981 und 2000 diese Zuerkennung immerhin 310 Arbeitsmigranten gelang, davon stammten 208 aus der Türkei und 102 aus (Ex-)Jugoslawien. Bei Hinzurechnen der eingebürgerten Neoösterreicher zum Anteil der Ausländer erhöht sich der „Ausländeranteil" auf 18,4 % (*Tab. 29*).

*Fig. 18*: Entwicklung der ausländischen Wohnbevölkerung 1951 - 2001

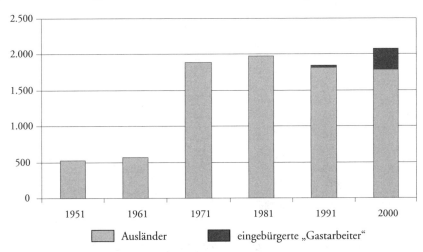

Quellen: 1951: ÖSTAT - VZ; 1961: Gebürtigkeit der Bevölkerung (Hagen 1967); 1971/1981: Meldeamt Hall; 1991/1992: Meldeamt sowie eigene Auszählung der „Neoösterreicher" im Standesamt; eigene Grafik

*Tab. 29:* Ausländeranteil an der Wohnbevölkerung in Prozent

| Jahr | Anteil an der Wohnbevölkerung in % |
|---|---|
| 1971 | 14,7 |
| 1981 | 15,7 |
| 1991 | 14,7 |
| 2000* | 18,4 |
| 2001 | 15,7 |

* bei Berücksichtigung der seit 1981 eingebürgerten (Ex-)Jugoslawen und Türken

Quelle: ÖSTAT - VZ 1971, 1981, 1991, 2001; Meldeamt Hall vom 9.1.2000

*Tab. 30* bietet noch einen Vergleich des Ausländeranteils in Hall mit einigen anderen Tiroler Gemeinden. Daraus geht hervor, dass Reutte mit 19,6 % den höchsten Anteil aufweist, gefolgt von Kufstein (16,7 %) und Hall mit 15,5 %.

*Tab. 30:* Ausländeranteil in einigen Tiroler Städten 1999

| Gemeinde | Wohnbe-völkerung | Österreicher | | Ausländer | | | | |
|---|---|---|---|---|---|---|---|---|
| | | absolut | % | absolut | % | davon EU-Bürger | davon Jugoslawen | davon Türken |
| Innsbruck | 111.752 | 97.688 | 87,4 | 14.064 | 12,6 | 3.961 | 5.459 | 2.757 |
| Imst | 8.620 | 7.751 | 89,9 | 869 | 10,1 | 154 | 188 | 396 |
| **Hall** | **11.447** | **9.671** | **84,5** | **1.776** | **15,5** | **204** | **932** | **526** |
| Telfs | 12.396 | 10.667 | 86,1 | 1.729 | 13.9 | 391 | 392 | 847 |
| Kitzbühel | 8.657 | 7.528 | 87,0 | 1.129 | 13,0 | 491 | 372 | 125 |
| Kufstein | 15.152 | 12.620 | **83,3** | 2.532 | **16,7** | 516 | **1.018** | 807 |
| Landeck | 7.359 | 6.710 | 91,2 | 649 | 8,8 | 63 | 125 | 422 |
| Lienz | 12.265 | 11.743 | 95,7 | 522 | 4,3 | 159 | 295 | 18 |
| Reutte | 5.725 | 4.602 | **80,4** | 1.123 | **19,6** | 159 | 440 | 485 |
| Schwaz | 11.985 | 10.713 | 89,4 | 1.272 | 10,6 | 189 | 459 | 547 |
| Wörgl | 10.805 | 9.492 | 87,8 | 1.313 | 12,2 | 165 | 557 | 510 |

Quelle:  ÖSTAT - VZ 1991, Fortschreibung 1999

## 6.2. „Gastarbeiter" und Migration als europäische Herausforderung

Bevor auf die Situation in Hall als Beispiel einer Kleinstadt mit einem hohen Anteil an „Gastarbeitern" eingegangen wird, soll zuvor ein kurzer allgemeiner Überblick über die ständig zunehmenden internationalen Migrationsbewegungen und die daraus resultierenden Probleme gegeben werden.

Eine Zunahme der internationalen Migrationsbewegungen ist in allen westlichen europäischen Nachbarländern zu beobachten. Absolut verzeichnet in Europa Deutschland seit den 1980er-Jahren die größte Zuwanderung. Trotz des generellen Anwerbestopps von „Gastarbeitern" ab 1973 und trotz der restriktiven Verschärfung der legislativen und administrativen Bestimmungen und Kontrollen der Zuwanderung steigt die Zahl der Ausländer kontinuierlich an, weil sie im Wesentlichen aus Familienangehörigen von Arbeitsmigranten, aber auch deutschstämmigen Aussiedlern und Asylsuchenden resultiert (*Han* 2000, 2).

Im Gegensatz zu anderen europäischen Staaten war neben Deutschland besonders Österreich in hohem Maße von der politischen und ökonomischen Liberalisierung in den östlichen Nachbarstaaten, aber auch von Flucht und erzwungener Migration infolge von Krieg und „ethnischen Säuberungen" in Kroatien und Bosnien sowie der politischen und militärischen Repression in der Türkei betroffen. Immer wieder war Österreich Ziel von Migrantenströmen aus (Ex-)Jugoslawien und der Türkei, wodurch die Zahl der Ausländer in Österreich zwischen 1968 und 1999 um das Viereinhalbfache anstieg (*Tab. 33*).

Vor allem der Osten Österreichs wurde immer wieder von Flüchtlingswellen aus Ostmitteleuropa überschwemmt. 1968/69 verließen 162.000 Tschechen und Slowaken via Österreich ihre Heimat. Von ihnen suchten 12.000 um Asyl an. 1981/82 hielten sich zwischen 120.000 und 150.000 Polen in Österreich auf, rund 33.000 stellten Asylanträge. Während die Zahl der Asylanträge in den 1980er-Jahren nach der polnischen Krise zunächst 10.000 Anträge pro Jahr nicht überschritt, setzte 1987 eine zunehmende Asylmigration aus Osteuropa und dem Vorderen Orient ein, die im Jahr 1991 mit 27.306 Asylwerbern ihren Höhepunkt erreichte (*Tab. 31*).

*Tab. 31:* Asylwerber in Österreich nach dem Herkunftsland 1983 - 1995

| Jahr | (Ex-) CSFR | Polen | Ungarn | Rumänien | (Ex-)Jugoslawien | Türkei | Summe |
|---|---|---|---|---|---|---|---|
| 1983 | 1.651 | 1.823 | 961 | 502 | 116 | 39 | 5.868 |
| 1984 | 1.941 | 2.466 | 1.229 | 501 | 158 | 31 | 7.208 |
| 1985 | 2.333 | 662 | 1.642 | 890 | 410 | 56 | 6.724 |
| 1986 | 2.147 | 568 | 2.220 | 2.329 | 488 | 163 | 8.639 |
| 1987 | 2.705 | 667 | **4.689** | 1.460 | 402 | 408 | 11.406 |
| 1988 | 1.728 | **6.670** | 2.610 | 2.134 | 477 | 644 | 15.790 |
| 1989 | **3.307** | 2.107 | 364 | 7.932 | 634 | **3.263** | 21.882 |
| 1990 | 176 | 132 | 46 | **12.199** | 768 | 1.862 | 22.789 |
| 1991 | 12 | 19 | 6 | 7.506 | **6.436** | 2.252 | **27.306** |
| 1992 | 10 | 10 | 0 | 2.609 | **7.410** | 1.251 | 16.238 |
| 1993 | 16 | 17 | 9 | 293 | 1.851 | 342 | 4.744 |
| 1994 | 7 | 15 | 8 | 157 | 1.722 | 362 | 5.082 |

Quelle: Statistisches Handbuch der Republik Österreich, Innenministerium, nach Faßmann/Münz 1996, S. 213

Gemessen an der Einwohnerzahl von Österreich lag deren Zahl damit genauso hoch wie in Deutschland (*Lichtenberger* 1997, 76). Österreich reagierte seit Beginn der 1990er-Jahre auf den wachsenden Migrationsdruck aus Osteuropa und der Türkei mit strengeren Grenzkontrollen, einer Einschränkung des Asylrechts und mit anderen gesetzlichen Restriktionen, aber auch mit neuen Maßnahmen zur Regulierung der Ost-West-Migration.

Diese Entwicklungen werden von einem großen Teil der Bevölkerung mit gewissen Ängsten und wirtschaftlich begründeten Sorgen beobachtet. Sie lösen zeitweise auch fremdenfeindliche Reaktionen aus, die nicht nur dem internationalen Ansehen des betreffenden Staates schaden, sondern auch die innerethnischen Beziehungen belasten.

In allen Aufnahmeländern ist zu beobachten, dass die Zuwanderung von ausländischen Arbeitskräften anfänglich in einer Phase des wirtschaftlichen Aufschwungs und Arbeitskräftemangels durch einflussreiche wirtschaftliche Interessensgruppen angeregt und dann durch die offizielle Politik in Gang gesetzt wurde. Die Politik und die wirtschaftlichen Interessensgruppen versäumten dabei, die einheimische Bevölkerung in ihre Entscheidung einzubeziehen und rechtzeitig darüber aufzuklären, welche mittel- und langfristigen Ziele mit der Zuwanderung angestrebt werden und welche unmittelbaren sozialen Konsequenzen daraus zu erwarten sind. *„Verantwortlich für diese Versäumnisse ist der fehlende Weitblick von Politik bzw. Wirtschaft, die oft nur die Arbeitsproduktivität im Blickfeld haben und dabei vergessen, dass Arbeitskraft durch Menschen produziert wird. Die Bevölkerung wird eher unvorbereitet mit dem Phänomen der Zuwanderung konfrontiert und reagiert mit einer gewissen Skepsis sowohl der Politik als auch den Zuwanderern gegenüber"* (Han 2000, 276). Diese Vorbehalte und schwelenden Ängste können unter folgenden zwei gesellschaftlichen Bedingungen leicht zu einer manifesten Fremdenfeindlichkeit eskalieren:

- wenn die quantitative Zunahme der Gastarbeiter die Toleranzschwelle der Einheimischen überschreitet: Mit zunehmender Zahl werden die Fremden immer deutlicher wahrnehmbar (visibility). Für die Einheimischen treten sie allmählich als Gruppe von Menschen in Erscheinung, die anders aussehen, sich anders verhalten, von anderer sprachlicher, ethnischer, kultureller und religiöser Herkunft sind. Die Einheimischen fühlen sich in ihrer Homogenität bedroht und entwickeln in der Folge xenophobe Einstellungen.
- wenn Zeiten wirtschaftlicher Krisen zu bewältigen sind: Die Anwesenheit von Fremden in einer verschärften Wettbewerbssituation erhöht die Ängste der Einheimischen, weil diese annehmen, der Anspruch der Fremden auf die ohnehin begrenzten Ressourcen (z. B. Lehrstellen, Arbeitsplätze, Wohnungen, staatliche Leistungen) reduziere zwangsläufig den ihnen rechtmäßig zustehenden Anteil. Fremdenfeindliche Parolen wie „Ausländer raus" bringen die aus solchen Ängsten resultierende defensive Reaktion der Einheimischen zum Ausdruck.

Fremdenfeindlichkeit hat aber auch immer einen spezifischen sozialen Hintergrund, denn es zeigt sich sehr deutlich, dass es einen Zusammenhang zwischen Fremdenfeindlichkeit, Alter und sozialer Positionierung gibt. Ältere Menschen, die eine geringe Schulbildung aufweisen, wenig verdienen und vermeintlich oder real Gefahr laufen, ihren sozialen Status an die zugewanderte Bevölkerung abgeben zu müssen, sind eher anfällig für Fremdenfeindlichkeit. *„Xenophobie zielt daher nicht auf diese AusländerInnen, die aufgrund des Einkommens, der Qualifikation oder des mitgebrachten Status ‚konkurrenzlos' sind, sondern auf jene, die an der gesellschaftlichen Basis mit statusbedrohten InländerInnen um Arbeitsplätze, Sozialleistungen und Wohnungen konkurrieren"* (*Faßmann/Matuschek/Menasse* 1999, 9).

In den letzten Jahren verstärken sich die Tendenzen zu „neuen" internationalen Wanderungsbewegungen. Auch nehmen Art und Weise der Migrationsbewegungen immer differenziertere Formen an. Neben der Arbeitsmigration, der Familienzusammenführung, dem Abbau der Ausreisebarrieren seit dem Zusammenbruch des Ostblocks und der Migration ethnischer Minderheiten nimmt besonders die Zahl von Flüchtlingen und illegalen Zuwanderern aus dem Mittleren Osten zu, die häufig von Menschenschmugglern in oder in die Nähe der westlichen Zielstaaten geschleust werden. Den Schleppern kommt dabei der Umstand zu Hilfe, dass die grenzüberschreitende Mobilität in den letzten beiden Jahrzehnten auf ein vormals unbekanntes Niveau anstieg, was die Kontrollen der EU-Außengrenzen, aber auch innerhalb der EU-Staaten erheblich erschwert.

Ein Ende der ethnischen Konflikte und Vertreibungen, der Kriege um Land und Ressourcen sowie der politischen und religiösen Gewalt gegen Andersdenkende ist nicht absehbar. Es darf nicht übersehen werden, dass in der südlichen und östlichen Nachbarschaft Europas das Bevölkerungswachstum ungebrochen, die Landwirtschaft kaum mechanisiert und das Schulsystem sowie die medizinische Versorgung schlecht sind, so dass die Zahl der wirtschaftlich und sozial marginalisierten Bürger wie auch die Zahl der Ambitionierten mit besserer Qualifikation anwachsen wird, die in ihrem Land für sich und ihre Kinder keine Zukunft sehen.

In den westlichen Einwanderungsländern wird es immer Minderheitenprobleme geben, wenn Menschen durch mangelnde politische und materielle Sicherheit keine Möglichkeit sehen, in ihren Herkunftsländern zu bleiben. Um die Lebensbedingungen in diesen Ländern entsprechend verändern zu können, werden z. T. tief greifende Maßnahmen vorgeschlagen, die von (ökonomischen) Entwicklungsprogrammen, Abbau von Handelshemmnissen, Direktinvestitionen über Sanktionen bis hin zur direkten (bewaffneten) Intervention zur Wahrung der allgemeinen Menschenrechte reichen. Letztlich zielen alle erwogenen Maßnahmen auf die politische und ökonomische Entwicklung dieser Länder ab. In diesem Zusammenhang sei auch die EU-Osterweiterung genannt. *„Gelingt es nämlich, das ohnehin nicht tragbare internationale Gefälle sozialer Ungleichheit deutlich zu verringern, dann löst sich der auf westliche Gesellschaften wirkende Zuwanderungsdruck weitgehend auf. Dennoch bietet dieser Ansatz keine kurzfristige Lösung für die Migrationskrise. Denn es ist - sieht man einmal vom mangelnden politischen Willen in der westlichen Welt ab - für externe Akteure äußerst schwierig, wenn nicht gar unmöglich, arme Gesellschaften so umzustrukturieren, dass sie sich auf einen Pfad nachhaltiger Wohlstandssteigerung begeben; dies lehrt schon die jahrzehntelange Erfahrung mit der bisherigen Entwicklungshilfe"* (Müller-Schneider 2000, 309).

Abschließend sei als eines dieser Probleme auf das Kurdenproblem in der Türkei hingewiesen. Wie allgemein bekannt und auch von kurdischen Arbeitsmigranten bestätigt wird, betreibt die türkische Regierung bis heute noch eine Unterdrückungs- und Assimilierungspolitik, indem sie den Kurden jede kulturelle und politische Selbstständigkeit abzusprechen versucht. Bei türkischen Behörden gibt es Hinweistafeln, dass es streng untersagt ist, eine andere Sprache als Türkisch zu sprechen. Die äußerst angespannte Situation der türkischen Kurden und die hoffnungslosen Zukunftsaussichten veranlassen gerade viele von ihnen, ihren angestammten Lebensraum zu verlassen und mit „türkischer Identität" in türkischen Großstädten Fuß zu fassen oder aber als „Gastarbeiter" in den Westen zu ziehen. Südostanatolien ist deshalb auch jene Region mit der höchsten Abwanderung in der Türkei. Bei Gesprächen mit Migranten „türkischer" und „kurdischer" Herkunft war immer wieder herauszuhören, dass die Kurden in den Augen der Türken Invasoren aus den südlichen

Nachbarländern wären, die für die Türkei eine Bedrohung bedeuteten. Aufgrund der neuesten politischen Entwicklung scheint sich im Hinblick auf die EU-Ambitionen der Türkei ein Wandel auch in der Kurdenpolitik anzubahnen.

## 6.3. Beginn und allgemeine Entwicklung der Arbeitskräftewanderung

Die folgende genaue Analyse der Arbeitsmigranten in Hall soll zu einem besseren Verständnis sowie auch zu einem eventuellen Abbau (oben erwähnter) Ängste und damit einhergehender Aggressionen „Gastarbeitern" gegenüber führen.

Dabei wurde nicht nur auf die vorhandene Literatur zurückgegriffen, sondern vorwiegend auch auf empirische Materialien. Dabei kamen vielfältige Verfahren zur Anwendung: Befragungen, Statistik- und Dokumentenanalyse, Beobachtungen. Presseartikel aus diversen Zeitungen wurden dann herangezogen, wenn sonstige Materialien nicht zur Verfügung standen. Die Basis bildeten zahlreiche Gespräche mit „Gastarbeitern". Besonders wichtig im Rahmen der vorliegenden Untersuchung waren aber eine Reihe von Experteninterviews, die eine wichtige Ergänzung des bislang genannten Materials sind. Ziel dieser Befragungen war es, vertieften Einblick in die Situation der ausländischen Bewohner in Hall zu erhalten. Allen Interviewpartnern sei an dieser Stelle noch einmal herzlich gedankt. Leider war es nicht möglich, sowohl von der Haller Gendarmerie als auch über den Leiter des damaligen städtischen Arbeitsamtes Unterlagen über die ersten Jahre der „Gastarbeiterwanderung" in Hall zu erhalten. Sämtliche Daten darüber seien vernichtet worden. Auch bei einigen Haller Firmen, die viele Arbeitsmigranten beschäftigen, wurden Anfragen nach Ansicht des Verfassers als nicht erwünscht abgewiesen.

Für Tirol stellt diese Thematik bezüglich Arbeitskräftewanderung in mehrfacher Hinsicht eine historisch bekannte Erscheinung dar. Schon am Ende des 16. Jh. sah sich in jenen Gegenden Tirols, in denen die Realteilung zu starker Besitzerzersplitterung führte, ein Teil der männlichen Bevölkerung gezwungen, als Maurer, Bauhandwerker oder Wanderhändler ins Ausland zu gehen, um die geringen Erträge aus der Landwirtschaft aufzubessern.

Andererseits wurden auch schon vor mehr als hundert Jahren ausländische Arbeitskräfte ins Land geholt, um Bauprojekte wie den Bau der Brennereisenbahn oder der Arlbergbahn zu verwirklichen. Dazu warb man überwiegend Arbeiter aus dem italienischen Raum an. Aber auch in späteren Jahren bot Nordtirol für viele Arbeiter aus dem norditalienischen Raum einen bevorzugten Arbeitsplatz, da durch die geographische Nähe die Heimfahrt über das Wochenende möglich war. Diese Nähe und die traditionellen Verbindungen zu Tirol bildeten schließlich auch die wichtigsten Gründe für den starken Arbeitskräfteanteil aus dem Trentino noch zu Beginn der 1960er-Jahre, als noch fast 80 % der damaligen „Gastarbeiter" in Tirol aus dem italienischen Raum stammten (*Wörner* 1962, 32).

In Hall galten vor allem die großen drei Baufirmen „Pümpel & Söhne" (Baumeister, Sägewerk, Zimmerei und Bautischlerei), „Eduard Fröschl" (Bauunternehmen, Baumaschinenverleih, Transportbetonwerk, Schotterwerk) sowie die Firma „Innerebner & Mayer" und nicht zuletzt die „Tiroler Röhren- und Metallwerke" als begehrte Ziele für Wanderungswillige. Ende der 1940er-Jahre fuhren Bauunternehmer im Jänner oder Feber z. B. ins Wipptal, Ötztal, Pitztal, nach Kärnten sowie in die Steiermark und nach Südtirol, um Saisonarbeiter anzuheuern. Sehr beliebt bei der Firma Innerebner waren die „Zimmererpartien" aus dem Val Sugana im Trentino und aus dem Pustertal. Diese blieben dann bis Mitte November, da damals Bauarbeiten über den Winter nicht durchgeführt werden konnten. Genaue Zahlen dieser ersten „Gastarbeiter" in Hall ließen sich nicht mehr eruieren.

Ab Mitte der 1950er-Jahre verlagerten sich die Herkunftsorte der Arbeitssuchenden, die von den Baufirmen angeworben worden waren, in verstärktem Maß in die östlichen bzw. südlichen Bundesländer Oberösterreich, Steiermark und Kärnten. Auch das Ausmaß dieser Wanderbewegung aus Innerösterreich ist in Hall kaum zahlenmäßig genau zu belegen, denn viele von diesen österreichischen „Gastarbeitern" ließen sich in der Folge auch in Hall und Umgebung nieder. Die Südtiroler Arbeitsmigranten wiederum „verschwanden" durch die wachsende Zahl von Einbürgerungen allmählich aus der Liste der Ausländer. Aber von allen Einwohnern im Jahre 1961 waren 40,1 % in Hall geboren und immerhin 11,7 % in anderen Bundesländern (*Fig. 10*).

Bei den Haller Baufirmen waren die „österreichischen Gastarbeiter" lange Zeit beliebt. Sie werden zweimal im Jahresbericht des Haller Meldeamtes erwähnt, und zwar im Jahr 1975 im Zuge der ungewöhnlich hohen Zahl von Meldebewegungen *„… dass die einheimischen Arbeiter, die bei den Haller Baufirmen in Werkswohnungen untergebracht sind, ihren Hauptwohnsitz in anderen Bundesländern haben und laufend den Arbeitgeber oder auch nur die Baustelle wechseln …"* und auch im Jahresbericht 1983, diesmal aufgrund des starken Rückgangs der Meldebewegungen der *„… Bauarbeiter österreichischer Nationalität bei den ansässigen Baufirmen, die aufgrund der wirtschaftlichen Situation seltener ihren Arbeitsplatz und damit die Wohnung wechseln …"*. Als sich die wirtschaftliche Situation in den östlichen Bundesländern verbesserte, versiegte der Strom der Zuwanderer aus diesen Regionen.

Anfang der 1960er-Jahre stellte sich die Notwendigkeit einer Anwerbung von ausländischen Arbeitskräften noch kaum. Mit der Verbesserung der wirtschaftlichen Situation waren Einheimische in der Folge aber immer weniger bereit, jede angebotene Arbeit anzunehmen. Dadurch wurde Österreich dazu veranlasst, dem Beispiel anderer westeuropäischer Staaten zu folgen und auf der Grundlage von bilateralen Verträgen (Türkei 1964, Jugoslawien 1966) ausländische Arbeitskräfte anzuwerben. Ab diesem Zeitpunkt strömten langsam „Gastarbeiter" auch nach Tirol. Es handelte sich dabei zuerst um jugoslawische, im Laufe der Zeit verstärkt um türkische Männer im Alter von 20 bis 30 Jahren ohne familiären Anhang. Eine quantitativ bedeutsame Anwerbung ausländischer Arbeitskräfte durch österreichische Unternehmer begann erst 1967, und zwar nach dem „Rotationsprinzip", das heißt, es sollte ein ständiges Auswechseln der Arbeitskräfte erfolgen.

Wegen ihrer beschränkten Aufenthaltsbewilligung und damit einem Leben in ständiger Unsicherheit zeigten sich diese ausländischen Arbeitskräfte bereit, sowohl niedrige Löhne als auch schlechte Wohnbedingungen im Aufnahmeland zu akzeptieren, um ihr erträumtes Ziel zu erreichen, sich mit den Ersparnissen zu Hause möglichst rasch „etwas aufbauen zu können".

*Tab. 32:* Entwicklung der ausländischen Bevölkerung in Hall seit 1951

| Jahr | gesamt | Ex-Jugoslawen | Türken | Italiener | Deutsche |
|---|---|---|---|---|---|
| 1951[1] | 527 | - | - | - | - |
| 1961[2] | 560 | 28 | - | 755° | 225 |
| 1967 | 757 | 183 | 102 | 214 | 155 |
| 1969 | 1.568 | - | - | - | - |
| 1970 | 1.748 | - | - | - | - |
| 1970[3] | 1.917 | 700 | 570 | 250 | 270 |
| 1971 | 1.892 | - | - | - | - |
| 1972 | 2.260 | - | - | - | - |
| 1973 | 2.457 | - | - | - | - |
| 1974 | 2.025 | 940 | 643 | 148 | 167 |
| 1975 | 1.932 | 869 | 600 | 158 | 174 |
| 1976 | 1.879 | 791 | 636 | 152 | 171 |
| 1977 | 1.761 | 781 | 601 | 127 | 138 |
| 1978 | 1.769 | 780 | 612 | 127 | 140 |
| 1979 | 1.795 | 764 | 666 | 130 | 123 |
| 1980 | 1.812 | 701 | 746 | 103 | 141 |
| 1981 | 1.981 | 784 | 792 | 123 | 148 |
| 1982 | 1.887 | 723 | 758 | 123 | 144 |
| 1982[4] | - | 558 | 622 | - | - |
| 1983 | 1.509 | 449 | 663 | 127 | 145 |
| 1984 | 1.497 | 537 | 688 | 88 | 106 |
| 1985 | 1.462 | 520 | 667 | 82 | 104 |
| 1986 | 1.397 | 504 | 647 | 71 | 99 |
| 1987 | 1.370 | 490 | 640 | 62 | 105 |
| 1991 | 1.822 | 752 | 782 | 64 | 112 |
| 1996 | 1.882 | 901 | 671 | 64 | 106 |
| 1997[5] | - | 889 | 635 | - | - |
| 1998 | 1.785 | 888 | 579 | 75 | 91 |

| 2000 | 1.819 | 952 | 540 | 64 | 110 |
| 2000[6] | (2.129) | (1.054) | (748) | - | - |
| 2001[7] | 1.808 | 927 | 547 | 67 | 112 |

° davon 700 Südtiroler

Quelle: Großteils aus den zur Verfügung stehenden Daten des Meldeamtes. Um ein möglichst aussagekräftiges Bild zu erlangen, wurde als Stichtag der Zählungen vorwiegend Ende November gewählt. Andere Datengrundlagen: 1951[1]: ÖSTAT - VZ; 1961[2]: Gebürtigkeit der Bevölkerung, Haushaltslisten; 1970[3]: Auskunft des Gendarmeriepostens Hall; 1982[4]: Selbstauszählung der Haushaltslisten; 1997[5]: Selbstauszählung des Melderegisters; 2000[6]: Hinzurechnung der seit 1980 - 2000 eingebürgerten „Gastarbeiter"; 2001[7]: ÖSTAT - VZ 2001; eigene Berechnungen

Viele mussten jedoch erkennen, dass sich eine schnelle Rückkehr nicht verwirklichen ließ, da die finanziellen Ziele, die sie sich gesteckt hatten, kurzfristig nicht erreichbar waren. Infolgedessen begannen Arbeitsmigranten, ihre (Ehe-)Partner nachzuholen, teilweise auch, um durch die Beteiligung ihrer Ehegatten am Einkommenserwerb ihre Rückkehr zu beschleunigen. Der schon vor dem durch die Ölkrise 1973 ausgelösten Anwerbestopp einsetzende Familiennachzug stand im Widerspruch zu den anfänglichen Absichten der Aufnahmestaaten. Aufgrund dessen sind einige von (*Müller-Schneider* 2000, 253) genannten Autoren der Frage nachgegangen, warum diese den Nachzug zuließen, und griffen zwei ökonomische Erklärungen auf:

Die erste geht auf die zunehmende Konkurrenz um Arbeitskräfte in den 1960er- und beginnenden 1970er-Jahren ein. Die enorme Nachfrage nach Arbeitskräften führte dazu, dass die Möglichkeit der Familienzusammenführung in den bilateralen Abkommen verankert wurde.

Die zweite Erklärung bezieht sich auf das Rotationsmodell, das mit der Zeit an Akzeptanz und Durchsetzbarkeit verlor. Die „Gastarbeiter" konnten ihre Sparziele kurzfristig nicht erreichen und die Arbeitgeber wollten gut geschulte sowie dauerhaft verfügbare Arbeitskräfte, selbst wenn dies nur um den Preis des Familiennachzuges zu verwirklichen war, der die Unternehmer aber meist ohnehin nicht tangierte (*Münz* 1997, 40).

In Hall waren es die Baufirmen und die Tiroler Röhren- und Metallwerke, welche ab Mitte der 1960er-Jahre verstärkt Arbeitskräfte angeworben haben. Die Zahl der ausländischen Migranten stieg rasch an, wobei die vielen in Hall beschäftigten Bauarbeiter im Winter entlassen wurden und im Frühjahr versuchten, wieder Arbeit zu finden. Im Jahr 1967 schienen in Hall 757 Ausländer auf, 1970 bereits 1917 (*Tab. 32*), von denen nach Erhebungen des Autors 450 bei den Tiroler Röhren- und Metallwerken beschäftigt waren. Der Prozentsatz an „Gastarbeitern" in diesem bedeutendsten Haller Betrieb lag damals damit bei 45 %.

Die Zahl der Ausländer in Hall erreichte im Jahr 1973 laut Gendarmerie mit 2457 Personen ihren absoluten Höhepunkt. Auch in Österreich gab es in diesem Jahr bei der Ausländerbeschäftigung mit 230.000 ausländischen Arbeitskräften eine vorläufige Höchstzahl. Bezogen auf alle unselbständig Beschäftigten bedeutete dies damals einen Ausländeranteil von nicht ganz 10 %, in Hall waren es dagegen beinahe 20 %. Dabei rechnete man Anfang der 1970er-Jahre zu den offiziell in der Statistik aufscheinenden „Gastarbeitern" noch eine beträchtliche Zahl von illegal anwesenden und beschäftigten

Ausländern dazu. *Lichtenberger* (1984, 70) spricht von einer Dunkelziffer mit Untergrenze von 15 % und vermerkt „... *dass es ein Paradoxon ist, dass Gastarbeiter, die die Sprache des Gastlandes nur unvollkommen beherrschen, und denen zum Teil jegliche Schulbildung fehlt, sich dem ausgefeilten bürokratischen Registratursystem der Gastländer entziehen können, und somit einer Bildungsgesellschaft, die ansonst mit ziemlichem Hochmut auf sie herabblickt.*"

Die Probleme der ausländischen Arbeitskräfte unterschieden sich damals in ihrer Grundstruktur, nämlich Wohnsituation, Kontakt zur einheimischen Bevölkerung, Integration oder Rückwanderung zwar nicht grundsätzlich von jenen, die bereits Südtiroler bzw. Innerösterreicher erlebt hatten, jetzt aber kamen bei vielen Arbeitsmigranten aus Jugoslawien und der Türkei unterschiedliche Kulturkreise und Sprachen erschwerend hinzu.

Ausgelöst durch die ökonomische Stagnation nach 1973 und das Nachrücken geburtenstarker Jahrgänge auf den Arbeitsmarkt in ganz Österreich ab Mitte der 1970er-Jahre kam es aber zu einem deutlichen Abbau der „Gastarbeiter-Kontingente" im Zusammenhang mit dem Inkrafttreten des Ausländerbeschäftigungsgesetzes Anfang Januar 1976. Innerhalb von zehn Jahren reduzierte sich die Zahl der ausländischen Arbeitskräfte in Österreich um rund 40 % - besonders Jugoslawen kehrten in ihre Heimat zurück - und erreichte im Jahr 1984 den niedrigsten Stand. In Hall verringerte sich die Zahl der Migranten seit 1973 und erreichte ihren absoluten Tiefstand im Jahre 1987, als offiziell nur noch 1370 Ausländer in Hall gezählt wurden, also 44 % weniger als 1973 (*Tab. 32*). Allerdings muss darauf hingewiesen werden, dass die Ausländerzahlen aus verschiedenen Statistiken zusammengetragen wurden und daher einen gewissen Unsicherheitsfaktor in sich bergen.

Der leichte Anstieg der türkischen Bevölkerung Ende der 1970er-Jahre hängt zwar teilweise mit den politischen Unruhen in diesem Land, die im Militärputsch im Jahr 1980 gipfelten, zusammen, doch sind die Zahlen der Haller Arbeitsmigranten im Melderegister vor 1983 zu hoch gegriffen, was sich durch die Selbstauszählung der Haushaltslisten 1982 durch den Autor belegen lässt (*Tab. 32*). Bereits im Kapitel „Besondere Bevölkerungsverluste seit den 1970er-Jahren" wurde auf die „Abnahme" der „Gastarbeiterzahlen" zwischen 1982 und 1983 von 378 Personen hingewiesen, die sich auf Grund einer veränderten Zählweise durch das Meldeamt ergeben hat.

In dieser Zeit entschlossen sich aber auch viele ausländische Arbeitskräfte, nicht mehr in ihre Heimat zurückzukehren. Die jugoslawischen Rückwanderer sahen sich dort der Situation gegenüber, dass die Programme zur Rückwanderung enttäuschend waren und dass neben einer ineffizienten Rückkehrpolitik die tiefe ökonomische Krise der 1980er-Jahre und schließlich der politische Zerfall Jugoslawiens zahlreiche Gründe für den Aufschub der Rückwanderungsentscheidung bzw. sogar für eine erneute Auswanderung schufen. Zugleich aber trugen die relativ wenigen Rückwanderer nicht zur Schaffung neuer Jobs im Land bei, sondern erzeugten zusätzlichen Druck auf dem Arbeitsmarkt, wo sie mit den zuhause gebliebenen Arbeitssuchenden um Arbeitsplätze konkurrierten (*Faßmann/Münz* 1996, 243).

Auch in Hall richteten sich die ausländischen Arbeitskräfte immer mehr auf einen längeren Aufenthalt ein. Der Leiter des Haller Meldeamtes schreibt im Jahresbericht

1983: *„Die Gastarbeiter wechseln jetzt weniger Wohnort und Wohnung. Allgemein sind sie bedacht, ihre Meldezeiten nicht zu unterbrechen und so durch den Nachweis eines mehrjährigen, nicht unterbrochenen Aufenthaltes nicht nur die ‚schwarze Nummerntafel' für ihr Fahrzeug, sondern auch verschiedene soziale Leistungen, wie Geburten- und Heiratsbeihilfen, aber auch Arbeitsgenehmigungen und Visum leichter zu erhalten oder gar um die österreichische Staatsbürgerschaft anzusuchen. Weiters fallen die bei pensionierten Gastarbeitern beliebten Scheinmeldungen fast weg, weil nach Bekanntwerden seitens der Fremdenpolizei keine Visa mehr erteilt wurden."*

Infolge der günstigen Konjunkturlage und einer damit in Zusammenhang stehenden liberaleren Handhabung der Beschäftigungsbewilligungen für ausländische Arbeitskräfte kam es ab 1988 zu einer zweiten Zuwanderungsbewegung, welche die erste an Intensität bei weitem übertraf. Mit der Änderung des Ausländerbeschäftigungsgesetzes vom 21.4.1988 gab es vor allem Erleichterungen für Kinder von „Gastarbeitern" und für jene ausländischen Arbeitnehmer, die schon seit längerer Zeit in Österreich lebten und arbeiteten. Beides zusammen bewirkte enorme Wanderungsgewinne (*Tab. 33*).

*Tab. 33:* Ausländische Arbeitskräfte in Österreich in Tausend gerundet 1963 - 1999

| Jahr | (Ex-)Jugoslawen | Türken | Summe |
|------|-----------------|--------|-------|
| 1963 | 5,0 | 1,5 | 21,0 |
| 1968 | 51,0 | 7,5 | 67,5 |
| 1973 | 178,0 | 26,5 | 227,0 |
| 1978 | 121,0 | 26,0 | 177,0 |
| 1983 | 89,0 | 27,5 | 145,0 |
| 1988 | 83,0 | 34,0 | 151,0 |
| 1993 | 143,0 | 56,0 | 283,0 |
| 1999 | o. A. | o. A. | 306,0 |

Quelle: Faßmann/Münz 2000, S. 218

Für Hall gilt dies nur bedingt, denn die Zuwanderung lag prozentuell weit niedriger als in Gesamtösterreich. Die Arbeitskräftewanderung und der Flüchtlingsstrom aus Ostmitteleuropa hat Hall mit Ausnahme der Flüchtlingswelle aus Bosnien nicht erreicht. Damit änderte sich die soziale und demographische Struktur der Ausländer erneut (*Tab. 32*). Aus den Krisengebieten in Kroatien und Bosnien flüchteten in erster Linie Frauen, Kinder und alte Leute.

Insgesamt aber hat sich in Hall die Zusammensetzung der Ausländer in den letzten 25 Jahren nicht wesentlich verändert. Die Dominanz der (Ex)-Jugoslawen und der Türken zusammen ist von 76 % im Jahr 1975 aufgrund der bosnischen Flüchtlinge auf 81,5 % im Jahr 2001 angestiegen, wodurch der Prozentsatz der Deutschen und Italiener kleiner geworden ist. Diese vier ethnischen Gruppen zusammen machten im Jahr 2001 beinahe 91,5 % der Ausländer in Hall aus, im Jahr 1975 waren es 93,2 % (*Tab. 34*).

*Tab. 34:* Die vier wichtigsten Nationalitäten unter der ausländischen Bevölkerung in Hall 1975 und 2001

| Jahr | (Ex)-Jugoslawen | | Türken | | Italiener | | Deutsche | | Gesamt |
|---|---|---|---|---|---|---|---|---|---|
| | absolut | % | absolut | % | absolut | % | absolut | % | |
| 1975 | 869 | 45,0 | 600 | 31,1 | 158 | 8,2 | 174 | 9,0 | 1.932 |
| 2001 | 952 | 52,3 | 540 | 29,7 | 110 | 6,0 | 64 | 3,5 | 1.819 |

Quelle: Jahresbericht des Meldeamtes 1975; ÖSTAT - VZ 2001; eigene Berechnungen

Wenn in Hall heute von Ausländern oder „Gastarbeitern" gesprochen wird, werden damit also in erster Linie die (ex-)jugoslawischen und türkischen Staatsbürger gemeint. Diese beiden Bevölkerungsgruppen sollen im Folgenden vor allem auf ihre strukturellen Merkmale wie Herkunft, Schulbildung, Altersaufbau, Familiengröße, Beschäftigung, Wohnsituation und ihre Mobilitätsräume untersucht werden. Zuvor aber noch eine kurze Zusammenfassung über die Integration der Bosnier 1992 und über die Ungarnflüchtlinge 1956 in Hall.

## 6.4. Exkurs: Aufnahme von Flüchtlingen aus Ungarn und Bosnien

Nur indirekt mit der „Gastarbeiterfrage" hängt die Aufnahme von Flüchtlingen zusammen, die aufgrund kriegerischer Ereignisse in ihren Ländern nach Österreich gekommen sind. Sowohl 1956 im Zuge der Ungarnkrise als auch 1992/93 infolge des Bosnienkrieges fanden Flüchtlinge in der Speckbacherkaserne in Hall Aufnahme.

Laut Genfer Flüchtlingskonvention gibt es zwar kein individuelles Recht auf Asyl, doch entwickelte sich in westlichen Gesellschaften ein faktischer Anspruch darauf. Diese Entwicklung kann als Ergebnis eines innergesellschaftlichen Klimas gesehen werden, in dem es aus menschenrechtlichen Gründen völlig undenkbar ist, anerkannten Flüchtlingen die gesellschaftliche Integration zu verweigern. Durch das faktische Asylrecht öffnete sich in der Vergangenheit eine neue humanitäre Zuwanderungstür, und zwar völlig unabhängig davon, ob sich das betreffende westliche Zielland nun als Einwanderungsland versteht oder nicht (*Müller-Schneider* 2000, 119).

Durch die Revolution von 1956 öffneten sich die ungarischen Grenzen für einige Monate, was zu einer Massenemigration führte. In einem bis 1991 „streng geheimen" Bericht des Ungarischen Statistischen Zentralamtes aus dem Jahr 1957 mit dem Titel „Hauptmerkmale der illegal ausgewanderten Personen" wurden österreichische und jugoslawische Quellen zitiert, die von 193.000 Ausgewanderten zwischen dem 23.10. 1956 und dem 30.4.1957 berichteten. Dies entsprach ungefähr 1,5 % der ungarischen Bevölkerung. Dabei handelte es sich vorwiegend um junge, flexible und hoch qualifizierte junge Männer, vor allem aus städtischen Räumen. Allein die Stadt Budapest büßte 4,2 % ihrer Einwohner ein. Der zweite Auswandererstrom entstammte den westungarischen Provinzen, die wegen ihrer gemeinsamen Grenze mit Österreich einen wesentlich höheren Anteil ihrer Bevölkerung verloren als die zentralen und östlichen Teile des Landes. Den deutlichen Verlust an Humankapital in Ungarn demonstriert eine Zusammenstellung von *Dövenyi/Vukovich* (1996, 273): Die Emigration war vor allem bei Ingenieuren (10,6 % der ungarischen Ingenieure verließen das Land), anderen höheren Angestellten mit technischen Qualifikationen (6,8 % aller Angehörigen dieser Berufsgruppen emigrierten) und Ärzten (4,9 % aller ungarischen Ärzte wanderten aus) ausgeprägt. Von den Facharbeitern verließen schließlich 4,2 % das Land, das waren 35.500 Personen. Unter den anderen Berufsgruppen war die Auswanderungsrate bedeutend geringer. Immerhin stellten 180.000 von den fast 200.000 Ausgewanderten in Österreich einen Asylantrag. Ihnen allen wurde kollektiv Asyl gewährt, aber nur rund 20.000 blieben auf Dauer im Land (*Faßmann/Münz* 1996, 212).

In Hall fanden Ende November 1956 1200 Personen in der Speckbacherkaserne Unterkunft, also zehnmal mehr als Bosnier im Jahr 1992. Selbst während des Zweiten Weltkrieges war eine so starke Besetzung in dieser Kaserne nie erreicht worden. Natürlich barg dies ein gewisses Gefahrenpotential für die Stadt, weshalb Beamte der im Lager installierten Gendarmerieexpositur für die Einhaltung der strengen Lagerordnung, die für alle Lager des Landes gleichermaßen galt, Sorge trugen. Ungarische Landsleute, die schon nach dem Zweiten Weltkrieg nach Hall gekommen waren, wurden aufgerufen, *„… ihre neuangekommenen Landsleute liebevoll zu unterweisen, wie man hier lebt, was für Unterschiede zwischen beiden Völkern sind, die man kennen muß, um sie berücksichtigen zu können, und welches Benehmen sich die österreichische Gastfreundschaft von ihnen erwartet …"* (*Haller Lokalanzeiger*, 28.11.1956).

Die meisten Flüchtlinge in Hall kamen aus Budapest, viele aus Györ, einige aus Miskolc und anderen ostungarischen Gemeinden. Der hauptsächliche Grund der Flucht war, wie es häufig zum Ausdruck kam, „die Furcht vor Massenarretierungen und Deportationen, die in letzter Zeit ein erschreckendes Maß erreicht haben". Unter den Flüchtlingen befanden sich auch „Freiheitskämpfer", die beim Eingreifen der Sowjetunion in den Ungarnaufstand das Land verlassen mussten.

Die Stadtgemeinde versuchte, die Flüchtlinge möglichst rasch in den Arbeitsprozess einzugliedern, denn freie Arbeitsplätze waren genug vorhanden. Es mangelte vor allem an Facharbeitern jeglicher Art, aber auch an Handwerkern und Bauhilfsarbeitern, doch *„… bei näherer Überprüfung der fachlichen Geschicklichkeit ergab sich leider vielfach, daß sie den bei uns üblichen Maßstäben nicht entspricht. So ist die Auswahl an wirklich brauchbaren Facharbeitern und Handwerkern, die in Österreich arbeiten wollen, eigentlich gering. Hilfsarbeiter glauben aber, zu schlecht entlohnt zu werden. Die Neigung, einen Arbeitsplatz einzunehmen, ist bei den Flüchtlingen nicht allzu groß. Sie betrachten unser Land zum Teil als Rast- und Retablierungsstation und wünschen im übrigen möglichst bald nach Amerika zu kommen, wo sie die größten Zukunftsaussichten erblicken …"* (*Haller Lokalanzeiger*, 28.11.1956). Die beliebtesten Zielländer der Ungarnflüchtlinge waren die USA, Kanada, Großbritannien, Deutschland und die Schweiz. Ein Teil der Flüchtlinge konnte noch im selben Jahr ins Ausland transportiert werden, „im neuen Jahr lief aber der Abtransport langsamer, ja er kam im Frühjahr sogar zum Stillstand und die Haller Kaserne wurde ein Sammellager, in das Flüchtlinge aus anderen nach und nach aufgelassenen Lagern gelangten" (*Haller Lokalanzeiger*, 20.6.1957). Schließlich wurde aber auch das Haller Lager aufgelassen, da die Flüchtlingsverwaltung in Österreich bestrebt war, vor allem Kasernen, die als Flüchtlingslager dienten, möglichst rasch wieder frei zu machen und die noch in Österreich verweilenden Flüchtlinge auf einige wenige Lager zu konzentrieren. Ab Mitte Juni 1957 stand die Speckbacherkaserne nach sieben Monaten wieder leer. Die letzten 360 ungarischen Flüchtlinge übersiedelten in das Flüchtlingslager Traiskirchen, in Hall blieben nur sehr wenige Ungarn.

Die gewaltsame Auflösung Jugoslawiens und die Kriege in Kroatien und Bosnien lösten 1992/93 Europas größte Migrationswelle seit dem Zweiten Weltkrieg aus. Insgesamt 95.000 Bürgerkriegsopfer aus Bosnien-Herzegowina suchten in Österreich Zuflucht, als der Krieg in Bosnien eskalierte. Die meisten von ihnen (65.000) sind heute integriert, haben also Arbeit und Wohnung gefunden. Die anderen sind weitergewandert oder heimgekehrt, 4600 Personen befanden sich im Juni 1998 noch immer in der Bund-Länder-Betreuung (*Kurier*, 24.7.1998). So ist auch die Flüchtlingssituation der nach Hall gekommenen Bosnier anders zu betrachten als der übliche Zuzug von „Gastarbeitern". Laut Weisung des damaligen Innenministers mussten Kriegsflüchtlinge aus Bosnien bei der Erteilung von Niederlassungsbewilligungen bevorzugt behandelt werden. Sie wurden zwar nicht offiziell als Flüchtlinge anerkannt, aber, wenn sie keine Verwandten hatten, vom Bund finanziell unterstützt.

Folgende Ausführungen über die Situation in Hall sind das Ergebnis eines Gesprächs mit dem Leiter des Haller Sozialamtes. Im September 1992 erhielt die Stadtgemeinde Hall vom Land Tirol kurzfristig den Auftrag, Teile der leer stehenden Speckbacherkaserne als Flüchtlingslager einzurichten. Dabei lag die Zahl der aufzunehmenden Bosnier zehnmal höher als bei den Ungarn 1956. *„Wir haben uns intensiv mit dieser Situation beschäftigt und waren dann auch der Meinung, dass wir dieses Problem gemeinsam bewältigen müssen. Wir haben dann in Zusammenarbeit mit der Bezirkshauptmannschaft natürlich auch versucht, das relativ starke Potential von anfangs 125 Flüchtlingen quer durch alle Altersgruppen, vom Säugling bis zur Großmama zu versorgen."*

Im Gegensatz zu den „Gastarbeitern" aus dem ehemaligen Jugoslawien und der Türkei kamen die Bosnier als Kriegsflüchtlinge zunächst nicht ins Land, um hier eine Arbeit anzunehmen. Als erste Gemeinde Tirols führte die Stadtgemeinde Hall in Zusammenarbeit mit dem Arbeitsmarktservice die Flüchtlinge einer geringfügigen Beschäftigung zu, indem sie je einem Mitglied jeder Familie, aber auch Alleinstehenden, die Möglichkeit bot, maximal an drei Tagen in der Woche höchstens je vier Stunden, also insgesamt 12 Stunden zu arbeiten. Sie bekamen bei einem Stundenlohn von 50 Schilling (€ 3,60) in der Woche 600 Schilling (€ 43,20) und hatten damit zusätzlich zu ihrer Flüchtlingsentschädigung ein bisschen Taschengeld, dazu Beschäftigung und Integrationsmöglichkeit. Die Bosnier arbeiteten im Bauhofs-, Friedhofs- und Umweltschutzbereich sowie im Schwimmbad, in der Gärtnerei und in städtischen Wohn- und Pflegeheimen, also anfangs nur im Gemeindebereich. Da laut Gesetzeslage für Flüchtlinge ohne Visum keine Möglichkeit bestand, eine Arbeitsbewilligung im Privatsektor zu erhalten, konnte die Stadtgemeinde erst nach zwei Jahren der geringfügigen Beschäftigung im Gemeindedienst beim Arbeitsmarktservice um Arbeitsbewilligungen ansuchen und sie in die Privatwirtschaft integrieren.

Sprachliche Integrationsversuche schlugen anfangs fehl, Angebote von Deutschkursen in der Kaserne zeigten wenig Erfolg, da die Bosnier zuerst nicht wussten, ob sie in Österreich bleiben würden. Erst im zweiten Jahr kristallisierte sich heraus, dass die meisten nicht mehr in die Heimat zurückkehren wollten und schließlich dann in Hall geblieben sind.

Die Integration in die Gemeinde erfolgte erst nach dem Beschluss, das Flüchtlingslager aufzulösen. Teils über Flüchtlingsgelder, teils durch die Übernahme von Kautionen seitens der Stadtgemeinde erhielten die Bosnier erst die Chance, die Miete für eine Wohnung zu finanzieren. Über diese schwierige Situation bei der Wohnungssuche berichtet der Leiter des Sozialamtes weiter: *„Es gab Fälle, bei denen Vermieter die Zwangssituation der Bosnier durch wesentlich überhöhte Mieten ausnützten, wobei es zu etlichen unschönen und unangenehmen Vorkommnissen gekommen ist. Städtische Wohnungen wurden an Bosnienflüchtlinge nicht vergeben, die Stadtgemeinde vermittelte aber bei 5 bis 10 % aller auf privater Ebene an Flüchtlinge vergebenen Wohnungen. Die Bosnier selbst waren bei der Wohnungssuche sehr engagiert, äußerst einfallsreich, inserierten massiv in Zeitungen und sahen sich intensiv in der Stadt um. Sie gingen von Haus zu Haus, erkundigten sich ständig im Sozialamt nach Hausbesitzern oder Vermietern. Die öffentliche Hand finanzierte die überhöhten Mieten nicht, sondern gewährte die maximalen Förderungsrichtsätze wie bei den Österreichern auch, das heißt pro Quadratmeter z. B. im Falle der Mietzinsbeihilfe maximal 50 Schilling, wobei die Größe dann auch wieder auf die Familiengröße zu adaptieren war. Die Beihilfen änderten sich durch die Situation, dass die Bosnier ‚ganz ordentlich ausgenommen wurden', nicht. Sie mussten z. T. fast 70 % ihres Einkommens für Wohnungskosten aufbringen."*

Das Flüchtlingslager Speckbacherkaserne wurde im September 1995 aufgelöst. Dank der Stadt Hall und des Landes Tirol fand der Großteil der Flüchtlinge im Großraum Hall-Innsbruck Wohnung und Arbeit. Zur Zeit der Auflösung des Lagers mussten daher keine Flüchtlinge nach Bosnien zurückgeschickt werden.

## 6.5. Migranten als Bestandteil der Haller Bevölkerung

### 6.5.1. Herkunft und Bildungsstand

„Gastarbeiter" kommen aus Ländern mit hoher agrarer Überschussbevölkerung und hohem Arbeitsplatzdefizit. Jugoslawien bzw. seine Nachfolgestaaten wie auch die Türkei sind Staaten, die in ihrem Inneren durch ein großes wirtschaftliches Entwicklungsgefälle gekennzeichnet sind, und beide vereinen verschiedene Kulturen, Sprachen und Religionen.

Während dies bei (Ex)-Jugoslawien aufgrund des föderalistischen Staatensystems nach außen klar sichtbar war, wird es bei der Türkei häufig übersehen. Dort leben verschiedenste Völker sowie eine zahlenmäßig große kurdische Bevölkerungsgruppe. Die Bevölkerung der Türkei kann bei der großen Vielfalt rassisch nicht abgegrenzt werden, sie wird vielmehr durch die türkische Staatszugehörigkeit definiert. Diese

Tatsache macht daher eine differenzierte Betrachtung regionaler Herkunft notwendig. Für die Bestimmung der Herkunft der „Gastarbeiter" in Hall wurde das Melderegister mit Stand März 1997 nach Geburtsort und Nationalität untersucht.

### 6.5.1.1. Herkunft der Migranten aus (Ex-)Jugoslawien

Vor 1964 erfolgte die jugoslawische Arbeitsmigration unkontrolliert, genaue statistische Informationen sind nicht verfügbar. In den Jahren zwischen 1964 und 1973 kam es in Jugoslawien aufgrund der großen Nachfrage und höheren Löhne sowie der relativ geringen Distanzen zwischen den Rekrutierungsgebieten in Jugosla-wien und den Aufnahmeländern Österreich, Deutschland und der Schweiz zu einem Emigrationsboom. Die jugoslawische Regierung akzeptierte die wirtschaftliche Notwendigkeit der Arbeitsmigration. Ziele der damaligen Migrationspolitik waren vor allem eine schnellere ökonomische Entwicklung des eigenen Landes durch die Rücküberweisungen in harter Währung, die Rückkehr von so vielen im Ausland gut ausgebildeten Arbeitsmigranten wie möglich und die Schaffung eines attraktiven Investitionsklimas, damit die Migranten auch ihre Ersparnisse in Jugoslawien investieren würden.

In Hall bildeten 1997 die (Ex-)Jugoslawen mit über 50 % der Ausländer die größte ausländische Bevölkerungsgruppe. Von den 880 in Hall wohnhaften Personen waren nach ihrer Nationalität 364 Serben, 355 Kroaten und 140 Bosnier (*Tab. 35*). Die wenigen restlichen Personen verteilten sich auf den Kosovo (15), auf Slowenien (3) und Mazedonien (1). Zahlen von früher liegen nicht vor, da in den Haushaltslisten 1982 als Nationalität nur Jugoslawien angegeben wurde. Die Zahlen der VZ 2001 zeigen mit Ausnahme einer leichten Zunahme der Bosnier kaum Veränderungen (*Tab. 28*).

Bei der Überprüfung der Nationalitäten überraschten den Verfasser die auffallend großen Zahlen von Serben und vor allem Kroaten. Doch mit freundlicher Unterstützung einiger Bosnier, besonders aber eines „alten Bosniaken", wie er sich selber nannte, konnten bei einer nochmaligen gemeinsamen Auszählung des Meldeamtsregisterauszuges aufgrund der katholischen, orthodoxen oder moslemischen Vornamen sowie der Herkunftsorte viele Kroaten und Serben, die im Melderegister Kroatien oder Serbien als ihre Herkunftsrepublik angegeben hatten, als Angehörige der bosnischen Teilrepublik identifiziert werden, die damit den Großteil der (ex-)jugoslawischen Ausländer in Hall stellt.

In absoluten Zahlen ausgedrückt waren von den 355 Kroaten 302 Personen in Bosnien-Herzegowina geboren und von den 364 Serben stammten 75 ebenfalls aus Bosnien-Herzegowina. Damit lebten am Auszählungsstichtag 517 Bosnier in Hall (302 bosnische Kroaten, 140 bosnische Moslems und 75 bosnische Serben), das waren beinahe 59 % der (Ex-)Jugoslawen, gefolgt von 33 % Serben (*Tab. 35*).

Über 20 % oder 168 Personen der Wohnbevölkerung aus dem ehemaligen Jugoslawien wurden bereits in Hall bzw. Innsbruck geboren. Die Herkunftsorte der Bosnier und Serben sind sehr gestreut, nur aus wenigen Orten kommen mehr als fünf Migranten, zumeist nur ein bis drei Personen. Es gibt nur vier Städte, aus denen mehr als 20 Personen stammen. In Bosnien-Herzegowina sind 89 Personen aus den zentralbosnischen Auswanderungsorten Travnik (24) mit Grahovici (27) und Cukle (17) und Zenica (20) gebürtig. Aus dieser Zentralregion kommen auch viele aus kleinen Dörfern des umliegenden bosnischen Erzgebirges, so dass für die bosnischen Kroaten dieser Großraum das wichtigste Abwanderungsgebiet darstellt. Für die bosnischen Moslems in Hall sind die westbosnische Moslemenklave mit Bihac (11) und der nordostbosnische ländliche Raum mit den Zentren Tuzla (9) und Zvornik (6) sowie für die bosnischen Serben Gornji Gradac (11) „Abwanderungszentren".

*Tab. 35:* Herkunft der (Ex-)Jugoslawen in Hall 1997

| Teilrepublik | Herkunft | Nationalität | Gebürtigkeit |
| --- | --- | --- | --- |
| I Bosnien-Herzegowina | 517 | 140 | 432 |
| II Kroatien | 53 | 355 | 34 |
| III Serbien | 289 | 364 | 217 |
| IV Kosovo | 15 | 15 | 14 |
| V Slowenien | 3 | 3 | 2 |
| VI Mazedonien | 1 | 1 | 1 |
| unbekannt | 2 | 2 | 2 |
| hier Geborene (Hall/Innsbruck) | - | - | 178 |

Quelle: Stadt Hall - Melderegister, Expertengespräche

Bei den Arbeitsmigranten aus Serbien ist die Streuung noch größer: Aus 81 Gemeinden kommt jeweils nur ein Arbeitsmigrant. Belgrad (3) als Arbeitsstättenzentrum blockiert die „Gastarbeiterwanderung" im Kernraum Serbiens. Nur Pocarevac (12) mit dem 10 km entfernten Dorf Vlaski Do (27) und Setonje (18) - Petrovac (6) sind Ausnahmen. In den ländlichen Räumen Ostserbiens sind mit Grabovica/Kladovo (14) „Gastarbeitergemeinden" entstanden. Südserbien und Montenegro sind traditionelle Zuwanderungsgebiete nach Belgrad.

Aus den Ergebnissen einer Studie des Bundesministeriums für soziale Verwaltung 1985 geht hervor, dass im Jahr 1983 die (ex-)jugoslawischen Arbeitsmigranten in Österreich vor 16 Jahren ebenfalls zum größten Teil aus den Teilrepubliken Serbien (42,4 %) und Bosnien-Herzegowina (31,2 %) nach Österreich kamen. Slowenien und Kroatien waren nur mehr mit 2,2 bzw. 13,6 % am Migrantenstrom beteiligt. Die „Gastarbeiterwanderung" in (Ex-)Jugoslawien erfolgte einerseits dem wirtschaftlichen Entwicklungsgefälle des ehemaligen Staates folgend von West nach Ost, andererseits wurden die großen Zentren von der Wanderung als Erste erfasst, erst später fuhren auch Arbeitskräfte von den ländlichen Gegenden in die Aufnahmeländer. Die ersten „Gastarbeiter" kamen aus Slowenien und Kroatien und waren vor der offiziellen Rekrutierung im Jahr 1964 mit beinahe zwei Drittel aller jugoslawischen „Gastarbeiter" am Wanderungsprozess beteiligt.

Mitte der 1960er-Jahre verlagerte sich die „Migrantenwelle" nach Serbien, dann nach Bosnien und Makedonien (*Bundesministerium für soziale Verwaltung* 1985, 48).

*Abb. 8:* Herkunftsregionen der (ex-)jugoslawischen Arbeitsmigranten

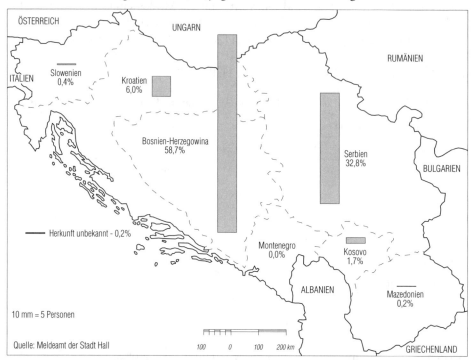

Slowenen und Kroaten mit ihrer höheren Schul- und Berufsausbildung benützten Österreich auch vielfach als Zwischenstation und wanderten in westeuropäische Länder mit höherem Lohnniveau (Westdeutschland, Schweden, Schweiz) weiter. Slowenien ist heute wirtschaftlich am stärksten entwickelt, weshalb dorthin auch die ersten Remigranten zurückgekehrt sind. Slowenien nimmt nunmehr Arbeitskräfte aus Makedonien und dem Kosovo auf. Kroatien stellte in den 1960er-Jahren das Hauptkontingent der „Gastarbeiter". Hier war das Problem der Integration der Rückwanderer in die heimische Wirtschaft Mitte der 1980er-Jahre schon sehr stark ausgeprägt (*Lichtenberger* 1984, 82).

### 6.5.1.2. Herkunft der Migranten aus der Türkei

In Österreich stammten 1983 die meisten türkischen Staatsbürger (74 %) aus den westlichen, wirtschaftlich besser entwickelten Regionen des Landes, woraus ein gewisses West-Ost-Gefälle ersichtlich ist. Der größte Teil (24,1 %) entfiel dabei auf die Region Marmara-Thrakien. Den zweitgrößten Posten stellte mit 19,3 % die Schwarzmeerregion, gefolgt von Nordzentralanatolien (16,4 %) und der Ägäisregion

(14,2 %). Die östlichen Landesteile waren mit nur 1-10 % am Wanderungsstrom beteiligt (*Bundesministerium für soziale Verwaltung* 1985, 48).

Es scheint also, wie in (Ex-)Jugoslawien, auch in der Türkei zuerst die Bevölkerung aus den westlichen Teilen des Landes emigriert zu sein. Allerdings konnte *Bauböck* (1986, 193) darauf verweisen, dass die beiden Zentren in der Marmara-Thrakien- und Ägäisregion, nämlich Istanbul und Izmir als Tore zum Westen Anlaufpunkte der Binnenwanderung darstellten.

In dieser Untersuchung wurde ein weiterer Aspekt aufgegriffen, der im Zusammenhang mit der regionalen Herkunft zu beachten ist, nämlich der ländliche bzw. städtische Charakter der Siedlung, aus der die Migranten stammen. Um noch eine übersichtlichere Darstellung zu erhalten, wurden die Betroffenen in der Erhebung auch danach gefragt, wo sie aufgewachsen sind und wo sie im Jahr vor ihrer Wanderung nach Österreich gelebt hatten. Auf diese Weise können Rückschlüsse auf mögliche Binnenwanderungen gezogen werden. Die große Mehrheit der Befragten war auf dem Lande aufgewachsen, bei den (Ex-)Jugoslawen waren es sogar 85 %. Nur 3,4 % von ihnen gaben an, in einer Stadt aufgewachsen zu sein, während es bei der türkischen Bevölkerung immerhin 15,6 % waren. Weiterhin zeigte sich, dass zwar immer noch der größte Teil direkt vom Lande auswanderte, aber eine nicht unbedeutende Zahl zunächst vom Land in eine größere Stadt zog und dann erst nach Österreich auswanderte. Dieses Phänomen lässt sich vor allem bei den Türken beobachten, für welche die Großstädte wie Istanbul, Ankara und Izmir Zentren der Binnenwanderung waren, gleichzeitig aber auch Zentren für eine Migration in andere Länder.

In Hall kamen die Arbeitskräfte aus der Türkei im Jahr 1997 dagegen vorwiegend aus dem anatolischen Hochland (66,3 %) sowie der Schwarzmeerregion (19,7 %). Die „Gastarbeiterwanderung" verschob sich also ähnlich wie im ehemaligen Jugoslawien weiter nach Osten. Beinahe zwei Drittel der türkischen Migranten stammen aus den am wenigsten entwickelten und noch vorwiegend landwirtschaftlich ausgerichteten Teilregionen des anatolischen Hochlandes. Als größtes Ballungszentrum in Nordzentralanatolien ist Ankara mit 63 Migranten für Hall das bedeutendste Einzugsgebiet und auch weiterhin Ziel für ausreisewillige Binnenpendler. In dieser Region, aus der mit 43,5 % die meisten Arbeitskräfte nach Hall kamen, sind mit Usak (39), Kochisar (35) und dem kleineren Esme (15) weitere drei der wichtigsten Herkunftsorte zu nennen. In Südzentralanatolien ist Aksaray (16), in Nordostanatolien Ercincan (19) jeweils der bedeutendste Herkunftsort der „Haller Türken". Auffallend ist, dass aus der zu den schlechtest entwickelten Teilen der Türkei zählenden Region Südostanatolien laut Melderegister nur drei Arbeitsmigranten stammen, obwohl laut Angaben von „Gastarbeitern" wesentlich mehr hier wohnen. Dies dürfte damit zusammenhängen, dass in dieser Region viele Kurden beheimatet sind und diese über die Binnenwanderung mit Angabe ihres letzten Standortes in der Türkei nach Hall gekommen sind.

Die meisten Haller „Gastarbeiter" aus der Schwarzmeerregion stammen nicht aus den großen Städten Trabzon (3) und Bayburt (4), sondern hauptsächlich aus Of (35) und Kelkit (17). Die westlichen Regionen Ägäis und vor allem Marmara-Thrakien, 1983 noch die bedeutendste Region für Arbeitsmigranten, sind dagegen mit zusammen

9,6 % im Jahr 1997 nur noch unbedeutend vertreten. Von der Mittelmeerregion kommen lediglich fünf Zuwanderer. In diesen küstennahen Urlaubsregionen mit der in letzter Zeit stark boomenden Fremdenverkehrswirtschaft sind ausreichend Arbeitsplätze für heimische Arbeitssuchende entstanden.

*Abb. 9:* Herkunftsregionen der türkischen Arbeitsmigranten

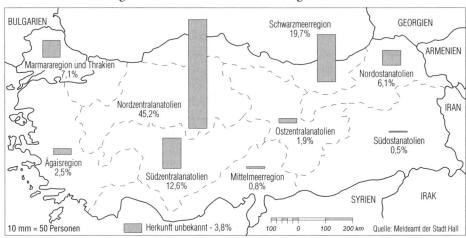

Die nach Hall emigrierten Türken waren also viel mehr als die (Ex-)Jugoslawen auf einige Abwanderungszentren konzentriert. Es kann hier von Kettenmigration gesprochen werden. Aus vielen Untersuchungen ist bekannt, dass die Migration aus den Anwerbestaaten durch Prozesse der „Kettenwanderung" geprägt war. Es ist dies eine Form der Migration, die durch persönliche Informationen (Briefe, Erfolgsberichte, Erzählungen) von bereits ausgewanderten Familienangehörigen oder Bekannten vom Ausland aus motiviert und ausgelöst wird. Menschen auf dem Weg der Migration folgen nach und nach den bereits im Ausland lebenden nahen und fernen Familienangehörigen, Bekannten, ehemaligen Nachbarn oder Landsleuten. Nach ihrer Ankunft in den Zielländern lassen sie sich vorzugsweise in deren Nähe nieder. Sie erhoffen sich und bekommen dadurch die Unterstützung der Familie bzw. der Landsleute bei der Eingliederung in die Aufnahmegesellschaft. Bei den Meldebewegungen in einigen der Haller „Gastarbeiterhochburgen" kann dies belegt werden (*Tab. 36*).

*Tab. 36:* Herkunftsorte der türkischen Migranten in Prozent

| Gasthof | Jahr | Herkunftsorte in Prozent der Gesamtmeldungen | |
|---|---|---|---|
| Eugenstraße 3 | 1969 | Kilis 40 % | Ankara 34 % |
| Stadtgraben 6 | 1971 | Cayralan 60 % | Kayseri 11 % |
| Wallpachgasse 2 | 1971 | Of 35 % | Ankara 13 % |
| Lendgasse 2 | 1970 | Of 84 % | |

Quelle: Meldeamt - Hauskartei; eigene Berechnungen

Neben dem regionalen Kriterium stellt auch der Bildungsstand, also die Schulbildung und die berufliche Qualifikation ein Merkmal ihrer Herkunft dar. Im Zuge der vorliegenden Arbeit konnte der Bildungsstand der (ex-)jugoslawischen und türkischen Bevölkerung in Hall zwar nicht untersucht werden, doch aufgrund von Gesprächen mit Gewährspersonen in Haller Betrieben und mit „Gastarbeitern" sowie der vorwiegend ländlichen Herkunftsregionen der in Hall lebenden Arbeitsmigranten darf angenommen werden, dass der Großteil eine geringe Schulbildung und mangelnde berufliche Qualifikationen hat.

Laut den im statistischen Taschenbuch Jugoslawiens 1975 erhobenen Ergebnissen einer 1971 in Jugoslawien durchgeführten Volkszählung war das Analphabetentum in den südlichen Landesteilen noch relativ hoch, in Bosnien-Herzegowina 23,2 %, in Serbien 17,3 %. Aus diesen beiden Regionen stammen etwa 74 % der in Österreich tätigen jugoslawischen Arbeiter.

In der Türkei waren im Jahr 1960 noch 60 % der türkischen Bevölkerung über sechs Jahren Analphabeten, wobei der Prozentsatz der Frauen doppelt so hoch war wie bei Männern. Aus einer Studie über türkische Staatsbürger geht hervor, dass von den 1971 vorregistrierten und auf die Vermittlung ins Ausland wartenden Türken etwa 77 % keinen Beruf erlernt hatten. Differenziert man diese nach dem Geschlecht, so ergibt sich bei den Frauen ein Anteil von 97 % und bei den Männern ein Anteil von 68 % (Özkan 1975, 122).

Bei einer im November 1983 in Österreich durchgeführten Befragung bezüglich der im Heimatland erreichten Schulbildung zeigte sich, dass es erhebliche Unterschiede zwischen der Schulbildung der jugoslawischen und türkischen Staatsbürger gab. Aber nicht nur zwischen diesen beiden Nationalitäten, sondern auch zwischen Männern und Frauen bestanden große Differenzen. Die geringste Schulbildung haben die türkischen Frauen, gefolgt von den türkischen Männern. Die jugoslawischen Männer liegen auf dieser Skala mit durchschnittlich 7,4 Jahren an der Spitze (*Bundesministerium für soziale Verwaltung* 1985, 50).

In diesem Zusammenhang darf aber nicht vergessen werden, dass die Schulpflicht in der Türkei nur vom 7. bis zum 12. Lebensjahr, also fünf Jahre, im ehemaligen Jugoslawien dagegen acht Jahre dauert und dass in den letzten zwei Dezennien keine wesentlichen Reformen im Bildungssystem stattgefunden haben.

Laut Gesprächen mit älteren „Gastarbeitern" kennen Türken mit gehobener Schulbildung die Arbeitsmarktsituation in Österreich inzwischen und wählen Österreich seltener als Migrationsziel: *„Die jetzigen Migranten glauben, dass sie in fünf Jahren so viel verdienen können wie die ‚erste Generation' in 20 Jahren, als Österreich im türkischen Binnenland noch als ‚Paradies' angepriesen wurde."*

## 6.5.2. Altersstruktur und Sexualproportion

Wie aus den Alterspyramiden der Migranten ersichtlich, ist 1982 auf der Männerseite sowohl bei Jugoslawen wie auch bei Türken die Gruppe der 30- bis 35-Jährigen am stärksten vertreten, bei den Türken sticht diese Altersgruppe wegen der vermehrten

Immigration Ende der 1970er-Jahre besonders ins Auge (*Fig. 19*). Im Zuge der damaligen Familienzusammenführung erhöhte sich der Anteil der 25- bis 30-jährigen Frauen und besonders bei den Türken auch der Kinderanteil. Die ersten in Hall geborenen Ausländerkinder stammen allerdings von jugoslawischen Migranten, die etwas früher als die türkischen nach Hall gekommen waren. Die höheren türkischen Altersgruppen nehmen nach oben hin kontinuierlich ab, während bei den jugoslawischen die erste Einwanderungswelle der Männer ab Mitte der 1960er-Jahre deutlich zum Ausdruck kommt.

*Fig. 19:* Altersstruktur der ausländischen Bevölkerung 1982 und 1997 in 5-Jahres-Gruppen

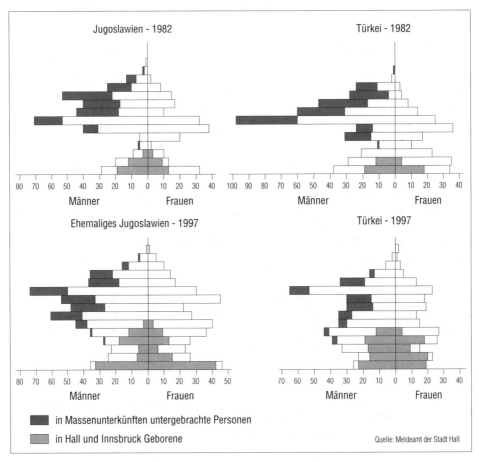

Bei den Alterspyramiden von 1997 (*Fig. 19*) ergeben sich zwischen (Ex-)Jugoslawen und Türken große Unterschiede. Bei der Bevölkerung aus dem ehemaligen Jugoslawien scheinen bei jeweils zwei Altersgruppen Spitzenwerte auf. Die 45- bis 50-jährigen Männer, die bereits 15 Jahre vorher ebenfalls die größte Gruppe bildeten, sind bei beiden Volksgruppen am stärksten vertreten. Die zweite Spitze bei der (ex-)jugoslawischen Bevölkerung (35- bis 40-jährige Männer und 30- bis 35-jährige Frauen) sowie der starke Kleinkinderanteil weist auf die weitere Zuwanderung seit dem Beginn des Zerfalls Jugoslawiens (Bosnienflüchtlinge) hin, was sich im Anstieg der jugoslawischen Bevölkerung in Hall um 400 Personen in den Jahren zwischen 1987 und 1997 niederschlug.

Die innenpolitischen Probleme in der Türkei Ende der 1970er-Jahre führten zu einer frühen türkischen Familienzusammenführung, die im Jahr 1981 im Großen und Ganzen bereits vollzogen war. Damals erreichte die türkische Bevölkerung in Hall ihren Höchststand (*Tab. 32*), danach kamen kaum noch Frauen nach. Der hohe Anteil an 20- bis 25-jährigen Türken beiderlei Geschlechts resultiert aus den bereits in Hall geborenen „Gastarbeiterkindern".

Bei einem Vergleich darf die Alterspyramide der (Ex-)Jugoslawen als jene mit der „gesünderen" demographischen Basis bezeichnet werden. Auch deren Frauenanteil erhöhte sich insgesamt seit 1982 von 199 auf 366, wobei besonders jüngere Jahrgänge dominieren. Dies lässt den Schluss zu, dass in Hall der Zuwachs der (ex-)jugoslawischen Bevölkerungsgruppe stärker als jener der türkischen sein wird. Eine Bestätigung erhält diese Aussage durch einen Blick auf die *Tab. 37*, denn der Prozentsatz der (ex-)jugoslawischen Kinder blieb zwischen 1982 und 1997 beinahe gleich, während er bei den türkischen beträchtlich zurückging. Der Anteil liegt aber in beiden Fällen höher als bei den „Haller Kindern".

*Tab. 37:* Die ausländische Bevölkerung in Hall nach Altersgruppen 1982 und 1997 in Prozent

| Alter | (Ex-)Jugoslawen | | Türken | | Einwohner gesamt | |
|---|---|---|---|---|---|---|
| | 1982 | 1997 | 1982 | 1997 | 1981 | 1997 |
| 0 - 14 | 20,3 | 19,8 | 28,9 | 21,9 | 18,2 | 14,5 |
| 15 - 60 | 79,0 | 75,8 | 70,8 | 76,1 | 62,0 | 63,1 |
| über 60 | 0,7 | 4,4 | 0,3 | 2,2 | 19,8 | 22,4 |

Quelle: Steueramt - Haushaltslisten 1982; Meldeamtsregister 20.3.1997; ÖSTAT - VZ 1981; eigene Berechnungen

Eine Gegenüberstellung der Haller Gesamtbevölkerung mit dem Anteil der Migranten macht deutlich, dass sich der Zuzug von ausländischen Arbeitskräften und deren Familien aus demographischer Sicht positiv auf die Altersstruktur sowie auch auf die Sexualproportion der Haller Bevölkerung ausgewirkt hat.

Bei gleich bleibendem generativem Verhalten der „Gastarbeiter" nimmt deren Reproduktion in nächster Zeit weiterhin stärker zu als die der Einheimischen. So entfielen im Jahr 1999 von den 75 im Standesamt registrierten Geburten von in Hall wohnhaften Personen 15, also 20 %, auf „Gastarbeiterfamilien", davon zehn auf (ex-)jugoslawische und fünf auf türkische. Dazu kommen aber laut Auskunft des Standesamtes noch jene in Innsbruck geborenen Kinder. Neben dem Bezirkskrankenhaus Hall wird von Migranten nämlich auch die Innsbrucker Klinik für eine Geburt gerne frequentiert:

Von den 1997 in Hall lebenden 889 (Ex-)Jugoslawen kamen bereits 168 in Hall oder in Innsbruck zur Welt, und zwar 122 (73 %) in Hall und 46 (27 %) in Innsbruck.

Trotz den im Verhältnis zur einheimischen Bevölkerung hohen Geburtenraten haben die Haller „Gastarbeiter" im Vergleich mit der ausländischen Wohnbevölkerung von Gesamtösterreich weniger Kinder (*Tab. 38*). Im Jahr 1993 war die Anzahl der unter 15-Jährigen sowohl bei der (ex-)jugoslawischen als besonders auch bei der türkischen Wohnbevölkerung, wo der Prozentsatz beinahe 40 % (!) betrug, wesentlich höher als bei der türkisch- und jugoslawischstämmigen Bevölkerung von Hall. Dies kann damit zusammenhängen, dass aufgrund des branchen- und betriebsspezifischen Konzentrationsgrades der Haller „Gastarbeiter" im Jahr 1982 291 sowie 1997 210 Männer ohne Familie in Gemeinschaftsunterkünften untergebracht waren (*Tab. 48*). Ein Blick auf die in Massenquartieren untergebrachten Arbeitsmigranten zeigt den deutlichen Rückgang der türkischen Heimbewohner von 162 (1982) auf 80 (1997), während die Zahl der (Ex-)Jugoslawen aufgrund der Bosnienflüchtlinge konstant blieb (129/130).

*Tab. 38:* Altersgliederung der (ex-)jugoslawischen und türkischen Bevölkerung in Österreich 1993 in Prozent

| Alter | (Ex-)Jugoslawen | Türken | Gesamtbevölkerung |
|---|---|---|---|
| 0 - 14 | 25,1 | 38,9 | 19,0 |
| 15 - 60 | 71,7 | 60,2 | 62,1 |
| über 60 | 3,2 | 1,0 | 18,9 |

Quelle: Mikrozensus 1993, nach Faßmann/Münz/Seifert 1999, 100

Nicht nur in der Altersstruktur unterscheiden sich Migranten von Einheimischen, sondern auch hinsichtlich der Sexualproportion. Aus dem Vergleich der Zahlen der ausländischen Wohnbevölkerung in Hall in den Jahren 1971, 1982 und 1997 kommt die spezifische Abfolge des Migrationsprozesses zum Ausdruck (*Tab. 39*).

Ende der 1960er-Jahre immigrierten vorwiegend allein stehende Männer nach Hall, wodurch der Anteil der Männer an der Gesamtbevölkerung bis 1981 deutlich zunahm. Erst durch den Familiennachzug und die hier geborenen Kinder, die so genannte „Zweite Generation", stieg die Zahl der jugoslawisch- und türkischstämmigen Frauen an und ließ den Frauenanteil der gesamten Haller Wohnbevölkerung ab 1981 wieder anwachsen. Diese Entwicklung lässt sich aus *Tab. 39* entnehmen: 1971 lag das Verhältnis von Frauen und Männern noch weit auseinander, erst 27 % davon waren weiblich, allerdings handelte es sich dabei um die gesamte ausländische Bevölkerung, „Gastarbeiter" wurden für Hall damals nicht gesondert ausgewiesen.

Wenn man diese Zahlen allerdings mit denen von ganz Tirol vergleicht, lässt sich der relativ hohe Prozentsatz an Frauen in den Anfangsjahren der „Gastarbeiterwanderung" belegen (*Tab. 40*): erstens dadurch, dass die Zahl der jugoslawischen „Gastarbeiter", von denen 1971 bereits über ein Drittel Frauen waren, wesentlich höher war als die der Türken und zweitens durch die zeitlich spätere Migration der damals noch vorwiegend vorübergehend anwesenden allein stehenden türkischen Beschäftigten.

Die Veränderungen bei der Sexualproportion zwischen 1982 und 1997 waren aufgrund der 1982 im Großen und Ganzen bereits abgeschlossenen Familienzusammenführung bei der türkischen Bevölkerungsgruppe nur wenig ausgeprägt. Der größere Anteil bei der weiblichen (ex-)jugoslawischen Bevölkerung 1997 lässt sich ebenso mit der Familienzusammenführung im Rahmen der Jugoslawienkrise und auch der Aufnahme von vor allem bosnischen Flüchtlingen in Zusammenhang bringen (*Tab. 39*).

*Tab. 39:* Sexualproportion der Arbeitsmigranten im Vergleich zur Gesamtbevölkerung

| Wohnbe-völkerung | Sexualproportion in % | | Sexualproportion in absoluten Zahlen | | |
|---|---|---|---|---|---|
| | m | w | m | w | Summe |
| Ausländische Wohnbevöl-kerung 1971 | 72,9 | 27,1 | 885 | 329 | 1.214 |
| Jugoslawen 1982 | 63,3 | 35,7 | 359 | 199 | 558 |
| Türken 1982 | 66,4 | 33,4 | 413 | 209 | 622 |
| (Ex-)Jugo-slawen 1997 | 58,2 | 42,2 | 523 | 386 | 889 |
| Türken 1997 | 65,8 | 34,2 | 418 | 217 | 635 |
| gesamt 1961 | 44,8 | 55,2 | 4.811 | 5.939 | 10.750 |
| gesamt 1971 | 46,3 | 53,7 | 5.706 | 6.629 | 12.335 |
| gesamt 1981 | 48,3 | 51,7 | 6.094 | 6.520 | 12.614 |
| gesamt 1991 | 47,9 | 52,1 | 5.927 | 6.441 | 12.368 |
| gesamt 2001 | 47,3 | 52,7 | 5.440 | 6.052 | 11.492 |

Quelle: ÖSTAT - VZ 1961, 1971, 1981, 1991, 2001; Steueramt - Haushaltslisten 1982; Melderegister 20.3.1997, eigene Berechnungen

*Tab. 40:* Jugoslawische und türkische Wohnbevölkerung plus vorübergehend anwesende Beschäftigte in Tirol nach Geschlecht 1971

| Geschlecht | Jugoslawen | | Türken | |
|---|---|---|---|---|
| | absolut | % | absolut | % |
| männlich | 4.905 | 64,6 | 1.558 | 93,6 |
| weiblich | 2.809 | 35,4 | 106 | 6,4 |
| Summe | 7.714 | 100,0 | 1.664 | 100,0 |

Quelle: ÖSTAT - VZ 1971

## 6.5.3. Probleme bei der Sozialisation in Abhängigkeit von Herkunft und Religion

### 6.5.3.1. Allgemeine Situation

In den Anfangsjahren der „Rotation" standen „Gastarbeiter" unter dem Zwang, immer wieder um Arbeitsbewilligung ansuchen zu müssen, und lebten daher in ständiger Unsicherheit. Inzwischen hat sich ihre Position verbessert und der Großteil der jungen Generation denkt wohl derzeit nicht an eine Rückkehr. Doch die meisten von ihnen haben auch heute noch eine unterdurchschnittliche (Aus-)Bildung und dadurch viel geringere Chancen auf dem Arbeits- und Wohnungsmarkt als die einheimische Bevölkerung. Während sie hier zur untersten sozialen Schicht gehören, genießen sie in ihren Heimatgemeinden hohes Ansehen. Beinahe jeder von ihnen hat dort ein Haus gebaut oder sich in Istanbul eine oder zwei Eigentumswohnungen gekauft. Diese Möglichkeit des sozialen Aufstiegs in den Herkunftsorten bietet einen kontinuierlichen Anreiz und eine zumeist unterschätzte Kompensation für die häufig vorhandene Härte der Arbeits-, Wohn- und Lebensbedingungen im Aufnahmeland.

Der Versuch einer Analyse des Subsystems der „Gastarbeiter" in Hall in Anlehnung an zahlreiche Gespräche mit Arbeitsmigranten und Gewährspersonen kann zum besseren Verständnis und zur Erklärung des Verhaltens der Migranten beitragen. Abgesehen von den Zuwanderern, die heute noch in den Betriebsunterkünften mit anderen, auch für sie oft fremden „Gastarbeiterkollegen" zusammenleben müssen, hat sich die Situation für die ausländischen Arbeitnehmer verbessert. Schon lange zählen der Familienzusammenhalt und das Informationssubsystem zu den stabilsten Faktoren der Existenz von „Gastarbeitern", im Heimatland vor allem bei der Bautätigkeit, im Aufnahmeland bei der Wohn- und Arbeitsintegration. Viele der Neuzuwanderer kamen und kommen im Zuge der Kettenwanderung nach Hall und werden von der Großfamilie und auch von Freunden aufgenommen. Es gibt ernst zu nehmende Hinweise, dass es auch heute noch Tag- und Nachtschläfer gibt wie in den Anfangsjahren der „Gastarbeiterwanderung", dass Arbeitsmigranten hier illegal ohne Aufenthaltsgenehmigung wohnen bzw. auf eine solche warten. Obwohl das neue Mieterschutzgesetz in einer Wohnung nur eine bestimmte Zahl von Personen pro Quadratmeter erlaubt, werden durch verschiedene Tipps Betten 24 Stunden „belegt". Geschulte Leute bereiten Neuzuwanderer sofort auf das Leben in Österreich vor, damit sie möglichst schnell Arbeit und Wohnung finden und sich im Sozialstaat zurechtfinden. Besonders die türkischen Migranten erledigen Behördengänge oder Arztbesuche nie allein, sondern in Begleitung von Familienmitgliedern.

In Betriebswohnheimen und reinen Männerunterkünften waren 1997 in Hall noch 210 Arbeitnehmer aus dem ehemaligen Jugoslawien und aus der Türkei untergebracht. Diese Zahl belegt, dass ein Teil der „Gastarbeiter" noch immer von Frau und Kindern getrennt lebt bzw. ledig ist. Neben der Trennung von der Familie kommt das Verlassen des gesellschaftlichen Bezugssystems und der zugehörigen Sprachgemeinschaft dazu und weiters die Aufgabe der Berufsrolle, unabhängig davon, welchen Beruf sie in ihrer Heimat ausgeübt haben. Dadurch treten die „Gastarbeiter" weitgehend aus ihrer bisherigen sozialen Integration heraus und geben ihre wichtigsten sozialen Bindungen auf, die bisher die Grundlage ihres Selbstwertgefühls bildeten. Die wichtigsten Stützen ihrer sozialen Identität fehlen ihnen damit. In den Aufnahmeländern üben sie überwiegend solche Berufe aus, die sowohl von ihren Anforderungen als auch von ihrem gesellschaftlichen Ansehen in der untersten Wertskala angesiedelt sind.

All diese Faktoren zusammen führen vor allem bei den türkischen „Gastarbeitern" häufig zu Akkulturationsstress, der sich langfristig in psychischen und physischen Gesundheitsproblemen äußern kann. *Han* (2000, 204 f.) weist auf zahlreiche empirische Untersuchungen in den USA, in Kanada und Deutschland hin, die sich mit den Folgen dieser Stress-Situationen von Migranten und den damit zusammenhängenden unterschiedlichen Krankheitsbildern und -symptomen beschäftigen. Haller Ärzte mit großem ausländischen Kundenstock bestätigen dies ebenso wie die Inhaberin einer Haller Apotheke. Sie nennen als häufigste psychosomatische Erkrankungen Herz-Kreislauf-Probleme, Magen-Darm-Geschwüre, Migräne und Depressionen. *„Immer mehr auch junge sowohl türkische als auch jugoslawische ‚Gastarbeiter' nehmen dagegen Medikamente. ... Diese Krankheiten werden sicher zunehmen, die Leute sind entwurzelt, eine Therapie auf Gesprächsbasis kann nicht stattfinden. Frauen, die 20 Jahre hier leben, sprechen noch kein Wort Deutsch, man kann den Patienten nicht direkt ansprechen. Mein Rat: Fahrt heim und werdet wieder halbwegs Menschen."*

Haller Gaststätten dienen sehr wenigen „Gastarbeitern" als Kommunikationsort, denn sie spüren die Abneigung, die ihnen vielfach entgegenschlägt. Gastlokalbetreiber wollen meist nicht riskieren, dass Stammgäste, die Ausländern ablehnend gegenüberstehen, aus diesem Grund ihr Lokal meiden. Für (Ex-)Jugoslawen gibt es in Hall erst seit kurzer Zeit wieder ein kroatisches Vereinslokal. Seit dem Zerfall Jugoslawiens hat sich der damals gesamtjugoslawische Verein „Sloga" aufgelöst bzw. ist daraus ein rein serbisches Clublokal (in Absam) geworden. Viele Jugendliche aus dem ehemaligen Jugoslawien besuchen Innsbrucker Lokale, die älteren bleiben in den Wohnheimen oder verbringen die Freizeit mit ihren Familien.

Es ist in Hall auch schwierig, ein Lokal für Türken gewinnbringend zu betreiben. Einige Versuche sind schon gescheitert. Die Lokale wurden entweder wieder geschlossen oder ein anderer Pächter versuchte sein Glück. Einer von ihnen erzählt: *„Zwei Volksgruppen in ein Lokal zu bringen, das ist schwer. Wenn man ein türkisches Lokal für Einheimische eröffnet, sollten höchstens 10 - 15 % Ausländer dort verkehren, bei einem größeren Anteil verliert man die einheimischen Gäste. ‚Nur-Türkenlokale' oder ‚Nur-Jugoslawenlokale' bringen in Hall zu wenig Geld. In Innsbruck schon. Da kann man gute Geschäfte machen. Das Lokal ist mehr oder weniger ein Treffpunkt, eine Anlaufstelle für Kontakte. Mein Projekt, ein Türkenlokal mit Deutschkursen für Türken anzubieten, ist in Hall gescheitert. Es fehlt an Interesse, man will für Sprachkurse nicht bezahlen."* Als einziges schon seit Jahren etabliertes Lokal ist ein von Angehörigen der kurdischen Volksgruppe geführtes Restaurant in der Innsbrucker Straße zu nennen. Auch drei andere Haller Gastbetriebe wurden kürzlich von kurdischen Pächtern übernommen.

## 6.5.3.2. Religiöse und soziale Struktur

In Bezug auf die Religionszugehörigkeit muss mangels aktueller Daten auf die Angaben der VZ 1991 zurückgegriffen werden. Rein statistisch bekannten sich dabei 81 % der Haller Bevölkerung zum katholischen Glauben (1961 waren es über 95 %) und 7 % zum Islam.

Während einerseits die Anzahl der Gottesdienste auch in Hall geringer wird und andererseits Messen von den Einheimischen immer weniger besucht werden, ist der kroatische Gottesdienst, der sonntags um 10 Uhr in der Heiliggeistkirche stattfindet, gut besucht. Man trifft sich schon eine halbe Stunde vor der Messe und nützt die Zeit, um miteinander zu kommunizieren.

Die islamische Glaubensgemeinschaft ist eine der zwölf anerkannten Glaubensgemeinschaften in Österreich. Hier ist es schon verhältnismäßig früh gelungen, eine funktionierende Partnerschaft zwischen dem Staat und den Repräsentanten des Islams in Österreich zu entwickeln. So lange überhaupt Religionsunterricht an öffentlichen Schulen erteilt wird, soll allen Religionsgemeinschaften, sofern sie die staatliche Anerkennung genießen, das Recht auf Eigengestaltung des Religionsunterrichts eingeräumt werden. Nicht nur wegen spürbarer Entkirchlichungstendenzen hat auch in Österreich die Diskussion über die Zukunft des Religionsunterrichts längst begonnen. Mit der Etablierung eines konfessionslosen Ethik-Unterrichts an öffentlichen Schulen, anstatt des unter Abmeldungsvorbehalt stehenden Religionsunterrichts, würde sich der Staat aus der religiösen Sozialisation von Heranwachsenden verabschieden.

Von islamischer Seite dagegen - den Vertretern der Glaubensgemeinschaft sowie der Religionslehrer- und Elternschaft - *"... wird der islamische Religionsunterricht durchaus als ein Halt in der Kulturfremde, als eine fest institutionalisierte Gelegenheit betrachtet, religiös-kulturelle Eigenart zu bewahren. Die engere Verknüpfung von Leben und Religion, verstärkt durch die Diaspora-Situation, ist von nicht islamischen Lehrerkollegen für die Eigenart des islamischen Schulunterrichts mehrfach herausgestellt worden: Da ist Leben noch Religion"* (Kröll, 1999, 224).

Wer die Spannungs- und Konfliktpotentiale zur Kopftuchthematik hin vereinfacht - es ist noch gar nicht so lange her, dass vor allem im ländlichen Raum in Österreich wie in Deutschland das Kopftuch zur kulturellen Normalität gehört hat -, geht an der Problematik vorbei. *"Abgesehen vom stammtischmäßig politisierenden ‚Fundamentalismus-Diskurs' erscheint der Islam heute im öffentlichen Meinungsschema als eine unzulässige Abweichung vom erreichten europäisch-okzidentalen Standard, als ein Rückfall hinter die Moderne. Dem Zeitgeist der postindustriellen Gesellschaft muß der Islam nicht nur deshalb unheimlich sein, weil er das Ethos der Verbindlichkeit verkörpert. Islamischer Religionsunterricht löst Befremden aus, weil hier erstens Religion und Lebensführung noch zusammen gedacht wird, weil zweitens Wissensvermittlung und Einschulung in die Glaubenslehre noch verschränkt sind, und weil drittens der Akzent auf Obligation und nicht auf Option liegt"* (Kröll, 1999, 224).

Das Freitagsgebet der türkischen Arbeitsmigranten in der „Moschee" im alten Gasthof „Lamm" (bis zur Generalsanierung im Jahr 1998/99) war immer sehr gut besucht. Die Gläubigen mussten sich aus Platzgründen auf vier Räumlichkeiten verteilen, in die der Gottesdienst mittels Lautsprecher übertragen wurde. Danach saß man lange bei Gesprächen und Tee beisammen. Dazu muss gesagt werden, dass die Religion für viele türkische „Gastarbeiter" wieder mehr Bedeutung erlangt und dass die Moschee vor allem auch für Jugendliche vermehrt ein Ort ist, wo sie Wärme und Zugehörigkeit finden und wo sie mit ihren Problemen zwischen zwei Welten zumindest für kurze Zeit anerkannt und aufgenommen werden. Wobei das Sich-Hinwenden zur Moschee nicht mit Fundamentalismus zusammenhängt. *„Wer in die Moschee geht, ist noch kein Fundamentalist"*, erwähnt ein türkischer Jugendlicher in einem Gespräch.

Neben dem vom türkischen Staat geförderten „Islamischen Kulturverein" gab es in Hall bis vor kurzem noch einen privaten „Fußballverein", in dem sich nach Aussagen von Türken *„a bissale strengere politische Moslems"* trafen. Nach dessen Auflösung folgte ein türkisches Lebensmittelgeschäft, das aber nur für kurze Zeit geöffnet hatte. Der dritte, ebenfalls private Verein kann nach Angaben von türkischen Gastarbeitern durchaus als „eher fundamentalistisch" bezeichnet werden. Er zog nach zweimaliger Übersiedlung vor kurzem in ein vom Verein gekauftes Haus außerhalb der Altstadt ein.

In einem anlässlich der 700-Jahr-Feier der Stadtgemeinde an alle Haushalte verteilten Kalender scheinen im Vereinsverzeichnis folgende Vereine für Migranten auf:
- *Croatia Freizeit* - Sport- und Kulturgemeinschaft der Kroaten in Hall
- *Goldenes Horn* - Türkischer Freizeit-, Kultur- und Sportverein
- *Kultur- und Sportverein der Türkisch-Islamischen Gesellschaft Hall*
- *Muslemische Arbeiterorganisation Hall, Zweigverein Hall*
- *Türkisch-Islamischer Verein für religiöse Bildung und Lehre*

Gerade solche private Vereine machen die Ängste und Reaktionen der Einheimischen verständlich und tragen teilweise auch dazu bei, dass sich der Fundamentalismus in Österreich immer mehr verbreitet und vielleicht auch Integrationsbestrebungen verhindert. Sie werden auch von westlich orientierten türkischen Migranten mit Vorsicht betrachtet. Laut Gesprächen mit einigen von ihnen - wobei immer wieder auf türkische Medienberichte verwiesen wird - wird der Fundamentalismus in der Türkei vorwiegend von Europa aus unterstützt. Eine der Aussagen, die auf diese Problematik hinweist, sei hier stellvertretend wiedergegeben:

*„Aufgabe dieser islamischen Organisationen, die sich in ganz Österreich in den letzten 10-15 Jahren vervielfacht haben, ist es, erstens nach außen hin in Erscheinung zu treten und zweitens Mitgliedsbeiträge von den Gläubigen einzusammeln und diese auch für den Wahlkampf der fundamentalistischen Partei in der Türkei und die Weiterverbreitung des fundamentalistischen Gedankens in Europa zur Verfügung zu stellen. In Europa wird diese Situation zu kurzsichtig gesehen. Für die nächsten zwanzig Jahre ist das kein Problem, aber früher oder später wird der Fundamentalismus in Europa hier dasselbe Problem sein wie in der Türkei. Die Leute in diesen Organisationen sind alle sehr gut geschult. Sie werden nicht von heute auf morgen an die Macht kommen, die arbeiten Schritt für Schritt. Sie hören nicht auf, wenn sie auf starre Fronten treffen, sie sind dafür psychologisch eingestellt und werden ständig eingeschult. Ziel ist eine fundamentalistische Weltordnung. Jetzt fühlen sie sich noch nicht so stark, wenn aber der Zeitpunkt kommt, werden sie mit allen Mitteln versuchen, an die Macht zu kommen."*

*„Hier ist es im Gegensatz zur Türkei rechtlich möglich, Vereine zu gründen. Die Polizei weiß das, sie beobachtet die Vereine, aber sie kann nichts dagegen unternehmen, weil sie momentan keine Existenzgefahr für Österreich bilden. Diese ‚Vereine' oder Organisationen sind gleichmäßig über Österreich verteilt. Als Sport- und Kulturvereine oder Moscheen sind sie Zentren der islamischen Renaissance. In Hinterhöfen alter Häuser haben sie sich ihre eigene Welt geschaffen. Von der Zentrale in Wien aus wird*

*jedes Bundesland und jeder Bezirk netzwerkartig erschlossen, Stadt für Stadt wird infiltriert. Davor haben nicht nur die Österreicher Angst, auch wir Türken."*

Um diese Aussagen in Bezug auf Hall zu hinterfragen, führte der Autor über einen längeren Zeitraum mit Einheimischen, Betriebsratsobmännern, Beamten der Stadtgemeinde und eingebürgerten Türken und Bosniern Gespräche. In der folgenden Zusammenfassung sollen bei aller Fragwürdigkeit die Ängste, Hoffnungen, Bedenken, Vorbehalte und Bemühungen des „Miteinander-Lebens" von Einheimischen und Migranten wiedergegeben werden.

(1) Es kann auch in Hall von einer verstärkten Zunahme des Fundamentalismus seit Beginn der 1990er-Jahre insofern gesprochen werden, als von türkischen Staatsbürgern islamischen Glaubens „Mitgliedsbeiträge eingesammelt" und falls diese nicht bezahlt werden, „nachdrücklich eingehoben" werden sollen.

(2) Frauen und Mädchen sind nach Meinung vieler Einheimischer die Leidtragenden der Entwicklung der letzten Jahre. Auf den Straßen sieht man immer weniger türkische Mädchen ab 14 Jahren. Während türkische Buben im Lehralter gruppenweise anzutreffen sind, müssen die Mädchen oft zu Hause bleiben (und warten, bis sie verheiratet werden). Mischehen sind nicht erwünscht. Besonders merkt man die zunehmende Islamisierung an der Kleidung der Frauen und auch Mädchen. Bedenklich erscheinen auch die schwachen Kenntnisse der deutschen Sprache bei den türkischen Frauen. Trotz zunehmender Deutschkursangebote ist es ihnen nicht gestattet, diese zu besuchen und sich mit der westlichen Kultur auseinander zu setzen. (Von der Volkshochschule Hall werden neben einem Anfänger- und Fortgeschrittenenkurs auch Deutschkurse für islamische Frauen an 30 Nachmittagen gratis angeboten, zu einer Zeit, in der die Männer nicht zuhause sind). Es herrscht in manchen türkischen Kreisen die Meinung vor, dass bei stundenweisen Putzarbeiten außer Haus keine Sprachkenntnisse erforderlich wären. Nötig wären diese aber z. B. für Hilfestellungen bei Hausaufgaben der Schulkinder. Von Lehrern wird immer wieder mangelnde Mithilfe bei Hausaufgaben als Mitursache für schlechte Lernerfolge bei ausländischen Kindern genannt.

(3) Dazu wurde in Hall ein Projekt angeboten, das aber gescheitert ist. Es wird im Folgenden nach einem Gespräch mit einer „Lernmutter" wortgetreu vorgestellt: *„Beim Projekt ‚Lernmütter' wurde Kinderbetreuung unentgeltlich insofern angeboten, als ein türkisches Kind zu einer österreichischen Familie kommt, dort spielt und Hausaufgaben macht, wobei eine österreichische Mutter hilft. Obwohl sich weiterhin Haller Frauen für dieses Integrationsprojekt gemeldet haben, hat das türkische Interesse bald nachgelassen. Türkische Mädchen zeigen von sich aus durchaus Interesse, einen Beruf zu erlernen, doch wird dies vom Clan, von der Familie, unterbunden. Man hat das Gefühl, dass sie auch nach gut abgeschlossener Lehre in die Türkei zurückgeschickt werden, um sie nicht zu sehr zu ‚verwestlichen'. Auch durfte beispielsweise aus diesem Grund der Kontakt zur Lernmutter nicht mehr aufrechterhalten werden. Ein Interesse an Integration ist nicht da. Ein Türke gibt nicht 90 Schilling für ein Türkisch-Deutsch-Lexikon aus, damit sich der Bub in der Schule leichter tut"*, sagt die ehemalige Lernmutter.

(4) Durch den zunehmenden Fundamentalismus ist vor allem bei traditionsbewussten Familien die Angst vor der Verwestlichung groß. Diese befürchten das Abgleiten

ihrer Kinder in einen westlichen Lebensstil mit mehr Freiheit, Selbstbestimmung und Partnerwahl ohne Bevormundung durch den Vater. Viele junge Türkinnen und Türken sind innerlich zerrissen. Sie wissen, dass sie wahrscheinlich hier bleiben werden, und haben eher den Wunsch, zur „österreichischen Gesellschaft" dazuzugehören. Sie wollen sich nicht mehr vom Umfeld unterscheiden, sprechen untereinander natürlich noch türkisch, doch längst mischen sie ihre Muttersprache mit dem Deutschen, weil nur die Sprache ihrer Umwelt die adäquaten Begriffe für ihr neues Selbstverständnis bereithält. Ein Teil der Jugendlichen spricht nur mehr ein gebrochenes Türkisch, das weder von ihren Eltern noch in der Türkei vollständig verstanden wird, und sind somit weder Türken noch Österreicher. Doch den strengen orientalischen Lebensformen fühlen sie sich auch nicht mehr unbedingt verpflichtet. Die Mädchen tendieren natürlich eher zum westlichen Lebensstil. Die jungen Türken dagegen bevorzugen noch Frauen, die traditionell aufwachsen, nicht nur, weil sie es von ihren patriarchalischen Vätern her kennen, sondern weil es ihrem eigenen Rollenverständnis mehr entspricht.

Migrantenkinder sind grundsätzlich einer Reihe von Benachteiligungen ausgesetzt. Sie gehören der sozialen Unterschicht an und verfügen über weniger Geld, über schlechtere Wohnungen und nicht zuletzt wegen der geringeren Qualifikation ihrer Eltern über schlechtere Chancen in Schule und Beruf. Laut Mitteilung des Sozialamtes *„geht der Großteil als ungelernte Arbeitskraft jobben. Weniger als die Hälfte der Jugendlichen macht eine Lehre. Diese sind fast ausschließlich in Österreich geboren und richten sich viel prowestlicher aus. Sie haben erkannt, dass Bildung ein ganz wesentlicher Schlüssel zu unserer Gesellschaft ist. Allerdings schließen höchstens 5 - 10 % eine AHS ab. Dort gehören sie aber zu den fleißigsten und auch besten Schülern. Bei den Gastarbeitern insgesamt gibt es in Hall entgegen anders lautenden Zuweisungen lediglich maximal 5 % Sozialhilfeempfänger, mit abnehmender Tendenz. Das hängt damit zusammen, dass die Behörden immer strenger werden, wenngleich das Gegenteil behauptet wird. Ein Gastarbeiter mit Sozialhilfe wird nach Ablauf der Aufenthaltsbewilligung mit Sicherheit keine Verlängerung bekommen."*

In den letzten Jahren schien die Zahl der Jugendlichen in Hall gewachsen zu sein, die durch aggressives und gewalttätiges Verhalten einen Protest gegenüber der österreichischen Gesellschaft artikulieren, zu der sie sich nicht zugehörig fühlen. Dazu trug laut einem (Ex-)Streetworker auch die Zunahme fundamentalistischer Strömungen bei. Anderseits werden die Jugendlichen aber auch von einheimischen Gruppierungen oft durch Stigmatisierung und durch die Übernahme gängiger Verhaltenszuschreibungen („die Türken" bzw. „die Sozialhilfeempfänger") abgegrenzt, wodurch es zu Belästigungen, Schlägereien und Polizeieinsätzen kam. Durch körperliche Auseinandersetzung kann man Mut und Durchsetzungskraft zeigen, um so Erfolg und Ansehen zu erlangen. Auch die bei einigen recht auffällige Affinität zur Mittelstandsmode und entsprechenden materiellen Statussymbolen verdeutlicht mit anderen Mitteln dieses Streben.

Es muss aber betont werden, dass es in Hall bisher zu keine größeren Eskalationen gekommen ist. Dies dürfte auch auf die gute Arbeit des Streetworkerpaares zurückzuführen sein. Der männliche Streetworker war türkischer Herkunft und hatte weder Sprach- noch andere kulturelle Barrieren, weil er die verschiedensten Kulturkreise aus seiner Heimat kennt. Dadurch war es ihm möglich, die jungen türkischstämmigen Neuösterreicher an die österreichische Kultur und Lebensweise heranzuführen und mit ihnen Probleme zu erörtern.

Seit dem Jahr 2000 arbeitet ein neues Team von Streetworkern, das jetzt einen eigenen Raum im ehemaligen Salinengelände zur Verfügung gestellt bekam, wo es sich mit ausländischen Jugendlichen treffen kann. Dort verkehren *„circa 7 oder 8 Mädchen und 50 Burschen im Alter zwischen 14 und 20 Jahren"* (Oktober 2001). Das Streetworkerpaar neigt zu der Meinung, dass sich die Situation gegenüber der bisher geschilderten wesentlich abgeschwächt hat. Die Unterschiede sollen im Folgenden dargestellt werden. Das Thema Sozialisation wurde mit den Streetworkern teilweise im Beisein von jugendlichen Migranten diskutiert und mittels Diktaphon aufgezeichnet. Die Aussagen werden in gestraffter Form sprachlich und grammatikalisch angepasst wiedergegeben.

(1) Wir sind jetzt erst ein Jahr in Hall, das ist eine sehr kurze Zeit, um viele Kontakte zu knüpfen. Wir haben aber noch nie Ansätze von Fundamentalismus gespürt. Bei dem Terrorangriff auf das World Trade Center in New York waren die Jugendlichen alle selbst betroffen, und zwar nicht nur Einzelpersonen, sondern die ganze Gruppe.

Die Jugendlichen gehen in die Moschee, weil sie müssen, so wie es uns als Kinder von den Eltern aufgetragen wurde, in die Kirche zu gehen. Die Moschee ist für sie ein Ort, an dem sie sich geborgen fühlen und wo sie Zugehörigkeit spüren, sowie Treffpunkt für einen Gedankenaustausch. Besonders wichtig für die Jugendlichen sind die Fußballspiele, die der Verein organisiert, der auch die Moschee betreut. Türkische und jugoslawische Jugendliche verstehen sich nicht immer sehr gut, aber beim Fußballspielen sind sie die besten Freunde. Sie akzeptieren sich.

(2) Wir können nur von einem Bruchteil der türkischen Mädchen sprechen, nur von denen paar, die hier verkehren. Es gibt aber zwei Gruppen: die eine, die man nicht sieht, die „eingesperrt" ist, und die andere, die sehr wohl der deutschen Sprache mächtig ist, und zwar perfekt. Diese Mädchen sind offiziell der türkischen Kultur angepasst, aber inoffiziell interessieren sie sich für die „westliche" Lebensweise. Es ist sehr schwer, Kontakt zu den türkischen Mädchen aufzubauen und sie dazu zu bringen, dass sie ins Lokal kommen. Dabei dürfen natürlich keine Burschen da sein. Dann ist es eine Frage der Zeit, bis man ihr Vertrauen gewinnt.

Bei uns sind nur sieben Mädchen, das ist aber viel, wenn man sich überlegt, wie schwierig es ist, überhaupt Kontakt zu bekommen. Im Untergrund gibt es schon einige „Revoluzzerinnen", doch die dürfen natürlich nicht „offen auftreten" (und sich zur westlichen Kultur bekennen) (Anm. des Autors). Sie verändern schnell ihre Standorte in der Stadt, denn sie stehen ständig unter Beobachtung. Durch diese Ortswechsel erscheinen sie nicht „offiziell" in der Stadt.

(3) Ich kenne das „Projekt Lernmütter" nicht und weiß nicht, wie das organisiert wurde. Aber ich kann mir vorstellen, dass es zwischen Mutter und „Lernmutter" oft zu Missverständnissen kommen kann. Die „Lernmutter" versucht ihr Bestes, was von der türkischen Mutter (oder vom Vater) falsch verstanden werden kann, weil es so große kulturelle Unterschiede gibt Das „Projekt Lernmütter" wäre für die Integration sicher gut. Es hätten vielleicht zuerst mehr Treffen zwischen türkischen und österreichischen Müttern stattfinden müssen, um sich mehr auszutauschen.

(4) Die ausländischen Jugendlichen wollen von ihrer Kultur etwas behalten; sie suchen sich von beiden Kulturen das Beste heraus. Einige überlegen durchaus, wieder in ihre Heimat zurückzugehen. Es ist nicht unbedingt das Streben da, Österreicher zu werden und sich total anzupassen. Sie möchten eine eigene Position in unserer Gesellschaft einnehmen, nicht direkt angepasst sein. Der Zusammenhalt im Familienclan ist für sie sehr wichtig und stabilisiert sie teilweise, gerade wenn oft beide Elternteile arbeiten müssen.

Zur Schulbildung ist zu sagen, dass ein Teil wirklich motiviert ist, eine Lehre zu machen und sie zu beenden, beim anderen Teil hat man das Gefühl, dass es ihnen egal ist, Hilfsarbeiter zu sein. Viele haben einen schlechten Schulabschluss, weil sie in Konfrontation zu den Lehrern gegangen sind. Von der Lehrerseite ist ihrer Meinung nach oft zu wenig Verständnis für ihre Sprachprobleme und die türkische Kultur entgegengebracht worden. Darum haben sie rebelliert und in der Folge einen schlechten Schulabschluss, obwohl sie durchaus intelligent sind.

Die Gewaltbereitschaft hat sich durch die Streetworkerarbeit sicher stark reduziert. In den anderthalb Jahren, in denen wir da sind, ist von Seiten der ausländischen Jugendlichen noch nie Gewalt ausgegangen. Andererseits sind sie aber sehr wohl von Inländern provoziert worden und haben dann reagiert. Es wird dann oft missverstanden, weil die ausländischen Jugendlichen von ihrer Gestik her ganz anders auftreten als wir, und wenn sie was aufregt, dann werden sie sehr schnell laut. Das heißt aber deswegen nicht, dass sie gewalttätig werden.

In der Zeit, in der wir in Hall arbeiten, war hier Ruhe. Und wenn Ruhe ist, fällt es niemandem auf, nämlich auch nicht positiv, dann ist es selbstverständlich. Wenn es dann aber einen Krawall gibt, sagt man gleich, ja die Türken, und das ist das Fatale an der ganzen Sache. Wir versuchen da ein bisschen vorzupreschen und die Aufmerksamkeit darauf zu lenken, dass es keine Probleme gibt.

Es ist schade, dass sich die Bevölkerung mit dem Thema nicht beschäftigt. Man denkt sich, die Ausländer sind halt da, und weil wir uns damit abfinden müssen, ignorieren wir sie halt. Wenn man sich mehr mit dem Thema beschäftigen würde, könnte vieles besser laufen. Auch von Seiten der Türken natürlich, die ja auch ihre Vorurteile haben, die sie nicht ablegen können, da sie mit Einheimischen keinen Kontakt haben. Da stecken viele Ängste dahinter.

Für die große Zahl der Moslems in Hall, die noch dazu großteils aus entlegenen ländlichen Räumen kommen, in denen die Religiosität noch wesentlich mehr im Menschen verwurzelt ist als bei Städtern, und die Arbeiterberufe ausüben, bieten die islamischen Vereine die wichtigste Identifikationsmöglichkeit außerhalb der Familie. Der Islam wird dort im ländlichen Raum ähnlich praktiziert wie in Österreichs Alpentälern der Katholizismus noch vor kurzer Zeit, als eine Mischung von patriarchalischen Traditionen, wortgetreuer Schriftauslegung und magischen Ritualen. Volksislam nennen manche diese Mischung, die mit dem aktuellen Fundamentalismus nichts zu tun hat (*ORF: Fundamentalismus in Österreich*, 14.10.1998). Es ist verständlich, dass gläubige Moslems aus unterentwickelten Räumen eher bereit sind, Beiträge für eine Religionsgemeinschaft (eine Art Kirchenbeitrag) zu bezahlen.

Die türkische intellektuelle Schicht sowohl in der Türkei als auch in Österreich ist nicht fundamentalistisch, sondern prowestlich ausgerichtet. Sie ist für einen möglichst raschen EU-Beitritt der Türkei. Ein Türke, der noch auf die österreichische Staatsbürgerschaft wartet, formuliert das Problem folgendermaßen: *„Wenn die Türkei in der EU wäre, könnte man das fundamentalistische Problem eher lösen. Durch vermehrte Investitionen könnte die wirtschaftliche Situation und damit die Stabilität im Land wesentlich verbessert werden. Die Leute wären zufriedener und durch vermehrte Arbeitsplätze und verbesserte Verdienstmöglichkeiten würden sie eher im Land bleiben oder sogar wieder zurückkehren."*

## 6.6. Migranten und Arbeitsplatzsituation

### 6.6.1. Struktur und branchenspezifische Konzentration

Die ersten ausländischen Arbeitskräfte in Tirol wurden ab der Mitte der 1960er-Jahre angeworben, um vor allem den Bedarf im Baugewerbe und in der Industrie zu decken. Als exemplarisches Beispiel dient das Jahr 1981, in dem der Sektor Industrie in Tirol

56 % der türkischen und 38 % der jugoslawischen Arbeitskräfte beschäftigte. An zweiter Stelle rangierte das Bauwesen vor dem Beherbergungs- und Gaststättenwesen.

Gekennzeichnet werden diese Branchen durch Arbeiten mit großem physischen Einsatz und hohem Unfallrisiko (Schwerindustrie), Berufsausübung bei jeder Witterung im Freien (Baugewerbe), „schmutzige" Arbeiten mit niedrigem Sozialprestige (Reinigungsberufe) und Arbeiten mit nicht klar definierter Arbeitszeit (Gastgewerbe). Insgesamt handelt es sich also um Tätigkeiten, bei denen sich Attribute „unangenehm", „schlechte Bezahlung" und „geringes Prestige" zum Teil überschneiden. Zugleich zeichnen sich diese Branchen durch eine hohe Fluktuation und starke saisonale Schwankungen bzw. Saisonarbeitslosigkeit aus, was eine kontinuierliche Beschäftigung nicht möglich macht. In vielen westlichen Industrieländern ist die Beschäftigung von ausländischen Arbeitskräften somit eine strukturelle geworden. Das bedeutet, dass die von den „Gastarbeitern" eingenommenen Arbeitsplätze nicht ohne weiteres mit einheimischen Arbeitskräften besetzt werden können. Ein gewisser Anteil an ausländischen Arbeitnehmern ist heute also für ein reibungsloses Funktionieren der Wirtschaft in den westlichen Industrieländern unumgänglich.

Die Situation in Hall lässt sich im Folgenden durch die branchen- und betriebsspezifische Konzentration der berufstätigen „Gastarbeiter" analysieren. Als Grundlage dafür diente eine Auswertung der Haller Haushaltslisten (1982) durch den Autor, bei der die ausländische Bevölkerung unter anderem auch nach Art der Beschäftigung und nach Arbeitsort untersucht wurde. Frühere Angaben standen leider nicht zur Verfügung. Für einen „aktuellen" Vergleich konnten Daten der Gebietskrankenkasse Tirol (1997) bereitgestellt werden. Der Zugriff zu dieser vom Verfasser angeregten und eigens dafür angefertigten Sonderauswertung über die in Hall beschäftigten Arbeitskräfte aus dem ehemaligen Jugoslawien und der Türkei sowie über die „Versicherten mit Wohnort Hall" im Jahr 1997 war nur durch Intervention von Altbürgermeister Dr. Posch bei der Gebietskrankenkasse möglich.

Die Zahlen der beiden Jahre sind nicht genau miteinander vergleichbar, da es sich bei den Beschäftigtenzahlen von 1982 um die in Hall wohnhaften „Gastarbeiter" handelt, womit auch die Auspendler genau analysiert werden konnten. Die Auswertung von 1997 umfasst einerseits die in den Haller Betrieben beschäftigten Arbeitsemigranten sowie eine Übersicht über die „Versicherten mit Wohnort Hall", gegliedert nach „Betriebsort Hall" und „Betriebsort nicht Hall".

Auch wenn bei Letzteren somit die aus Hall auspendelnden „Gastarbeiter" nicht nach Branche und genauem Arbeitsort erfasst sind, lassen sich doch gewisse Tendenzen ablesen. Nämlich dass im Jahr 1997 bereits mehr als die Hälfte (52,7 %) der Arbeitnehmer aus dem ehemaligen Jugoslawien und der Türkei in andere Gemeinden auspendelte, (wobei die (ex-)jugoslawischen Migranten (57,5 %) mehr betroffen waren als die türkischen(45,5 %). Im Jahr 1982 dagegen hatten erst knapp über ein Fünftel der erwerbstätigen ausländischen Arbeitskräfte (177) ihren Arbeitsplatz außerhalb von Hall. Mit ihrem Altbaubestand und mit seiner unmittelbaren Nähe zu Innsbruck entwickelt sich die Stadt immer mehr auch zu einem Wohnort für „Gastarbeiter".

Bezüglich der branchenspezifischen Zuordnung der Auspendler 1982 muss beachtet werden, dass 69 Personen damals lediglich den Arbeitsort nannten, es aber unterließen, ihre Tätigkeit anzugeben. Der Großteil der Auspendler, nämlich 67 Personen, arbeitete damals in der Industrie und im Gewerbe, wobei viele bei der Firma Swarowski in Absam bzw. Wattens und besonders türkische Frauen bei Textilbetrieben in Innsbruck bzw. Rum Anstellung fanden. Der Prozentsatz der im Dienstleistungssektor Beschäftigten war auch bei den Auspendlern mit knapp über 20 % gering. Von den Auspendlergemeinden war Innsbruck (87) mit beinahe der Hälfte der Auspendler besonders wichtig, gefolgt von den Nachbargemeinden Rum (21), Absam (17), Mils (7) und Wattens (5).

*Tab. 41:* Beschäftigungsstruktur der Migranten in Hall 1982 und 1997

| Branche | 1982 | | 1997 | |
|---|---|---|---|---|
| | absolut | % | absolut | % |
| Bauwesen | 208 | 25,4 | 281 | 26,7 |
| Industrie und Gewerbe | 394 | 48,1 | 589 | 55,9 |
| Handel und Verkehr | 62 | 7,6 | 46 | 4,4 |
| Gastgewerbe | 34 | 4,1 | 53 | 5,0 |
| Öffentliche, private Dienste | 30 | 3,7 | 84 | 8,0 |
| unbekannt | 91 | 11,1 | - | - |
| Summe | 819 | 100,0 | 1.053 | 100,0 |

Quelle:   Steueramt - Haushaltslisten 1982; 1997: Sonderauswertung der TGKK; eigene Auszählung und Berechnung

Nun aber zur Beschäftigungsstruktur der Arbeitsmigranten in den Haller Betrieben. Zur Frage der Eingliederung der „Gastarbeiter" in den Haller Arbeitsmarkt ist die Nachfrageseite zu beachten und damit die Qualifikationskriterien, welche den einzelnen Tätigkeiten zugeschrieben werden. Durch die Ansiedlung vor allem der Tiroler Röhren- und Metallwerke und der Armaturenfabrik Schmiedl nach dem Zweiten Weltkrieg sowie die große Nachfrage der Baufirmen Pümpel, Fröschl, Innerebner und Hinteregger nach Arbeitskräften bot der Haller Arbeitsmarkt speziell für die großteils gering qualifizierten Arbeitsmigranten gute Einstellungsmöglichkeiten. Ohne diese Betriebe des sekundären Sektors wäre der Anteil der ausländischen Arbeitskräfte in Hall wohl wesentlich kleiner.

Über die Bedeutung der Tiroler Röhren- und Metallwerke schreibt die *Tiroler Tageszeitung* vom 20.2.1971: „*Mit über 1000 Mitarbeitern sind die Tiroler Röhren- und Metallwerke eine der größten Gießereien Österreichs. Es sind 220 Türken und 200 Jugoslawen als Arbeiter im Betrieb beschäftigt, dazu 60 Südtiroler. Damit ist ein Ausländeranteil von rund 45 % zu verzeichnen. Den aus dieser Sachlage entstehenden Unterbringungsschwierigkeiten versucht man mit Eigeninitiative zu begegnen. So verfügen die TRM über drei eigene, gut eingerichtete Arbeiterunterkünfte in Werksnähe mit insgesamt 100 Betten. Eine weitere Arbeiterunterkunft mit insgesamt 100 Betten ist in Bau …*"

(Im Vergleich dazu waren 1997 in diesem Betrieb noch 74 [Ex-]Jugoslawen und 71 Türken beschäftigt. Damit weisen die Tiroler Röhren- und Metallwerke immer noch die größte Ausländerbelegschaft aller Haller Betriebe auf.)

Über 73 % der in Hall beschäftigten Migranten arbeiteten 1982 im sekundären Sektor, davon knapp die Hälfte (48,1 %) in der Industrie und ein Viertel im Baugewerbe (*Tab. 41*). In diesen beiden Sparten waren 1997 sogar über 82 % von den 1053 in Hall Beschäftigten aus dem ehemaligen Jugoslawien und aus der Türkei tätig, auf den tertiären Bereich entfielen somit nicht einmal 20 %.

*Tab. 42:* Die 14 größten Betriebsstandorte in alphabetischer Anordnung 1997

| Firma | Adresse | Lage |
|---|---|---|
| Industrie und Gewerbe | | |
| Dinkhauser Kartonagen | Brixner Straße | West |
| Felder Maschinenbau | Heiligkreuzer Feld | West |
| Hörtnagl Fleischwaren | Trientlstraße | West |
| Isosport und Foliplast | Brixner Straße | West |
| Milford Tee | Schlöglstraße | Südwest |
| Posch Romed, Tischlerei | Lorettostraße | West |
| Recheis Eierteigwaren | Fassergasse | West |
| Haller Textilwerke | Brixner Straße / Innsbrucker Straße | Südwest |
| Schmiedl Armaturen | Salzburger Straße | Süd |
| TRM | Innsbrucker Straße | Südwest |
| Bausektor | | |
| Fröschl Bau AG & CO KG | Fassergasse | West |
| Hauser Bau | Heiligkreuzer Feld | West |
| Hinteregger Bau | Löfflerweg | Südwest |
| Innerebner GesmbH. | Innsbrucker Straße | Südwest |

Quelle: Steueramt; eigene Auszählung

In der Haller Industrie wiesen im Jahr 1982 oben genannte Firmen die höchste Ausländerbeschäftigung auf. Gerade bei Betrieben der Metallbranche gibt es Bereiche wie Formen, Gussputzen oder Schleifen, in denen ausschließlich ausländische Arbeitskräfte beschäftigt sind, da es selbst in Gebieten mit allgemeinem Arbeitskräfteüberschuss für diese Arbeiten nicht möglich ist, inländische Arbeitskräfte zu rekrutieren. Besonders Klein- und Mittelbetriebe dieser Branche leiden unter starkem Konkurrenzdruck durch Niedriglohngießereien aus Osteuropa, weshalb sie ihre Chance in der Spezialisierung sehen. Dazu ist es nötig, hoch qualifizierte inländische Arbeitskräfte mit ausländischen zu ergänzen, die als Einzige gewillt sind, die aufgrund des Technologierückstandes besonders unangenehmen Hilfs- und Anlernarbeiten auszuführen.

Neben den zwei genannten Betrieben der Metallbranche gab es noch die Firmen „Foliplast", „Haller Textilwerke" und „Eierteigwaren Recheis" mit höherer Ausländerbelegung, so dass insgesamt über 70 % der Industriearbeiter in diesen fünf Betrieben angestellt waren.

Mit fast 56 % arbeiteten im Jahr 1997 mehr als die Hälfte aller in Hall beschäftigten „Gastarbeiter" in Industrie und Gewerbe, 85 % davon waren auf die zehn größten Unternehmen in Hall konzentriert, die ausschließlich im Südwesten der Stadt (Zählbezirke Hall-West, Hall-Südwest und Hall-Süd (ein Betrieb) angesiedelt sind (*Tab. 42*). Dabei wies die Grundstoff- und Produktionsgüterindustrie mit 201 Beschäftigten den größten Anteil auf, gefolgt von der Verbrauchsgüterindustrie (106), der Nahrungs- und Genussmittelindustrie (97) und der Investitionsgüterindustrie (96). Die Bedeutung dieser Betriebe für die ausländischen Arbeitskräfte bzw. die Gewichtigkeit der „Gastarbeiter" für die Haller Wirtschaft erkennt man daran, dass die Hälfte dieser zehn Betriebe bei den Arbeitern einen Ausländerprozentsatz zwischen 55 % und 75 % aufzeigte. Bei den Gewerbebetrieben beschäftigen viele im Durchschnitt nur einen oder zwei Ausländer, Betriebe mit über 20 Arbeitern und Angestellten auch mehr, wobei keine Branchenschwerpunkte festgestellt werden konnten.

Das Baugewerbe musste in Tirol aufgrund der unangenehmen Arbeitsbedingungen beim Straßen-, Tunnel- oder Kraftwerksbau immer schon auf ausländische Arbeitskräfte zurückgreifen. Die Beschäftigung von zahlreichen „Gastarbeitern" bei Haller Baufirmen während der Hochkonjunktur im Zuge des Wiederaufbaues und der Siedlungsentwicklung nach dem Zweiten Weltkrieg war die Folge eines absoluten Arbeitskräftemangels. Durch neue Verfahren in der Bauweise ersetzte man Facharbeitertätigkeiten durch qualifizierte Anlerntätigkeiten, wobei die Ausbildung des Großteils der Arbeitsmigranten in der Firma erfolgte. Die besten von ihnen blieben als Facharbeiter im betrieblichen Stammpersonal. Montagetrupps wurden erst ab Facharbeiterniveau über Bundesländergrenzen verschickt, da der Kostenaufwand relativ zum Lohnsatz aufgrund der Trennungszulage und der nötigen Wohnungsbereitstellung zu hoch war und auch heute noch ist. „Gastarbeiter" im Bausektor kompensierten so die geringe Mobilität der inländischen Hilfsarbeiter, da sie großteils ohne Familie hier und damit wesentlich mobiler sind. Weil also Arbeitsmigranten im Verhältnis zu inländischen Arbeitskräften kostengünstiger und dazu noch anpassungsfähiger waren, bestand ein Anreiz, diese in immer größerem Ausmaß einzusetzen. Konzentrierten sich die Bauarbeiter in Hall 1982 bis auf einen geringen Prozentsatz auf vier Firmen, so beschäftigten 1997 lediglich noch die beiden Großfirmen Fröschl und Innerebner den Großteil der im Bausektor tätigen ausländischen Arbeitskräfte.

Im Dienstleistungssektor waren 1982 lediglich 15,4 % aller in Hall wohnhaften Ausländer beschäftigt. Bei verschiedenen Großhandelsfirmen fanden höchstens ein oder zwei Arbeiter Anstellung. Zu erwähnen sind die damals bei den Österreichischen Bundesbahnen beim „Verschub" tätigen und in einem Wohnheim an der Oberen Lend untergebrachten 24 Jugoslawen. Vereinzelt fanden vor allem jugoslawische Gastarbeiterfrauen im Beherbergungs- und Gaststättenwesen sowie bei verschiedenen

Firmen als Küchenhilfen oder Reinigungsfrauen Arbeit. Auch 1997 war die Beschäftigung von „Gastarbeitern" im tertiären Sektor nach wie vor niedrig, mit Ausnahme von Frauen in Filialen besonders einer Großhandelskette und im Gastgewerbe. Ihre geringfügige Zunahme (*Tab. 43*) hängt mit der Ausweitung des Arbeitsplatzangebotes im Dienstleistungsbereich in Hall zusammen. Zwischen (Ex-)Jugoslawen und Türken sind Unterschiede in der Beschäftigung nach Wirtschaftssektoren der einzelnen Branchen festzustellen. Im Jahr 1982 arbeiteten beinahe zwei Drittel der in Hall wohnhaften türkischen Arbeitnehmer in der Industrie, bei den Jugoslawen hingegen nur ein Drittel.

Dafür waren die Jugoslawen im Bauwesen (34 %) und im gesamten tertiären Sektor (21 %) wesentlich stärker vertreten. Der unter „unbekannt" in *Tab. 43* aufscheinende Prozentsatz resultiert aus teilweise ungenauen Angaben in den Haushaltslisten, so schien z. B. bei Auspendlern häufig nur der Arbeitsort auf. Bis 1997 haben sich die Unterschiede in der Beschäftigtenstruktur der beiden Gruppen deutlich verringert.

*Tab. 43:* Ausländische Arbeitskräfte aus (Ex-)Jugoslawien und der Türkei nach Branchenzugehörigkeit 1982 und 1997

| Branche | 1982[1] | | 1997[2] | |
|---|---|---|---|---|
| | absolut | % | absolut | % |
| Türkische Staatsbürger | | | | |
| Industrie und Gewerbe | 242 | 64,9 | 265 | 63,1 |
| Bauwesen | 58 | 15,5 | 109 | 26,0 |
| Handel und Verkehr | 16 | 4,3 | 9 | 2,1 |
| Beherbergungs- und Gaststättenwesen | 10 | 2,7 | 23 | 5,5 |
| Öffentliche, private Dienste | 4 | 1,1 | 14 | 3,3 |
| unbekannt | 43 | 11,5 | - | - |
| Summe | 373 | 100,0 | 420 | 100,0 |
| (Ex-)jugoslawische Staatsbürger | | | | |
| Industrie und Gewerbe | 152 | 34,1 | 324 | 51,2 |
| Bauwesen | 150 | 33,6 | 172 | 27,2 |
| Handel und Verkehr | 46 | 10,3 | 37 | 5,8 |
| Beherbergungs- und Gaststättenwesen | 24 | 5,4 | 30 | 4,7 |
| Öffentliche, private Dienste | 26 | 5,8 | 70 | 11,1 |
| unbekannt | 48 | 10,8 | - | - |
| Summe | 446 | 100,0 | 633 | 100,0 |

[1] in Hall wohnende „Gastarbeiter"    [2] in Hall arbeitende „Gastarbeiter"

Quelle:   Steueramt - Haushaltslisten 1982; 1997: Aufstellung der TGKK; eigene Auszählung und Berechnungen

## 6.6.2. Position der Ausländerinnen auf dem Haller Arbeitsmarkt

Frauen aus Jugoslawien kamen auf der Suche nach Arbeit in den späten 1960er-Jahren mit oder vereinzelt auch ohne Partner nach Hall, türkische Frauen hingegen erst im Rahmen der Familienzusammenführung. Die durch eine patriarchalische Familienstruktur besonders in ihrem Aktionsraum in der Öffentlichkeit definierte traditionelle Rolle der Frau hat sich seitdem kaum verändert. Die türkischen Frauen mit ihrer größtenteils unterdurchschnittlichen Schulbildung und mangelnden Ausbildung sowie praktisch keiner Möglichkeit, die deutsche Sprache zu erlernen, sind angewiesen, unterdurchschnittlich bezahlte Arbeiten anzunehmen, wenn es ihnen überhaupt gestattet ist, einer Beschäftigung nachzugehen.

Für das Jahr 1982 lässt sich belegen, dass 26 % der in Hall wohnhaften jugoslawischen und 19 % der türkischen Frauen eine berufliche Tätigkeit ausübten. Von den 1997 in Haller Betrieben Beschäftigten gab es bei den (Ex-)Jugoslawen 30,8 % und bei den Türken 18,3 % weibliche Arbeitskräfte. Nur ein geringer Prozentsatz der Türkinnen geht also einer regelmäßigen Arbeit nach. Beim Großteil der ausländischen Arbeitnehmerinnen handelt es sich um ungelernte Hilfskräfte, die dadurch in der untersten Berufshierarchie einzureihen sind.

Wie bei den Männern bietet in Hall auch bei den ausländischen weiblichen Arbeitskräften der Sektor Industrie die meisten Beschäftigungsmöglichkeiten, vor allem bei den türkischen Frauen mit mehr als zwei Drittel im Jahr 1982 und sogar knapp drei Viertel 1997 (*Tab. 44*). Während 1982 die Beschäftigung in der Textilindustrie mit Abstand dominierte, bot 1997 auch die Grundstoff- und Produktionsgüterindustrie sowie die Nahrungs- und Genussmittelindustrie zu gleichen Teilen Arbeit für türkische Arbeitnehmerinnen.

*Tab. 44:* Beschäftigte Ausländerinnen nach Branchenzugehörigkeit 1982 und 1997 in Prozent

| Branche | 1982 | | 1997 | |
|---|---|---|---|---|
| | Jugoslawinnen | Türkinnen | (Ex-)Jugoslawinnen | Türkinnen |
| Industrie | 37,9 | 67,6 | 61,0 | 74,0 |
| Handel | 6,0 | 2,8 | 6,1 | - |
| Gastgewerbe | 19,0 | 12,7 | 8,2 | 15,6 |
| Dienste | 21,5 | 5,6 | 26,7 | 10,4 |
| unbekannt | 15,6 | 11,3 | - | - |

Quelle: Steueramt - Haushaltslisten 1982; Sonderauswertung der TGKK; eigene Auszählung und Berechnungen

Bei den jugoslawischen Frauen war die Beschäftigung im sekundären Sektor 1982 (38 %) gegenüber den Türkinnen (über 67 %) verhältnismäßig gering und verteilte sich beinahe gleichmäßig auf die Investitionsgüter- (ein Betrieb), Verbrauchsgüter- und Nahrungsmittelindustrie (ein Betrieb). Im Jahr 1997 beschäftigte die Industrie immerhin 119 (ex-)jugoslawische Arbeitnehmerinnen, wobei 60 % auf die Nahrungs- und Genussmittelindustrie entfielen.

Zweitwichtigster Arbeitgeber für die Arbeitnehmerinnen aus dem ehemaligen Jugoslawien war die Wirtschaftsgruppe „Öffentliche und private Dienste", für die türkischen Frauen das „Beherbergungs- und Gaststättenwesen". Beide Branchen stellen typisch weibliche Berufe dar, da sie arbeitsintensiv sind und geringes Qualifizierungs- niveau erfordern. Der „Reinigungs- und Gesundheitsbereich" beschäftigt nur mehr selten inländische Arbeitskräfte. Zu der für das Gastgewerbe typischen arbeitszeitlichen Belastung kommt noch eine deutliche Belastung durch Hitze, Dämpfe, Lärm und einseitige körperliche Belastung hinzu. Da auch die Einkommenssituation der Arbeiter im Gastgewerbe ungünstiger als in den meisten Industriebranchen ist, kann die hohe Fluktuation der Hilfskräfte insbesondere in der Küche auch durch einheimische Arbeitskräfte nur schwer substituiert werden.

Die Übernahme dieser Dienstleistungsberufe mit geringem Qualifizierungsanspruch durch ausländische Arbeitskräfte ist für die existenzielle Stabilität von „Gastarbeiter- haushalten" bedeutend. In einer Zeit, in der Reinigungsdienste und Berufe des Gast- stättenwesens nach wie vor gefragt sind, können Ehefrauen den Fortbestand von Haushalten sichern, auch dann, wenn Männer aufgrund von Rationalisierungsmaß- nahmen in der Industrie oder in der Bauwirtschaft längere Zeit ohne Arbeit sind. Unter diesem Aspekt des Arbeitsmarktes erscheint auch die Familienzusammenführung in einem anderen Licht. In Zeiten der Rezession ist diese gleichsam „Geheimrezept" der „Gastarbeiter" geworden, um ihre Existenz im Ausland durch Doppelverdiener und im Notfall durch „Alleinverdienen" der Ehefrauen überhaupt zu gewährleisten (*Lichtenberger* 1984, 260).

### 6.6.3. *Möglichkeiten eines beruflichen Aufstiegs?*

Zum Schluss dieses Kapitels bleibt noch zu fragen, wie sich die Arbeitschancen für die Haller „Gastarbeiter" in Zukunft entwickeln werden. Auch wenn es sich leider als unmöglich herausstellte, diese wichtige Frage stichhaltig zu belegen, decken sich doch einzelne Aussagen von Betriebsratsobmännern im Wesentlichen mit einer empirischen Studie über Arbeitsintegration, derzufolge ausländische Beschäftigte großteils Arbeiterberufe ausüben, während 1993 nur noch jeder vierte Österreicher einer Beschäftigung im produzierenden Gewerbe nachging. Nur ein Fünftel der arbeitenden Bevölkerung ist im öffentlichen Dienst oder im Bereich der sozialen Dienste tätig. Ein weiteres Fünftel arbeitet im Bereich „Handel und Verkehr" (*Faßmann/Münz/Seifert* 1999, 105). Eine wahrscheinliche Erklärung für die Konzentration der ausländischen Bevölkerung auf den unteren Ebenen der Beschäftigungshierarchie bedingt auch ihre Bildungs- und Qualifikationsstruktur. Beim Vergleich einheimischer mit ausländischen Beschäftigten mit einem primären Bildungsabschluss (Hauptschulabschluss oder Pflichtschulabschluss im Ausland) fällt auf, dass Ausländer fast ausschließlich in Arbeiterberufen tätig sind (*Tab. 45*).

Zwar ist auch bei den Einheimischen mit primärem Bildungsabschluss der Anteil der Beschäftigten in Arbeiterberufen höher, doch sind viele von ihnen auch als mittlere und höhere Angestellte bzw. Beamte tätig, wobei Letzteres aufgrund des höheren Anteils öffentlich Bediensteter eine Rolle spielt. Die Karrieren von Arbeitnehmern aus dem ehemaligen Jugoslawien und aus der Türkei bleiben weitgehend auf Arbeiterberufe beschränkt. Es ist denkbar, dass das Fehlen von Sprachkenntnissen und spezifischen Qualifikationen den Zugang zu Angestelltenberufen erschwert.

*Tab. 45:* Berufliche Stellung von Arbeitnehmern mit Pflicht- und Hauptschulabschluss 1993 in Österreich in Prozent

| Beschäftigte | türkische | (ex-)jugoslawische | österreichische |
|---|---|---|---|
| Ungelernte Arbeiter | 48 | 42 | 7 |
| Angelernte Arbeiter | 30 | 36 | 15 |
| Facharbeiter/Meister | 19 | 15 | 27 |
| Einfache Angestellte | 1 | 4 | 15 |
| Mittlere. u. gehobene Angestellte | 1 | 3 | 9 |
| Beamte | - | - | 14 |
| Selbständige | 2 | 3 | 11 |

Quelle: ÖSTAT - Mikrozensus 1993, nach Faßmann/Münz/Seifert 1999, 109

Diejenigen Ausländer, die bereits in Österreich geboren wurden, haben in der Regel weniger bis gar keine Sprachprobleme und verfügen über inländische Schulabschlüsse, die ihre Chancen auf dem Arbeitsmarkt verbessern müssten. Doch konzentrierte sich die zweite Generation 1993 laut *Faßmann/Münz/Seifert* auch in Österreich nur auf wenige Erwerbsbereiche: *„Das produzierende Gewerbe ist noch immer das wichtigste Beschäftigungssegment, gefolgt von den konsumorientierten Diensten wie Tourismus und Gastgewerbe, wobei sich bezüglich Aufenthaltsdauer und sozialrechtlicher Stellung keine wesentliche Verbesserung zeigt. Bestimmte Bereiche des Arbeitsmarktes sind für ‚Gastarbeiter' und deren Kinder selbst dann kaum zugänglich, wenn sie über eine ausreichende Qualifikation verfügen. In Österreich vollzieht sich die berufliche Mobilität lediglich innerhalb der Arbeiterberufe. Der Anteil der un- und angelernten Arbeiter verringerte sich zwischen erster und zweiter Generation und der Facharbeiteranteil lag 1994 bei der zweiten Generation immerhin bei 43 %. Allerdings waren nur 18 % der in Österreich geborenen (Ex-)Jugoslawen und Türken im Angestelltenbereich beschäftigt, und dies praktisch ausnahmslos als einfache Angestellte"* (1999, 111).

Die Ergebnisse dieser Studie stimmen mit den Gegebenheiten in Hall überein, denn nach wie vor ist der Großteil der ausländischen Arbeitnehmer in der Industrie und im produzierenden Gewerbe als Arbeiter tätig. Der Prozentsatz der Arbeitsmigranten im Angestelltenverhältnis von allen „Versicherten mit Wohnort Hall" war laut der genannten Sonderauswertung der Tiroler Gebietskrankenkasse (1997) mit 4,9 % (Ex-Jugoslawen) und 6,7 (Türken) sehr gering. Dabei beschäftigten je nur ein privater (17) und ein öffentlicher Betrieb (9) mehr als die Hälfte aller 49 Angestellten aus dem ehemaligen Jugoslawien und der Türkei.

Ein gewisses Kontingent an männlichen „Gastarbeitern" wird bei den größten Haller Firmen immer benötigt werden. Durch bessere Schulbildung der einheimischen Jugendlichen werden bisher noch stark besetzte Teile des männlichen Arbeitsmarktes im so genannten „Manipulationsbereich" des sekundären Sektors der Wirtschaft (Lagerhaltung, Transport, Verteilung und Verkauf) von inländischen Arbeitskräften nicht mehr angestrebt. Hier bietet sich für aus der Sachgüterproduktion ausscheidende Arbeitsmigranten eventuell die Chance, diese zu besetzen.

Auch für weibliche ausländische Arbeitskräfte kommt es durch das „Herausgehen" einheimischer Arbeitskräfte aus jenen Berufen, die nicht mehr attraktiv erscheinen bzw. ein niedriges soziales Prestige haben, immer mehr zu Arbeitsmöglichkeiten. Diese Berufe sind auch in einer Rezession gefragt, so dass Arbeitsplätze für ausländische Arbeitnehmerinnen immer frei sein werden. Ob die „Gastarbeiter-Mädchen" bei immer besserer Schulbildung diese Arbeiten dann annehmen werden, ist jedoch zu bezweifeln.

Eine weitere Erklärung für die starke ethnische Segmentierung des Arbeitsmarktes sehen *Faßmann/Münz/Seifert* darin, dass ausländische Arbeitskräfte in Österreich vorwiegend in Klein- und Mittelbetrieben beschäftigt sind. *„Dadurch fehlen für sie innerbetriebliche Arbeitsmärkte mit ihren spezifischen Karrierepfaden, die von Großbetrieben angeboten werden. Dort eröffnen sich auch für Arbeitskräfte mit niedrigem Qualifikationsniveau Aufstiegsmöglichkeiten, wenn sie sich betriebsspezifische Kenntnisse aneignen"* (1999, 112). Diese Aussage deckt sich völlig mit den für Hall erhobenen Fakten, denn von den 14 größten Betrieben, die auch die meisten Arbeitsplätze für „Gastarbeiter" anbieten, nahmen lediglich drei davon Angestellte aus dem ehemaligen Jugoslawien oder der Türkei in ein Dienstverhältnis auf, einer davon allerdings 17 (davon fünf Lehrlinge).

## 6.6.4. Dokumentation über die Situation der „Gastarbeiter" am Beispiel dreier Haller Betriebe

Die abschließende Dokumentation vermittelt die „Gastarbeitersituation" aus der Sicht von Betriebsratsobmännern dreier Haller Betriebe, die teilweise im Beisein derer türkischen und (ex-)jugoslawischen Kollegen diskutiert wurde. Die Aussagen dieser „Experten", die mit den Problemen des Betriebes und der Angestellten bestens vertraut sind, wurden mittels Diktaphon aufgezeichnet, wortgetreu wiedergegeben, wo nötig aber sprachlich oder grammatikalisch angepasst.

Wie groß ist der Anteil an (ex-)jugoslawischen und türkischen Mitarbeitern?
A: 44 % der Arbeiter sind Ausländer. Es sind gleich viel (Ex-)Jugoslawen und Türken beschäftigt. Bei den Kollegen aus dem ehemaligen Jugoslawien sind 95 % Serben, der Rest Kroaten. Seit Beginn der 1990er-Jahre streben die Türken vermehrt die Staatsbürgerschaft an.
B: Im Betrieb sind ein Drittel „Gastarbeiter", 90 % davon aus dem ehemaligen Jugoslawien", großteils Serben, die ohne Familie gratis in „Gastarbeiterunterkünften" wohnen. Auf den Zimmern ist Kochgelegenheit. Wir haben keine Türken im Wohnheim.
C: Bei uns beträgt der Ausländeranteil 75 %, davon sind 60 % (Ex-)Jugoslawinnen und 40 % Türkinnen. 90 % der Belegschaft sind nämlich Frauen.

Wie lange sind sie im Betrieb?
A: Im Durchschnitt 15 Jahre und länger.

B: Im Durchschnitt 15 Jahre. Die Arbeiter der ersten Generation waren alle über 20 Jahre da. Damals galt noch die Rotation. Von November bis März waren sie daheim. Jetzt müssen sie dableiben, um „stempeln" zu können. Die durchschnittliche Beschäftigungsdauer pro Jahr beträgt neun bis zehn Monate. Überstunden werden nicht ausbezahlt, sondern für die arbeitslose Zeit gutgeschrieben. Zu Weihnachten nehmen die „Gastarbeiter" Urlaub und fahren heim. Anschließend kommen sie wieder, beziehen Arbeitslosenunterstützung und warten auf Arbeit.

C: Die Leute sind generell 15-20 Jahre bei uns beschäftigt. Ein verschwindend kleiner Teil ist ausgeschieden, der Rest bleibt gerne länger. Durch den Zubau in jüngster Zeit wurden Leute neu eingestellt, die eine Betriebszugehörigkeit von ein bis fünf Jahren haben. Die anderen haben das zehnjährige Jubiläum schon hinter sich und vom 15- bis zum 30-jährigen Jubiläum ist alles vertreten.

Sprache:

A: Die Deutschkenntnisse der älteren Arbeiter sind schlecht, Sprachkurse nach einer langen Arbeitsschicht werden nicht angenommen.

B: Die Jungen sprechen deutsch, die Alten interessiert das nicht. Wenn Österreicher und (Ex-)Jugoslawen beisammen sind, sprechen diese immer nur serbokroatisch. Auch unter sich. Die Sprache hat eine Schutzfunktion.

C: Je jünger die Leute sind, umso besser sprechen sie Deutsch.

Welche Qualifikation haben sie?

A: Die älteren türkischen Arbeitnehmer haben alle nur fünf Jahre Grundschule und müssen dann in der väterlichen Landwirtschaft mitarbeiten. Bei uns bekommen sie als ungelernte Arbeitskräfte nur die schwerste Arbeit, wenn sie gut bezahlt werden wollen, sind dann früher „abgearbeitet" und suchen um die Invaliditätspension an. Die Frauen müssen vielfach auch zum Haushaltsbudget beitragen und finden wegen der geringen Schulbildung vor allem im Reinigungsgewerbe Anstellung. Bei den Reinigungsfirmen, die sich gegenseitig unterbieten - ich sehe es bei unserer Firma -, arbeiten schon lange keine einheimischen Arbeitskräfte mehr. Bei den (Ex-)Jugoslawen mit Hauptschule und abgeschlossener Lehre hängt es von der Firma ab, ob die Ausbildung anerkannt wird. Ausländische Jugendliche, die jetzt nach Österreich kommen, müssen laut Gesetz noch mindestens zwei Jahre in Österreich eine Schule besuchen, um eine Arbeitsbewilligung zu erhalten. Wir hatten eine türkische Lehrlingsausbildung, die ist jetzt ausgelaufen. Wir bilden jetzt keine Lehrlinge mehr aus. Außer einzelnen Facharbeitern sind alles ungelernte Arbeiter.

B: Die meisten sind angelernte Arbeiter. Anlernen ist für den Betrieb kein Problem. Es gibt aber zu wenig Facharbeiter. In Zukunft werden wieder mehr gebraucht. Inländische Lehrlinge werden nicht mehr ausgebildet. Die Wirtschaft will keine Kosten mehr übernehmen. Nur von einigen ambitionierten Firmen werden immer noch Lehrlinge ausgebildet. Die jungen Leute sind großteils gar nicht so abgeneigt, eine Lehre zu machen, nur hat die Lehre gesellschaftlich ein schlechtes Image. Das Angebot an ausländischen Hilfsarbeitern ist groß genug. Bei den Montagetrupps müssen die Arbeiter eine gewisse Qualifikation haben. „Gastarbeiter" ersetzen hier die geringe Mobilität der Inländer. Für einen Bosnier z. B. ist es gleich, ob er vorübergehend in Landeck wohnt oder in Hall. Im Hochbau arbeitet ein Hilfsarbeiter für zwei Maurer. Im Tiefbau gibt es mehr Ausländer und nur ausländische Hilfskräfte. Je näher es zur ebenen Erde geht, umso mehr Ausländer kommen zum Zug, in ein „Loch" steigt ein österreichischer Hilfsarbeiter heute nicht mehr hinab. Wir nehmen keine neuen „Gastarbeiter" auf. Unser „Gastarbeiterkontingent" ist voll und es kommt auch „nichts Besseres" nach. „Gastarbeiter" sind in der Regel auch nicht kostengünstiger. Die meisten sind verheiratet und leben von der Familie getrennt, sie bekommen die Trennungszulage. Damit sind sie schon teurer als ein Inländer.

C: Bei uns sind alles angelernte Hilfsarbeiter beschäftigt.

Wie viel verdienen sie im Betrieb?

A: Die Entlohnung ist arbeitsplatzbezogen wie in jeder Firma. Es gibt keine Benachteiligungen für „Gastarbeiter". Der Verdienst beträgt im Durchschnitt 16.000 Schilling (€ 1.160) im Monat. Es bleibt aber nicht viel übrig, Kreditkosten und Miete sind teuer. Viele haben kein Auto. Die Familie muss auch mitarbeiten.

B: In- und Ausländer sind im Kollektivvertrag gleichgestellt. Zulagen und Prämien erlauben eine individuelle Differenzierung. Genau messbare Leistungen können leistungsbezogen bezahlt werden, wo das nicht möglich ist, gibt es immer und überall bis zu einem gewissen Grad eine „sympathiemäßige" Entlohnung.

C: Bei der Bezahlung sind die „Gastarbeiter" laut Kollektivvertrag gleichgestellt. Netto verdienen sie im Monat 10.000 Schilling (€ 720), maximal 12.000 Schilling (€ 870) mit Prämien. Der Kollektivvertrag ist in unserer Branche um das niedriger, als der Arbeitsplatz sicherer ist. Junge und Alte werden gleich bezahlt, es gibt feine Unterschiede, ein Maschinenführer hat einen um 3 Schilling (€ 0,2) höheren Stundenlohn. Bei den Angestellten ist es ein bisschen anders, aber da arbeiten keine Ausländer.

Gibt es heute noch Geldtransfer in die Heimat?

A: Der Großteil der Türken nimmt einmal im Jahr vor dem Urlaub einen Kredit von 100.000 Schilling (€ 7200) auf und transferiert ihn in die Türkei, um sich dort eine zweite Existenz aufzubauen (Reisebüro, Wohnungskauf, Hausbau), so dass er mit 55 ein zweites Lebenseinkommen geschaffen hat. Heute ist das nicht mehr so viel Geld wie noch in den 1970er-Jahren. Damals waren sie nach der Rückkehr angesehene Bürger in der Gemeinde. Auch heute kommt man dort mit „D-Mark-Trinkgeld" bei einer Behörde schneller zum Erfolg, da die Beamten vom Staat schlecht bezahlt werden und „sich einen Teil ihres Einkommens von den Bürgern holen". Die (Ex-)Jugoslawen fahren öfters heim, nehmen aber auch einmal im Jahr einen D-Mark-Kredit und sparen zumindest auf ein Haus.

B: Die Jugoslawen fahren alle 14 Tage nach Hause.

C: Einmal im Jahr fahren alle heim. Wenn jemand 100.000 Schilling (€ 7200) um 6 % Zinsen hier aufnimmt und in der Türkei anlegt, bekommt er 12 %. (Allerdings werden die neuesten inflationären Entwicklungen so manchen Traum zerstört haben. Anm. d. Autors.) Jeder hat zu Hause gebaut, viele Türken haben in Istanbul Wohnungen gekauft. „Gastarbeiter" mit österreichischer Staatsbürgerschaft kaufen auch hier immer mehr Wohnungen. Der Familienclan hilft mit, Kredite werden aufgenommen, Geld wird aus der Türkei retransferiert.

Gibt es Probleme am Arbeitsplatz?

A: Bis zur Krise Anfang der 1990er-Jahre gab es keine Probleme. Seit der Jugoslawienkrise sind Kroaten gegen Serben und umgekehrt. Aus Angst vor Arbeitsplatzverlust hörte man von österreichischer Seite in letzter Zeit öfters „Ausländer raus", weil Firmen Österreicher entlassen und „Gastarbeiter" ihren Arbeitsplatz behalten können. „Gastarbeiter" machen nämlich alles, was der Chef sagt, und lassen sich alles gefallen. Durch das Knappwerden von Arbeitsplätzen kommt es auch vor, dass ein Türke den anderen beim Chef schlecht macht, weil dieser einen seiner Verwandten in die Firma gebracht hat. Grundsätzlich wird vom Betrieb darauf geachtet, dass ältere Arbeitskräfte behalten werden können, seien es Türken, (Ex-)Jugoslawen oder Österreicher. Abbau findet generell in dem Bereich statt, in dem es keine Arbeitsaufträge gibt. Im Zusammenhang mit der zunehmenden Ausländerfeindlichkeit kam es bei (ex-)jugoslawischen und türkischen Arbeitnehmern auch vermehrt zu Staatsbürgerschaftsanträgen. Die älteren Arbeiter nahmen noch jede Arbeit an, weil sie von der Arbeitsbewilligung abhängig waren. Auch heute versuchen sie, den Arbeitsplatz zu behalten, weil sie Schulden haben und weil sie die Familie nachgeholt haben und erhalten müssen. Auch ist es jetzt nicht mehr so, dass sich der Arbeitgeber laut Gesetz um die Unterkunft der Arbeitnehmer kümmert, wie in den Anfangsjahren der Arbeitsmigration. Die junge Generation der „Gastarbeiter" ist nicht mehr erpressbar. Wenn der Chef sagt, mach deine Arbeit ordentlich, bekommt er zu hören: „Ich mach meine Arbeit, du kündigst mich". Die Leute, die jetzt herkommen, wollen in fünf Jahren das verdienen, was andere sich in 15 Jahren schwerster Arbeit erwirtschaftet haben, und sind oft aggressiv. Unlängst sagte einer zu mir, „uns interessiert in Österreich weder Grün noch Blau, wir gründen eine eigene islamische Partei".

Anfang der 1990er-Jahre kam eine fundamentalistische Strömung in den Betrieb. Früher haben die türkischen Kollegen nach der Arbeit ohne Unterhose geduscht, dann hörte das von heute auf morgen auf. Sie zogen sich plötzlich Unterhosen an und wer sich nicht an die Regeln hielt, bekam dann in seinem Dorf in der hintersten Türkei die größten Probleme, weil er von einem Kollegen diesbezüglich angezeigt wurde. Auch hatten wir früher Küche und Kantine im Betrieb und viele türkische Arbeitnehmer benutzten sie. Eines Tages wollten sie ihr eigenes Besteck, dann ihre eigenen Töpfe, schließlich trieben sie es auf die Spitze und verlangten einen eigenen Herd und einen eigenen Koch, worauf die Firma nicht einging. Darauf ging keiner mehr essen. Das Essen kostete damals 20 Schilling.

B: Es gibt sicher nicht mehr Probleme als damals zwischen den Steirern und Tirolern. Die Situation unter den Leuten ist bis auf ein paar Kleinigkeiten fair. Während des Jugoslawienkrieges musste man die Serben und Kroaten schon trennen, aber es war schon immer so, dass sich zwischen gewissen ethnischen Gruppen Reibereien ergeben haben.

C: Bei uns gibt es keinerlei Probleme, auch zwischen Serben und Kroaten nicht. Wir haben klipp und klar gesagt, hier wird gearbeitet und nicht Krieg geführt. Und es geht gut. (90 % der Belegschaft sind Frauen!). Die ArbeitnehmerInnen sind froh, einen Arbeitsplatz zu haben. Sollte es mit einem jungen Mitarbeiter Probleme geben, was ganz selten vorkommt, wird ein Wechsel vorgenommen.

Wie wohnen „Gastarbeiter", die nicht in werkseigenen „Ledigenheimen" leben?

A: Sie nehmen schlechte Wohnverhältnisse in Kauf. Viele wohnten bis in die jüngste Vergangenheit in desolaten Häusern in der Altstadt und bezahlten überhöhte Mieten. Wir haben alle zum Mieterschutz gebracht und auf drei Jahre die Mietrückzahlung bekommen. Die Wohnungen der „Gastarbeiter" haben ein, höchstens zwei Zimmer. Größere Wohnungen werden geteilt. Großfamilien teilen sich die Miete und zahlen auch den gemeinsamen Kredit zurück. Wohnungen außerhalb der Altstadt werden jetzt meistens über österreichische Freunde gefunden oder über den Betriebsrat der Firma, der beim Vermieter vorspricht und ihn als langjährigen verlässlichen Firmenangehörigen empfiehlt. Zentralheizung haben ganz wenige, sie heizen lieber selber, da können sie eher sparen, 50 % der Wohnungen der Betriebsangehörigen haben ein Bad. Eine Zwei-Zimmer-Wohnung mit Bad kostet zwischen 8000 bis 10.000 Schilling (€ 580 und 720) mit Betriebskosten. Die Ablösen sind enorm hoch und absolut üblich. Früher wohnten alle, die nicht im Betriebsheim waren, in der Altstadt, jetzt ungefähr 50 %. Durch die Generalsanierung kam es zu Aussiedelungen. Alte, billige Wohnungen wurden knapp und die Preise stiegen.

B: Der Prozentsatz der Arbeiter, die ihre Familie nachgeholt haben und privat wohnen, ist bei uns gering. Es gibt noch Substandardwohnungen in Hall, aber früher war die Situation wesentlich schlechter.

C: Es gibt ein großes Wohnungsproblem für die „Gastarbeiter". Die Frauen in unserem Betrieb sind alle „Zuverdiener". Ein Mädchen einer türkischen Familie arbeitet bei uns für die Miete. Der Vater und die Mutter sind ebenfalls berufstätig. Die Familie bewohnt allerdings eine Kategorie-A-Wohnung, 12.000 Schilling Miete (€ 870), und findet schwer eine kleinere. Bei den „Gastarbeiterkindern" müssen viele ihr Geld in einen „Topf" geben. Wenn die Familie zusammenhält, ist dies möglich, bei uns wäre das undenkbar.
Wir haben 15 Betriebswohnungen, in denen niemand mehr als 3500 Schilling (€ 250) pro Monat für 70 m² bezahlt. Bei einer Reparatur zahlt der Chef das Material.

Wie verbringen sie die Freizeit?

A: Die Bewohner des Betriebswohnheimes würden am liebsten rund um die Uhr die ganze Woche arbeiten. Die (Ex-)Jugoslawen treffen sich in Vereinen, zum Fußballspielen oder unternehmen mit der Familie etwas. Die türkischen Männer gehen ins Caféhaus, in die Moschee oder vereinzelt in Gasthäuser.

B: Die im Betriebsheim bleiben vielfach zuhause, spielen Karten oder schauen Satelliten-TV oder Video. Sie kochen sich selber. Früher wurde ab und zu ein Schaf gegrillt. Sie fahren meistens alle vierzehn Tage nach Hause. Der Bus fährt unter „österreichischer Flagge" und nimmt in jedem Ort die „Gastarbeiter" auf. Hin und retour bezahlen sie 600 - 800 Schilling (€ 40 - 60).

C: keine Angaben

Denken sie an Rückkehr?

A: Die Jungen wollen nicht mehr zurück, die Älteren schon. Es war das Ziel jedes älteren jugoslawischen Arbeiters, sich ein Haus auf seinem Grund zu bauen. Viele haben fast dreißig Jahre gespart und durch den Krieg alles verloren. Viele Bosnier stehen vor dem Nichts. Die Serben haben alle Häuser, vermieten Wohnungen und besitzen teilweise auch kleine Firmen. Die Türken, die am Land leben, haben alle Häuser, im Großraum Istanbul kaufen sie Eigentumswohnungen.

B: Die meisten (Ex-)Jugoslawen wollen sicher dableiben. Wenn sie eine gewisse Zeit hier leben, wissen sie, dass sie drüben genauso entwurzelt sind wie da. Nur die Alten, die jetzt in Pension gehen und allein hier lebten, gehen wieder zurück. Die mit der Familie da sind, bleiben wegen der Kinder da.

C: Ziel aller Türken war es, bis zur Pension hier zu arbeiten und dann als reicher Mann zurückzukehren. Inwieweit das für die jüngere Generation nachvollziehbar ist, ist nicht leicht einzuschätzen. Die Jungen, die hier aufgewachsen sind, haben wenig Beziehung zur alten Heimat. Sie werden zwar mit Mädchen aus der Türkei verheiratet, aber sie wollen hier bleiben, denn so jung können die gar nicht sein, dass sie nicht merken, dass es ihnen hier besser geht.

Resümee:

A: Die derzeitige Situation für „Gastarbeiter" ist schlecht. Trotzdem würden nur wenige wieder zurückgehen. In ihren Heimatländern gibt es große Probleme und das Sozialsystem in Österreich ist ausgezeichnet. Ohne „Gastarbeiter" hätte der Betrieb große Probleme.

B: „Ohne „Gastarbeiter" geht es auch heute nicht. Schon der gesamte Stollenbau in Tirol, die Karwendelbahn, die Kraftwerke und die Autobahnen wurden von „Gastarbeitern" gebaut, zuerst von italienischen, dann von österreichischen aus dem Raum Kärnten-Steiermark.

C: Der Betrieb würde ohne ausländische Arbeitskräfte Engpässe bekommen. Es müssten Inländer dafür eingestellt werden, und wenn diese um den Lohn nicht arbeiten würden, müsste mehr bezahlt werden. Man könnte sagen, dass die „Gastarbeiter" das Lohnniveau drücken, aber das ist politisch so gewollt, „sonst hätte man sie nicht hereinlassen dürfen". Es müsste auch ohne ausländische Arbeitskräfte gehen, aber der Preis für die Produkte würde dann natürlich steigen. Andererseits, wenn die Leute mehr verdienen, könnten sie sich auch die teureren Produkte kaufen.

## 6.7. Wohnsituation der ausländischen Bevölkerung in Hall

### 6.7.1. Von den Betriebsunterkünften in die Altstadt

Mit Beginn der eigentlichen „Gastarbeiterwanderung", teilweise aber auch schon in den Jahren davor, stellten jene Firmen, die auswärtige Arbeitskräfte beschäftigten, Wohnraum in Form von Baracken zur Verfügung, in denen die Leute auf einfachste Weise untergebracht wurden. Zuerst handelte es sich um Südtiroler und Bauarbeiter aus den Tiroler Seitentälern oder aus Innerösterreich, dann ab Mitte der 1960er-Jahre folgten jugoslawische und später türkische Arbeitsmigranten.

Neben diesen Wohnbaracken in Betriebsnähe, hauptsächlich im Bereich der Innsbrucker Straße und auf der Oberen Lend, dienten in der Folge vor allem alte Gasthäuser in der Altstadt sowie außerhalb der Altstadt einige alte Bauernhäuser als Massenquartiere. Diese Bauernhäuser verfügten in der Regel über eine Gemeinschaftsküche und eine Gemeinschaftsdusche. Die Menschen „wohnten" auf engstem Raum und die Belegung wurde Anfang der 1970er-Jahre bis zum ersten Höhepunkt 1973 immer stärker. Als Beispiel seien die Zahlen der Anmeldungen unter der Adresse eines dieser alten Bauernhäuser zwischen 1961 und 1975 erwähnt, die aus der Hauskartei des Meldeamtes Hall stammen (*Tab. 46*).

Dabei konnte festgestellt werden, dass die in der Tabelle genannten ausländischen Beschäftigten nicht das ganze Jahr über dort wohnten, sondern dass die Zimmer nach der damals üblichen „Rotation" belegt wurden. Die Durchsicht der Namen der in diesem Haus wohnenden „Gastarbeiter" ergab auch, dass einer der türkischen Arbeitsmigranten zwischen 1969 und 1987 bei derselben Adresse insgesamt sechzehnmal an- und abgemeldet wurde. Sein Aufenthalt betrug jeweils durchschnittlich 9 Monate im Zeitraum zwischen März bis Dezember.

*Tab. 46:* Meldebewegungen in einer „Gastarbeiterunterkunft" außerhalb der Altstadt

| 1961: 8 Südtiroler | 1970: 74 Türken |
|---|---|
| 1962: 28 Südtiroler | 1971: 42 Türken, 34 Jugoslawen, 13 Österreicher |
| 1964: 10 Südtiroler und 12 Türken | 1972: 41 Türken, 29 Jugoslawen, 2 Österreicher |
| 1968: 2 Südtiroler, 2 Kärntner, 11 Türken | 1973: 52 Türken, 29 Jugoslawen |
| 1969: 37 Türken | 1975: 8 Türken, 21 Jugoslawen |

Quelle: Meldeamt; eigene Auszählungen

In der Altstadt scheinen die ersten „Gastarbeiter" zu Beginn der 1960er-Jahre vereinzelt, in der zweiten Hälfte dann vor allem in den Altstadtgasthäusern verstärkt auf. In einem davon gab es im Jahr 1969 bereits 34 An- und Abmeldungen (*Tab. 47*).

*Tab. 47:* Die ersten Arbeitsmigranten in Haller Gasthäusern in den 1960er-Jahren

| Gasthof | Jugoslawen | Türken | Gasthof | Jugoslawen | Türken |
|---|---|---|---|---|---|
| „Post" (1960) | 2 | - | „Bräuhaus" (1966) | 4 | - |
| „Engl" (1963) | 3 | 1 | „Lampl" (1967) | 13 | 2 |
| „Geisterburg" (1964) | 2 | - | „Gold. Adler" (1967) | 1 | - |
| „Aniser" (1964) | 2 | - | „Breze" (1968) | 2 | - |
| „Bären" (1965) | 1 | - | „Gold. Stern" (1968) | - | 5 |
| „Hirschen" (1965) | - | 6 | „Schw. Adler" (1969) | - | 34 |

Quelle: Meldeamt - Häuserkartei; eigene Recherchen

Mit der raschen Zunahme der Ausländerbeschäftigung stieg die Zahl der Arbeitsmigranten in der Altstadt bis 1972 beträchtlich an (*Abb. 10*).

Bei den Meldebewegungen in den von ausländischen Arbeitskräften bewohnten Häusern war in den ersten Jahren der „Gastarbeiterwanderung" ein massiver Wechsel mit der Bemerkung „verzogen nach unbekannt" festzustellen. Laut Auskunft des Sozialamtes Hall lag der Grund darin, dass die ausländischen Arbeitskräfte z. B. im Gast- oder im Baugewerbe ursprünglich nur während der Saison angestellt waren und anschließend wieder nach Hause fuhren. Damit übernahmen die Neuankömmlinge das Zimmer, wobei es zu einem regen Austausch gekommen ist. Der Bauarbeiter, der im März zurückkehrte, erhielt das Zimmer von einem im Gastgewerbe Beschäftigten, der inzwischen arbeitslos geworden war. Bei seiner Abreise überließ dann der Bauarbeiter das Zimmer wieder einem anderen. Es passierte durchaus, dass „Gastarbeiter" öfters unter einer anderen Adresse wohnten. Dieser ständige Wechsel erfolgte nicht unter dem Aspekt, die Wohnsituation zu verbessern und sich ein größeres Zimmer zu beschaffen, sondern nur darum, ausschließlich für die Dauer der Erwerbstätigkeit ein Dach über dem Kopf zu haben. Heute hingegen bleiben die Arbeitsmigranten da und beziehen in der beschäftigungslosen Zeit die Arbeitslosenunterstützung, suchen um dauernde Arbeitsbewilligung und viele auch um die österreichische Staatsbürgerschaft an.

Natürlich hatten die ersten Arbeitsmigranten sehr bescheidene Wohnansprüche und das Leben in all diesen Unterkünften war entbehrungsreich. Größere Ausgaben konnten nicht getätigt werden, da die Verwandten zuhause regelmäßig Geldüberweisungen erwarteten. Viele der „Gastarbeiter" sparten bis zu zwei Drittel ihres Einkommens, denn das Leben zwischen Wohnheim und Betrieb richtete sich ganz auf die Rückkehr aus. Seit dem Anwerbestopp 1973 änderte sich allerdings der Stellenwert der Wohnungen bei den ausländischen Haushalten, denn ab nun konnten nur noch Angehörige von ausländischen Arbeitskräften nachgeholt werden. Mit dem so genannten „Familiennachzug" stieg der Anteil der Frauen an der ausländischen Wohnbevölkerung, während der Anteil der sozialversicherungspflichtig Beschäftigten sank. Mit zunehmender Aufenthaltsdauer verringerte sich die Rückkehrbereitschaft, die Migranten suchten sich eine „bessere Wohnung", Tendenzen der Angleichung an österreichische Standards setzten sich allmählich durch. Aus einer reinen Arbeitsbevölkerung, die in Behelfsunterkünften wohnte, entwickelte sich eine dauerhaft ansässige „Wohnbevölkerung", die jetzt mehr Fläche und Räume für eine eigene Haushaltsführung erforderte.

Nach Jahren im Wohnheim zogen die „Gastarbeiter" nun häufig in eines der Altstadtgasthäuser oder in eine der herabgekommenen Wohnungen in oder außerhalb der Altstadt. Teilweise wurden Wohnungen auch „zimmerweise" vermietet, um sie „gastarbeitergerecht" vermarkten zu können. In den Altstadtgasthäusern mit ihrer Zimmerstruktur war es am billigsten, ein Zimmer als eine abgeschlossene Wohneinheit zu mieten. Natürlich führte dann der Einzug einer Familie zu einer gewaltigen Überbelegung und zu einem katastrophalen Zustand der bei weitem überforderten sanitären Einrichtungen. Für oft desolate Altstadtwohnungen, die durch das Ableben der Vormieter frei geworden waren, bezahlten die Arbeitsmigranten gerne mehr Miete als einheimische Wohnungssuchende, da sie für eine Aufenthaltsbewilligung dringend eine Wohnung benötigten. Dadurch stiegen die Mietpreise für eine Altstadtwohnung an, so dass „Gastarbeiter" auch heute noch für eine Substandardwohnung teilweise überhöhte Mieten bezahlen müssen. Damals überließen Vermieter die meisten dieser Kleinwohnungen dem inzwischen oft zur Großfamilie angewachsenen Haushalt zur so genannten Restnutzung gegen unverhältnismäßig hohe Mieten, schlechte Ein-Zimmer-Wohnungen mit Außentoilette wurden häufig auch noch mit Freunden geteilt.

Der aufgezeigte Substandard war damals durchaus üblich. Auch besorgten Firmen später z. T. Privatunterkünfte, indem sie Altbauwohnungen auch außerhalb der Altstadt anmieteten und diese an ausländische Arbeitskräfte zimmerweise zur Verfügung stellten oder an „Gastarbeiterfamilien" vergaben. Als Beispiele seien nach den Haushaltslisten 1982 die Häuser Schlossergasse 11, Schmiedgasse 22 und Lindengasse 4/4a erwähnt, in denen alle Haushaltsvorstände der dort wohnenden Migrantenfamilien bei den Tiroler Röhren- und Metallwerken beschäftigt waren, und die Häuser Schmiedgasse 30 und Sewerstraße 6 (Haller Textilwerke). Die ausländischen Arbeitskräfte waren oft froh, überhaupt solche Unterkünfte zu bekommen, und nahmen sie gerne an, *„… denn je stärker man an eine Rückkehr denkt, desto weniger Wert wird man darauf legen, einen hohen Anteil des Verdienstes auszugeben, und sich mit der billigsten Unterkunft begnügen …"*. Als Beleg soll im Folgenden die Aussage eines schon lange integrierten österreichischen Kroaten wiedergegeben werden:

„Arbeiter aus dem hintersten Jugoslawien waren ja Substandard gewohnt. Ich kam als Kind mit zwei Jahren zu meinen Großeltern aufs Land. Mit Türkenflitschen oder Gänsefedern war der Kopfpolster gefüllt, auch das Tuchent. Die Matratze war aus frischem Stroh, geschlafen hat man super. Der Boden war aus Lehm, wenn es regnete, wurde alles etwas weich. Am Abend wurden in der Küche die Betten ‚aufgestellt'. Dort schliefen der Großvater, die Oma, eine Tante und wir Kinder. Im Zimmer die zweite Tante und der Onkel. Also acht Leute in zwei Räumen. Es war aber immer nett, wir Kinder hatten es schön. Die Leute, die daheim nichts hatten und hier bei den TRM oder bei der Fa. Schmiedl gute Verdienstmöglichkeiten, aber schlechte Arbeitsbedingungen vorfanden, waren mit allem zufrieden, schliefen sogar schichtweise (Tag- und Nachtschläfer) und bezahlten viel Geld dafür."

Im Zuge einer restriktiven „Gastarbeiterpolitik" im Zusammenhang mit der Ölkrise kam es laut Weisung des zuständigen Ministeriums zu einer erheblichen Verschärfung der Kontrollen in Bezug auf Wohnungsnachweis. Durch verstärkten Einsatz fremdenpolizeilicher Maßnahmen sollten Wohnungsmissstände behoben und vor allem die illegale Gastarbeit bekämpft werden. Dies war der Grund für die auch in Hall in den „Gastarbeiterhochburgen" in der Altstadt durchgeführten so genannten „Razzien". Die Schilderung von damals an „Gastarbeiterquartierbegehungen" beteiligten städtischen Beamten zeigt die damalige Wohnsituation in Haller Altstadtgasthäusern auf:

„Gemeinsam mit der Bezirkshauptmannschaft, der Fremdenpolizei, der Gendarmerie und der Bau- und Feuerpolizei wurden die Zugänge zum Haus zwischen 20 und 24 Uhr abgesichert und abgesperrt. Das Objekt wurde von oben bis unten durchgekämmt und die dort Wohnenden wurden überprüft. In einem Stock wohnten die Türken. In einem gemeinsamen Aufenthaltsraum wurde gekocht und ausgeschenkt. Dieser Raum diente auch als Moschee. Am Ende des Fastenmonats wurden hier auch Schafe geschlachtet. Die österreichischen Mieter und die Jugoslawen wohnten ebenfalls getrennt in je einem Stock. Die Jugoslawen blieben in ihren Zimmern und kochten dort. Sie kamen mit den Türken nicht gut aus und es gab Probleme. So wurde die Stiege abgesperrt. Die Jugoslawen kamen untereinander gut aus.

Es gab im Haus Räume, die keine natürliche Be- und Entlüftung hatten. Hier war höchstens eine Oberlichte in einen kleinen Lichthof hinaus. In circa 10 m² großen Zimmern ‚wohnten' vier oder fünf Personen, jeder zahlte damals schon einen relativ hohen Anteil an Miete. Natürlich war es für jeden ‚Gastarbeiter' wichtig, überhaupt ein Quartier zu finden. Es gab offensichtlich auch

Solidarität, indem man die Quartiere mit Kollegen bis ins Letzte teilte, vielleicht letztlich darum, um sich auch die Kosten zu teilen. 1000 Schilling (€ 720) im Monat pro Person war in den frühen 1970er-Jahren viel Geld. Die Einnahmen aus dieser Zimmervermietung müssen gewaltig gewesen sein. Auch diese Dinge und die menschliche Not der dort untergebrachten Arbeiter kamen bei diesen Quartierbegehungen ans Licht, nicht nur die baulichen und sanitären Missstände.

Der Großteil der ‚Gastarbeiter' wollte ernsthaft hier arbeiten, sich eine Existenz aufbauen und wieder in die Heimat zurückkehren. Aber es gab darunter auch einen gewissen Prozentsatz an Schmarotzern, die versucht haben, die Situation auszunützen. In diesem Zusammenhang gab es zahlreiche Hinweise von den ‚Gastarbeitern' selbst, dass sich einige ohne Aufenthaltsgenehmigung hier aufhalten und dass es besser wäre, diese abzuschieben. Ob das damals vielleicht zum Teil auf Nationalitätsrivalitäten innerhalb der Jugoslawen zurückzuführen war, kann heute im Nachhinein nicht mehr gesagt werden."

## 6.7.2. *Wandel in der Wohnsituation*

Durch die Auszählung der Haushalte der (ex-)jugoslawischen und türkischen Wohnbevölkerung in Hall aus den Haushaltslisten (1982) und dem Personenstandsregister (1997) kann ein Wandel der Wohnsituation seit den 1980er-Jahren belegt werden. Dabei wurde „hausweise" und nach Namen vorgegangen. Einzelpersonen in einem Haus, bei denen nicht klar ersichtlich war, ob es sich dabei um Einzelhaushalte, Zimmermieter oder weitschichtige Familienmitglieder handelt, zählten als Einpersonenhaushalte.

Während, wie zuvor dargelegt, zur Zeit der „Gastarbeiterhochkonjunktur" Anfang der 1970er-Jahre Massenquartiere, gettoisierte Wohnhäuser und in den Wohnungen selbst familienfremde Personen als Bettgeher oder Untermieter anzutreffen waren, hatten sich die Formen des Zusammenwohnens 1982 schon wesentlich gebessert. Aus der vorwiegenden Männergesellschaft entwickelte sich durch die Familienzusammenführung beinahe eine „Normalbevölkerung". Beinahe deshalb, weil im Jahr 1982 immer noch 129 jugoslawische Arbeitsmigranten in vor allem betrieblichen, aber auch privaten Massenquartieren wohnten (1997: 130) (*Tab. 48*). Bei den türkischen „Gastarbeitern" in Massenunterkünften halbierte sich die Zahl von 162 (1982) auf 80 (1997).

Dieser Rückgang ist auf die schwächere Belegung eines Wohnheimes der Tiroler Röhren- und Metallwerke und vor allem von drei privaten „Türkenunterkünften", die 1982 stark überbelegt waren, zurückzuführen. In einem Haller Haushalt lebten 1981 (VZ) durchschnittlich 2,8 Personen und diese Zahl veränderte sich wie bei den Migrantenhaushalten bis 1997 nur unwesentlich. Die „Gastarbeiterhaushalte" waren im Durchschnitt etwas größer, nämlich 3,0 (1997: 2,8) bei jugoslawischen und 3,4 (1997: 3,4) bei türkischen Haushalten.

Interessant scheint in diesem Zusammenhang, in welchem Haushaltstyp die meisten Personen in Summe leben. Vergleicht man die Haushaltsgröße bzw. die darin lebenden Personen zwischen der Bevölkerungsgruppe aus dem ehemaligen Jugoslawien und der aus der Türkei, so ist festzustellen, dass die türkischstämmigen Mitbürger immer noch in einem größeren Familienverband wohnen. Genau zwei Drittel der türkischen Bevölkerung in Hall - Massenunterkünfte ausgeschlossen - lebten 1982 in einem

Vier- oder Mehrpersonenhaushalt (Jugoslawen: 49 %), im Jahr 1997 über 70 %, (Ex-)Jugoslawen (47 %).

*Tab. 48:* Haushaltsgrößen der (ex-)jugoslawischen und türkischen „Gastarbeiter" in Hall 1982 und 1997 in Prozent

| | Jugoslawen | | | | | | | | | | |
|---|---|---|---|---|---|---|---|---|---|---|---|
| | 1982 | | | | | | | | | | |
| | | | | Personenhaushalte | | | | | | | |
| | Summe | MU* | 1 | 2 | 3 | 4 | 5 | 6 | 7 | 8 | 9 |
| Haushalte | 150 | 6 | 7 | 58 | 32 | 29 | 14 | 4 | - | - | - |
| % | 100 | 4,0 | 4,7 | 38,7 | 21,3 | 19,3 | 9,3 | 2,7 | - | - | - |
| Personen | 558 | 129 | 7 | 116 | 96 | 116 | 70 | 24 | - | | - |

Personen pro Haushalt ohne Massenunterkünfte: 3,0

| | 1997 | | | | | | | | | | |
|---|---|---|---|---|---|---|---|---|---|---|---|
| | Summe | MU* | 1 | 2 | 3 | 4 | 5 | 6 | 7 | 8 | 9 |
| Haushalte | 281 | 6 | 55 | 75 | 66 | 53 | 18 | 5 | 1 | 1 | 1 |
| % | 100 | 2,1 | 19,5 | 26,6 | 23,4 | 18,8 | 6,4 | 1,7 | 0,5 | 0,5 | 0,5 |
| Personen | 889 | 130 | 55 | 150 | 198 | 212 | 90 | 30 | 7 | 8 | 9 |

Personen pro Haushalt ohne Massenunterkünfte: 2,8

| | Türken | | | | | | | | | | |
|---|---|---|---|---|---|---|---|---|---|---|---|
| | 1982 | | | | | | | | | | |
| | Summe | MU* | 1 | 2 | 3 | 4 | 5 | 6 | 7 | 8 | 9 |
| Haushalte | 143 | 7 | 15 | 30 | 27 | 33 | 23 | 7 | 1 | 1 | - |
| % | 100 | 4,8 | 10,4 | 20,9 | 18,8 | 23,0 | 16,1 | 4,8 | 0,6 | 0,6 | - |
| Personen | 622 | 162 | 15 | 60 | 81 | 132 | 115 | 42 | 7 | 8 | - |

Personen pro Haushalt ohne Massenunterkünfte: 3,4

| | 1997 | | | | | | | | | | |
|---|---|---|---|---|---|---|---|---|---|---|---|
| | Summe | MU* | 1 | 2 | 3 | 4 | 5 | 6 | 7 | 8 | 9 |
| Haushalte | 168 | 6 | 33 | 23 | 25 | 37 | 26 | 9 | 4 | 4 | 1 |
| % | 100 | 3,6 | 19,6 | 13,7 | 14,9 | 22,0 | 15,5 | 5,3 | 2,4 | 2,4 | 0,6 |
| Personen | 635 | 80 | 33 | 46 | 75 | 148 | 130 | 54 | 28 | 32 | 9 |

Personen pro Haushalt ohne Massenunterkünfte: 3,4

*MU: Massenunterkunft

Quelle: Steueramt - Haushaltslisten 1982, Meldeamt - Personenstandsregister 1997; eigene Berechnungen

Die Wohnsituation der „Gastarbeiter" hat sich im Vergleich zu den Anfangsjahren sicher verbessert, ist aber immer noch relativ schlecht. Laut Gesetz *„... darf eine Aufenthaltsbewilligung Fremden nicht erteilt werden, wenn deren Lebensunterhalt oder eine für Inländer ortsübliche Unterkunft in Österreich nicht gesichert ist. Außerdem muß die Ortsgemeinde bestätigen, daß die Unterkunft den baurechtlichen Vorschriften entspricht. Würde eine Begutachtung genau nach den Buchstaben des Gesetzes erfolgen, müßte der Großteil der Gastarbeiterwohnungen geräumt werden. Eine solche Überprüfung wäre vor dem Erstbezug durchaus sinnvoll, wird hingegen die Räumung einer Wohnung verlangt, in welcher seit Jahren Ausländer wohnen, stehen diese auf der Straße, womit ihnen wiederum die Aufenthaltsbewilligung zu entziehen wäre. Viele Gastarbeiter wohnen in Unterkünften, welche die Bezeichnung Wohnung nicht verdienen, sind aber froh, überhaupt ein Dach über dem Kopf bekommen zu haben ..."* (*Tiroler Tageszeitung*, 1.3.1993).

Dies wird von zuständigen Beamten der Feuerpolizei in Hall durchaus bestätigt: *„Werden seitens der Behörde Mängel festgestellt und beanstandet, so bestehen diese bei der nächsten und übernächsten Feuerbeschau auch noch."* Die „Gastarbeiter" in Hall wohnen nach Aussagen eines „Gastarbeiterarztes" *„... großteils in viel schlechter ausgestatteten Wohnungen als die Einheimischen ..."* und auch bei feuerpolizeilichen Mit-Begehungen von „Gastarbeiterunterkünften" durch den Autor sowie bei Besuchen in Migrantenwohnungen kann belegt werden, dass die Wohnsituation der ausländischen Arbeitskräfte in Hall teilweise durchaus schlecht ist.

*Häußermann/Siebel* (1996, 206) setzen sich im Zuge ihrer stadtsoziologischen Forschungen mit den Wohnproblemen der „Gastarbeiter" in Deutschland auseinander. Da die wichtigsten der von ihnen genannten Indikatoren auch für die Wohnsituation der Arbeitsmigranten in Hall Relevanz haben, sollen sie hier am Beispiel Hall zusammengefasst veranschaulicht werden:

(1) Nach der Wohndichte leben Arbeitsmigranten beengter als die einheimische Bevölkerung. Einerseits lebt noch ein bedeutender Teil der ausländischen Beschäftigten in Betriebs- oder privaten Massenunterkünften, ferner sind die Haushalte der Ausländer größer als die der Inländer (*Tab. 3 und 48*).

*Fig. 20:* Ausstattung der Wohnungen in Hall 1971

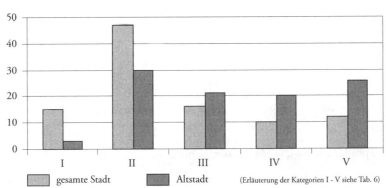

Quelle:   Sonderauswertung der Häuser- und Wohnungszählung 1971, Stadtbauamt Hall

(2) Auch bei der Ausstattung der Wohnungen sind die „Gastarbeiter" in Hall in der schlechteren Situation. Abgesehen davon, dass der Großteil der ausländischen Arbeitskräfte zu Beginn der „Gastarbeiterwanderung" in beengten Massenunterkünften in- und außerhalb der Altstadt lebte, waren die sukzessive bezogenen Altstadtwohnungen wesentlich schlechter ausgestattet als der Großteil der Wohnungen im Stadtgebiet (*Fig. 20*). So befanden sich im Jahr 1971 59 % der Kategorie-IV-Wohnungen (nur die Wasserentnahme in der Wohnung, die WC-Anlage befindet sich außerhalb, die Wohnung besitzt keine Nasszelle, als Heizung dient eine zimmergebundene Ofenheizung) und 63 % der Kategorie-V-Wohnungen (auch kein Wasser in der Wohnung) in der Altstadt (*Sonderauswertung der Häuser- und Wohnungszählung 1971, Stadtbauamt Hall*).

(3) Bezüglich der Mietbelastung liegen außer Aussagen von „Gastarbeitern" und Betriebsratsobmännern keine genauen Zahlen vor, doch wenn man die Relation Mietpreis/Wohnqualität betrachtet, liegt die Vermutung nahe, dass Ausländer für die gleiche Wohnung eine höhere Miete als Inländer bezahlen müssen.

(4) Zur Wohnsicherheit ist zu sagen, dass die überwiegende Mehrheit der Arbeitsmigranten in den weniger geschützten, häufig alten, schlecht instand gehaltenen Mietwohnungen lebt. Im Altstadtsanierungsgebiet sind sie oft nur Rest- oder Übergangsnutzer und können von einem Sanierungsobjekt in „Springerhäuser" abgeschoben werden. Aus Angst vor einer Wohnungskündigung, die für sie im schlimmsten Fall den Verlust des Arbeitsplatzes und in der Folge unter Umständen sogar der Arbeitsbewilligung bedeutet, finden sie sich meist mit ihrer unbefriedigenden Situation ab. Zu der eben geschilderten Situation kommt das generell unterdurchschnittliche Einkommen der „Gastarbeiter", so dass sie mehr oder weniger auf das enge Segment des für Ausländer bekannten und direkt zugänglichen Wohnungsmarktes beschränkt bleiben. Besser ist die Situation für soziale Aufsteiger, für Integrationswillige, Angehörige der zweiten Generation oder ausländische Arbeitskräfte mit österreichischer Staatsbürgerschaft. Für sie ist das aktuelle Angebot an leer stehenden Miet- und Eigentumswohnungen verfügbar, das sich aus frei gewordenen Altbauwohnungen und fertig gestellten Neubauwohnungen zusammensetzt. Natürlich sind diese auch am teuersten, doch bekommen die neuen Staatsbürger auch dieselben Wohnbauförderungen. Von den oft zitierten Vorurteilen und Diskriminierungen Arbeitsmigranten gegenüber, wodurch ihnen ein Großteil des Wohnungsmarktes versperrt wird - „weil sie einer anderen ethnischen Gruppe angehören oder weil sie sich „anders" verhalten" -, konnte in Hall nichts festgestellt werden. „Und wer einem ständigen Mieterwechsel entgegenwirken möchte, sollte den Arbeitsmigranten entgegenkommen", sagt einer der größten Vermieter in der Haller Altstadt, der die Wohnsituation in „seinen Ausländerhäusern" folgendermaßen schildert:

„Ich habe sechs Häuser in der Altstadt gekauft. Meistens war es so, dass nach dem Tod der Vormieter die Erben das Haus verkauften und die Erbschaft aufteilten, um sich eine Wohnung zu kaufen. Eines der Häuser bekam ich von einem Jugoslawen angeboten, der in diesem Haus wohnte und mich bat, das Haus zu kaufen, weil er dann drinnen bleiben dürfe, sonst müsse er gehen. Sie haben beste Informationen, wann und wo eine Wohnung frei wird.

Ich habe die Häuser seit zehn Jahren im Durchschnitt. Die Mieter in meinen Häusern sind seit 15-20 Jahren drinnen. Einige bleiben noch wegen der Pension. Das Zusammenleben zwischen Türken,

Jugoslawen und Österreichern ist gut. Sie kennen sich schon lange. Es gibt an sich keine Probleme zwischen mir und den Mietern und fast keinen Wechsel. Das ist mir recht. Erstens bin ich mit ihnen nett und zweitens verlange ich nicht so viel Miete. Bei der Übernahme vom Vorbesitzer habe ich den Mietpreis um 100 bis 200 Schilling (€ 7 bis 14) erhöht. Ich verlange pro Wohnung und Monat im Durchschnitt 3000 Schilling (€ 220). Das ist nur so viel, dass ich meine Unkosten gedeckt habe und meine Rückzahlungen machen kann. Mehr will ich nicht. Sie sind damit zufrieden.

Jede ‚Partei' hat zumindest eine Dusche, die ich selber eingebaut habe. Laut Gesetz muss in jeder Wohnung ein Fenster ins Freie, eine Dusche und 10 m² Wohnfläche pro Person vorhanden sein. So viel hatten nicht einmal wir als Kinder. Aber diese Regelung wurde nur gemacht, weil früher pro Bett und Zimmer abkassiert wurde und weil es Tag- und Nachtschläfer gab.

Die ‚Alten' legen keinen Wert auf feine Innenausstattung: Lieber als eine furnierte Tür ist ihnen ein Fernseher und ein Videorekorder, am Dach eine Antenne und ein schönes Auto. Die Jungen stellen schon größere Ansprüche.

Wenn es irgendein Problem gibt in der Wohnung, sagen sie es mir und ich mache die Reparatur. Wir haben ein gutes Verhältnis. Bei einer Feuerbeschau sagte ich zu den Beamten, sie sollten zuerst ohne mich in die Wohnung gehen und die Mieter fragen, ob sie mit der Wohnung und dem Preis zufrieden sind, weil sie geglaubt haben, ich verdiene da viel. Die ‚Gastarbeiter' sagten ‚Chef gut'. Das sagen sie nicht, wenn es nicht stimmt. Ich kenne andere, die Ausländerhäuser haben, und nur Probleme damit. Aber sie kümmern sich zu wenig um die ‚Gastarbeiter'. Ein bisschen müssen sie das Gefühl haben, dass sie wer sind und nicht nur ausgenommen werden. Den Ausländern passt es in den Altstadtgassen. Sie sind zusammen mit ihren Kollegen, sitzen da und reden. In der Peripherie gefällt es ihnen nicht so gut."

In diesen sechs Häusern befanden sich 1997 laut Auskunft der Feuerpolizei vorwiegend Kategorie II- bzw. III-Wohnungen (*Tab. 6*). Darin wohnten 18 „Gastarbeiter-familien" mit zusammen 70 Personen, davon 25 aus der Türkei und 45 aus dem ehemaligen Jugoslawien. Die Hälfte von ihnen lebte bereits 1982 hier bzw. wurde in Hall oder Innsbruck geboren. Zur selben Zeit waren in der gesamten Altstadt 517 türkische und (ex-)jugoslawische Staatsbürger gemeldet, so dass in den sechs Häusern ein knappes Siebtel der „Gastarbeiter" wohnt, denen es laut Auskunft des Vermieters „ganz gut" geht.

## 6.7.3. *Verbreitung und Verteilung über das Stadtgebiet in Abhängigkeit von der sozialräumlichen Struktur von Hall*

Seit den 1950er-Jahren haben sich zahlreiche Soziologen vor allem in den USA darum bemüht, Dimensionen festzulegen, nach denen die sozialräumliche Differenzierung von Städten sinnvoll beschrieben werden kann. Für Städte in den Vereinigten Staaten sind laut *Hamm/Neumann* (1996, 188 f.) mit großer Regelmäßigkeit drei Dimensionen festgestellt worden: der sozioökonomische Status eines Gebietes, das heißt die mittlere Schichtzugehörigkeit der Bewohner (Einkommen, Bildung, Prestige, Macht); der Familienstatus, das heißt die mittlere Stellung der Bewohner im Familienzyklus (Alter, Kinderzahl, Haushaltsgröße); und der ethnische Status, also der Anteil der rassischen oder nationalen Minderheiten an der Wohnbevölkerung (Rasse, Nationalität, Religion, Sprache). Dies ermöglicht eine deutliche Unterscheidung der einzelnen Teilgebiete einer Stadt nach der sozialen Zusammensetzung ihrer Bewohner. Da die ethnischen und nationalen Minderheiten in den Vereinigten Staaten in der Regel der Unter- oder der unteren Mittelschicht angehören, zeigen sich regelmäßig statistische Zusammenhänge zwischen den bei den Dimensionen „sozioökonomischer Status" und „ethnischer Status" erhobenen Zahlen. Angehörige der Ober- und oberen Mittelschicht leben relativ isoliert in ihren Wohngebieten, Angehörige der Mittelschicht wohnen eher gering segregiert in Gebieten mit gemischter Bevölkerungszusammensetzung. Diese soziale Segregation ist auch in europäischen Staaten, allerdings in abgeschwächter Form festzustellen.

Heute werden auch Qualitäten des Wohnumfeldes in die Darstellung von Wohnverhältnissen mit einbezogen. Dazu zählen Eigenschaften der natürlichen physischen Umwelt (Luft, Lärm, Grünflächen, Nähe zu Erholungsräumen), die Ausstattung mit technischen und sozialen, öffentlichen und privaten Infrastruktureinrichtungen (Bildung, Gesundheit, Alten- und Kinderbetreuung) und soziale Merkmale des Wohnumfeldes (Zugänglichkeit des öffentlichen Raumes, Sicherheit, Image und Adresse sowie die soziale Zusammensetzung der Nachbarschaft). Die qualitativ schlechteren Wohnungen konzentrieren sich in Gebieten mit schlechteren Umweltqualitäten und werden somit von sozial benachteiligten Gruppen besetzt.

Sozialraumanalyse beruht also auf dem Konzept, dass die Stadt in verhältnismäßig homogene Teileinheiten zerfällt, welche durch eine spezifische physische Individualität und bestimmte soziale, wirtschaftliche und kulturelle Charakteristika der Bevölkerung ausgezeichnet sind. Je kleiner eine Stadt ist, desto weniger Subareale dieser Art besitzt sie.

Im Folgenden werden die Stadtviertel in Hall aufgezeigt und nach Segregationsräumen untersucht, wobei unter Segregation das Ausmaß der ungleichen Verteilung der ausländischen Arbeitskräfte auf die räumlichen Einheiten Zählbezirk und Wohnhaus verstanden werden soll. Zur Abbildung ethnischer Segregationsprozesse wurde vom Autor dabei ein Sukzessionsschema nach *Lichtenberger* (1998, 241) verwendet, *„bei dem die Sukzession als ein in Phasen ablaufender Zyklus aufgefasst wird. Dieses wurde zuerst für die Gettobildung der Afroamerikaner in den Städten der USA und, in Anlehnung daran, als deskriptives Modell von Hoffmeyer-Zlotnik (1975) für die Bildung eines Viertels von türkischen Gastarbeitern in Berlin-Kreuzberg verwendet"*. Folgende Phasen wurden dabei unterschieden:
- Einsickern
- Invasion (5 - 10 % „Gastarbeiter")
- Sukzession, 1. Phase: bis 25 % „Gastarbeiter"
- Sukzession, 2. Phase: weitere Niederlassung von „Gastarbeitern", schließlich Dominanz derselben mit über 50 %, Bildung einer systeminternen Infrastruktur
- Abschließende Sukzessionsphase, in welcher durch Sogwirkung weitere „Gastarbeiter" angezogen werden, und das Stadium einer abschließenden
- Etablierung eines ethnischen Viertels.

Schon in der mittelalterlichen Bürgerstadt dominierte die soziale Segregation oder die Differenzierung der Sozialstruktur. Das soziale Prestige wurde am Vermögen (an Häusern, Grundstücken, Kapital), an den jeweiligen Berufen und an der Ratsfähigkeit gemessen. Im mittelalterlichen Hall war der Obere Stadtplatz mit Kirche und Rathaus die soziale Mitte der Stadt. Hier reihten sich die Häuser der führenden Geschlechter aneinander. Zur Stadtmauer hin oder sogar über diese hinaus - in Hall z. B. Fassergassen, Kugelanger, Lend (*Abb. 2*) - bestand ein zentral-peripheres Gefälle, das sich auch in der baulichen Gestaltung (Bauhöhe, Größe der Parzellen, Aufwendigkeit der Fassaden usw.) äußerte.

Die „residentiale Segregation" der Bevölkerung kann in Hall auch heute noch festgestellt werden. Seit der Entstehung des Villenviertels konzentrieren sich die vermögenden und privilegierten sozialen Gruppen in der topographisch bevorzugten Lage im Norden der Altstadt. Da sich mit der Verbesserung des sozioökonomischen Status viele Altstadtbewohner ein Haus im Grünen bauen ließen, kam es zu einer Umschichtung von Bevölkerungsgruppen, wobei die sozial und ökonomisch schwächeren Schichten in den peripheren Straßen der Altstadt und in den ersten Siedlungsgebieten außerhalb der Altstadt verblieben. Mit Beginn des Baubooms Mitte der 1950er-Jahre zogen viele davon in den ebenfalls begünstigt gelegenen Wohnstadtteil „Schönegg". Deren Wohnungen wurden sukzessive von „Gastarbeitern" belegt. Die anderen Ortslagen weisen im Vergleich zum „Villenviertel", zu „Schönegg" und auch zu Heiligkreuz eine in vieler Hinsicht mindere Wohnqualität (Lärm, hohe Emissionen von Bahn, Bundesstraße und Autobahn, weniger Sonnenscheindauer, Inversion) auf.

Nach den Haushaltslisten 1967- also zu Beginn der Arbeitsmigration - versuchte der Autor Hall außerhalb der Altstadt sozialräumlich in vier Stadtviertel zu gliedern (*Hagen* 1967, 152 f.): *Nord* (Villenviertel), *Nordwest* (alter Dorfkern Heiligkreuz), *Südwest* (Industrie- und Gewerbegebiet) und *Ost* (Wohngebiet). Die erstmals bei der Volkszählung 1971 angewendeten Zählbezirke für Hall spiegeln in etwa diese Vierteleinteilung wider. Nur scheinen damals der westliche Teil des Villenviertels und der nördliche Teil des mittelalterlichen Gewerbegebietes westlich an die Altstadt angrenzend, zum Zählbezirk „Hall-Nordwest" gehörend auf. Da diese Bereiche zum alten Dorfkern von Heiligkreuz aber jeweils eine divergente sozialräumliche Struktur aufweisen, wurde im Zuge der vorliegenden Arbeit im Kapitel „Gastarbeiterkonzentration und -segregation außerhalb der Altstadt" eine Änderung vorgenommen (*Abb. 13*)

Nach der Einteilung von 1967 werden die Stadtteile folgendermaßen abgegrenzt und zusammenfassend nach den damaligen Kriterien charakterisiert, wobei die dazugehörigen Zählbezirke von 1971 in Klammer stehen:

(1) Die *Altstadt* (Altstadt W/N/O/S) umfasst die ehemals ummauerte hochmittelalterliche Stadt. Bis Mitte der 1960er-Jahre stellte sie einerseits Hauptgeschäftsgebiet mit einem hohen Prozentsatz an Selbständigen, andererseits Wohngebiet für unterprivilegierte Gruppen dar: Arbeiter in Industrie und Gewerbe, alte Leute, die nicht mehr im Beruf stehen, aus finanziellen Gründen und aus Tradition aber in der alten Wohnung bleiben, und die ersten „Gastarbeiter".

(2) Das *„Villenviertel"* (Hall-Nord-Mitte + der östlichste Teil von Heiligkreuz ab Breitweg) wird nach Osten durch die Thurnfeldgasse bzw. Kaiser-Max-Straße und Salzbergstraße begrenzt, im Norden bildet die Gemeindegrenze zu Absam den Abschluss. Es handelt sich dabei um ein locker bebautes Wohngebiet in bester Lage und wird zum größten Teil von Angestellten, Selbständigen, „Freiberuflern" und Akademikern bewohnt.

(3) Westlich des Breitweges schließt in begünstigter Lage der Stadtteil *Heiligkreuz* an (Hall-Nordwest), welcher sich im Kern seinen dörflichen Charakter bewahrt hat. Daher scheint hier auch der größte Prozentsatz an Zugehörigen zur Kategorie „Land- und Forstwirtschaft" auf. Das Dorf Heiligkreuz wurde 1938 eingemeindet. Den Abschluss nach Westen und zu Thaur und Absam, gegen Süden die Scheidensteinstraße/Trientlstraße.

(4) Südlich anschließend beginnt das Viertel *Südwest* (Hall-West + Hall-Südwest + Hall-Süd), das Industrie- und Gewerbegebiet, das auch das spätmittelalterliche Gewerbegebiet der Fasser, des Kugelangers und der Oberen und Unteren Lend einschließt. Gegen Osten bildet die Altstadt bzw. die Salzburger Straße die Grenze, nach Süden die Gemeindegrenze zwischen Hall und Ampass, der Inn. Hier ist der Arbeiteranteil und der Prozentsatz an Zugehörigen der Sparten „Industrie und Gewerbe" und „Handel und Verkehr" (Wohnhäuser für Bundesbahnangestellte in Bahnhofsnähe, Betriebswohnheime) am größten, der Prozentsatz an Rentnern und Pensionisten aber gering.

*Tab. 49:* Indikatoren für die sozialräumliche Gliederung der Gesamtbevölkerung 1971 - 1991 nach Zählbezirken in Prozent

| Zählbezirke | Akademiker | | | Arbeiter | | | „Gastarbeiter"* | | |
|---|---|---|---|---|---|---|---|---|---|
| | 1971 | 1981 | 1991 | 1971 | 1981 | 1991 | 1971 | 1981 | 1991 |
| Altstadt | 1,8 | 3,2 | 5,6 | 44,7 | 53,7 | 53,5 | 6,5 | 17,7 | 22,3 |
| Süd | 0,8 | 2,2 | 3,6 | 57,4 | 46,1 | 51,3 | 3,2 | 2,2 | 4,0 |
| Ost | 1,0 | 3,2 | 4,8 | 41,7 | 43,6 | 44,0 | 1,8 | 2,2 | 3,5 |
| Nordost | 1,0 | 3,7 | 5,2 | 35,4 | 30,4 | 31,5 | 2,4 | 1,6 | 1,1 |
| Gartenfeld | 1,9 | 2,1 | 3,4 | 28,1 | 41,9 | 36,9 | 5,4 | 0,9 | 2,5 |
| Nord-Mitte | 10,6 | 14,0 | 13,9 | 22,5 | 23,2 | 26,3 | 2,0 | 2,4 | 3,8 |
| Heiligkreuz | 4,9 | 7,3 | 10,5 | 23,1 | 36,9 | 30,5 | 8,3 | 13,9 | 12,4 |
| West | 2,9 | 4,4 | 4,8 | 35,3 | 37,9 | 38,5 | 6,4 | 9,5 | 10,0 |
| Südwest | 2,1 | 2,2 | 3,3 | 54,6 | 59,1 | 63,9 | 13,2 | 19,6 | 27,2 |

* (Ex-)Jugoslawen und Türken

Quelle: ÖSTAT - VZ 1971/1981/1991; eigene Berechnungen

(5) Der Stadtteil *Ost* (Hall-Ost +Hall-Nordost +Hall-Gartenfeld) als jüngst besiedel-tes Stadtgebiet wird im Osten durch die Gemeindegrenze zwischen Hall und Mils, den Weißenbach abgeschlossen. Im Süden grenzt es an das Viertel Südwest, im Westen an die Altstadt bzw. das Villenviertel. Es handelt sich großteils um ein neues Wohngebiet in guter Lage mit Siedlungscharakter. Die Zahl an Senioren ist gering, es wohnen hier Arbeiter, Angestellte und Beamte. Die sozialräumliche Gliederung der Bevölkerung in den einzelnen Zählbezirken ist zwischen 1971 und 1991 mehr oder weniger gleich geblieben (*Tab. 49*).

## 6.7.4. Die Altstadt als „Gastarbeiterhochburg"

Bei Verwendung des Modells von *Hoffmeyer-Zlotnik* (1975) hatte nach dem Einsickern in den späten 1960er-Jahren 1971 die Invasion der „Gastarbeiter" in die Altstadt mit 6,5 % bereits begonnen. Die erste Sukzessionsphase wurde 1982 mit 18,7 % schon weit überschritten und 1997 war die zweite Sukzessionsphase (26 %) erreicht (*Tab. 50*), dabei betrug der gesamte Ausländeranteil an der Altstadtbevölkerung, also „Gastarbeiter" und sonstige Ausländer, bereits 28,2 %. Davon waren 23,1 % (519) türkische und (ex-)jugoslawische Staatsbürger, 2,9 % (64) eingebürgerte Österreicher aus der Türkei und dem ehemaligen Jugoslawien und 2,2 % (49) sonstige Ausländer. Damit stieg der Anteil der „Gastarbeiter" an der Altstadtbevölkerung zwischen 1982 und 1997 von 18,7 % auf 26,0 %, was eine Zunahme von 7,3 % bedeutet (*Fig. 21*).

*Tab. 50:* „Gastarbeiter" in der Altstadt nach Straßen 1982 und 1997

| Gassen | Inländer | | (Ex-)Jugoslawen u. Türken + Eingebürgerte | | Sonstige Ausländer | Gesamtbevölkerung | | Anteil der „Gastarbeiter" in % | |
|---|---|---|---|---|---|---|---|---|---|
| | 1982 | 1997 | 1982 | 1997 | 1997 | 1982 | 1997 | 1982 | 1997 |
| Agramgasse | 140 | 94 | 27 | 44 | 2 | 167 | 140 | 16,2 | 31,4 |
| Arbesgasse | 58 | 37 | 40 | 44 | 3 | 98 | 84 | 40,8 | 52,4 |
| Burg Hasegg | 25 | 22 | - | - | 1 | 25 | 23 | - | - |
| Bachlechnerstr. | 5 | 2 | - | - | - | 5 | 2 | - | - |
| Fürstengasse | 9 | 6 | - | - | - | 9 | 6 | - | - |
| Guarinonigasse | 3 | 1 | - | - | - | 3 | 1 | - | - |
| Eugenstraße | 145 | 108 | - | 5 | 3 | 145 | 116 | - | 4,3 |
| Krippgasse | 136 | 101 | - | 12 | 3 | 136 | 116 | - | 10,3 |
| Kurzer Graben | 26 | 26 | 5 | 15 | - | 31 | 41 | 16,1 | 36,6 |
| Langer Graben | 26 | 12 | - | 1 | - | 26 | 13 | - | 7,7 |
| Lendgasse 2* | 4 | - | 23 | 6 | - | 27 | 6 | 85,2 | 100 |
| Marktgasse 1* | 5 | 2 | - | 15 | - | 5 | 17 | - | 88,2 |
| Milser Straße | 12 | 17 | - | - | 1 | 12 | 18 | - | - |
| Münzergasse | 100 | 69 | 12 | 28 | 1 | 112 | 98 | 10,7 | 28,6 |
| Mustergasse | 69 | 73 | 3 | 25 | 3 | 72 | 101 | 4,2 | 24,8 |
| Ob. Stadtplatz | 42 | 34 | - | - | - | 42 | 34 | - | - |
| Pfarrplatz | 37 | 31 | 10 | 3 | - | 47 | 34 | 21,3 | 8,8 |
| Rosengasse | 101 | 88 | 7 | 29 | 3 | 108 | 120 | 6,5 | 24,2 |

| | | | | | | | | |
|---|---|---|---|---|---|---|---|---|
| Saline | 65 | 59 | - | - | - | 65 | 59 | - | - |
| Salvatorgasse | 187 | 258 | 109 | 84 | 9 | 296 | 351 | 35,5 | 23,9 |
| Salzburger Str. | 27 | 34 | 24 | 28 | 1 | 51 | 63 | 47,0 | 44,4 |
| Schergentorg. | 14 | 10 | - | 1 | - | 14 | 11 | - | 9,1 |
| Schlossergasse | 127 | 114 | 72 | 51 | 2 | 199 | 167 | 36,2 | 30,5 |
| Schmiedgasse | 148 | 84 | 51 | 72 | 3 | 199 | 159 | 25,6 | 45,3 |
| Schmiedtorg. | 26 | 13 | - | 13 | 2 | 26 | 28 | - | 46,4 |
| Schulgasse | 55 | 35 | - | 1 | 3 | 55 | 39 | - | 2,5 |
| Stadtgraben | 40 | 45 | 8 | 27 | 1 | 48 | 73 | 16,6 | 37,0 |
| U. Stadtplatz | 140 | 95 | 25 | 38 | 2 | 165 | 135 | 15,1 | 26,7 |
| Waldaufstraße | 122 | 97 | 4 | 27 | 4 | 126 | 128 | 3,2 | 21,1 |
| Wallpachgasse | 70 | 45 | 33 | 14 | 2 | 103 | 61 | 32,0 | 23,0 |
| **Gesamt** | **1.964** | **1.612** | **453** | **583** | **49** | **2.417** | **2.244** | **18,7** | **26,0** |
| **Veränderung** | - 352 | | + 130 | | | - 173 | | + 7,3 | |

\* Lendgasse und Marktgasse haben jeweils nur ein Haus

Quelle: Steueramt - Haushaltslisten 1982, Meldeamtsauszug 1997; eigene Berechnungen

Der Zählbezirk Hall-Südwest mit dem schon immer größten „Gastarbeiteranteil" an der Gesamtbevölkerung hatte bereits im Jahr 1991 mit 27,2 % die zweite Sukzessionsphase erreicht.

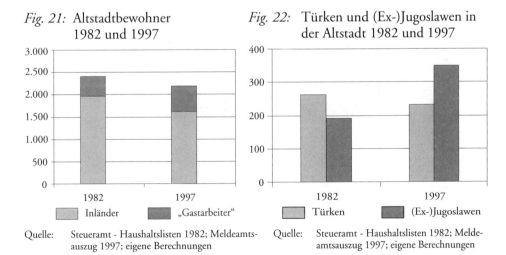

*Fig. 21:* Altstadtbewohner 1982 und 1997

Quelle: Steueramt - Haushaltslisten 1982; Meldeamtsauszug 1997; eigene Berechnungen

*Fig. 22:* Türken und (Ex-)Jugoslawen in der Altstadt 1982 und 1997

Quelle: Steueramt - Haushaltslisten 1982; Meldeamtsauszug 1997; eigene Berechnungen

Von allen in Hall lebenden Arbeitsmigranten wohnten im Jahr 1997 mit 38 % beinahe gleich viel in der Altstadt wie 1982, wobei sich in der Zusammensetzung allerdings ein Wandel vollzogen hat: Während 1982 die türkischen Staatsbürger mit 42 % vor den jugoslawischen (34 %) dominierten, betrug der Prozentsatz der Bewohner aus dem ehemaligen Jugoslawien im Jahr 1997 39 %, jener der Türken hingegen 36 %.

Dieser Wechsel dürfte sich durch die Sukzession der Bosnienflüchtlinge in den alten Baubestand der Altstadt vollzogen haben. Von den im Jahr 1997 in der Altstadt wohnenden Bosniern (213) war die Hälfte (128) erst zur Zeit der Bosnienkrise im Jahr 1992 bzw. später unter dieser Adresse gemeldet. Die Fluktuation der Arbeitsmigranten ist nach wie vor hoch. In der Altstadt waren 1997 lediglich 79 „Gastarbeiter" unter derselben Adresse gemeldet wie 1982, der Großteil davon in der Arbesgasse (20), Schlossergasse (19) und Schmiedgasse (16).

*Abb. 10:* Verteilung der ausländischen Bevölkerung in der Altstadt 1972

*Tab. 50* und *Fig. 22* bieten einen Überblick über die Bevölkerungsentwicklung in der Altstadt zwischen 1982 und 1997: Die gesamte Altstadtbevölkerung nahm in diesem Zeitraum um 173 Personen ab. Die Zahl der Einheimischen verringerte sich um 352 Personen, obwohl durch die Wohnraumbeschaffung im Zuge der Generalsanierung bis zum Jahr 1997 um 125 Personen mehr zusiedelten, als ausgesiedelt wurden. Allerdings lebten nach Zählungen des Autors (*Haushaltslisten* 1982) in diesem Jahr 434 Pensionisten in der Altstadt. Die inzwischen frei gewordenen Wohnungen wurden durchwegs mit ausländischen Arbeitskräften und deren Familien nachbesetzt. Die Zahl der „Gastarbeiter" in der Altstadt stieg zwischen 1982 und 1997 um 130 Personen (28,7 %) (*Tab. 50*), allerdings sind 60 davon inzwischen österreichische

*Abb. 11:* Verteilung der ausländischen Bevölkerung in der Altstadt 1982

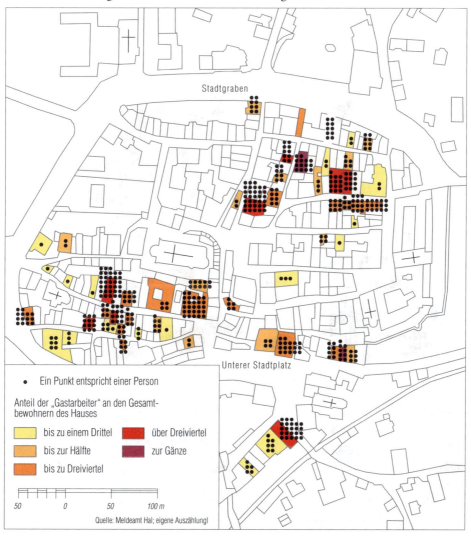

Staatsbürger geworden. Die Haller Altstadt erfuhr durch den Zuzug von Arbeitsmigranten eine wesentliche Verjüngung und deren Sukzession in frei werdende Altstadtwohnungen hält weiter an, und zwar in einem Ausmaß, das auch die Generalsanierung von Altstadthäusern nicht wesentlich beeinflussen kann. Dieser positive Effekt des demographischen Wandels in der Altstadt könnte aber durch eine zu starke Zuwanderung von Arbeitsmigranten verschlechtert werden. Die Konzentration von Moslems in einem Teilraum einer Stadt erhöht nämlich automatisch die so genannte „visibility", was besonders seit dem Anschlag auf das New Yorker World Trade Center bei Teilen der einheimischen Bevölkerung zu einer Beunruhigung führen

*Abb. 12:* Verteilung der ausländischen Bevölkerung in der Altstadt 1997

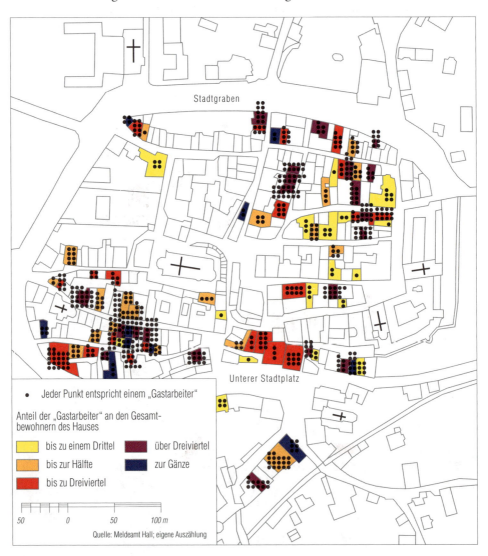

kann. Dies gilt allerdings nur für den Tag, bei einem Abendbummel in der attraktiv restaurierten Haller Altstadt ist auch in den Straßen mit hohem Anteil an ausländischen Arbeitskräften davon wenig zu bemerken.

Zur Segregation der Arbeitsmigranten nach Straßen in der Altstadt ist zu sagen, dass nach dem Modell von *Hoffmeyer-Zlotnik* (1975) das Einsickern der „Gastarbeiter" in die Altstadtgasthäuser und peripheren Straßen der Altstadt bereits in den 1960er-Jahren begonnen hatte. Auf *Abb. 10* sind neben diesen Gasthäusern bereits die ersten Zellen in den Bereichen *Agramgasse-Schlossergasse-Arbesgasse*, *Schmiedgasse-Salvatorgasse* und *Unterer Stadtplatz-Salzburger Straße* zu sehen. Aus diesen Zellen entwickelten sich die heutigen Segregationsräume der Arbeitsmigranten, von denen in der Arbesgasse im Jahr 1997 die „Gastarbeiter" nach dem Modell von *Hoffmeyer-Zlotnik* (1975) mit 52,4 % bereits die Dominanzphase erreicht hatten.

Der westliche Teil der Oberstadt, der „Pfaffenbichl" und der „Gritschenwinkel" waren zu der Zeit noch nicht von „Gastarbeitern" bewohnt, ebenso der östliche Teil im Bereich des Stiftsplatzes und des ehemaligen Damenstiftes, während ein Haus in der Wallpachgasse (1964 zwei Meldungen) als eine der bekannten „Gastarbeiterhochburgen" und Fremdkörper in der Hauptgeschäftsstraße mit 94 bzw. 59 Meldebewegungen in den Jahren 1971 und 1972 aufschien.

Bis 1982 verdichteten sich vor allem die Segregationsbereiche im Nordosten der Oberstadt und im Bereich der ersten Marktsiedlung (Salvatorgasse-Marktgasse-Schmiedgasse), wobei besonders die hausweise Segregation stark zugenommen hat (*Abb. 11*). Die Häuser der Krippgasse und Eugenstraße waren damals noch ohne Arbeitsmigranten, in der Mustergasse, Rosengasse und Waldaufstraße bildeten sich neue Zellen, die sich bis 1997 ausweiteten (*Abb. 12*). Die stärkste Zunahme an Migranten zwischen 1982 und 1997 erfolgte in der Waldaufstraße (+23), Mustergasse (+22), Rosengasse (+22), Schmiedgasse (+21) und Agramgasse (+17).

Die (ex-)jugoslawische und türkische Bevölkerung verringerte sich lediglich in fünf Altstadtgassen: In der Salvatorgasse, Schlossergasse und in der Lendgasse mussten „Gastarbeiter" der Generalsanierung einiger Häuser „weichen", auch das Haus in der Wallpachgasse wurde nach Einschreiten der Baubehörde einer Sanierung zugeführt. Es kann gesagt werden, dass durch die Generalsanierung von Altstadthäusern einer weiteren Segregation von Arbeitsmigranten in der Altstadt entgegengewirkt werden konnte (*Abb. 7*). Die künftige Entwicklung hinsichtlich der Zusammensetzung der Altstadtbevölkerung hängt sowohl von der Fortsetzung der Generalsanierung von Altstadthäusern als auch mit der zahlenmäßigen Entwicklung des Zustroms von Arbeitsmigranten zusammen.

## 6.7.5. Konzentration und Segregation außerhalb der Altstadt

Die (übrigens bei der VZ 2001 in dieser Form letztmalig verwendeten) offiziellen Zählbezirke von Hall in ihrer Form von 1971 wurden, wie schon erwähnt, für diese sozialräumliche Untersuchung etwas verändert. Der Bezirk „Hall-Nordwest" war nach Meinung des Autors damals zu groß konzipiert und reicht weit über den dörflichen

Kern von Heiligkreuz in das „Villenviertel" und den Bereich des mittelalterlichen Gewerbegebietes hinein, so dass der Bezirk „Hall-Nord-Mitte" zuungunsten „Hall-Nordwest" vergrößert und das mittelalterliche Gewerbegebiet mit seiner einheitlichen alten Bau- und Sozialstruktur als Bezirk „Altes Gewerbegebiet" eigens ausgewiesen wurde (*Tab. 51*).

Von der außerhalb der Altstadt wohnenden ausländischen Bevölkerung lebten 1997 knapp drei Viertel in den drei Zählbezirken „Hall-Südwest" und „Hall-West" sowie „Altes Gewerbegebiet" (ehemalige Fassergassen, Sewerstraße, Kugelanger, Gerbergasse, Zottstraße).

*Tab. 51:* „Gastarbeiter" außerhalb der Altstadt nach Zählbezirken 1982 und 1997

| Zählbezirk | 1982 | | | 1997 | | | Verän-derung |
|---|---|---|---|---|---|---|---|
| | Jugo-slawen | Türken | Gesamt | (Ex-) Jugo-slawen | Türken | Gesamt | |
| Hall-Süd | 10 | 20 | 30 | 30 | 60 | 90 | +60 |
| Hall-Ost | 2 | 13 | 15 | 14 | 12 | 26 | +11 |
| Hall-Nordost | - | - | - | 20 | 3 | 23 | +23 |
| Hall-Gartenfeld | 14 | 20 | 34 | 33 | 13 | 46 | +12 |
| Hall N-Mitte | - | 5 | 5 | 45 | 1 | 46 | +41 |
| Heiligkreuz | 40 | 17 | 57 | 9 | 15 | 24 | -33 |
| Hall-West | 22 | 65 | 87 | 89 | 89 | 178 | +91 |
| Altes Gewerbegebiet* | 92 | 89 | 181 | 98 | 64 | 162 | -19 |
| Hall-Südwest | 187 | 131 | 318 | 201 | 145 | 346 | +28 |
| Summe | 367 | 360 | 727 | 539 | 402 | 941 | +214 |

\* Die (übrigens bei der VZ 2001 in dieser Form letztmalig verwendeten) offiziellen Zählbezirke wurden etwas verändert.

Quelle: Steueramt - Haushaltslisten 1982; Meldeamtsregister 1997; eigene Berechnungen

Vergleicht man diese drei Bezirke noch miteinander, so leben mit Abstand am meisten ausländische Arbeitskräfte (37 %) in Hall-Südwest, was vor allem auf die Wohnheime der Baufirmen und der Tiroler Röhren- und Metallwerke zurückzuführen ist, aber auch auf die unattraktiven, meist einstöckigen Altbauten im Bereich der Haller Au, der Oberen Lend und in der Innsbrucker Straße, die in der Nachkriegszeit auf billigem Grund oft von Altstadtaussiedlern errichtet worden sind.

Die Verteilung der „Gastarbeiter" auf die einzelnen Zählbezirke ist seit 1982 im Großen und Ganzen gleich geblieben (*Abb. 13*). Die größten Zunahmen lassen sich im Bezirk „Hall-West" (+ 91), „Hall-Süd" (+ 60) und „Hall-Nord-Mitte" (+ 41) feststellen. Dabei handelt es sich nur um einige wenige Häuser, die im Folgenden angeführt werden:

Eine der beiden „Gastarbeiterballungen" außerhalb der Altstadt ist am Burgfrieden in Hall-West entstanden. In diesem Zählbezirk erfolgte die größte prozentuelle Zunahme an Migranten (*Tab. 51*) vor allem durch den Bau zweier Mietshäuser, deren Wohnungen laut Aussagen von türkischen „Gastarbeitern" zu sehr hohen Mieten an ausländische Arbeitskräfte vergeben werden, was zu einer hohen Fluktuationsrate führt, wie folgende Zahlen beweisen: Von den im Jahr 1997 in diesen zwei Häusern gemeldeten 59 Ausländern (36 Türken, 17 (Ex-)Jugoslawen, vier Ukainer, ein Russe und ein Bulgare) wohnten vier Jahre später laut Melderegister vom 4.5.2001 nur mehr fünf unter dieser Adresse, während 54 Personen neu zugezogen waren! Hier im unmittelbaren Bereich der Tiroler Röhren- und Metallwerke nördlich der Lorettoüberführung und der Bundesstraße entstand zusammen mit zwei benachbarten Häusern eine Konzentration von 84 Ausländern.

*Abb. 13:* Verteilung der ausländischen Bevölkerung nach Zählbezirken 1982 und 1997

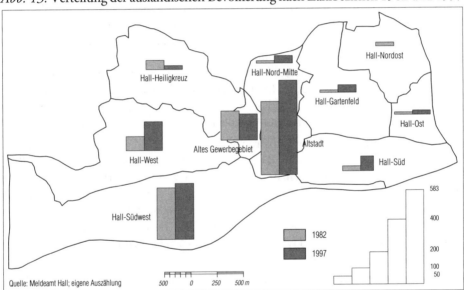

Die zweitgrößte Zunahme an Arbeitsmigranten seit 1982 (+ 60) erfolgte im Zählbezirk „Hall-Süd". Auf der Unteren Lend im unmittelbaren Bereich des „Getreidekastens" leben 63 Türken und (Ex-)Jugoslawen. In diesem spätmittelalterlichen Getreidesilo wohnten 1982 51 Personen, darunter lediglich zwei türkische Familien. 1997 waren dort bereits elf türkische Familien mit insgesamt 47 Personen untergebracht. An dieser Stelle sei erwähnt, dass es in Hall derzeit mit Ausnahme des „Getreidekastens" keine deutliche Trennung zwischen (ex-)jugoslawischen und türkischen Staatsbürgern gibt, wie sie in deutschen Städten durch starke Segregation der türkischen Bevölkerungsgruppe festzustellen ist (*Hamm/Neumann* 1996, 210).

Die Erhöhung der Zahl an Arbeitsmigranten im Zählbezirk „Hall-Nord-Mitte" bezieht sich im Wesentlichen auch nur auf ein Gebäude, in dem es im Zuge einer

Althaussanierung zum Einbau von Kleinwohnungen kam, die vorwiegend an (Ex-) Jugoslawen vermietet werden.

Von einer leichten Abnahme an ausländischen Arbeitskräften betroffen waren lediglich die Zählbezirke „Heiligkreuz" und „Altes Gewerbegebiet". Diese Teile von Hall gehören zu den ältesten Wohngebieten der Arbeitsmigranten, die hier einerseits in alten Bauernhäusern in Heiligkreuz und am Kugelanger wohnen, andererseits im alten Baubestand des mittelalterlichen Gewerbegebietes. Einige der dortigen Gebäude konnten einer Sanierung zugeführt werden, wodurch sich die Zahl der Arbeitsmigranten in diesen beiden Zählbezirken verringert hat.

In Zukunft könnte sich der Anteil der ausländischen Arbeitskräfte außerhalb der Altstadt vor allem dort verdichten, wo alte Bausubstanz und schlechte Lage die Wohnattraktivität für Einheimische massiv vermindern. In den letzten Jahren ziehen immer mehr „Gastarbeiterfamilien" in für sie erstrebenswerte, für Einheimische aber unattraktiv gewordene Bauformen (Hochhäuser oder ältere Mehrfamilienhäuser), die mit Wiederaufbaumitteln in den späten 1960er- und frühen 1970er-Jahren vor allem im Bahnhofsbereich errichtet worden sind. Deren Besitzer wechseln vielfach in bessere Wohngegenden und verkaufen die Wohnungen an das türkische Immobilienservice oder an österreichische Spekulanten, die diese wieder (zu) teuer an „Gastarbeiter" vermieten. Dass die Mieten in der Regel im Vergleich zum Einkommen der ausländischen Arbeitskräfte auch hoch sind, erkennt man auch hier an der hohen Fluktuation der Migrantenfamilien besonders in solchen Wohngebäuden.

Aber auch in der benachbarten Innsbrucker Straße könnte der Zustrom von Arbeitsmigranten dem Trend entsprechend weiter ansteigen. Denn zwischen 1982 und 2001 stieg die Zahl der ausländischen Bevölkerung dort von 25 auf 104. Bei dieser Zahl sind die eingebürgerten Neoösterreicher mitgezählt (33 türkischer, drei jugoslawischer Abstammung). Im Jahr 1982 wohnten in der Innsbrucker Straße in vier Häusern 25 „Gastarbeiter". Während sich bei der Auflistung 2001 bei den (Ex-)Jugoslawen wenig verändert hat, lebten in acht Häusern jetzt bereits 54 Türken (*Haushaltslisten* 1982, *Meldeamtsauszug* 17.8.2001).

Neben den 104 „Gastarbeitern" haben in der Innsbrucker Straße nur noch 93 Haller ihre Wohnung bzw. ihr Haus, so dass der „Gastarbeiterprozentsatz" über 52 % beträgt. Nicht mitgerechnet sind dabei die im Wohnheim der Fa. Innerebner (Innsbrucker Straße 29) lebenden (Ex-)Jugoslawen (76), Türken (4) und Österreicher (63).

## 6.8. *Integration oder interkulturelles Nebeneinander*

*„Segregation als räumlicher Ausdruck sozialer Ungleichheit wird um so mehr zu einem Problem werden, je mehr Ungleichheit auch Ungleichwertigkeit bedeutet. Wenn aber Menschen unbeschadet ihrer Rasse, Haut- und Haarfarbe, ihrer Religion und Kultur gleichen Zugang zu Arbeit, Einkommen und Wohnung haben, dann wird Segregation eher als Bereicherung denn als Bedrohung erfahren"* (Hamm/Neumann 1996, 213).

In der heutigen Debatte zur Integration der Ausländer in Europa wird sowohl in der Öffentlichkeit wie in weiten Bereichen der Wissenschaft zwischen dem „europäischen Kulturkreis" und anderen Kulturen bzw. Christen und Moslems unterschieden. Auch in Österreich ist die Aussage, es gebe kein Ausländerproblem, sondern nur ein Türkenproblem, sehr präsent. Europäer gelten als kulturell nahe stehend, gut integrierbar und unproblematisch, Nichteuropäer bzw. Moslems als eher unintegrierbar. Eine empirische Untersuchung aus dem Jahr 1998 von (*Lebhart/Münz* 1999), bei der eine repräsentative Auswahl von 2000 Österreichern im Alter zwischen 15 und 75 Jahren zu Wissen, Einstellungen und Vorurteilen der Österreicher zu internationaler Wanderung, ausländischer Bevölkerung und staatlicher Migrationspolitik befragt wurde, analysiert die ambivalente, sowohl durch humanitäre Ansprüche wie auch durch Vorurteile geprägte Haltung der einheimischen Bevölkerung gegenüber Ausländern und potentiellen Zuwanderern.

Auch in Deutschland mit seiner längeren Erfahrung mit „Gastarbeitern" wird die Integrationsproblematik vor allem in der Sozialwissenschaft heftig diskutiert. Nach *Thränhardt* (1999) verfügten die Einwanderer aus dem ehemaligen Jugoslawien dort bis zum Ausbruch des Bürgerkrieges über relativ hohe Integrationswerte. Wie sich anhand von Daten zeigen lässt, bestehen aber große Integrationsdifferenzen zwischen Slowenen, Kroaten, Bosniern, Serben und Mazedoniern, und zwar in dieser Reihenfolge. Die ersten jugoslawischen Einwanderer aus Slowenien und Kroatien haben sich gut eingegliedert. Sie waren besser ausgebildet, brachten aufgrund der historischen Verbindungen zu Österreich teilweise Sprachkenntnisse mit. Sehr viele von ihnen - übrigens später auch Türken - benützten Österreich nur als Zwischenstation und gingen wegen der höheren Löhne nach Deutschland. Natürlich gibt es in Deutschland eher Integrationsprobleme bei den Gruppen aus dem Südosten des Landes, vor allem bei Mazedoniern und Kosovo-Albanern, die im Übrigen später nach Deutschland einwanderten, z. T. als Flüchtlinge.

Die Türken sind laut der Studie von *Thränhardt* (1999) wesentlich weniger integriert. Aufgrund ihrer großen Zahl und des Familiennachzuges sind sie stark „sichtbar". Ein großer Teil der türkischen Facharbeiter kam aus dem Raum Istanbul nach Deutschland, außerdem auch Lehrer und andere Akademiker bzw. Studenten, andererseits wanderten aber auch Migranten aus den weniger entwickelten Gebieten des Ostens und Flüchtlinge aus dem kurdischen Bürgerkriegsgebiet zu. Nach einer ruhigen und erfolgreichen ersten Phase in Deutschland fiel die zweite Phase der Einwanderung aus der Türkei mit der Zuspitzung der innenpolitischen Konflikte zusammen, die 1980 in den Militärputsch mündete. Dies hatte zur Folge, dass Deutschland zum Austragungsort von in der Türkei unterdrückten Konflikten und zum Ruhe- und Finanzierungsraum für politische Organisationen wurde. Ein weiterer Effekt dieser Situation war, dass türkische Organisationen sich öffentlich gegenseitig denunzierten und auf diese Weise *„... Schreckbilder schufen, die bis heute weit über die faktische Relevanz hinaus lebendig geblieben sind: Insbesondere das der ‚Grauen Wölfe' und das des ‚Islamischen Fundamentalismus'. Dies trug zur Verstärkung der Stigmatisierung von Türken bei. Während sich die islamischen, türkisch-nationalistischen und kurdischen Gruppen nicht integrieren, dürften sich bei jenen Gruppen weitgehend positiv-integrative*

*Prozesse ergeben haben, die modernisierend-europäische Grundideen verfochten und sich weitgehend aus Einwanderern rekrutierten, die aus den entwickelteren Gegenden der Türkei stammten ..."* (1999, 214). Amerikanische Autoren haben schon in der Zwischenkriegszeit Stufen- oder Generationen-Theorien über die schrittweise Integration von Einwanderern entwickelt, die immer noch zitiert werden. Von vielen Studien her lässt sich aber klar feststellen, dass es keinen einzigen und einheitlichen Weg zu Integration und sozialem Erfolg für alle Gruppen gibt. Es gibt erfolgreiche Integration sowohl über die Assimilation (bei der eine Minderheit ihre Eigenart so gut wie vollständig aufgibt, um sich der Mehrheit anzupassen) als auch über den pluralistischen Weg (wobei beide Integrationspartner ihre Eigenart beibehalten und im Sinne einer Koexistenz mit Notlösungen teilweise segregiert zusammenleben).

*Zanetti* (1989, 90) nennt noch die „Interaktionistische Integration", bei der Minderheit und Mehrheit in einem Prozess ständiger gegenseitiger Interaktionen stehen und im besten Fall zu einer gemeinsamen neuen Lebensform finden. Dieser Idealfall trifft aber ebenso wie die beiden anderen für Hall nicht zu. Es würde den Willen der ausländischen Arbeitskräfte voraussetzen, sich aktiv in die neue Gesellschaft einleben zu wollen (was in Hall bei (ex-)jugoslawischen Arbeitsmigranten häufiger geschieht als bei türkischen), aber vor allem auch die Bereitschaft der Haller Bevölkerung, die „Gastarbeiter", die ja längst schon keine Gäste mehr sind bzw. nie welche waren, zu akzeptieren.

Durch die Akzeptanz der unterschiedlichen Denkweisen aufgrund der verschiedenen Kulturen könnte ein Weg gefunden werden, friedlich zusammenleben zu können. Davon ist man aber in Hall noch weit entfernt. 1999 wurde ausgehend vom Streetworkerteam durch das Kulturlabor Stromboli ein Integrationstag mit Diskussionen organisiert. Trotz intensiver Pressearbeit war das Interesse sowohl der einheimischen wie auch der ausländischen Bevölkerung gering.

Es scheint so, als ob die einheimische Bevölkerung - wie auch die meisten „Haller Ausländer" - wenig an Kommunikation interessiert seien. Das hängt sicherlich auf beiden Seiten mit begründeten Ängsten zusammen, Gründe für xenophobe Einstellungen der einheimischen Bevölkerung wurden schon im Kapitel „Beginn und allgemeine Entwicklung der Arbeitskräftewanderung" dargelegt. Die Entwicklung gerade im Hinblick auf gewisse fundamentalistische Strömungen trägt noch das ihre dazu bei.

Aus der Sicht vieler „Haller Moslems" dagegen kann Integration vor allem Assimilation bedeuten, was den Verlust ihrer Kultur zur Folge hätte. Diese Angst ist von ihrem Standpunkt aus nicht ganz unbegründet, denn aus vielen Gesprächen mit Einheimischen ist ersichtlich, dass deren Integrationsverständnis ein Assimilationsverständnis ist: *„Die Türken sollen unsere Sprache sprechen und unsere Kultur leben, wenn sie schon bei uns leben wollen."*

Auch gibt es kaum gemeinsame Feste wie in anderen Städten mit hohem Ausländeranteil. Dass es nicht funktioniert, ist immer die Schuld des anderen, man bleibt lieber unter sich. Während Haller sagen, dass von Seiten der Einheimischen sehr wohl ein Ansatz von Integration gegeben wäre, doch dieser von der „anderen" Bevölkerungsgruppe nicht wahrgenommen wird, und dass die Türken nicht integrationswillig sind, hört man von türkischer Seite: *„Wir warten schon viele Jahre* *auf ein gemeinsames Fest mit den Einheimischen. Zeltdisco, gemischt, mehr Kontakte, dass man uns versteht. Ich bin seit 12 Jahren da. Noch nie ist jemand zu uns gekommen."*

Dass eine Kommunikation aber auch sehr wohl funktionieren kann, zeigt das Beispiel Reutte. Ein Dialogforum, bestehend aus Vertretern der katholischen Kirche und den ausländischen Vereinen, bemüht sich dort seit drei Jahren um ein besseres Verständnis zwischen den Kulturen.

Ein voller Erfolg war das erste Außerferner Integrationsfest am 17. Juni 2001 im Sozialhaus, dem die Organisatoren nach wochenlangen Vorbereitungen doch etwas skeptisch entgegenblickten. Die Angst, dass sich vielleicht nur ein paar Vereinzelte zum Integrationsfest verirren könnten, blieb mehr als unbegründet, 1000 Besucher folgten der Einladung, so dass das Sozialhaus aus allen Nähten platzte.

So stellte die Marktgemeinde für das zweite Reuttener Integrationsfest am 8. Juni 2002 die neue Sporthalle des Gymnasiums kostenlos zur Verfügung, sorgte für den Aufbau einer großen Bühne und beauftragte auf eigenen Wunsch eine Security-Firma, die dann aber kein einziges Mal eingreifen musste. Für die Planung verantwortlich war die Arbeitsgruppe „Integrationsfest", die sich aus zehn Freiwilligen aus allen in Reutte vertretenen Kulturen zusammensetzt. Ziel dieser kleinen Gruppe ist es, den Dialog besonders zwischen Christen und Moslems zu fördern, Probleme gemeinsam zu besprechen und Lösungsversuche zu diskutieren. Bei der Programmgestaltung wurde versucht, alle vertretenen Bevölkerungsgruppen anzusprechen. Türkische, kroatische und einheimische Tanz- und Musikgruppen sowie kulinarische Köstlichkeiten sorgten für beste Stimmung, *„… sodass es sicher noch nicht oft vorgekommen ist, dass in Reutte auf einem ‚Haufen' so viele Menschen aus verschiedenen Kulturen miteinander gefeiert haben. Alt und Jung, Türken, Kroaten, Brasilianer, Inder und Österreicher saßen lange beisammen, um es sich miteinander gut gehen zu lassen …"* (Außerferner Nachrichten, 13.6.2002).

Für die Stadtgemeinde Hall, in der die verschiedensten ethnischen Gruppierungen, besonders aus der Türkei und den ehemaligen Teilrepubliken Jugoslawiens schon lange mit der einheimischen Haller Bevölkerung zusammenwohnen, sollte das Beispiel Reutte Anregung sein, sich einmal an einen Tisch zu setzen und die eigenen Probleme und trennenden Faktoren zu vergessen, um einfach nur miteinander zu feiern.

Dennoch sollte ein solches Fest nicht überbewertet werden. Integration findet im täglichen Leben statt, oder eben nicht. Aber es könnte durch ein Aufeinandertreffen verschiedenster Kulturen in gelöster Stimmung vielleicht der Beginn eines Sich-Näher-Kommen bedeuten. Für eine gedeihliche Stadtentwicklung von Hall wird eine Auseinandersetzung mit dieser Thematik in den nächsten Jahren zu einem wichtigen Aufgabengebiet für die gesamte Stadt und ihre Bewohner.

Ein kurzer Überblick über neuere österreichische Studien mit Lösungsansätzen zu diesem Thema könnte auch in Hall zu einem Überdenken der derzeitigen Situation in der Integrationsfrage führen:

Die Wohnintegration betreffend konnte bei einer empirischen Erhebung in Wien im Jahr 1998 von *Kohlbacher/Reeger* (1999) festgestellt werden, dass Fremdenfeindlichkeit nicht nur mit Lebensalter und Bildungsniveau in einem Zusammenhang steht, sondern auch mit der Wohnnachbarschaft. Es zeigen sich deutliche Zusammenhänge zwischen der Häufigkeit und Intensität nachbarschaftlicher Alltagskontakte und Fremdenfeindlichkeit. Hohe Kontakthäufigkeit zu Ausländern und Kontaktformen, die soziale Nähe voraussetzen, gehen mit toleranteren Einstellungen gegenüber Ausländern einher.

Der Wohnbereich ist ein zentraler Ort der Integration. Soziale und ethnische Durchmischung im Wohnbereich fördert die Kontaktchancen zwischen Menschen unterschiedlicher Schichtzugehörigkeit und ethnischer Herkunft. Und diese sozialen Kontakte sind ein ebenso einfaches wie wirksames Mittel gegen Fremdenfeindlichkeit. Für wen Ausländer in der Nachbarschaft zur alltäglichen Normalität gehören, der bringt auch ausländischen Kollegen am Arbeitsplatz ein höheres Maß an Toleranz entgegen und kann sich auch eher vorstellen, familiäre Verbindungen mit Ausländern einzugehen. Hingegen bilden räumliche Konzentrationen von Zuwanderern in Baublöcken, in denen fast ausschließlich Inländer mit niedrigem Sozial- und Bildungsstatus leben, den idealen Nährboden für das Gedeihen fremdenfeindlicher Ideologien. Es liegt an den entscheidungstragenden Institutionen in (Kommunal-)Politik, Kirche und Gesellschaft, Maßnahmen zu ergreifen, die optimale Eingliederungsbedingungen für Migranten im Wohnbereich begünstigen. Damit könnten die Rahmenbedingungen für eine Verringerung von Fremdenfeindlichkeit geschaffen werden.

Eine weitere empirische Studie (*Dornmayr* 1999) aus dem Jahr 1998 in zwei Linzer Stadtteilen beschäftigte sich mit der sozialen Integration. Die Ergebnisse weisen ebenfalls darauf hin, dass räumliche Integration, also Wohnnachbarschaft von In- und Ausländern alleine nicht automatisch zu verminderter Fremdenfeindlichkeit führt. Im Gegenteil: Räumliche Integration ohne entsprechende soziale Integration, d. h. ohne verstärkte Kontakte zwischen In- und Ausländern, verstärkt sogar fremdenfeindliche Einstellungen. Nur dort, wo die Wohnnachbarschaft auch zu intensiveren Kontakten zwischen In- und Ausländern führt, erhöht dies die Wahrscheinlichkeit einer Reduktion fremdenfeindlicher Orientierungsmuster. Integrationspolitik sollte sich daher unbedingt auch sozialer Begleitkonzepte und kontaktfördernder Instrumente bedienen.

Zwei Möglichkeiten zur sozialen Integration werden dabei besonders hervorgehoben: Zum einen die Förderung von ausländischen Kleinunternehmern vor allem im Handels- und Dienstleistungsbereich. Einerseits besitzen Geschäfte ausländischer Eigentümer als Garanten der Nahversorgung relativ hohe Sympathiewerte bei der inländischen Bevölkerung, andererseits lässt sich auch ein starker direkter Zusammenhang zwischen der Häufigkeit von Kundenbeziehungen zu Ausländern und niedrigerer Fremdenfeindlichkeit nachweisen. Zum Zweiten lassen sich aus den aus der Studie vorliegenden Ergebnissen in Bezug auf die Wohnungspolitik gute Argumente dafür ableiten, dass die Beseitigung von rechtlichen Zugangsbeschränkungen für Ausländer zum geförderten Wohnungsbau (Genossenschafts- bzw. Gemeindewohnungen) - bei entsprechenden sozial-integrativen Begleitkonzepten - ebenfalls zur Reduktion fremdenfeindlicher Einstellungen beitragen könnte. In den Neubauten mit jungen Bevölkerungsgruppen existieren noch weniger feste („gewachsene") soziale Strukturen, welche die Integration von Neuzuziehenden zusätzlich erschweren. Auch würde eine derartige „Öffnung" der Genossenschaftswohnungen die Angleichung der Haushaltstypen ermöglichen und die Wahrscheinlichkeit reduzieren, dass z. B. ausländische Familien mit Kindern in Häusern mit überwiegend österreichischen Senioren wohnen müssen. Denn auch die Angleichung der Haushaltstypen würde nachweislich die Kontaktintensität zu ausländischen Nachbarn erhöhen und damit indirekt fremdenfeindliche Orientierungsmuster verringern.

Eine derartige „Öffnung" des geförderten Wohnbaus für ausländische Mitbürger, die ja im Übrigen auch dieselben Wohnbauförderungsbeiträge wie Österreicher zahlen, könnte also nur dann zuverlässig zur Reduktion von Fremdenfeindlichkeit beitragen, wenn diese räumliche Integration tatsächlich auch von einer sozialen begleitet wird. Dass den zuständigen Politikern eine Aufhebung der Zugangsbeschränkungen derzeit politisch nicht möglich erscheint, ist eine andere Sache. Dass der in den nächsten Jahren zu erwartende Angebotsüberhang am Wohnungsmarkt aber selbst diese festgefahrenen Positionen aufweichen könnte, ist bereits ein anderes Thema.

## 7. Zusammenfassung

Mit rund 300 Gebäuden besitzt Hall die mit Abstand größte Altstadt in Tirol, was auf ihre überragende Bedeutung in früheren Zeiten schließen lässt. Die Stadt verdankt ihre Gründung und Stadterhebung im Jahr 1303 dem Salzvorkommen. In der Folge waren vor allem die Innschifffahrt und die Zolleinnahmen aus dem Straßenverkehr sowie die Märkte und später die Münzstätte für die wirtschaftliche und kulturelle Bedeutung von Hall verantwortlich.

Die Salzlagerstätten befinden sich im hintersten Halltal etwa 10 km nördlich der Stadt. Ob sich die erste Sudpfanne bei St. Magdalena im Halltal befunden hat oder diese später an den Eingang dieses Tales verlegt wurde, ist nicht genau belegt, wohl aber ein *„Salzhaus ... ze Halle"* am Inn im Jahr 1256. Dieser Standort bot sowohl für den Holzbedarf der Saline als auch für den Salzhandel Vorteile. Mit dem Errichten eines Holzrechens quer über den Inn, der das aus den Seitentälern des Oberinntales nach Hall getriftete Brennholz auffing, war Hall Kopfstation der Innschifffahrt geworden.

Damit erhielt Hall das „Niederlagsrecht" sowie bald auch sämtliche Straßen- und Brückenzölle im mittleren Inntal und stieg so in kurzer Zeit zu einem bedeutenden Warenumschlagsplatz auf. Als Zentrum der Getreide- und Weinversorgung von Tirol bot Hall für viele Bürger gute Verdienstmöglichkeiten im Handel und Schiffsverkehr. In der aufblühenden Stadt ließen sich die verschiedensten Gewerbe nieder, und das Gastgewerbe boomte jetzt auch infolge des starken Durchzugsverkehrs. Durch die Verleihung von zwei Jahrmärkten seit der Mitte des 14. Jahrhunderts entwickelte sich Hall zur zweitwichtigsten Marktstadt in Tirol nach Bozen. Die besonders wegen der Nähe zum Schwazer Silberbergbau nach Hall verlegte Münzstätte erreichte bald internationale Bedeutung, besonders durch die Erfindung der maschinellen Münzprägung.

Der Stadtbrand im Jahr 1447, bei dem beinahe die gesamte damals ummauerte Stadt zerstört wurde, ermöglichte einen einheitlichen Wiederaufbau der ehemals gotischen Altstadthäuser, welche mit Hilfe von Krediten reicher Haller Bürger bald wieder in vollem Glanz dastanden und erst nach dem Erdbeben von 1670 ihre barocken Elemente erhielten.

Gegen Ende des 16. Jh. verlor Hall gegenüber Innsbruck immer mehr an Bedeutung, denn seit Beginn des 17. Jh. übernahm die Saline den Salzverkauf in Eigenregie und 1750 wurde das „Niederlagsrecht" aufgehoben, wodurch besonders der Handel Einbrüche erlitt. Aber auch für Geschäftsleute, Gewerbetreibende und besonders die zahlreichen Wirte verschlechterte sich die Situation durch die Verlegung der neuen Straßentrasse, die nun an der Altstadt vorbeiführte, durch den Niedergang der Innschifffahrt und schließlich durch die Eröffnung der Eisenbahnstrecke Innsbruck-Kufstein unverzüglich.

Mit diesem Bedeutungsrückgang und dem wirtschaftlichen Niedergang der Stadt war auch der Verfall der Baustruktur der Altstadt verbunden. Auch die Bevölkerungszunahme blieb trotz der Ausdehnung der Stadt insgesamt bescheiden und ist seit 1971 sogar rückläufig. So wurden seit der Mitte des 19. Jh. Siedlungskomplexe (Klöster, „Irrenanstalt", Bezirkskrankenhaus, Gymnasium) angesiedelt und im Norden der Stadt entstand seit dem Beginn des 20. Jh. das Villenviertel.

Nach dem Krieg galt es vor allem, Wohnraum zu schaffen, wobei im Osten der Stadt mit dem Bau von Siedlungshäusern der Grundstein für das neue Stadtviertel „Schönegg" gelegt wurde. Gleichzeitig kam es im Westen der Stadt zur Ansiedlung von Industriebetrieben und dem Ausbau des Frachtenbahnhofes. Mit der zunehmenden Motorisierung setzte aber bereits in den 1960er-Jahren ein Suburbanisationsprozess ein, der vor allem auf der Unteren Lend und an der südwestlichen Peripherie der Stadt auf verhältnismäßig billigen Gründen Ein- oder Zweifamilienhäuser entstehen ließ und bald auch die ursprünglich rein ländlich geprägten Nachbarorte ergriff.

Der Verfall der Altstadt, der schon im 19. Jh. aufgrund ökonomisch-struktureller Ereignisse eingesetzt hatte, setzte sich im 20. Jh. sukzessive fort. Der Abwanderung der Bevölkerung und der Degradierung der größten Altstadt Tirols versuchte Hall durch ein gezieltes Altstadtsanierungsprogramm ab den 1970er-Jahren entgegenzuwirken.

Eingeleitet wurde die Altstadtsanierung mit der Fassadenaktion. Seit 1974 bis einschließlich 2000 sind an 168 Objekten 305 Fassaden erneuert worden. Die Gesamtkosten für die Fassadenaktion in diesem Zeitraum belaufen sich auf € 5,8 Mio. Als zweiter Schritt konnten seit dem Inkrafttreten des Stadtkern- und Ortsbildschutzgesetzes 1978 im Zuge des Instandsetzungsprogrammes der Altstadtfassaden an zahlreichen Häusern zusätzliche Sanierungsarbeiten vorgenommen werden.

Die ersten in Hall generalsanierten Häuser waren ehemalige „Großgasthäuser", bei denen die Kosten für eine Generalsanierung von den privaten Bauherren trotz Förderungen nicht aufzubringen waren. So entwickelte sich das „Haller Sanierungsmodell". Dabei wird das zu sanierende Haus häufig an eine gemeinnützige Wohnbaugesellschaft verkauft, welche die aufwendig sanierten und neu gestalteten Wohnungen anschließend an Interessenten weiterverkauft. Probleme ergeben sich dabei häufig bei der „Aussiedlung" von „Restmietern", für die Ausweichquartiere beschafft werden müssen. Die Stadtgemeinde stellt unter anderem in für diesen Zweck angekauften sanierungsbedürftigen Altstadthäusern so genannte „Springerwohnungen" zur Verfügung. Im Vorfeld einer Generalsanierung ist eine exakte Befundung von großer Wichtigkeit, bei der Ausführung die vom Denkmalamt genau überwachte Beibehaltung des historischen Charakters sowie die Bewahrung der Bausubstanz des Gebäudes.

Für die Wiederbelebung der Altstadt bedeutete die Sanierung und Revitalisierung öffentlicher Gebäude, die dadurch eine neue Funktion erhielten, eine wichtige Voraussetzung. So wurde z. B. im ehemaligen Jesuitenkloster das Bezirksgericht installiert, im „Rosenhaus" vor allem die wichtigsten städtischen Ämter. Dem Kulturleben konnten durch die Schaffung von Räumlichkeiten für Kongresse, Tanzveranstaltungen, Ausstellungen, Konzerten und Galerien neue Impulse verliehen werden. Mit der Generalsanierung des ehemaligen Kurhauses, der Restaurierung des Stadtsaales und besonders durch die Wiederbelebung der Burg Hasegg sowie der Kunsthalle, ist die Stadt diesem Ziel einen wesentlichen Schritt näher gekommen.

Um die Sanierung und Renovierung der zahlreichen Sakralbauten, die weiterhin andauert, bemühte sich der Altstadtausschuss schon seit Beginn der Altstadtsanierung.

Neben den Schwerpunkten der Objektsanierung konnten Mittel aus dem Stadtkern- und Ortsbildschutzgesetz auch für die Erneuerung und Verbesserung des Altstadtbildes als Ganzes eingesetzt werden, die zur Belebung der Gassen und Plätze beigetragen hat. Dazu lieferte die Straßenpflasterung, die Sanierung der Stadtmauerreste und das Brunnenbauprogramm einen wesentlichen Beitrag.

Durch die Generalsanierung von Wohnhäusern wurde vor allem moderner Wohn-, aber auch Geschäftsraum geschaffen, wodurch das Geschäftsleben in der Altstadt seit Beginn der Altstadtsanierung eindrucksvoll wiederbelebt werden konnte.

Im Zuge der allgemeinen Wohlstandsentwicklung und der damit verbundenen wachsenden Entfremdung der Menschen (Single-Haushalte, rasch ansteigende Scheidungsraten, Vereinsamung) erfolgte eine erneute Umbewertung des Wohnstandortes. Galt in den 1960er- und 1970er-Jahren die Präferenz der Bevölkerung eindeutig dem frei stehenden Haus im Grünen, so ist seit den 1980er-Jahren eine Höherbewertung zentrumsnaher Wohnquartiere (Gentrifikaton) zu beobachten, die im Rahmen der Altstadtsanierung zeitgemäß und hochwertig verbessert wurden und eine neue städtische Schicht haben entstehen lassen. Viele junge Leute zieht es nach dem Motto „Neues Wohnen in alten Häusern" wieder in die Altstadt. Allein in die von der Gemeinnützigen Wohnbaugesellschaft „Wohnungseigentum" im Zeitraum zwischen 1980 und 1998 in der Haller Altstadt generalsanierten Wohnungen wanderten 284 Personen zu (bei gleichzeitiger Abwanderung von 194 Personen). Die zukünftige Wohnbaupolitik der Gemeinde Hall mit ihrer kleinen Gemeindefläche wird daher neben dem stark forcierten Verbauen von Baulücken auch weiterhin durch die Sanierung des Altbaubestandes in der Altstadt geprägt sein müssen.

Hall ist vorbildhaftes Modell für Altstadtsanierungen und hat dadurch nicht nur national (Österreichischer Staatspreis für Denkmalschutz 1984), sondern auch gesamteuropäisch (Europapreis für die Sanierung zweier Häuser in der Salvatorgasse 1986 und Europa-Nostra-Preis 1987) Beachtung gefunden. Angenehmes Wohnen und zeitgemäße Wohnqualität bilden zusammen mit guter wirtschaftlicher Entwicklung die Grundlage für die Sicherung von Arbeitsplätzen und der Nahversorgung. Zusammen mit den Förderungen der öffentlichen Hand wurden in den letzten 25 Jahren mehr als € 77 Mio umgesetzt, so dass auch die Wirtschaft beträchtliche Impulse erhielt.

Allen an der Altstadtsanierung Beteiligten, sei es als Ideengeber oder als Gestalter, ist es gelungen, das mittelalterliche Stadtbild zu erhalten sowie das wirtschaftliche, kulturelle und gesellschaftliche Leben in Hall wesentlich zu fördern.

Im Zuge der Industrialisierung in der Nachkriegszeit vollzog sich mit der Errichtung der Tiroler Röhren- und Metallwerke und der Armaturenfabrik Schmiedl ein Aufbau des industriellen Sektors, für den bereits Ende der 1960er-Jahre - also beinahe zur selben Zeit, als die ersten Ideen für eine Altstadtsanierung geboren wurden - Arbeitskräfte aus dem Ausland („Gastarbeiter") angeworben werden mussten. Diese übernahmen als meist ungelernte Arbeiter geringer bewertete Tätigkeiten, während die einheimischen Erwerbstätigen sich höherwertigen Beschäftigungen zuwandten. Auch in der boomenden Bauwirtschaft fanden immer mehr Arbeitskräfte aus Jugoslawien und später der Türkei Beschäftigung. Die Haller Arbeitsmigranten aus dem ehemaligen Jugoslawien stammen vorwiegend aus Bosnien und Serbien, die türkischen aus Zentralanatolien und der Schwarzmeerregion.

Die ausländischen Arbeitskräfte waren in den Anfangsjahren fast ausschließlich in der Industrie und im Baugewerbe beschäftigt, heute allerdings sind sie für die Haller Wirtschaft unverzichtbar geworden, nach wie vor natürlich für die Betriebe mit den höchsten Indikatorwerten gemäß ihrer Bedeutung für den öffentlichen Haushalt. Aber auch in der Gastronomie und bei den gewerblichen Kleinbetrieben liegt der Anteil der „Gastarbeiter" bei den Arbeitern je nach Branche bei rund einem Drittel. Im für Hall so bedeutenden Sektor „Gesundheits-, Fürsorge- und Sozialwesen" mit den vielen Pflege- und Seniorenheimen und den beiden Großkrankenhäusern finden viele Migranten Arbeit im Putz- und Pflegedienst.

Die ersten „Gastarbeiter" erhielten von den Firmen, bei denen sie beschäftigt waren, Unterkunft in Form von Wohnbaracken in der Nähe der Betriebe. Auch heute noch (1997) sind 130 Arbeiter aus dem ehemaligen Jugoslawien und 80 aus der Türkei in Betriebsunterkünften untergebracht.

Manche Betriebe boten damals für Arbeitsmigranten aber auch Wohnmöglichkeiten an, indem sie Altbauwohnungen überwiegend im Substandard oder alte leer stehende Bauernhäuser anmieteten. In überbelegten Zimmern lebten die ausländischen Arbeitskräfte dort in „Rotation", wobei diese nach Saisonschluss im Baugewerbe an Kollegen weitergegeben wurden. Die „Gastarbeiter-Meldungen" in diesen Unterkünften erreichten Anfang der 1970er-Jahre mit absolutem Höhepunkt 1973 ihren Höchststand.

Im Jahr 1964 scheinen die ersten Arbeitsmigranten aber auch schon in der Altstadt auf. Sie wanderten ab diesem Zeitpunkt allmählich in die Altstadtquartiere ein, die von den „Häuslbauern" freigemacht worden waren. Aber auch in den Altstadtgasthäusern entstanden bis zu den ersten „Razzien" zu Beginn der 1970er-Jahre Massenquartiere, in denen überbelegte Zimmer auch noch mit illegalen Kollegen geteilt wurden. Seit Beginn der 1980er-Jahre kam es dann zu einer sukzessiven Konsolidierung der „Gastarbeiter" in der Altstadt, als Migrantenfamilien in inzwischen leer stehende, meist kleine Altstadtwohnungen nachrückten.

Trotz der Zuwanderung von einheimischen Jungfamilien in die generalsanierten Altstadtwohnungen ist der Anteil der Ausländer an der Gesamtbevölkerung in der Altstadt im Zeitraum zwischen 1982 und 1997 bei Einrechnung der eingebürgerten (ex-)jugoslawischen und türkischen Staatsbürger größer geworden. Aber auch außerhalb der Altstadt drängen die Arbeitsmigranten im Zuge der Familienzusammenführung immer mehr in Häuser und Wohnungen im Südwesten der Stadt, die für Einheimische inzwischen nicht mehr attraktiv sind. Im Osten der Stadt, wo die Lebensqualität wesentlich besser ist, haben die „Gastarbeiter" kaum Zugang zu den dort in den späten 1950er- und 1960er-Jahren errichteten Gemeinde- und Genossenschaftswohnungen.

Aber nicht nur im Bereich „Wohnen" und „Arbeiten" gibt es Probleme für die „Gastarbeiter". Für die meisten von ihnen, die aus unterentwickelten Räumen Anatoliens und des Balkans stammen, ist es schwer, sich mit der neuen Situation in einem westlichen Industrieland zu identifizieren. Im Sinne der Notwendigkeit eines zukünftigen Miteinanderlebens sollten Einheimische und „Gastarbeiter" trotz verschiedener kultureller Wurzeln versuchen, mehr aufeinander zuzugehen und mehr miteinander in Kontakt zu treten. Das Einander-Kennenlernen birgt die Chance in sich, voneinander zu lernen, was die Möglichkeit zu einem Kulturaustausch eröffnet. In weiterer Folge kann dies dazu führen, dass sich Menschen bzw. Kulturen gegenseitig ergänzen.

Während der Stiftsplatz jahrhundertelang der „beschauliche" Platz der Altstadt war, wird er zusammen mit der benachbarten Jesuitenkirche immer mehr für kulturelle Ereignisse genutzt und damit belebt. Der Obere Stadtplatz dagegen war immer schon das pulsierende Zentrum der Stadt und ist nach wie vor beliebter Kommunikationsort mit Flair für die Haller Bevölkerung. Trotzdem ist Hall - Gott sei Dank, sagen viele Einheimische - keine Touristenstadt geworden. Seit jüngster Zeit aber Universitätsstadt. Anfang April 2003 erfolgte im östlichen Gelände des PKH der Spatenstich zur neuen Privatuniversität UMIT, die nach ihrer Fertigstellung mit rund 800 Studenten und 200 Angestellten neues Leben in die alte Salinenstadt bringen wird. Der ursprüngliche Wunsch seit den 1930er-Jahren, die Salztradition in Hall wieder aufleben zu lassen, die Solebäder zu reaktivieren und Hall zu einer Kurstadt zu machen, ist bis jetzt aber nicht gelungen. Auch in Ausschüssen diskutierte Pläne zu einer Wiederaufnahme der Innschifffahrt und zu einer Umgestaltung des alten Salinengeländes in einen Erlebnispark „Salzwelten" ruhen in einer Schublade. Vielleicht könnte mit der Wiederbelebung der Salztradition in irgendeiner Form zusammen mit dem Vorzeige-Kleinod Altstadt, der Kaufleuteinitiative mit dem Slogan „Einkaufsstadt Hall" und der vielleicht doch noch nicht endgültig „abgeschriebenen" Kunsthalle im ehemaligen Salzlager ein weiterer Wirtschaftsimpuls und damit eine zusätzliche Zukunftschance für Hall in den nächsten 700 Jahren eröffnet werden.

# *Literaturverzeichnis*

Aichner, G. (Hg.) - 1997: Josef Posch. Mein Hall. Seine Visionen & Gedanken von Zeitzeugen. - Thaur.

Alexander, H. - 1992: Geschichte der Tiroler Industrie. - Innsbruck.

Attelslander, P. - 1995: Methoden der empirischen Sozialforschung.- Berlin, New York.

Bähr, J. - 1997: Bevölkerungsgeographie. 3. Auflage. - Stuttgart.

Barlist, Th. - 1994: Kulturinsel Hall. Dipl.-Arbeit. - Innsbruck.

Bauböck, R. - 1986: Demographische und soziale Struktur der jugoslawischen und türkischen Wohnbevölkerung in Österreich. - In: Wimmer, H. (Hg.): Ausländische Arbeitskräfte in Österreich. - Frankfurt/New York, S. 181 - 239.

Bauböck, R. - 1986: Die zweite Generation am Arbeitsmarkt. - In: Wimmer, H. (Hg.): Ausländische Arbeitskräfte in Österreich. - Frankfurt/New York, S. 331 - 348.

Bebelmann, F. - 1985: Auswirkungen der Migration auf den Sozialisationsprozeß türkischer Gastarbeiterkinder. Diss. - Innsbruck.

Biffl, G. - 2000: Arbeitsmigration in Österreich. - In: GW-Unterricht, Nr. 79, S. 1 - 8.

Bitschnau, M. - 1988: Hall in Tirol. In: Baualterpläne österreichischer Städte. Herausgegeben von der Österreichischen Akademie der Wissenschaften, 8. Lieferung. - Wien.

Blasius, J. und J. Dangschat (Hg.) - 1990: Gentrification. Die Aufwertung innenstadtnaher Wohnviertel. - Frankfurt.

Bobek, H. - 1969: Grundfragen der Stadtgeographie. - Darmstadt.

Borsdorf, A. - 1994: Einzelhandelsgeschäftsflächen in Innsbruck, Völs und Rum. Gutachten. - Innsbruck.

Borsdorf, A. - 1993: Lebensstandard versus Lebensqualität. Bericht über ein Forschungsprojekt in Alpenstädten. - In: Innsbrucker Jahresbericht 1991 - 1992 (= Österreichische Geographische Gesellschaft. Zweigverein Innsbruck. - Innsbruck, S. 45 - 71.

Borsdorf, A. - 1994: Räumliche Entwicklungstendenzen des tertiären Sektors in Tirol unter besonderer Berücksichtigung des Einzelhandels. - In: Geographische Jahresberichte aus Österreich. LIII. Band, S. 63 - 82.

Bundesministerium für Arbeit und Soziales (Hg.) - 1985: Ausländische Arbeitnehmer in Österreich. In: Forschungsberichte aus Sozial- und Arbeitsmarktpolitik, Nr. 9, S. 48.

Caramelle, F. - 1997: Für die Zukunft noch weiter renovieren? - In: Aichner, G. (Hg.): Josef Posch. Mein Hall. Seine Visionen & Gedanken von Zeitzeugen. - Thaur, S. 35 - 38.

Caramelle, F. - 1989: Stadterneuerung und Denkmalschutz. - In: Moser, H.: Hall in Tirol. Entwicklung und Erneuerung der Altstadt. - Hall, S. 20 - 23.

Dangschat, J. S. - 2000: Sozialräumliche Differenzierung in Städten: Pro und Contra. - In: Harth, A./Scheller, G./Tessin, W. (Hg.): Stadt und soziale Ungleichheit. - Opladen, S. 141 - 160.

Dangschat, J. S. und J. Blasius (Hg.) - 1994: Lebensstile in den Städten. Konzepte und Methoden. - Opladen.

Dövenyi, Z. und G. Vukovich - 1996: Ungarn und die internationale Migration. - In: Faßmann, H. und R. Münz: Migration in Europa. Historische Entwicklung, aktuelle Trends, politische Reaktionen. - Frankfurt/New York, S. 263 - 283.

Dornmayr, H. - 1999: Fremdenfeindlichkeit im lokalen Kontext. Eine vergleichende Untersuchung zweier Linzer Stadtteile. - In: Faßmann, H./Matuschek, H./Menasse, E. (Hg.): Abgrenzen, ausgrenzen, aufnehmen. Empirische Befunde zur Fremdenfeindlichkeit und Integration. - Klagenfurt, S. 115 - 129.

Egg, E. - 1953: Meister Hans Sewer. - In: Haller Buch. Festschrift zur 650-Jahr-Feier der Stadterhebung (= Schlern-Schriften 106). - Innsbruck, S. 268 - 289.

Egg, E./Pfaundler, W./Pizzinini, M. - 1976: Von allerlei Werkleuten und Gewerben. - Innsbruck.

Eichener, V. - 1988: Ausländer im Wohnbereich. Theoretische Modelle, empirische Analysen und politisch-praktische Maßnahmenvorschläge zur Eingliederung einer gesellschaftlichen Außenseitergruppe (= Kölner Schriften zur Sozial- und Wirtschaftspolitik 8). - Regensburg.

Esser, H. - 1983: Ist das Ausländerproblem in der Bundesrepublik Deutschland ein Türkenproblem? - In: R. Italiaander (Hg.): Fremde raus? - Frankfurt, S. 117 - 139.

Faßmann, H. - 1997: Gesellschaftlicher Wandel in der Nachkriegszeit. - In: Lichtenberger, E.: Österreich. - Darmstadt, S. 82 - 85.

Faßmann, H. und Münz, R. - 1995: Einwanderungsland Österreich. Historische Migrationsmuster, aktuelle Trends und politische Maßnahmen. - Wien.

Faßmann, H. und Münz, R. - 1996: Einwanderungsland wider Willen. - In: Faßmann, H. und Münz, R.: Migration in Europa. Historische Entwicklung, aktuelle Trends, politische Reaktionen. - Frankfurt/New York, S. 209 - 229.

Faßmann, H. und Münz, R. - 1996: Migration in Europa. Historische Entwicklung, aktuelle Trends, politische Reaktionen. - Frankfurt/New York.

Faßmann, H./Matuschek, H./Menasse, E. (Hg.) - 1999: Abgrenzen, ausgrenzen, aufnehmen. Empirische Befunde zur Fremdenfeindlichkeit und Integration. - Klagenfurt.

Faßmann, H./Münz, R./Seifert, W. - 1999: Ausländische Arbeitskräfte in Deutschland und Österreich. Zuwanderung, berufliche Platzierung und Effekte der Aufenthaltsdauer. - In: Faßmann, H./Matuschek, H./Menasse, E. (Hg.): Abgrenzen, ausgrenzen, aufnehmen. Empirische Befunde zur Fremdenfeindlichkeit und Integration. - Klagenfurt, S. 75 - 95.

Fliri, F. - 1975: Das Inntal-Quartär im Westteil der Gnadenwaldterrasse. - In: Innsbrucker Geographische Studien 2. - Innsbruck, S. 79 - 87.

Freigang, J. - 1982: Die zweite Generation. Kinder und Jugendliche aus Gastarbeiterfamilien. - In: Jugend in Bewährung und Bedrohung. Österreichischer Jugendbericht 2, S. 204 - 237.

Friedrichs, J. - 2000: Ethnische Segregation im Kontext allgemeiner Segregationsprozesse in der Stadt. - In: Harth, A./Scheller, G./Tessin, W. (Hg.): Stadt und soziale Ungleichheit. - Opladen, S. 174 - 196.

Gärtner, F. - 1990: Altstadtsanierung und -revitalisierung in den oberbayrischen und oberösterreichischen Inn-Salzach-Städten. Geographische Hausarbeit. - Innsbruck.

Goldgruber, B. - 1994: Nahversorgung im Lienzer Becken am Beispiel des Lebensmittelhandels. Dipl.-Arbeit. - Innsbruck.

Gollegger, K. - 1980: Der sozio-ökonomische Strukturwandel und sein Einfluß auf die Kommunalpolitik - dargestellt am Beispiel der Marktgemeinde Großarl - einer Salzburger Landgemeinde. Diss. - Salzburg.

Gratl, R. - 1989: Erfahrungsbericht, Reflexionen, Subjektives, Wünsche, Hoffnungen, Ein- und Aussichten eines seit 16 Jahren in und mit der Haller Altstadt beratend und praktisch tätigen Architekten. - In: Moser, H.: Hall in Tirol. Entwicklung und Erneuerung der Altstadt. - Hall, S. 16 - 19.

Gratl, R. - 1997: Die Wiederkehr der gotischen Hausleichen. - In: G. Aichner (Hg.): Josef Posch. Mein Hall. Seine Visionen und Gedanken von Zeitzeugen. - Thaur.

Guarinoni, H. - 1610: Von den Greueln der Verwüstung menschlichen Geschlechts. - Ingolstadt.

Hämmerle, W. - 1974: Beiträge zur Geographie der Stadt Dornbirn. Diss. - Innsbruck.

Häußermann, H. und W. Siebel - 1996: Soziologie des Wohnens. Eine Einführung in Wandel und Ausdifferenzierung des Wohnens. - Weinheim und München.

Häußermann, H. und W. Siebel - 2000: Wohnverhältnisse und Ungleichheit. - In: Harth, A./Scheller, G./Tessin, W. (Hg.): Stadt und soziale Ungleichheit. - Opladen, S. 120 - 140.

Hagen, G. - 1967: Stadtgeographie von Hall. Dipl.-Arbeit. - Innsbruck.

Halhammer, S. - 1987: Altstadtsanierung und Revitalisierung am Beispiel Hall. Diss. - Innsbruck.

Haller Buch - 1953: Festschrift zur 650-Jahr-Feier der Stadterhebung (= Schlern-Schriften 106). - Innsbruck.

Hamm, B. und I. Neumann - 1996: Siedlungs-, Umwelt- und Planungssoziologie. Ökologische Soziologie Band 2. - Opladen.

Han, P. - 2000: Soziologie der Migration. Erklärungsmodelle - Fakten - Politische Konsequenzen - Perspektiven. - Stuttgart.

Harth, A./Scheller, G./Tessin, W. (Hg.) - 2000: Stadt und soziale Ungleichheit. - Opladen.

Hatzl, F. - 1965: Häuserbuch der Altstadt von Solbad Hall in Tirol 1780 - 1856. Band 1/2. Diss. - Innsbruck.

Herlyn, U. - 1974: Wohnquartier und soziale Schicht. - In: Herlyn, U. (Hg.): Stadt- und Sozialstruktur. - München, S. 16 - 41.

Hetfleisch, G. - 1991: Rotation statt Integration? AusländerInnengesetze in Österreich und AusländerInnenbeschäftigungspolitik am Beispiel Tirols. - In: Gesellschaft für politische Aufklärung/Verein zur Betreuung und Beratung von AusländerInnen in Tirol (Hg.). - Innsbruck, S. 30 - 88.

Hochenegg, H. - 1981: Abriss der Stadtgeschichte. - In: Stadtbuch Hall in Tirol. - Innsbruck, S. 9 - 34.

Holzer, W. - 1994: Wissen und Einstellungen zu Migration, ausländischer Bevölkerung und staatlicher Ausländerpolitik in Österreich. - Wien.

Hradil, S. - 1999: Soziale Ungleichheit in Deutschland. 7. Auflage. - Opladen.

Hye, F.-H. - 1993: Hall in Tirol. - In: Österreichischer Städteatlas, 4. Lieferung. - Wien

Institut für Sozialforschung (Hg.) - 1992: Aspekte der Fremdenfeindlichkeit. Beiträge zur aktuellen Situation. - Frankfurt/New York.

Keller, W. - 1989: Vom Markt zum zentralen Ort. In: Reutte 500 Jahre Markt. - Innsbruck, S. 349 - 416.

Kohlbacher, J. und U. Reeger - 1999: Wohnnachbarschaft und Ausländerfeindlichkeit. - In: Faßmann, H./Matuschek, H./Menasse, E. (Hg.): Abgrenzen, ausgrenzen, aufnehmen. Empirische Befunde zur Fremdenfeindlichkeit und Integration. - Klagenfurt, S. 95 - 115.

Kohlmayr, W. - 1994: Das Einkaufszentrum Arkade in Liezen. Dipl.-Arbeit. - Linz.

Köslich, D. - 1995: Strukturwandel im Einzelhandel. - Linz.

Kröll, F. - 1999: Islamischer Schulunterricht in Wien. - In: Faßmann, H./Matuschek, H./Menasse, E. (Hg.): Abgrenzen, ausgrenzen, aufnehmen. Empirische Befunde zur Fremdenfeindlichkeit und Integration. - Klagenfurt, S. 201 - 221.

Kühnel, H. - 1974: Denkmalpflege und Althaussanierung Krems an der Donau. Sonderdruck aus den Mitteilungen des Kremser Stadtarchivs 12. - Krems.

Kuttler, S. - 1994: Salinenareal in Hall. Erhaltung und Nutzung des historischen Baubestandes. Ausbau des Areals zu einem neuen Stadtviertel. Dipl.-Arbeit. - Innsbruck.

Lebhart, G. und R. Münz - 1999: Die Österreicher und ihre „Fremden". Meinungen und Einstellungen zur Migration, ausländischer Bevölkerung und Ausländerpolitik. - In:

Faßmann, H./Matuschek, H./Menasse, E. (Hg.): Abgrenzen, ausgrenzen, aufnehmen. Empirische Befunde zur Fremdenfeindlichkeit und Integration. - Klagenfurt, S. 9 - 15.
Leitner, H. - 1983: Gastarbeiter in der städtischen Gesellschaft - Zum Problem der Segregation, Integration und Assimilation von Arbeitsmigranten am Beispiel der jugoslawischen Gastarbeiter in Wien. Campus-Forschung 307. - Frankfurt/New York.
Lichtenberger, E. - 1984: Gastarbeiter. Leben in zwei Gesellschaften. - Wien/Köln/Graz.
Lichtenberger, E. - 1997: Österreich. - Darmstadt.
Lichtenberger, E. - 1998: Stadtgeographie. Band 1. Begriffe, Konzepte, Modelle, Prozesse. 3. Auflage. (Teubner Studienbücher der Geographie). - Stuttgart/Leipzig.
Luschnig, U. - 1994: Regionale Kaufkraft und regionale Aspekte des Einkaufsverhaltens. Dipl.-Arbeit. - Linz.
Malacic, J. - 1996: Arbeitsmigration aus Ex-Jugoslawien. - In: Faßmann, H. und R. Münz: Migration in Europa. Historische Entwicklung, aktuelle Trends, politische Reaktionen. - Frankfurt/New York, S. 231 - 244.
Matt, W. - 1998: Sozioökonomischer Wandel in Dornbirn ab 1945 vor dem Hintergrund der Vorarlberger Entwicklung. Dipl.-Arbeit. - Innsbruck.
Matuschek, H. - 1985: Ausländerpolitik in Österreich 1962 - 1985. Der Kampf um und gegen die ausländische Arbeitskraft. - In: Journal für Sozialforschung 25. Jg., S. 159 - 198.
Mauracher, K. - 1991: Türkische Migrantenkinder an unseren Pflichtschulen: Notwendigkeit und Möglichkeiten interkultureller Erziehung unter besonderer Berücksichtigung der Schulschwierigkeiten ausländischer Kinder. - Innsbruck.
Mayer, H. O. - 1993: Bildungswünsche ausländischer Jugendlicher in Vorarlberg. Diss. - Innsbruck.
Michl, J. - 1994: Die Altstadt Salzburg als Standort für den Einzelhandel. Dipl.-Arbeit. - Linz.
Minkenberg, M. - 1998: Die neue radikale Rechte im Vergleich. USA, Frankreich, Deutschland. - Opladen.
Moser, H. - 1989: Hall in Tirol. Entwicklung und Erneuerung der Altstadt. - Hall.
Müller-Schneider, Th. - 2000: Zuwanderung in westliche Gesellschaften. Analyse und Steuerungsoptionen. - Opladen.
Münz, R. - 1997: Woher - Wohin? - Massenmigration im Europa des 20. Jahrhunderts. In: L. Pries (Hg.): Transnationale Migration. Baden-Baden, S. 221 - 244.
Nothegger, F. - 1953: Klöster in Hall und ihr Wirken. - In: Haller Buch. Festschrift zur 650-Jahr-Feier der Stadterhebung (= Schlern-Schriften 106). - Innsbruck, S. 290 - 322.
Nuscheler, F. - 1995: Internationale Migration. Flucht und Asyl. - Opladen.
ÖROK-Atlas - 1983 ff.: Atlas zur räumlichen Entwicklung Österreichs. - Wien.
Özkan, Y. - 1975: Auswirkungen der Arbeiterwanderung auf den politischen Sozialisations- und Bewußtwerdungsprozeß der türkischen Gastarbeiter. Diss. - Berlin.
Petrovic, A. - 1991: Die Situation der Nahversorgung in Dornbirn unter spezieller Berücksichtigung des selbständigen Lebensmitteleinzelhandels. Dipl.-Arbeit. - Innsbruck.
Pfeifer, J. - 1975: Die Gastarbeiter aus der Sicht der österreichischen Arbeitsmarktverwaltung. - In: Gastarbeiter in Tirol, eine Dokumentation der Kammer für Arbeiter und Angestellte für Tirol. Innsbruck.
Pirchmoser, P. - 1992: Die Suburbanisierung in der Doppelstadtregion Innsbruck-Hall. Diss. - Innsbruck.
Pranger, V. und B. Wieland - 1992: Ansätze zu einer verbesserten beruflichen und gesellschaftlichen Integration türkischer Jugendlicher in Vorarlberg. Dipl.-Arbeit. - Innsbruck.

Rauter, F. - 1971: Das Fremdarbeiterproblem in der Innsbrucker Textil- und Bekleidungsindustrie. Drei Beispiele. Dipl.-Arbeit. - Innsbruck.

Rehrl, G. und M. Stadelmann - 1994: Integration und Zusammenarbeit von ausländischen und inländischen Arbeiterinnen in zwei Tiroler Betrieben. Dipl.-Arbeit. - Innsbruck.

Reinisch, R. - 1984: Das Altstadtensemble. Beispiele Inn-Salzach-Städte. - Wien.

Reinisch, R. - 1985: Altstadt in Österreich. Zukunft für die Vergangenheit. - Braunau.

Schäfers, B. - 2000: Historische Entwicklung der Sozialstruktur in Städten. - In: Harth, A./Scheller, G./Tessin, W. (Hg.): Stadt und soziale Ungleichheit. - Opladen, S. 64 - 78.

Schipulle, H. - 1974: Ausverkauf der Intelligenz aus Entwicklungsländern? - München.

Schöneberg, U. - 1993: Gestern Gastarbeiter, morgen Minderheit. Zur sozialen Integration von Einwanderern in einem „unerklärten" Einwanderungsland. - Frankfurt.

Schuscha, B. - 1994: Der Einzelhandel mit Bekleidung in Klagenfurt. Eine wirtschaftsgeographische Analyse des Angebots und des Einkaufsverhaltens der Kunden. Dipl.-Arbeit. - Linz.

Schuster, M. - 1951: Innstädte und ihre alpenländische Bauweise. München.

Schuster, M. - 1964: Das Bürgerhaus im Inn-Salzach-Gebiet. - Tübingen.

Schwarzenbacher, R. - 1976: Die Problematik der Beschäftigung ausländischer Arbeitskräfte unter besonderer Berücksichtigung der Jugoslawen und Türken in Tirol. Diss. - Wien.

Schweyger, F. - o. J.: Chronik der Stadt Hall. 3 Bände. Maschinenschrift o. J. Stadtarchiv Hall.

Sopemi (OECD) - 1997: Trends in International Migration. Annual Report 1996. - Paris.

Stadtgemeinde Hall (Hg.) - 1981: Stadtbuch Hall in Tirol. - Innsbruck.

Steiner, M. - 1987: Das Einkaufszentrum in der Bregenzer Innenstadt. - Innsbruck.

Stoffaneller, C. - 1985: Revitalisierung der Haller Altstadt. Dipl.-Arbeit. - Innsbruck.

Stolz, O. - 1953: Geschichte der Verfassung, Verwaltung und Wirtschaft der Stadt Hall. - In: Haller Buch. Festschrift zur 650-Jahr-Feier der Stadterhebung (= Schlern-Schriften 106). - Innsbruck, S. 20 - 93.

Stolz, O. - 1981: Zur Wirtschaftsgeschichte der Stadt Hall. - In: Stadtgemeinde Hall (Hg): Stadtbuch Hall in Tirol. - Innsbruck, S. 114 - 138.

Taheri, A. S. - 1989: Ausländische Arbeitnehmer in Österreich. Dipl.-Arbeit. - Innsbruck.

Thaler, R. - 1997: Vorrang für Fußgänger (= Leben in der Stadt. Stadterneuerung in Niederösterreich 1). - Wien.

Thomasberger, B. - 1994: Salinenareal Hall in Tirol. Dipl.-Arbeit. - Innsbruck.

Thränhardt, T.: Einwandererkulturen und soziales Kapital. Eine komparative Analyse. - In: Faßmann, H./ Matuschek, H./Menasse, E. (Hg.) - 1999: Abgrenzen, ausgrenzen, aufnehmen. Empirische Befunde zur Fremdenfeindlichkeit und Integration. - Klagenfurt, S. 161 - 201.

Tirol-Atlas - 1969 - 1999: Eine Landeskunde in Karten. - Innsbruck.

Ucar, A. - 1985: Das türkische Bildungswesen. - In: Schmitt, E. (Hg.): Türkei, Politik - Ökonomie - Kultur. - Berlin, S. 241 - 261.

Viehböck, E. - 1986: Türkische Arbeitsmigration nach Österreich (1960 - 1984). Dipl.-Arbeit. - Innsbruck.

Weber, L. - 1989: 15 Jahre Altstadtsanierung. Rechtfertigung und weitere Verpflichtung. - In: Moser, H.: Hall in Tirol. Entwicklung und Erneuerung der Altstadt. - Hall, S. 9 - 15.

Weiß, Ch. - 1994: Dornbirn: Bevölkerung - Wirtschaft - Finanzen (Struktur und Entwicklung). Dipl.-Arbeit. - Innsbruck.

Wimmer, H. (Hg.) - 1986: Ausländische Arbeitskräfte in Österreich. - Frankfurt/New York.

Wörner, G. - 1962: Die Beschäftigung von Fremdarbeitern in der gewerblichen Wirtschaft Tirols. Dipl.-Arbeit. - Innsbruck.

Zanesco, A. - 1997: Loses Blatt über Stadtarchäologie im Bauamt. - Hall.
Zanetti, G. - 1989: Gastarbeiter in Tirol. Dipl.-Arbeit. - Innsbruck.

# *Quellenverzeichnis*

Adressbücher der Stadt Hall 1946, 1957, 1970.
Adressbuch von Tirol für Industrie, Handel und Gewerbe 1960.
Amt der Tiroler Landesregierung/Abteilung Kultur:
   Kulturberichte aus Tirol 1990 - 1999.
Amt der Tiroler Landesregierung/Abteilung Statistik:
   Demographische Daten Tirol 1995 ff.
   Diverses statistisches Material.
Amt der Tiroler Landesregierung/Tiroler Landesarchiv:
   Diverse Branchenverzeichnisse.
Arbeitsmarktservice Tirol:
   Jahresberichte 1986 - 1996.
   Diverses statistisches Material.
CIMA - Stadtmarketing GmbH: Markt-, Standort- u. Strukturanalyse der Stadt Hall in Tirol 1995.
Gemeinnützige Wohnbaugesellschaft Wohnungseigentum (WE):
   Diverse Unterlagen.
Institut für Industrie und Fertigungswirtschaft. - 1993:
   Imageanalyse der Einkaufsstadt Hall.
Kammer für Arbeiter und Angestellte für Tirol:
   Statistische Jahrbücher 1988 - 2000.
Österreichisches Institut für Wirtschaftsforschung (Hg.):
   Monatsberichte.
Österreichisches Statistisches Zentralamt (ÖSTAT):
   Arbeitsstättenzählung 1964, 1973, 1981, 1991.
   Berufspendlerstatistik 1961, 1971, 1981, 1991.
   Betriebsstättenzählung 1964, 1971, 1981, 1991.
   Häuser- und Wohnungszählung 1951, 1961, 1971, 1981, 1991.
   Sonderauswertung der Volkszählungsdaten 1991, Endbericht Auslandische Arbeitskräfte in Tirol. Hall.
   Sonderauswertung der Häuser- und Wohnungszählung 1971.
   Stadtregionen in Österreich 1991.
   Volkszählungsergebnisse 1934, 1951, 1961, 1971, 1981, 1991, 2001.
ISIS (Integriertes Statistisches Informationssystem):
   Datenbankauszüge nach Zählsprengel 1971/1981/1991.
Tiroler Gebietskrankenkasse (TGKK):
   Sonderauswertung: Versicherte mit Wohnort Hall 15.10.1997.
Stadtgemeinde Hall:
   Unsere Stadt wird schöner. Leistungsbericht 1968 - 1979.
   Bericht der Stadtgemeinde Hall in Tirol 1980 - 1985.

Hall in Tirol - 2003: Agenda 2003. Kalender, Adressen, Handel und Gewerbe, Schulen und Vereine, Information.

Stadtgemeinde Hall/Bauamt:
Altstadtausschuss - Protokolle.
Baubestandsaufnahme der Haller Altstadt. Institut für Baukunst und Denkmalpflege der Technischen Fakultät der Universität Innsbruck 1976 - Bauamt Hall.
Bau-Evidenz 1952 - 1974.
Diverse Statistiken und Unterlagen über bauliche Veränderungen seit 1989.
Einlaufbuch 1984 - 1997.
Flächenwidmungsplan 1974/2000.
Hauser, W. und M. Peskoller - 1996: Dokumentation Hall, Unterer Stadtplatz Nr. 5, Gasthof Engl.
Jahresberichte 1976 - 1982.
Protokolle der Mietrechts-Schlichtungsstelle 1914 - 1978.
Sitzungsberichte des Sachverständigenbeirats.
Sonderauswertung der Häuser- und Wohnungszählung 1971.
Strukturdaten zum örtlichen Raumordnungskonzept Hall in Tirol 1971, 1999.
Verkehrskonzept Innenstadt. ÖPNV-Konzept. 1998.
Verkehrskonzept Haller Innenstadt. Auszug Variante 3b 1998.
Verkehrsstromanalyse. Motorisierter Individualverkehr 1994.
Zählsprengelübersicht.

Stadtgemeinde Hall/Meldeamt:
Daten zur Wohnungsmobilität in Solbad Hall 1967 - 1970.
EDV-Auszüge Ausländer in Hall 1997/2000/2001.
Einwohnerstatistiken nach der Personenstandsaufnahme 1967, 1976, 1982.
Hauskartei.
Jahresberichte 1974 - 1987.

Stadtgemeinde Hall/Standesamt:
Geburten- und Sterbefälle 1946 - 1995.
Protokolle der ausgestellten Staatsbürgerschaftsnachweise seit 1980.

Stadtgemeinde Hall/Steueramt:
Gewerbeverzeichnisse 1976/1987/1997.
Haushaltslisten 1961, 1967, 1982.

Stadtgemeinde Hall/Wohnungsamt:
Diverse Unterlagen.
Telefonbücher: 1947, 1949, 1954, 1964.

Verein zur Betreuung und Beratung von Ausländern:
Broschüre und diverses Material.

Verwaltungsdirektion des Psychiatrischen Krankenhauses:
Diverse Unterlagen.

Zeitungsberichte aus:
Haller Blatt, Haller Lokalanzeiger, Haller Stadtzeitung, Außerferner Nachrichten (Wochenzeitungen)
Tiroler Tageszeitung, Kurier (Tageszeitungen).

Zahlreiche Gespräche mit Experten und Gewährsleuten, mit aktiven und ehemaligen Stadtpolitikern und städtischen Beamten, mit Betriebsratsobmännern und ausländischen Arbeitervertretern, mit Migranten, die schon lange oder auch weniger lange in Hall leben, mit Lehrern, Ärzten, Streetworkern, Vertretern ausländischer Hilfsorganisationen, Vertretern ausländischer Vereine, Vermietern und vielen anderen. Ihnen allen sei an dieser Stelle für ihre Gesprächsbereitschaft gedankt.